कैशफ़्लो क्वाड्रैंट

Other titles by the authors published by Manjul

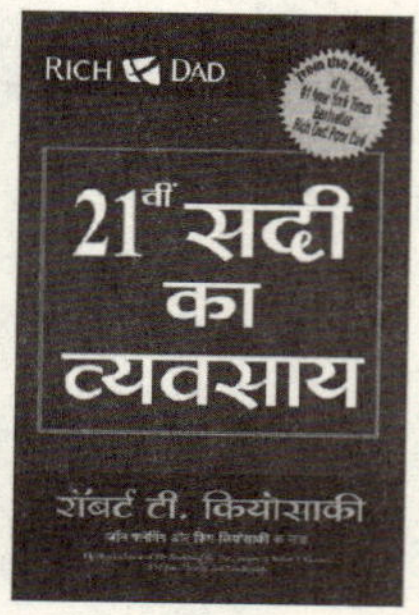

Available at all leading booksellers across India or through **www.manjulindia.com**

कैशफ़्लो क्वाड्रैंट

आर्थिक स्वतंत्रता की कुंजी

रॉबर्ट टी. कियोसाकी

अनुवाद : डॉ. सुधीर दीक्षित, रजनी दीक्षित

MANJUL

मंजुल पब्लिशिंग हाउस

This edition published by arrangement with Rich Dad Operating Company, LLC.

Visit our Web site at www.richdad.com

First published in India by

MANJUL

Manjul Publishing House

Corporate and Editorial Office

• 2nd Floor, Usha Preet Complex, 42 Malviya Nagar, Bhopal 462 003 - India

Sales and Marketing Office

• C-16, Sector 3, Noida, Uttar Pradesh 201301 - India

Website: www.manjulindia.com

Distribution Centres

Ahmedabad, Bengaluru, Kochi, Kolkata, Chennai,
Hyderabad, Mumbai, New Delhi, Pune

Hindi translation of *Cashflow Quadrant* by *Robert Kiyosaki*

This edition first published in 2005
Twenty-first impression 2025

ISBN 978-81-8322-012-5

Designed by Insync Graphic Studio, Inc.

Translation by Dr. Sudhir Dixit, Rajni Dixit

Printed and bound in India by Repro India Ltd.

मेरे अमीर डैडी कहा करते थे,
''वित्तीय स्वतंत्रता के बिना आपको कभी सच्ची स्वतंत्रता नहीं मिल सकती।''

इसके बाद वे कहते थे,
''हो सकता है स्वतंत्रता आसानी से मिल जाए, परंतु इसकी एक क़ीमत होती है।''

यह पुस्तक उन लोगों को समर्पित है, जो यह क़ीमत चुकाने के इच्छुक हैं।

संपादक की टिप्पणी

समय बदल रहा है

1997 में *रिच डैड पुअर* डैड पहली बार प्रकाशित हुई थी। इसके बाद हमारी अर्थव्यवस्था और निवेश परिदृश्य में काफ़ी सारे परिवर्तन हो चुके हैं। चौदह साल पहले रॉबर्ट कियोसाकी ने पारंपरिक बुद्धिमत्ता को चुनौती देते हुए यह साहसिक कथन कहा था, ''आपका घर संपत्ति नहीं है।'' पैसे और निवेश के बारे में उनके विचार अपारंपरिक थे और इस कारण लोगों ने संदेह किया, आलोचना की और आवेश भरी प्रतिक्रिया दी।

2002 में रॉबर्ट ने *रिच डैड्स प्रोफ़ेसी* पुस्तक लिखी और इसमें उन्होंने यह सलाह दी कि वित्तीय बाज़ार लुढ़कने वाला है और बेहतर है कि सभी को उससे जूझने की तैयारी करनी चाहिए। 2006 में रॉबर्ट ने डोनाल्ड ट्रम्प के साथ मिलकर *वाई वी वान्ट यू टु बी रिच* पुस्तक लिखी। इस पुस्तक में उन्होंने इस बा त पर चिंता व्यक्त की थी कि अमेरिका में मध्यम वर्ग का आकार सिकुड़ रहा था।

रॉबर्ट वित्तीय शिक्षा के महत्त्व और शक्ति के जोशीले समर्थक हैं। सबप्राइम संकट में इतने घर नीलाम हुए, जितने पहले कभी नहीं हुए थे। एक तरह से पूरे संसार की अर्थव्यवस्था ढह गई थी। आज उनके शब्द न केवल भविष्यवाणी जैसे लगते हैं, बल्कि ज्ञान का भंडार भी नज़र आते हैं। जो लोग उन पर तथा उनकी बातों पर संदेह करते थे, उनमें से कई अब उनके समर्थक बन गए हैं और उनकी बातों पर विश्वास करने लगे हैं।

रिच डैड्स कैशफ़्लो क्वाड्रैंट के 2011 के संस्करण को तैयार करते समय रॉबर्ट को दो चीज़ों का अहसास हुआ : पहली तो यह कि उनका संदेश और सीखें समय के इम्तहान में खरी उतरी हैं। और दूसरी यह कि निवेशक निवेश के जिस संसार में काम करते हैं, वह बहुत ज़्यादा बदल गया है। इन परिवर्तनों की वजह से ''आई'' (निवेशक) क्वाड्रैंट के लोगों पर प्रभाव पड़ा और पड़ता रहेगा। इसीलिए रॉबर्ट को इस पुस्तक के एक महत्त्वपूर्ण खंड को अद्यतन करने की प्रेरणा मिली – अध्याय पाँच : निवेशकों के पाँच स्तर।

आभार

हमारे मित्रों को, *रिच डैड पुअर डैड* की अद्‌भुत सफलता
से दुनिया भर में हमारे लाखों मित्र बन गए हैं।

उनके स्नेहपूर्ण शब्दों और मित्रता – और जीवन में रिच डैड के सिद्धांतों को उतारने में उनकी दृढ़ता, जुनून और सफलता की अद्‌भुत कहानियों ने हमें यह पुस्तक *कैशफ़्लो क्वाड्रैंट* गाइड टु फ़ाइनैंशियल फ्रीडम लिखने के
लिए प्रेरित किया है।
हम अपने नए और पुराने मित्रों को धन्यवाद देना चाहते हैं, जिन्होंने हमारी उम्मीद से बेहद परे जाकर हमारा व्यापक समर्थन किया है।

प्रस्तावना

आपके जीवन का लक्ष्य क्या है?

"बड़े होकर आप क्या बनना चाहते हैं?" यह एक ऐसा प्रश्न है, जो हममें से ज़्यादातर लोगों से पूछा जाता है।

बचपन में मेरी कई रुचियाँ थीं और चुनाव करना आसान था। अगर कोई काम रोमांचक और ग्लैमरस दिखता था, तो मैं उसी को करना चाहता था। मैं मैरीन जीववैज्ञानिक, अंतरिक्ष यात्री, नौसैनिक, जहाज़ का अधिकारी, पायलट और पेशेवर फुटबॉल खिलाड़ी बनना चाहता था।

मैं इतना सौभाग्यशाली था कि बड़े होने के बाद मैं इनमें से तीन लक्ष्य हासिल कर चुका हूँ : मैरीन कोर का अधिकारी, जहाज़ का अधिकारी और पायलट।

मैं शिक्षक, लेखक या अकाउंटेंट कभी नहीं बनना चाहता था। मैं शिक्षक इसलिए नहीं बनना चाहता था, क्योंकि मुझे स्कूल पसंद नहीं था। मैं लेखक इसलिए नहीं बनना चाहता था, क्योंकि मैं अँग्रेज़ी में दो बार फ़ेल हो गया था। और मैं एमबीए की अपनी पढ़ाई बीच में छोड़कर इसलिए आ गया, क्योंकि मैं अकाउंटिंग को नहीं झेल पाता था।

विडंबना देखिए! बड़ा होने पर मैं वह सब बन गया हूँ, जो मैं कभी नहीं बनना चाहता था। हालाँकि मैं स्कूल को नापसंद करता था, लेकिन आज मैं एक शिक्षण कंपनी का मालिक हूँ। मैं पूरे संसार में लोगों को सिखाता रहता हूँ, क्योंकि मुझे सिखाने से प्रेम है। हालाँकि मैं दो बार अँग्रेज़ी में फ़ेल हुआ था, क्योंकि मैं लिख नहीं सकता था, लेकिन आज पूरे संसार में लेखक के रूप में मेरी जितनी पहचान है, उतनी किसी दूसरे रूप में नहीं है। मेरी पुस्तक *रिच डैड पुअर डैड* सात साल से ज़्यादा समय तक *न्यू यॉर्क टाइम्स* की बेस्टसेलर सूची में रही है और यह आज भी अमेरिका में तीन सबसे ज़्यादा बिकने वाली पुस्तकों में से एक है। इससे ज़्यादा केवल दो ही पुस्तकें बिकती हैं : द *जॉय ऑफ़ सेक्स* और द रोड *लेस ट्रैवल्ड।* एक और विडंबना देखिए, *रिच डैड पुअर* डैड अकाउंटिंग के बारे में है और मेरा कैशफ़्लो बोर्ड गेम भी इसी के बारे में है, जबकि मैं अकाउंटिंग को झेल नहीं पाता था।

तो इसका इस प्रश्न से क्या संबंध है : ''जीवन में आपका लक्ष्य क्या है?''

जवाब एक वियतनामी संत थिक न्यात हन के सरल लेकिन गहरे कथन में मिलता है : ''मार्ग ही लक्ष्य है।'' दूसरे शब्दों में, जीवन में अपना मार्ग खोजना ही आपका लक्ष्य है। मार्ग का मतलब आपका पेशा नहीं है। इसका मतलब इन चीज़ों से भी नहीं है कि आप कितने पैसे कमाते हैं या आपका पदनाम क्या है या आपको कितनी सफलताएँ या असफलताएँ मिली हैं।

अपने मार्ग का पता लगाने का मतलब यह पता लगाना है कि आपको इस पृथ्वी पर क्या करने के लिए भेजा गया था। आपके जीवन का उद्देश्य क्या है? आपको जीवन नामक यह उपहार क्यों दिया गया था? और वह उपहार क्या है, जो आप जीवन को वापस लौटाते हैं?

जब मैं पीछे पलटकर देखता हूँ, तो मैं इस नतीजे पर पहुँचता हूँ कि स्कूल-कॉलेज में मुझे जीवन का मार्ग खोजने के बारे में कुछ नहीं सिखाया गया। मैंने चार साल मिलिट्री स्कूल में बिताए और जहाज़ का अधिकारी बनने का अध्ययन किया व प्रशिक्षण लिया। अगर मैं स्टैंडर्ड ऑइल के ऑइल टैंकरों पर यात्रा करने का करियर चुनता, तो मैं अपने जीवन के मार्ग को कभी नहीं खोज पाता। अगर मैं मैरीन कोर में रुका रहता या एयरलाइन्स के लिए विमान उड़ाता, तो मुझे अपने जीवन का मार्ग कभी नहीं मिल पाता।

अगर मैं जहाज़ का अधिकारी बना रहता या एयरलाइन का पायलट बन जाता, तो मैं कभी अंतरराष्ट्रीय बेस्टसेलिंग लेखक नहीं बन पाता, *ओपरा* शो में अतिथि नहीं बन पाता, डोनाल्ड ट्रम्प के साथ पुस्तक नहीं लिख पाता या एक अंतरराष्ट्रीय शैक्षणिक कंपनी शुरू नहीं कर पाता, जो पूरे संसार में उद्यमिता और निवेश के सबक़ सिखाती है।

अपने मार्ग को खोजना

कैशफ़्लो क्वाड्रैंट पुस्तक महत्त्वपूर्ण है, क्योंकि यह जीवन में आपका मार्ग खोजने के बारे में है। जैसा आप जानते हैं, ज़्यादातर लोगों की प्रोग्रामिंग जीवन में जल्दी ही कर दी जाती है, ''स्कूल जाओ और नौकरी करो।'' स्कूल ''ई'' या ''एस'' क्वाड्रैंट में नौकरी या काम-धंधा खोजने के बारे में है। यह आपके जीवन का मार्ग खोजने के बारे में नहीं है।

मुझे अहसास है कि कुछ लोग बचपन में ही सटीकता से जान जाते हैं कि वे क्या करने वाले हैं। उन्हें पता होता है कि वे डॉक्टर, वकील, संगीतकार, गोल्फ़ खिलाड़ी या अभिनेता बनेंगे। हम सभी ने बाल प्रतिभाओं के बारे में सुना है, जिनमें असाधारण गुण होते हैं। लेकिन जैसा आप देख सकते हैं ये जीवन का मार्ग नहीं, बल्कि पेशे या कामकाज हैं।

तो आप जीवन में अपना मार्ग कैसे खोज सकते हैं?

मेरा जवाब है : काश मुझे पता होता! अगर मैं जादू की छड़ी लहरा सकता, जिससे आपके सामने आपके जीवन का मार्ग जादू से प्रकट हो जाता, तो मैं ऐसा ज़रूर करता।

लेकिन अफ़सोस! मेरे पास जादू की छड़ी नहीं है। मैं आपको यह भी नहीं बता सकता कि आप क्या करें। मैं इन परिस्थितियों में जो सबसे अच्छी चीज़ कर सकता हूँ, वह यह है : मैं आपको यह बता देता हूँ कि मैंने क्या किया। मैंने अपने सहजबोध पर, अपने दिल पर और अपने अंदर की आवाज़ पर भरोसा किया। मिसाल के तौर पर, 1973 में युद्ध से लौटने पर जब मेरे ग़रीब डैडी ने यह सुझाव दिया कि मैं कॉलेज लौट जाऊँ, ज़्यादा ऊँची डिग्री लूँ और सरकारी नौकरी कर लूँ, तो मेरा दिमाग़ कुंद हो गया, मेरा दिल भारी हो गया और मेरी अंतरात्मा ने कहा, ''किसी सूरत में नहीं।''

जब उन्होंने सुझाव दिया कि मैं स्टैंडर्ड ऑइल की अपनी पुरानी नौकरी दोबारा कर लूँ या एयरलाइन में पायलट की नौकरी कर लूँ, तो एक बार फिर मेरे दिमाग़, दिल और अंतरात्मा ने इंकार कर दिया। मैं जानता था कि समुद्री यात्रा और हवाई उड़ान का मेरा दौर ख़त्म हो गया था, हालाँकि वे बेहतरीन पेशे थे और वहाँ वेतन भी काफ़ी अच्छा था।

1973 में मेरी उम्र 26 साल थी, यानी मैं बड़ा हो रहा था। मैंने अपने माता-पिता की सलाह मानी थी और स्कूल गया था, कॉलेज की डिग्री हासिल की थी और मेरे पास दो पेशे थे : शिप ऑफ़िसर बनने का लाइसेंस और विमान उड़ाने का लाइसेंस। समस्या यह थी कि ये दोनों ही पेशे थे, जिनके सपने मैंने बचपन में देखे थे।

26 साल की उम्र में मैं यह जान गया था कि शिक्षा एक प्रक्रिया है। मिसाल के तौर पर, जब मैं शिप ऑफ़िसर बनना चाहता था, तो मैं एक ऐसे स्कूल में गया, जहाँ पढ़कर आप शिप ऑफ़िसर बनते थे। इसी तरह, जब मैं विमान उड़ाना सीखना चाहता था, तो मैं दो साल तक नैवी फ़्लाइट स्कूल में रहा, जो ग़ैर-पायलटों को पायलटों में बदल देता था। मैं अपनी अगली शिक्षण प्रक्रिया के बारे में सावधान था। अपनी अगली शिक्षण प्रक्रिया शुरू करने से पहले मैं यह जानना चाहता था कि मैं क्या बनने जा रहा था।

पारंपरिक स्कूलों ने मुझे फ़ायदा पहुँचाया था। उनकी मदद से मैंने उन पेशों की योग्यता हासिल कर ली थी, जिनके मैंने बचपन में सपने देखे थे। वयस्क होने के बाद दुविधा यह थी कि अब कोई दिशासूचक तख़्तियाँ नहीं थीं, जो यह बताएँ कि ''यही मार्ग है।'' मैं जानता था कि मैं क्या नहीं करना चाहता था, लेकिन मैं यह नहीं जानता था कि मैं क्या करना चाहता था।

अगर मैं कोई नया पेशा चाहता, तो कोई दिक़्क़त नहीं होती। अगर मैं मेडिकल डॉक्टर बनना चाहता, तो मैं मेडिकल स्कूल में चला जाता। अगर मैं वकील बनना चाहता, तो मैं लॉ स्कूल में चला जाता। लेकिन मैं जानता था कि जीवन का मतलब स्कूल-कॉलेज जाकर अतिरिक्त पेशे की डिग्री लेना ही नहीं है। यह इससे ज़्यादा था।

मुझे उस वक़्त इस बात का अहसास नहीं हुआ था, लेकिन 26 वर्ष की उम्र में मैं अगले पेशे की नहीं, बल्कि जीवन में अपने मार्ग की तलाश कर रहा था।

एक अलग शिक्षा

1973 मैरीन कोर में मेरे विमान चलाने के सक्रिय कर्तव्य का आख़िरी साल था। उस साल मैं हवाई में अपने घर के पास ही तैनात था, इसलिए मैं जानता था कि मैं अपने अमीर डैडी के पदचिह्नों पर चलना चाहता था। मैरीन कोर में रहते समय मैंने वीकएंड पर रियल इस्टेट कोर्सों और बिज़नेस कोर्सों में भागीदारी की थी, ताकि मैं ''बी'' और ''आई'' क्वाड्रैंट में उद्यमी बनने के लिए तैयार हो सकूँ।

उसी समय एक मित्र के मित्र की सलाह पर मैंने एक व्यक्तिगत विकास कोर्स में हिस्सा लिया। मैं उस कोर्स में यह पता लगाना चाहता था कि मैं सचमुच कौन था। व्यक्तिगत विकास कोर्स ग़ैर-पारंपरिक शिक्षा है, क्योंकि इसके एवज में मुझे कोई क्रेडिट या ग्रेड नहीं मिलने वाला था। मैं यह नहीं जानता था कि मैं क्या सीखने वाला हूँ, जैसा तब होता था, जब मैं रियल इस्टेट कोर्सों में हिस्सा लेता था। मैं तो बस इतना जानता था कि अब समय आ गया था कि मैं कोई ऐसा कोर्स करूँ, जिससे मुझे अपने बारे में पता चले।

मेरे पहले वीकएंड कोर्स में प्रशिक्षक ने फ़्लिप चार्ट पर यह आसान रेखाचित्र खींचा :

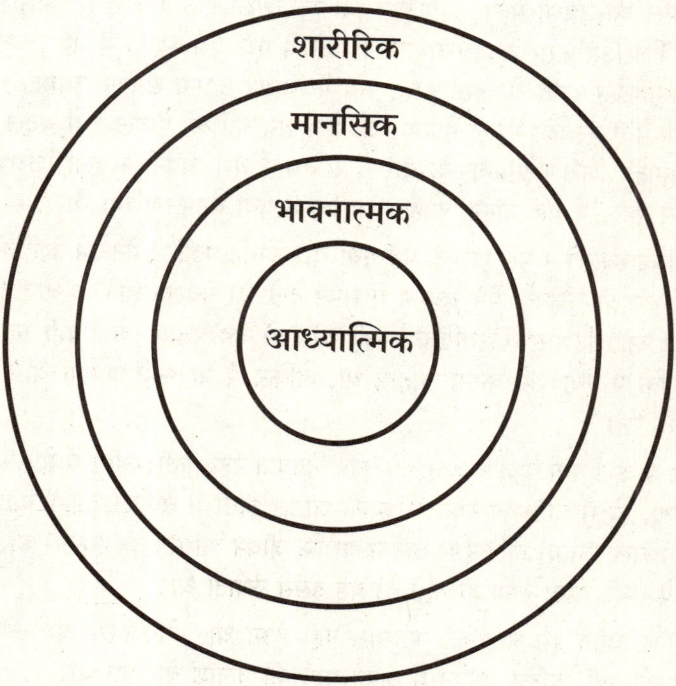

रेखाचित्र खींचने के बाद प्रशिक्षक ने मुड़कर कहा, ''पूर्ण इंसान बनने के लिए हमें मानसिक, शारीरिक, भावनात्मक और आध्यात्मिक शिक्षा की ज़रूरत होती है।''

उसकी व्याख्या सुनने के बाद मेरे सामने यह स्पष्ट हो गया कि पारंपरिक स्कूल विद्यार्थियों का मुख्यत: मानसिक विकास करते हैं। इसीलिए स्कूल-कॉलेज में अच्छा प्रदर्शन करने वाले बहुत सारे विद्यार्थी असली ज़िंदगी में अच्छा प्रदर्शन नहीं कर पाते हैं, ख़ास तौर पर पैसों के संसार में।

जब वीकएंड पर कोर्स आगे बढ़ा, तो मुझे पता चला कि मैं स्कूल को नापसंद क्यों करता था। मुझे अहसास हुआ कि मुझे सीखने से प्रेम था, लेकिन स्कूल से नफ़रत थी।

पारंपरिक शिक्षा का माहौल ''ए'' विद्यार्थियों के लिए बेहतरीन था, लेकिन यह मेरे लिए आदर्श नहीं था। पारंपरिक शिक्षा मेरे उत्साह का दमन कर रही थी, मुझे डराकर प्रेरित करने की कोशिश कर रही थी : ग़लतियाँ करने का डर, असफलता का डर और नौकरी नहीं मिलने का डर। यह ''ई'' या ''एस'' क्वाड्रैंट में कर्मचारी बनने की प्रोग्रामिंग कर रही थी। मुझे अहसास हुआ कि पारंपरिक शिक्षा उस व्यक्ति के काम की नहीं है, जो ''बी'' और ''आई'' क्वाड्रैंटों में उद्यमी बनना चाहता है।

शायद इसीलिए इतने सारे उद्यमियों ने कॉलेज की पढ़ाई कभी पूरी नहीं की - जनरल इलेक्ट्रिक के संस्थापक थॉमस एडिसन, फ़ोर्ड मोटर कंपनी के संस्थापक हेनरी फ़ोर्ड, एपल के संस्थापक स्टीव जॉब्स, माइक्रोसॉफ़्ट के संस्थापक बिल गेट्स, डिज़्नीलैंड के संस्थापक वॉल्ट डिज़्नी और फ़ेसबुक के संस्थापक मार्क ज़करबर्ग जैसे उद्यमी।

जब प्रशिक्षक ने बाद में व्यक्तिगत विकास के चार प्रकारों का गहराई से वर्णन किया, तो मुझे अहसास हुआ कि मेरा ज़्यादातर जीवन बहुत ही कठोर शैक्षणिक परिवेशों में गुज़रा था। मैंने पुरुष सैनिक अकादमी में चार साल तक प्रशिक्षण लिया था और मैरीन पायलट का पाँच साल तक प्रशिक्षण लिया था, इसलिए मैं मानसिक और शारीरिक दृष्टि से काफ़ी मज़बूत था। मैरीन पायलट के रूप में मैं भावनात्मक और आध्यात्मिक दृष्टि से मज़बूत था, लेकिन केवल मर्दाना-आदमी के रूप में। मेरा कोई नर्म पहलू नहीं था, मुझमें कोई स्त्रैण ऊर्जा नहीं थी। देखिए, मुझे मैरीन कोर अधिकारी बनने के लिए प्रशिक्षित किया गया था, जो दबाव में भावनात्मक दृष्टि से शांत रहे, जो अपने देश की ख़ातिर जान लेने या देने के लिए तैयार रहे।

अगर आपने कभी अभिनेता टॉम क्रूज़ की फ़िल्म ''टॉप गन'' देखी हो, तो आपको सैन्य पायलटों के पुरुष संसार और साहसिकता की झलक मिल जाती है। मुझे उस संसार से प्रेम था। मैं उस संसार में अच्छा था। यह आधुनिक योद्धाओं का संसार था। यह संसार कायरों के लिए नहीं था।

सेमिनार में मैं अपनी भावनाओं तक पहुँचा और इसने मेरे उत्साह व आत्मा को हल्के से स्पर्श किया। मैं बहुत रोया, क्योंकि मेरे पास बहुत कुछ था, जिसके लिए मैं रो सकूँ। मैंने ऐसी चीज़ें कीं और देखीं, जो बहुत ही विचित्र थीं। सेमिनार के दौरान मैंने एक आदमी को गले लगाया। मैंने यह काम पहले कभी नहीं किया था; मैं अपने पिता के भी गले नहीं मिला था।

रविवार की रात इस स्व-विकास कार्यशाला को छोड़ना मुश्किल था। यह सेमिनार एक शिष्ट, प्रेमपूर्ण और ईमानदार परिवेश था। सोमवार की सुबह मुझे सदमा लगा, जब मैं एक बार फिर युवा अहंकारी पायलटों से घिरा हुआ था, जो उड़ान भरने, देश की ख़ातिर जान लेने और जान देने के प्रति समर्पित थे।

उस वीकएंड सेमिनार के बाद मैं जान गया कि यह बदलने का समय था। मैं जानता था कि भावनात्मक और आध्यात्मिक रूप से विकास करके ज़्यादा दयालु, ज़्यादा नम्र और ज़्यादा करुण इंसान बनना वह सबसे मुश्किल काम होगा, जो मैं कर सकता था। यह मिलिट्री अकैडमी और फ़्लाइट स्कूल के मेरे तमाम वर्षों के विपरीत होगा।

मैं दोबारा कभी पारंपरिक शिक्षा की ओर नहीं लौटा। ग्रेड, डिग्री, प्रमोशन या नाम के लिए पढ़ने की मेरी कोई तमन्ना नहीं थी। उसके बाद अगर मैं किसी कोर्स या स्कूल में गया, तो सीखने या बेहतर व्यक्ति बनने के लिए गया। अब मैं ग्रेड, डिग्री और प्रमाणपत्र की काग़ज़ी दौड़ में शामिल नहीं था।

मैं शिक्षकों के परिवार में बड़ा हुआ था, इसलिए ग्रेड बहुत महत्त्वपूर्ण माने जाते थे। इस बात को बहुत महत्त्व दिया जाता था कि आपने किस हाई स्कूल और कॉलेज में पढ़ाई की है। आपकी ऊँची डिग्रियाँ महत्त्वपूर्ण मानी जाती थीं। जैसे मैरीन पायलट के सीने पर मेडल और रिबन लगे होते हैं, उसी तरह ऊँची डिग्रियाँ और ब्रांड-नेम वाले कॉलेज वे ओहदे और फीते होते हैं, जिन्हें शिक्षाविद् अपनी आस्तीनों पर लगाते हैं। ये लोग ऐसा सोचते थे कि हाई स्कूल पूरा नहीं कर पाने वाले लोग भटके हुए और अपवित्र लोग होते हैं। स्नातकोत्तर डिग्री वाले लोग स्नातक की डिग्री वाले लोगों को हीन समझते थे। पीएचडी वाले लोगों को सम्मान दिया जाता था। 26 साल की उम्र में मैं यह बात समझ गया था कि मैं उस संसार में कभी नहीं लौटूँगा।

संपादक की टिप्पणी : 2009 में रॉबर्ट को लीमा, पेरू की प्रतिष्ठित सैन इग्रेसियो डी लॉयोला से उद्यमिता में मानद पीएचडी उपाधि प्राप्त हुई। इस उपाधि से विभूषित अन्य लोग राजनेता हैं, जिनमें स्पेन के पूर्व राष्ट्रपति शामिल हैं।

अपने मार्ग को खोजना

मैं जानता हूँ कि आपमें से कुछ अब पूछ रहे हैं : यह आदमी ग़ैर-पारंपरिक शिक्षा कोर्सों पर इतनी ज़्यादा बात क्यों कर रहा है?

कारण यह है कि व्यक्तित्व विकास के उस पहले सेमिनार ने सीखने के प्रति मेरे प्रेम को दोबारा सुलगा दिया, लेकिन यहाँ मुझे जो सिखाया गया, वह स्कूल में कभी नहीं सिखाया गया था। उस सेमिनार के बाद तो मैं सेमिनार का दीवाना बन गया और एक

सेमिनार से दूसरे सेमिनार में जाता रहा। मैं *अपने* शरीर, *अपने* मस्तिष्क, *अपनी* भावनाओं और *अपनी* आत्मा के आपसी संबंध के बारे में ज़्यादा पता लगाता रहा।

मैंने जितना ज़्यादा अध्ययन किया, मैं पारंपरिक शिक्षा को लेकर उतना ही ज़्यादा जिज्ञासु बन गया। मैं इस तरह के प्रश्न पूछने लगा :

- इतने सारे बच्चे स्कूल से नफ़रत क्यों करते हैं?
- इतने कम बच्चे स्कूल को पसंद क्यों करते हैं?
- कई उच्च शिक्षित लोग असल संसार में सफल क्यों नहीं होते हैं?
- क्या स्कूल आपको असल संसार के लिए तैयार करता है?
- मैं स्कूल से नफ़रत क्यों करता हूँ और सीखने से प्रेम क्यों करता हूँ?
- मेरे ज़्यादातर स्कूली शिक्षक ग़रीब क्यों हैं?
- स्कूल हमें पैसे के बारे में इतना कम क्यों सिखाते हैं?

ये सवाल मुझे स्कूली शिक्षा प्रणाली की पवित्र दीवारों के बाहर ले गए और इन्होंने मुझे ग़ैर-पारंपरिक शिक्षा का विद्यार्थी बना दिया। मैंने जितना ज़्यादा अध्ययन किया, मैं इस बात को उतना ही ज़्यादा समझ पाया कि मैं स्कूल को पसंद क्यों नहीं करता था और स्कूल अपने ज़्यादातर विद्यार्थियों को लाभ क्यों नहीं पहुँचा पाते हैं, ''ए'' ग्रेड के विद्यार्थियों को भी।

मेरी उत्सुकता ने मेरी आत्मा को स्पर्श किया और मैं शिक्षा में उद्यमी बन गया। अगर यह जिज्ञासा नहीं होती, तो मैं कभी लेखक नहीं बन सकता था या वित्तीय शिक्षा वाले गेम्स नहीं बना सकता था। मेरी आध्यात्मिक शिक्षा मुझे जीवन में अपने मार्ग की ओर ले गई।

ऐसा नज़र आता है कि जीवन का मार्ग मस्तिष्क में नहीं मिलता है। जीवन में हमारा मार्ग तो यह पता लगाना है कि हमारे दिल में क्या है।

इसका यह मतलब नहीं है कि कोई व्यक्ति पारंपरिक शिक्षा में रहकर अपना मार्ग नहीं खोज सकता। मुझे यक़ीन है कि कई लोग ऐसा करते होंगे। मैं तो बस इतना कह रहा हूँ कि मुझे पारंपरिक स्कूल में अपना मार्ग नहीं मिल सकता था।

मार्ग महत्त्वपूर्ण क्यों है?

हम सभी उन लोगों को जानते हैं, जो ढेर सारे पैसे कमाते हैं, लेकिन अपने काम से नफ़रत करते हैं। हम उन लोगों को भी जानते हैं, जो ज़्यादा पैसे नहीं कमाते हैं और अपने काम से नफ़रत करते हैं। और हम सभी ऐसे लोगों को जानते हैं, जो सिर्फ़ पैसों की ख़ातिर काम करते हैं।

मर्चेन्ट मैरीन अकैडमी के मेरे एक सहपाठी को भी यह अहसास हुआ कि वह अपना जीवन समुद्र में नहीं बिताना चाहता। ज़िंदगी भर समुद्र में रहने के बजाय वह स्नातक होने के बाद लॉ स्कूल गया। उसने वकील बनने तथा ''एस'' क्काइँट में प्राइवेट प्रैक्टिस करने के लिए तीन और साल लगाए।

पचपन साल का होने से पहले ही वह मर गया। वह बहुत सफल वकील था, लेकिन बहुत दुखी भी रहता था। मेरी ही तरह उसके भी 26 साल की उम्र से पहले दो पेशे थे। हालाँकि उसे वकील बनने से नफ़रत थी, लेकिन उसने कभी वकालत छोड़ने की हिम्मत नहीं की, क्योंकि उसके पास परिवार था, बच्चे थे, मकान की क़िस्त चुकानी थी और बिलों का भुगतान करना था।

उसकी मृत्यु के एक साल पहले मैं न्यू यॉर्क के क्लास रियूनियन में उससे मिला था। वह कटु हो चुका था। ''मैं तो बस तुम जैसे अमीर लोगों के पीछे झाड़ू लगाता हूँ। वे मुझे चिल्लर पकड़ा देते हैं। मैं जो करता हूँ और जिन लोगों के लिए काम करता हूँ, उनसे नफ़रत करता हूँ।''

मैंने पूछा, ''तुम कोई दूसरी चीज़ क्यों नहीं करते?''

''मैं काम करना बंद नहीं कर सकता। मेरी बड़ी लड़की कॉलेज में दाख़िला ले रही है।''

लड़की के स्नातक होने से पहले ही मेरा सहपाठी हार्ट अटैक से मर गया।

उसने अपने पेशेवर प्रशिक्षण के ज़रिये बहुत सारे पैसे कमाए थे, लेकिन वह भावनात्मक रूप से नाराज़ था, आध्यात्मिक रूप से मृत था और जल्दी ही उसके शरीर ने भी इसका अनुसरण किया।

मैं जानता हूँ कि यह कुछ ज़्यादा ही अतिवादी उदाहरण है। ज़्यादातर लोग अपने काम से इतनी नफ़रत नहीं करते हैं, जितना मेरा मित्र करता था। लेकिन इससे हम समस्या को देख सकते हैं, जब कोई व्यक्ति किसी पेशे में अटक जाता है और अपना मार्ग नहीं खोज पाता है।

मेरे हिसाब से यह पारंपरिक शिक्षा की कमी है। करोड़ों लोग स्कूल-कॉलेज से निकलने के बाद ऐसी नौकरियों में फँस जाते हैं, जिन्हें वे पसंद नहीं करते। वे जानते हैं कि उनके जीवन में किसी चीज़ की कमी है। कई लोग वित्तीय दृष्टि से भी फँसे होते हैं, बस जीवनयापन करने लायक़ ही कमाते हैं और ज़्यादा कमाना तो चाहते हैं, लेकिन उन्हें यह पता नहीं होता कि करना क्या है।

चूँकि ज़्यादातर लोगों को दूसरे क्वाड्रैंटों की जानकारी नहीं होती, इसलिए उनमें से कई लोग दोबारा कॉलेज लौटते हैं और ''ई'' या ''एस'' क्वाड्रैंट में नए पेशों या वेतनवृद्धियों की तलाश करते हैं, क्योंकि वे ''बी'' और ''आई'' क्वाड्रैंटों के संसार के बारे में जागरूक नहीं होते।

मेरे शिक्षक बनने का कारण

''बी'' क्वाड्रैंट में मेरे शिक्षक बनने का बुनियादी कारण यह था कि मैं वित्तीय शिक्षा प्रदान करना चाहता था। मैं यह शिक्षा हर उस व्यक्ति को देना चाहता था, जो सीखना चाहता हो, चाहे उसके पास कितने भी पैसे हों या उसका ग्रेड पॉइंट एवरेज कितना भी हो। इसीलिए

द रिच डैड कंपनी ने कैशफ़्लो गेम से शुरुआत की। यह खेल ऐसी जगहों पर सिखाता है, जहाँ मैं कभी नहीं जा सकता। इस खेल की सुंदरता यह है कि इसे लोगों द्वारा लोगों को सिखाने के लिए बनाया गया था। किसी महँगे शिक्षक या क्लासरूम की कोई ज़रूरत नहीं है। कैशफ़्लो गेम का अनुवाद सोलह से अधिक भाषाओं में हो चुका है और यह पूरे संसार के करोड़ों लोगों तक पहुँच चुका है।

आज द रिच डैड कंपनी लोगों की वित्तीय शिक्षा बढ़ाने के लिए वित्तीय शिक्षा कोर्स तो चलाती ही है, साथ ही कोच और मार्गदर्शक की सेवाएँ भी प्रदान करती है। हमारे ये कोर्स व प्रोग्राम ख़ास तौर पर उस व्यक्ति के लिए महत्त्वपूर्ण हैं, जो ''ई'' और ''एस'' क्वाड्रैंटों से आगे बढ़कर ''बी'' तथा ''आई'' क्वाड्रैंटों में पहुँचना चाहता है।

इस बात की कोई गारंटी नहीं है कि हर व्यक्तिगत सफलतापूर्वक ''बी'' और ''आई'' क्वाड्रैंटों में पहुँच ही जाएगा, लेकिन कम से उसे इतना तो पता चल जाएगा कि अगर वह इन क्वाड्रैंटों तक पहुँचना चाहे, तो कैसे पहुँच सकता है।

परिवर्तन आसान नहीं है

मेरे लिए क्वाड्रैंट बदलना आसान नहीं था। यह मानसिक दृष्टि से काफ़ी मुश्किल काम था। यह भावनात्मक और आध्यात्मिक दृष्टि से और भी ज़्यादा मुश्किल था। मैं ''ई'' क्वाड्रैंट में उच्च शिक्षित कर्मचारियों के परिवार में बड़ा हुआ था, इसलिए मुझे शिक्षा, नौकरी की सुरक्षा, नौकरी के लाभ और सरकारी पेंशन के जीवनमूल्य विरासत में मिले थे। कई मायनों में मेरे पारिवारिक मूल्यों ने मेरे रूपांतरण को मुश्किल बना दिया था। उद्यमी और निवेशक बनने के बारे में उन्होंने मुझे कई चेतावनियाँ दीं, चिंताएँ बताईं और आलोचना की। मैंने उनके जिन मूल्यों को ठुकराया, उनमें से कुछ ये थे :

- ''लेकिन तुम्हें नौकरी तो करनी ही चाहिए।''
- ''तुम बहुत ज़्यादा जोखिम ले रहे हो।''
- ''अगर तुम असफल हो गए, तो क्या होगा?''
- ''चुपचाप कॉलेज वापस जाओ और अपनी स्नातकोत्तर उपाधि हासिल करो।''
- ''डॉक्टर बन जाओ। डॉक्टर लोग बहुत ज़्यादा पैसे कमाते हैं।''
- ''अमीर लोग लालची होते हैं।''
- ''पैसा तुम्हारे लिए इतना महत्त्वपूर्ण क्यों है?''
- ''पैसों से तुम सुखी नहीं बनोगे।''
- ''जितनी चादर है, उतने ही पैर पसारो।''
- ''सुरक्षित खेलो। अपने सपनों का पीछा मत करो।''

डाइट और व्यायाम

मैं भावनात्मक और आध्यात्मिक विकास का ज़िक्र इसलिए करता हूँ, क्योंकि जीवन में स्थायी परिवर्तन करने के लिए यह अनिवार्य है। मिसाल के तौर पर, किसी मोटे व्यक्ति को यह बताने से कभी लाभ नहीं होता है, ''कम खाओ और ज़्यादा व्यायाम करो।'' डाइट और व्यायाम मानसिक रूप से समझदारी भरे लगते हैं, लेकिन ज़्यादातर लोग भूख लगने की वजह से नहीं खाते हैं। वे तो अपनी भावनाओं और अपनी आत्मा के ख़ालीपन को भरने के लिए खाते हैं। जब कोई व्यक्ति डाइट और व्यायाम की योजना पर चलता है, तो वह केवल अपने मस्तिष्क और शरीर पर काम कर रहा है। हो सकता है कि भावनात्मक विकास और आध्यात्मिक शक्ति के बिना मोटा व्यक्ति छह महीने तक डाइट पर रहे और कई किलो वज़न कम कर ले, लेकिन बाद में उसका वज़न पहले से भी ज़्यादा बढ़ जाएगा।

यह क्वाड्रैंट बदलने के बारे में भी सच है। ''मैं 'बी' क्वाड्रैंट में उद्यमी बनने जा रहा हूँ,'' ख़ुद से कह सकना उतना ही निरर्थक है जितना कि किसी चेन स्मोकर का यह ऐलान, ''कल से मैं सिगरेट छोड़ने वाला हूँ।'' सिगरेट एक शारीरिक लत है, जो भावनात्मक और आध्यात्मिक चुनौतियों की वजह से पड़ी है। भावनात्मक और आध्यात्मिक सहारे के बिना सिगरेट पीने वाला ज़िंदगी भर सिगरेट पीता रहेगा। यही शराब या सेक्स या शॉपिंग की लत वाले व्यक्ति के बारे में भी सच है। ज़्यादातर लतों के ज़रिये लोग अपनी आत्मा में ख़ुशी खोजने की कोशिश करते हैं।

इसीलिए मेरी कंपनी मस्तिष्क और शरीर के लिए कोर्स बनाती है, लेकिन साथ ही भावनात्मक और आध्यात्मिक रूपांतरण को समर्थन देने के लिए कोचिंग और मार्गदर्शन भी प्रदान करती है।

कुछ लोग अकेले यात्रा करने में कामयाब हो जाते हैं, लेकिन मैं उनमें से एक नहीं था। अगर मेरे अमीर डैडी जैसे बेहतरीन कोच नहीं होते और मेरी पत्नी किम जैसी प्रबल समर्थक नहीं होती, तो मैं कभी सफल नहीं हो पाता। बहुत बार मैं कोशिश छोड़ना चाहता था और हार मानना चाहता था। अगर किम और अमीर डैडी नहीं होते, तो मैं हिम्मत हार जाता और कोशिश छोड़ देता।

"ए" ग्रेड विद्यार्थी असफल क्यों होते हैं

रेखाचित्र की ओर दोबारा देखने पर आसानी से समझ आ जाता है कि इतने सारे "ए" ग्रेड विद्यार्थी पैसों के संसार में असफल क्यों हो जाते हैं।

हो सकता है कि कोई व्यक्ति मानसिक रूप से उच्च शिक्षित हो, लेकिन अगर वह भावनात्मक रूप से शिक्षित नहीं है, तो उसका डर प्राय: उसके शरीर को वह करने से रोक देगा, जो उसे करना चाहिए। इसीलिए इतने सारे "ए" ग्रेड विद्यार्थी "विश्लेषण की पंगुता" में अटक जाते हैं, छोटे-छोटे विवरणों का विश्लेषण करते रहते हैं, लेकिन कुछ करते नहीं हैं।

"विश्लेषण की पंगुता" की वजह हमारी शिक्षा प्रणाली है, जो ग़लतियाँ करने पर विद्यार्थियों को दंडित करती है। अगर आप ग़ौर से सोचें, तो "ए" विद्यार्थी "ए" विद्यार्थी सिर्फ़ इसीलिए होते हैं, क्योंकि उन्होंने सबसे कम ग़लतियाँ की हैं। इस भावनात्मक विकार के साथ समस्या यह है कि असल संसार में जो लोग काम करते हैं, वही सबसे ज़्यादा ग़लतियाँ करते हैं और उन ग़लतियों से सबक़ सीखकर उन ग़लतियों से जीत जाते हैं।

राष्ट्रपति क्लिंटन और राष्ट्रपति बुश को देखें। क्लिंटन ने यह नहीं माना कि उन्होंने सेक्स किया था और बुश का तो यहाँ तक दावा था कि उन्हें यह याद ही नहीं है कि अपने

राष्ट्रपति काल में उन्होंने एक भी ग़लती की हो। ग़लतियाँ करना मानवीय है, लेकिन अपनी ग़लतियों के बारे में झूठ बोलना बहुत ग़लत बात है। यह तो एक आपराधिक कृत्य है, जिसे झूठी गवाही कहा जाता है।

जब बिजली का बल्ब बनाते समय थॉमस एडिसन की आलोचना की गई कि उन्होंने 1,014 ग़लतियाँ की थीं, तो उन्होंने कहा था, ''मैं 1,014 बार असफल नहीं हुआ हूँ। मैंने तो सफलतापूर्वक 1,014 बार यह पता लगा लिया है कि क्या कारगर नहीं है।''

दूसरे शब्दों में, इतने सारे लोग सफलता इसीलिए हासिल नहीं कर पाते हैं, क्योंकि वे पर्याप्त बार असफल नहीं होते हैं।

आइए एक बार रेखाचित्र देखते हैं।

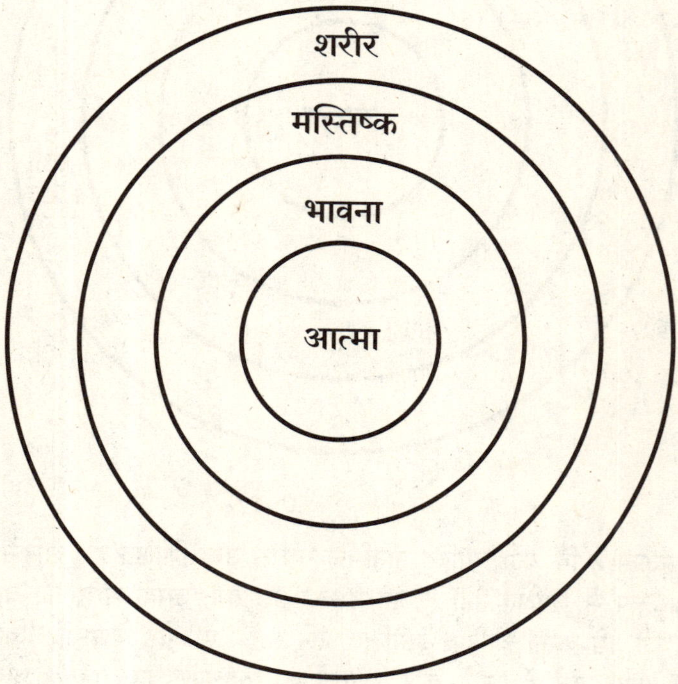

इतने सारे लोग नौकरी की सुरक्षा से चिपके रहते हैं, इसका एक कारण यह है कि उनमें भावनात्मक शिक्षा की कमी होती है। वे डर की वजह से रुक जाते हैं।

सैनिक स्कूल और मैरीन कोर के बारे में सबसे अच्छी चीज़ों में से एक यह है कि ये संगठन युवाओं का आध्यात्मिक, भावनात्मक, मानसिक और शारीरिक विकास करने में बहुत समय लगाते हैं। हालाँकि वहाँ की शिक्षा कठोर थी, लेकिन यह पूर्ण शिक्षा थी, जिसने हमें एक मुश्किल काम करने के लिए तैयार किया।

मैंने कैशफ़्लो गेम बनाया, इसका कारण यह है कि यह खेल पूरे इंसान को शिक्षित करता है। खेल की यह ख़ासियत होती है कि यह पढ़ने या लेक्चर देने के मुक़ाबले सिखाने का ज़्यादा अच्छा साधन होता है, सिर्फ़ इसलिए क्योंकि खेल में खिलाड़ी का शरीर, मस्तिष्क, भावनाएँ और आत्मा शामिल होती है।

यह खेल इस तरह बनाया गया है, ताकि खिलाड़ी प्ले मनी से ज़्यादा से ज़्यादा ग़लतियाँ करें और फिर उन ग़लतियों से सीखें। मेरे हिसाब से यह पैसों के बारे में सीखने का ज़्यादा मानवीय तरीक़ा है।

मार्ग ही लक्ष्य है

आज पूरे संसार में हज़ारों कैशफ़्लो क्लब बन चुके हैं। कैशफ़्लो क्लब महत्त्वपूर्ण हैं, इसका एक कारण तो यह है कि वे परेशानियों से सुरक्षा देते हैं और जीवन के मार्ग पर एक पड़ाव हैं। कैशफ़्लो क्लब में शामिल होने पर आप अपने जैसे लोगों से मिलते हैं – ऐसे लोग जो परिवर्तन के बारे में केवल बातें ही नहीं कर रहे हैं, बल्कि परिवर्तन करने के प्रति समर्पित हैं।

स्कूल के विपरीत यहाँ पिछली शैक्षणिक सफलता की कोई ज़रूरत नहीं होती है। बस इतनी ज़रूरत होती है कि आपमें सीखने और परिवर्तन करने की सच्ची इच्छा होनी चाहिए। खेल में आप अलग-अलग वित्तीय स्थितियों में बहुत सारी ग़लतियाँ करेंगे और आप प्ले मनी का इस्तेमाल करके अपनी ग़लतियों से सीखेंगे।

कैशफ़्लो क्लब उन लोगों के लिए नहीं है, जो फटाफट अमीर बनना चाहते हैं। कैशफ़्लो क्लब तो उन दीर्घकालीन मानसिक, भावनात्मक, आध्यात्मिक, शारीरिक और वित्तीय परिवर्तनों का समर्थन करने के लिए हैं, जिनसे इंसान को गुज़रना होता है। हम सभी अलग-अलग गति से बदलते तथा विकास करते हैं, इसलिए आपको यह काम अपनी ख़ुद की गति से करने के लिए प्रोत्साहित किया जाता है।

जब आप यह खेल दूसरों के साथ कई बार खेलेंगे, तो आपको ज़्यादा अच्छी तरह समझ में आ जाएगा कि आपका अगला क़दम क्या होना चाहिए और आपके लिए संपत्ति की चार श्रेणियों (व्यवसाय, रियल इस्टेट, पेपर एसेट्स या कमॉडिटीज़) में से सर्वश्रेष्ठ कौन सी है।

निष्कर्ष

ख़ुद का मार्ग खोजना हमेशा आसान नहीं होता। आज भी मैं सचमुच नहीं जानता कि मैं अपने मार्ग पर हूँ या नहीं। जैसा आप जानते हैं, हम सभी समय-समय पर भटक जाते हैं और दोबारा अपना मार्ग खोजना भी आसान नहीं होता।

यदि आपको महसूस होता है कि आप अपने लिए सही क्वाड्रैंट में नहीं हैं या आप अपने जीवन के मार्ग पर नहीं हैं, तो मैं आपको प्रोत्साहित करता हूँ कि आप अपने दिल में झाँकें और जीवन में अपना मार्ग खोजें। अगर आप नीचे दिए कथनों से मिलती-जुलती बातें कर रहे हैं, तो शायद यह बदलने का समय है :

- "मैं मुर्दा लोगों के साथ काम कर रहा हूँ।"
- "मैं जो करता हूँ, उससे प्रेम करता हूँ, लेकिन काश मैं ज़्यादा पैसे कमा सकता।"
- "मुझे वीकएंड का बेसब्री से इंतज़ार रहता है।"
- "मैं अपना ख़ुद का काम करना चाहता हूँ।"
- "क्या यह छोड़ने का समय है?"

मेरी बहन एक बौद्ध नन है। उसका मार्ग दलाई लामा का समर्थन करना है, एक ऐसा मार्ग जिसमें पैसे नहीं मिलते हैं। हालाँकि उसकी आमदनी बहुत कम है, लेकिन इसका यह मतलब नहीं है कि वह ग़रीब नन ही रहेगी। उसके पास उसकी ख़ुद की रेंटल जायदाद है और सोने-चाँदी में निवेश है। उसकी आत्मा की शक्ति और उसका वित्तीय दृष्टि से शिक्षित मस्तिष्क उसे जीवन के ऐसे मार्ग पर ले गए हैं, जहाँ उसे ग़रीबी की क़सम खाने की ज़रूरत नहीं है।

कई मायनों में यह अच्छा रहा कि स्कूल में मुझ पर मूर्ख का ठप्पा लगा दिया गया था। हालाँकि भावनात्मक दृष्टि से यह दर्दनाक था, लेकिन उस दर्द ने मुझे शिक्षक के रूप में अपने जीवन का मार्ग खोजने में मदद की। और अपनी नन बहन की तरह, अगर मैं शिक्षक हूँ, तो इसका मतलब यह नहीं है कि मुझे ग़रीब शिक्षक रहना होगा।

मैं थिक न्यात हन के शब्दों को दोहराना चाहूँगा : "मार्ग ही लक्ष्य है।"

विषय-वस्तु

प्रस्तावना

आप किस क्वाड्रैंट में हैं?

कैशफ़्लो क्वाड्रैंट लोगों को श्रेणीबद्ध करने का तरीक़ा है और इसका आधार यह है कि उनके पास पैसा कहाँ से आता है।

क्या आप आर्थिक रूप से स्वतंत्र हैं? अगर आप वित्तीय दोराहे पर खड़े हैं, तो **कैशफ़्लो क्वाड्रैंट** आप ही के लिए लिखी गई है। अगर आप अपने वित्तीय विषय को बदलना चाहते हैं इसका नियंत्रण आज ही अपने हाथ में लेना चाहते हैं, तो यह पुस्तक इस यात्रा का नक़्शा बनाने में आपकी मदद करेगी। यह **कैशफ़्लो क्वाड्रैंट** के अक्षरों का अर्थ :

E **यानी कर्मचारी** *(employee)*

S **यानी सेल्फ़-एम्प्लॉयड** *(self-employed)*

B **यानी बिज़नेस मालिक** *(business owner)*

I **यानी निवेशक** *(investor)*

हममें से हर व्यक्ति **कैशफ़्लो क्वाड्रैंट** के चार क्वाड्रैंट में से कम से कम किसी एक क्वाड्रैंट में रहता है। हम कहाँ हैं, यह इस बात से तय होता है कि हमारी आमदनी कहाँ से होती है। हममें से ज़्यादातर लोग तनख़्वाह पर निर्भर हैं और इसलिए कर्मचारी हैं, जबकि बाक़ी

ख़ुद का व्यवसाय कर रहे हैं या सेल्फ़-एम्प्लॉयड हैं। कर्मचारी और सेल्फ़-एम्प्लॉयड लोग ***कैशफ़्लो क्वाड्रैंट*** के बाएँ हिस्से में आते हैं। ***कैशफ़्लो क्वाड्रैंट*** के दाएँ हिस्से में वे लोग आते हैं, जिन्हें अपने स्वामित्व वाले बिज़नेस या निवेशों से आमदनी होती है।

कैशफ़्लो क्वाड्रैंट चार अलग-अलग तरह के लोगों के बारे में है, जिनसे बिज़नेस की दुनिया चलती है। यह पुस्तक बताती है कि हर क्वाड्रैंट के लोगों में कौन सी अनूठी चीज़ होती है। यह पुस्तक यह जानने में आपकी मदद करेगी कि आप आज ***क्वाड्रैंट*** में कहाँ हैं। आप विषय में जहाँ पहुँचना चाहते हैं, वहाँ तक की यात्रा का नक़्शा बनाने में भी यह आपकी मदद करेगी। आपका विषय आर्थिक स्वतंत्रता के आपके चुने हुए रास्ते पर निर्भर करेगा। हालाँकि आर्थिक स्वतंत्रता इन चारों ही क्वाड्रैंटों में पाई जा सकती है, परंतु ''बी'' या ''आई'' की योग्यताएँ आपको आर्थिक लक्ष्यों तक ज़्यादा जल्दी पहुँचा देती हैं। जो सफल ''ई'' है, उस सफल ''आई'' भी बनना चाहिए।

बड़े होकर तुम क्या बनना चाहते हो?

यह पुस्तक कई मायनों में मेरी पुस्तक ***रिच डैड पुअर डैड*** का दूसरा भाग है। आपमें से जिन लोगों ने ***रिच डैड पुअर डैड*** नहीं पढ़ी हो, उनकी जानकारी के लिए बता दूँ कि यह उन अलग-अलग शिक्षाओं के बारे में है, जो मुझे मेरे दो डैडियों ने धन और जीवन के चुनावों के विषय में दी थीं। एक मेरे असली डैडी थे और दूसरे मेरे सबसे अच्छे दोस्त के डैडी थे। एक उच्च शिक्षित थे, जबकि दूसरे ने हाई स्कूल की पढ़ाई अधूरी छोड़ दी थी। एक ग़रीब थे और दूसरे अमीर।

ग़रीब पिता की सलाह

बड़े होने पर मेरे उच्च शिक्षित, परंतु ग़रीब पिता हमेशा यह सलाह देते थे,

''स्कूल जाओ, अच्छे नंबर लाओ और फिर एक सुरक्षित नौकरी ढूँढ़ लो।''

वे जीवन में हमेशा इस रास्ते पर चलने की सलाह देते थे :

ग़रीब डैडी हमेशा सलाह देते थे कि मैं या तो ऊँची तनख़्वाह वाला ''ई'' कर्मचारी बनूँ, या फिर ऊँची आमदनी वाला ''एस'' यानी सेल्फ़-एम्प्लॉयड प्रोफ़ेशनल, जैसे डॉक्टर, वकील या अकाउंटेंट। मेरे ग़रीब डैडी स्थायी तनख़्वाह, दीगर सुविधाओं और नौकरी की सुरक्षा के बारे में बहुत चिंता करते थे। इसीलिए वे ऊँची तनख़्वाह वाले सरकारी अधिकारी और हवाई राज्य के शिक्षा प्रमुख थे।

अमीर डैडी की सलाह

दूसरी ओर, मेरे अमीर परंतु अशिक्षित डैडी बिलकुल अलग सलाह देते थे, ''स्कूल जाओ, स्नातक बनो, बिज़नेस बनाओ और सफल निवेशक बनो।''

वे जीवन में हमेशा इस रास्ते पर चलने की सलाह देते थे :

इस पुस्तक में यह बताया गया है कि अपने अमीर डैडी की सलाह पर अमल करते समय मैं किस मानसिक, भावनात्मक और शैक्षणिक प्रक्रिया से गुज़रा।

यह पुस्तक किसके लिए है

यह पुस्तक उन लोगों के लिए लिखी गई है, जो क्वाड्रैंट बदलने के लिए तैयार हैं। यह पुस्तक ख़ास तौर पर उनके लिए है, जो वर्तमान ''ई'' या ''एस'' क्वाड्रैंट में हैं और ''बी'' या ''आई'' क्वाड्रैंट में जाने के बारे में विचार कर रहे हैं। यह उन लोगों के लिए है, जो नौकरी की सुरक्षा के बजाय आर्थिक सुरक्षा हासिल करना चाहते हैं। यह यात्रा आसान नहीं

है, परंतु इस यात्रा के अंतर में पुरस्कार इतने बड़े हैं कि यह लाभदायक साबित होती है। यह आर्थिक स्वतंत्रता की यात्रा है।

जब मैं 12 साल का था, तो मेरे अमीर डैडी ने मुझे एक कहानी सुनाई, जिसने मुझे प्रचुर दौलत और आर्थिक स्वतंत्रता हासिल करने का मार्गदर्शन दिया। इस कहानी के माध्यम से अमीर डैडी मुझे ***कैशफ़्लो क्वाड्रैंट*** के बाएँ हिस्से यानी ''ई'' और ''एस'' तथा क्वाड्रैंट के दाएँ हिस्से यानी ''बी'' और ''आई'' क्वाड्रैंटों के बीच के अंतर को समझाना चाहते थे। कहानी इस तरह थी :

''एक बार की बात है। एक छोटा सा गाँव था। यहाँ का जीवन बहुत सुखद था, सिर्फ़ एक समस्या थी। बारिश न होने पर इस गाँव में पानी नहीं रहता था। गाँव वाले इस समस्या से हमेशा के लिए मुक्ति पाना चाहते थे। इसलिए गाँव के बुज़ुर्गों ने गाँव में नियमित रूप से पानी उपलब्ध कराने के लिए निविदाएँ मँगाई। दो लोग इस काम को करने के लिए स्वेच्छा से आगे आए और गाँव के बुज़ुर्गों ने उन दोनों को ही इसका ठेका दे दिया। उन्हें लगा कि थोड़ी प्रतियोगिता होने पर क़ीमतें कम रहेंगी और पानी की आपूर्ति की वैकल्पिक व्यवस्था भी बनी रहेगी।

इन दोनों सफल ठेकेदारों में से एक का नाम एड था। जैसे ही उसे ठेका मिला वह तत्काल बाहर भागा। उसने स्टील की दो बड़ी बाल्टियाँ ख़रीदीं और एक मील दूर स्थित झील की पगडंडी पर भागता हुआ गया। वह तत्काल पैसे कमाने लगा, क्योंकि सुबह से शाम तक वह झील से बाल्टियाँ भरता था और उन्हें गाँव में बने सीमेंट के बड़े टैंक में ख़ाली करता था। हर सुबह वह गाँव वालों के उठने से पहले उठ जाता था, ताकि गाँव वालों को सुबह-सुबह पर्याप्त पानी मिल सके। यह बहुत मेहनत वाला काम था। बहरहाल वह ख़ुश था, क्योंकि वह पैसे कमा रहा था। उसे गर्व था कि वह इस बिज़नेस के दो सफल ठेकेदारों में से एक था।

दूसरा ठेकेदार बिल कुछ समय के लिए ग़ायब हो गया। वह महीनों तक नज़र नहीं आया, जिससे एड बहुत ख़ुश हुआ। क्योंकि अब बिज़नेस में उसका कोई प्रतियोगी नहीं था। सारा पैसा एड ही कमा रहा था।

एड के साथ प्रतियोगिता करने के लिए दो बाल्टियाँ ख़रीदने के बजाय बिल ने बिज़नेस की योजना बनाई, एक कॉरपोरेशन बनाया, चार निवेशकों को तैयार किया, एक प्रेसिडेंट को नौकरी पर रखा और छह महीने बाद वह निर्माण दल के साथ गाँव लौटा। एक साल में उसकी टीम ने स्टेनलेस स्टील की एक मोटी पाइपलाइन बिछाकर गाँव को झील से जोड़ दिया।

भव्य शुभारंभ समारोह में बिल ने घोषणा की कि वह एड के पानी से ज़्यादा साफ़ पानी उपलब्ध कराएगा। बिल यह बात जानता था कि गाँव वाले एड के पानी में गंदगी की शिकायतें कर रहे थे। बिल ने यह भी घोषणा की कि वह गाँव वालों को हफ़्ते में सातों दिन और चौबीस घंटे पानी की आपूर्ति कर सकता है। एड सिर्फ़ सोमवार से शुक्रवार तक ही पानी पहुँचाता था... वह छुट्टियों में काम नहीं करता था। बिल ने घोषणा की कि वह पानी

की ज़्यादा अच्छी क्वालिटी और अधिक विश्वसनीय स्रोत के बावजूद एड से 75 प्रतिशत कम क़ीमत लेगा। गाँव वालों ने तालियाँ बजाईं और बिल की पाइपलाइन से कनेक्शन लेने के लिए दौड़ पड़े।

प्रतियोगिता में बने रहने के लिए एड ने भी तत्काल अपने पानी की क़ीमत 75 प्रतिशत कम कर दी। उसने दो नई बाल्टियाँ ख़रीद लीं। अब वह हर चक्कर में चार बाल्टियाँ लाने लगा। बेहतर सेवा देने के लिए उसने अपने दो पुत्रों को भी अपने साथ काम पर लगा लिया, ताकि वे उसकी नाइट शिफ़्ट और छुट्टियों में उसकी मदद कर सकें। जब उसके लड़के कॉलेज गए, तो उसने उनसे कहा,

''जल्दी आना, क्योंकि किसी दिन यह बिज़नेस तुम्हारा होगा।''

न जाने क्यों, कॉलेज पूरा करने के बाद उसके दोनों पुत्र वापस नहीं लौटे। आख़िरकार, एड को कर्मचारियों और यूनियन की समस्याओं का सामना करना पड़ा। यूनियन ज़्यादा मज़दूरी और बेहतर सुविधाओं की माँग कर रही थी और चाहती थी कि इसके सदस्य एक बार में सिर्फ़ एक बाल्टी पानी ही ढोएँ।

दूसरी तरफ़ बिल ने सोचा कि इस गाँव की तरह ही दूसरे गाँवों में भी पानी की ज़रूरत होगी। उसने बिज़नेस की एक और योजना बनाई। इसके बाद वह तीव्र गति, अधिक पानी, कम लागत और साफ़ पानी के अपने डिलिवरी सिस्टम को बेचने के लिए दुनिया भर के गाँवों में गया। वह हर बाल्टी पानी पर सिर्फ़ एक पेनी कमाता था, परंतु वह हर दिन अरबों बाल्टी पहुँचाता था। चाहे वह काम करे या न करे, अरबों लोग अरबों बाल्टी पानी का उपयोग करते थे और सारा धन उसके बैंक ख़ाते में जमा होता रहता था। बिल ने एक ऐसी पाइपलाइन बना ली थी, जिससे उसके पास पैसा आता था और गाँव वालों के पास पानी।

बिल हमेशा सुख से रहा। दूसरी तरफ़ एड ज़िंदगी भर कड़ी मेहनत करता रहा और आर्थिक समस्याओं से जूझता रहा। कहानी ख़त्म।''

बिल और एड की इस कहानी ने बरसों तक मुझे मार्गदर्शन दिया। इसने निर्णय करने की प्रक्रिया में मेरी जीवन भर मदद की। मैं अक्सर ख़ुद से पूछता हूँ,

''मैं पाइपलाइन बना रहा हूँ या बाल्टियाँ भरकर पानी डाल रहा हूँ।''

''मैं कड़ी मेहनत कर रहा हूँ या स्मार्ट तरीक़े से मेहनत कर रहा हूँ?''

इन सवालों के जवाबों ने मुझे आर्थिक रूप से स्वतंत्र बना दिया है।

यह पुस्तक इसी बारे में हैं। यह इस बारे में है कि ''बी'' और ''आई'' क्वाड्रैंट में पहुँचने के लिए किस चीज़ की ज़रूरत होती है। यह उन लोगों के लिए है, जो बाल्टियाँ ढोते-ढोते थक गए हैं और ऐसी पाइपलाइनें बिछाना चाहते हैं, जो पैसे को बहाकर उनकी जेब के अंदर लाएँ... उनकी जेब से बाहर न ले जाएँ।

यह पुस्तक तीन खंडों में है

खंड I : इस पुस्तक का पहला खंड चारों क्वाड्रैंटों में रहने वाले लोगों के मूलभूत अंतरों का वर्णन करता है। यह बताता है कि कुछ लोग कुछ क्वाड्रैंटों की ओर क्यों आकर्षित होते हैं और अक्सर वहीं फँसे रह जाते हैं। इससे आपको यह जानने में मदद मिलेगी कि आप क्वाड्रैंट में आज कहाँ हैं और पाँच साल बाद कहाँ होना चाहते हैं।

खंड II : इस पुस्तक का दूसरा खंड व्यक्तिगत परिवर्तन के बारे में है। आपको क्या करना है, इसके बजाय यह इस बात से संबंधित है कि आपको क्या बनना है।

खंड III : इस पुस्तक के तीसरे खंड में वे सात क़दम बताए गए हैं, जो आपको क्वाड्रैंट के दाएँ हिस्से में पहुँचाएँगे। सफल ''बी'' और ''आई'' बनने के लिए कौन सी योग्यताएँ आवश्यक हैं, इस बारे में मैं आपको अपने अमीर डैडी के रहस्य बताऊँगा। इससे आपको आर्थिक स्वतंत्रता की अपनी राह चुनने में मदद मिलेगी।

कैशफ़्लो क्वाड्रैंट में मैं वित्तीय बुद्धिमत्ता के महत्त्व पर ज़ोर दूँगा। अगर आप ''ई'' या ''एस'' वाले बाएँ हिस्से में बने रहने का विकल्प चुनते हैं, तो आपको स्मार्ट बनने की को ख़ास ज़रूरत नहीं है। बहरहाल, अगर ''बी'' या ''आई'' के रूप में क्वाड्रैंट के दाएँ हिस्से में काम करना चाहते हैं, तो आपको बहुत स्मार्ट बनना होगा।

''बी'' या ''आई'' बनने के लिए आपको उस दिशा को नियंत्रित करना होगा, जहाँ से आपका कैशफ़्लो या आमदनी आ रही है। यह पुस्तक उन लोगों के लिए लिखी गई है, जो अपने जीवन में परिवर्तन करने के लिए तैयार हैं। यह उन लोगों के लिए लिखी गई है, जो नौकरी की सुरक्षा से आगे बढ़ने के लिए तैयार हैं और वित्तीय स्वतंत्रता प्राप्त करने के लिए अपनी ख़ुद की पाइपलाइन बनाना शुरू कर रहे हैं।

हम सूचना युग की शुरुआत में हैं। यह युग आर्थिक पुरस्कार के और अधिक अवसर प्रदान करेगा। ''बी'' और ''आई'' की योग्यता वाले लोग उन अवसरों को पहचान सकेंगे और उनका दोहन कर सकेंगे। सूचना युग में सफल होने के लिए व्यक्ति को चारों क्वाड्रैंटों की जानकारी होना चाहिए। दुर्भाग्य से, हमारे स्कूल अब भी औद्योगिक युग में हैं और विद्यार्थियों को क्वाड्रैंट के सिर्फ़ बाएँ हिस्से के लिए तैयार करते हैं।

अगर आप सूचना युग (information age) में प्रगति करने के लिए नए जवाबों की तलाश कर रहे हैं, तो यह पुस्तक आपके लिए लिखी गई है। यह सूचना युग में आपकी यात्रा में मदद करने के लिए लिखी गई है। इसमें सारे जवाब नहीं हैं... परंतु यह उन गहरे व्यक्तिगत और मार्गदर्शक सबक़ों के बारे में बताएगी, जो मैंने *कैशफ़्लो क्वाड्रैंट* के ''ई'' और ''एस'' वाले हिस्से से ''बी'' और ''आई'' वाले हिस्से तक की अपनी यात्रा के दौरान सीखे हैं।

अगर आप अपनी वित्तीय स्वतंत्रता की यात्रा शुरू करने के लिए तैयार हैं या पहले से ही इस राह पर चल पड़े हैं, तो यह पुस्तक आपके लिए ही लिखी गई है।

खंड I

कैशफ़्लो क्वाड्रैंट

अध्याय 1

तुम नौकरी क्यों नहीं कर लेते?

जो नौकरी को मूल्यवान समझता है, उसे यह समझाना मुश्किल होता है कि आप नौकरी क्यों नहीं करना चाहते।

1985 में मेरी पत्नी किम और मैं बेघर थे। हम बेरोज़गार थे। हमारे पास बचत के नाम पर बहुत थोड़ा पैसा था और हमारा क्रेडिट कार्ड ख़ाली था। हम एक पुरानी भूरी टोयोटा कार में रहते थे, जिसकी सीटें पीछे झुक जाने पर बिस्तर का काम करती थीं। एक सप्ताह बीतने पर हमें यह कठोर सच्चाई समझ में आने लगी कि हम कौन थे, क्या कर रहे थे और कहाँ जा रहे थे।

हम दो हफ़्तों तक बेघर रहे। जब मेरी एक मित्र को हमारी बुरी आर्थिक स्थिति का पता चला, तो उसने हमें अपने बेसमेंट में रहने के लिए आमंत्रित किया। हम वहाँ नौ महीने तक रहे।

हम अपनी स्थिति के बारे में ख़ामोश रहे। ज़्यादातर समय मेरी पत्नी और मैं ऊपर से बिलकुल सामान्य दिखते थे। जब दोस्तों और परिवार वालों को हमारी बुरी हालत का पता चला, तो उनके द्वारा पूछे जाने वाला पहला सवाल हमेशा यही होता था, "तुम नौकरी क्यों नहीं कर लेते?"

पहले तो हमने उन्हें समझाने की कोशिश की, परंतु ज़्यादातर मामलों में हम उन्हें अपने कारण ठीक से समझा नहीं पाए। जो व्यक्ति नौकरी को मूल्यवान समझता है, उसे यह समझाना कठिन होता है कि आप नौकरी क्यों नहीं करना चाहते।

कभी-कभार हम छुटपुट काम करके कुछ डॉलर कमा लेते थे। परंतु हम ये काम सिर्फ़ इसलिए करते थे, ताकि हमारे पेट को भोजन मिलता रहे और कार को ईंधन। कुछ अतिरिक्त

डॉलर का ईंधन हमें अपने अनोखे लक्ष्य की ओर आगे बढ़ा रहा था। मुझे यह स्वीकार करना होगा कि गहरी व्यक्तिगत शंका के उन क्षणों में स्थायी तनख़्वाह वाली सुरक्षित नौकरी का विचार बहुत आकर्षक लगता था। परंतु चूँकि हम नौकरी की सुरक्षा की तलाश नहीं कर रहे थे, इसलिए हम जुटे रहे और वित्तीय खाई की कगार पर खड़े होकर दिन काटते रहे।

1985 हमारे जीवन का सबसे बुरा साल था और सबसे लंबा भी। जो भी कहता है कि धन महत्त्वपूर्ण नहीं है, ज़ाहिर है वह इसके बिना लंबे समय तक नहीं रहा है। किम और मैं अक्सर झगड़ते थे, हममें अक्सर बहस होती थी। डर, अनिश्चितता और भूख इंसान के भावनात्मक फ़्यूज़ को अक्सर उड़ा देते हैं और हम उसी व्यक्ति से लड़ने लगते हैं, जो हमें सबसे ज़्यादा प्रेम करता है। बहरहाल, प्रेम ने हम दोनों को जोड़े रखा और उस विपत्ति की वजह से जीवनसाथी के रूप में हमारा बंधन ज़्यादा मज़बूत हुआ। हम जानते थे कि हम कहाँ जा रहे थे; हम सिर्फ़ यह नहीं जानते थे कि हम की वहाँ पहुँच भी पाएँगे या नहीं।

हम जानते थे कि हमें सुरक्षित और ऊँची तनख़्वाह वाली नौकरी आसानी से मिल सकती थी। हम दोनों ही कॉलेज के स्नातक थे, हम योग्य थे और हमारे सुदृढ़ कार्य-सिद्धांत थे। बहरहाल, हम नौकरी की सुरक्षा की तलाश नहीं कर रहे थे। हम आर्थिक स्वतंत्रता की तलाश कर रहे थे।

1989 तक हम मिलियनेअर बन चुके थे। हालाँकि कुछ लोगों की निगाह में हम आर्थिक दृष्टि से सफल हो चुके थे, परंतु हमारा सपना अभी पूरा नहीं हुआ था। हम अब भी सच्ची आर्थिक स्वतंत्रता हासिल नहीं कर पाए थे। इसे हासिल करने के लिए हमें 1994 तक इंतज़ार करना पड़ा। तब जाकर हम ऐसी स्थिति में पहुँचे, जिसके बाद हमें जीवन में की काम करने की ज़रूरत नहीं थी। जब तक कोई अप्रत्याशित वित्तीय विपत्ति ही न आ जाए, तब तक हम दोनों ही आर्थिक रूप से स्वतंत्र थे। उस समय किम की उम्र 37 साल थी और मेरी 47 साल।

धन कमाने के लिए धन की ज़रूरत नहीं होती

मैंने इस पुस्तक की शुरुआत में अपनी बेघर स्थिति और कंगाली की हालत का ज़िक्र इसलिए किया है क्योंकि मैं अक्सर लोगों को यह कहते सुनता हूँ, ''धन कमाने के लिए धन की ज़रूरत होती है।''

मैं इससे सहमत नहीं हूँ। 1985 में बेघर होने से 1989 में अमीर बनने और फिर 1994 में आर्थिक रूप से स्वतंत्र होने तक हमें पैसे की ज़रूरत नहीं पड़ी। हमने जब शुरू किया था, तो हमारे पास धन नहीं था। इसके विपरीत हम क़र्ज़ में डूबे थे।

धन कमाने के लिए अच्छी औपचारिक शिक्षा की ज़रूरत भी नहीं है। हालाँकि मेरे पास कॉलेज की डिग्री थी, परंतु मैं ईमानदारी से कह सकता हूँ कि मैंने जो आर्थिक स्वतंत्रता हासिल की, उसका कॉलेज में सीखी गई बातों से कोई लेना-देना नहीं था। बरसों तक पढ़े गए कैलकुलस, स्फ़ेरिकल ट्रिगनोमेट्री, केमिस्ट्री, फ़िज़िक्स, फ्रेंच और अँग्रेज़ी साहित्य की मुझे ज़्यादा ज़रूरत नहीं पड़ी।

बहुत से सफल लोगों ने स्कूल या कॉलेज की डिग्री हासिल किए बिना पढ़ा अधूरी छोड़ दी थी : जैसे जनरल इलेक्ट्रिक के संस्थापक थॉमस एडिसन, फ़ोर्ड मोटर कंपनी के संस्थापक हेनरी फ़ोर्ड, माइक्रोसॉफ़्ट के संस्थापक बिल गेट्स, सी.एन.एन. के संस्थापक टेड टर्नर, डेल कम्प्यूटर्स के संस्थापक माइकल डेल, एपल कम्प्यूटर्स के संस्थापक स्टीव जॉब्स और पोलो के संस्थापक राल्फ़ लॉरेन। पारंपरिक व्यवसायों के लिए कॉलेज की शिक्षा महत्त्वपूर्ण है, परंतु उन कामों के लिए नहीं, जिनसे लोगों ने प्रचुर दौलत कमाई है। उन्होंने अपने सफल व्यवसाय विकसित किए थे। किम और मैं भी यही करना चाहते थे।

तो इसके लिए किस चीज़ की ज़रूरत होती है?

मुझसे अक्सर पूछा जाता है, ''अगर धन कमाने के लिए धन की ज़रूरत नहीं होती और अगर स्कूल-कॉलेज आपको यह नहीं सिखाते कि आर्थिक रूप से स्वतंत्र कैसे बना जाता है, तो इसके लिए किस चीज़ की ज़रूरत होती है?''

मेरा जवाब है : इसके लिए एक सपने, दृढ़ संकल्प, जल्दी सीखने की इच्छा और ईश्वर द्वारा दी गई नियामतों का उचित प्रयोग करने की योग्यता की ज़रूरत होती है और यह जानने की कि आपकी आमदनी *कैशफ़्लो क्वाड्रैंट* के किस हिस्से से आ रही है।

कैशफ़्लो क्वाड्रैंट क्या है?

नीचे दिया गया चित्र *कैशफ़्लो क्वाड्रैंट* है, क्वाड्रैंट के अक्षरों का अर्थ :

E **यानी कर्मचारी** *(employee)*

S **यानी सेल्फ़-एम्प्लॉयड** *(self-employed)*

B **यानी बिज़नेस मालिक** *(business owner)*

I **यानी निवेशक** *(investor)*

आपको किस क्वाड्रैंट से आमदनी होती है?

कैशफ़्लो क्वाड्रैंट उन विभिन्न तरीक़ों को बताता है, जिसके द्वारा आमदनी या धन उत्पन्न होता है। उदाहरण के लिए, एक कर्मचारी नौकरी करके यानी किसी दूसरे व्यक्ति या कंपनी

के लिए काम करके धन कमाता है। सेल्फ़-एम्प्लॉयड लोग ख़ुद के लिए काम करके पैसे कमाते हैं। बिज़नेस का मालिक धन प्रदान करने वाले बिज़नेस का स्वामी होता है और निवेशक अपने निवेशों से धन कमाते हैं - दूसरे शब्दों में, वे अपने धन से और अधिक धन उत्पन्न करते हैं।

आमदनी पैदा करने के विभिन्न तरीक़ों के लिए अलग-अलग मानसिकताओं, तकनीकी योग्यताओं, शैक्षणिक राहों और अलग-अलग तरह के लोगों की ज़रूरत होती है। अलग-अलग तरह के लोग अलग-अलग क्वाड्रैंटों के प्रति आकर्षित होते हैं।

हालाँकि धन एक जैसा होता है, परंतु इसे कमाने के तरीक़े बिलकुल अलग-अलग हो सकते हैं। अगर आप क्वाड्रैंट के चार भिन्न लेबलों की ओर देखें, तो आप ख़ुद से यह पूछ सकते हैं, ''आप अधिकांश आमदनी किस क्वाड्रैंट से कमाते हैं?''

हर क्वाड्रैंट अलग है। अलग-अलग क्वाड्रैंट से धन कमाने के लिए अलग-अलग योग्यताओं और अलग व्यक्तित्व की आवश्यकता होती है, भले ही हर क्वाड्रैंट में पाया जाने वाला व्यक्ति एक ही हो। एक क्वाड्रैंट से दूसरे क्वाड्रैंट में जाना सुबह गोल्फ़ खेलने और रात को डांस करने की तरह है।

आप चारों क्वाड्रैंटों से धन कमा सकते हैं

हममें से ज़्यादातर लोगों में चारों क्वाड्रैंटों से धन कमाने की क्षमता होती है। आप या मैं अपनी मूलभूत आमदनी कमाने के लिए किस क्वाड्रैंट को चुनते हैं, इसका इस बात से ज़्यादा संबंध नहीं है कि हमने स्कूल-कॉलेज में क्या सीखा है। इसका इस बात से ज़्यादा संबंध है कि हमारे केंद्र में क्या है - हमारे केंद्रीय जीवनमूल्य, शक्तियाँ, कमज़ोरियाँ और रुचियाँ क्या हैं। हमारे केंद्र में स्थित ये मूलभूत अंतर ही हमें इन क्वाड्रैंटों में से किसी एक की ओर आकर्षित या विकर्षित करते हैं।

परंतु अगर हम यह रहने दें कि व्यावसायिक रूप से हम क्या ''करते हैं,'' तो हम सभी चारों क्वाड्रैंटों में काम कर सकते हैं। उदाहरण के लिए, एक डॉक्टर अपनी आमदनी ''ई'' से कमा सकता है, अगर वह कर्मचारी के रूप में किसी बड़े अस्पताल में नौकरी करता हो या किसी सरकारी अस्पताल में काम करता हो या सेना में डॉक्टर हो या फिर किसी बीमा कंपनी के स्टाफ़ में हो।

यही डॉक्टर ''एस'' के रूप में भी धन कमा सकता है। वह सेल्फ़-एम्प्लॉयड व्यक्ति के रूप में अपनी प्राइवेट प्रैक्टिस शुरू कर सकता है, अपनी क्लीनिक खोल सकता है, स्टाफ़ को नौकरी पर रख सकता है और अपने ग्राहकों की निजी सूची बना सकता है।

या यह डॉक्टर ''बी'' बनने का निर्णय भी ले सकता है। वह किसी क्लीनिक या लेबोरेटरी का स्वामी बन सकता है। वह अपने स्टाफ़ में दूसरे डॉक्टरों को रख सकता है। शायद यह डॉक्टर इस बिज़नेस को चलाने के लिए किसी बिज़नेस मैनेजर को भी नौकरी पर रखेगा। इस स्थिति में डॉक्टर इस बिज़नेस का स्वामी होगा, परंतु उसे इसमें काम करने की ज़रूरत नहीं है। यह भी हो सकता है कि डॉक्टर कोई ऐसी कंपनी बनाने का फ़ैसला

करे, जिसका चिकित्सा के क्षेत्र से कोई संबंध न हो, जबकि वह ख़ुद किसी दूसरी जगह कर्मचारी के रूप में काम करे। अगर ऐसा होता है, तो यह डॉक्टर अपनी आमदनी ''ई'' और ''बी'' के रूप में कमाएगा।

''आई'' के रूप में डॉक्टर किसी दूसरे के बिज़नेस में निवेश करके धन कमा सकता है या फिर शेयर बाज़ार, बॉन्ड मार्केट और रियल एस्टेट जैसे निवेशों से भी।

महत्त्वपूर्ण बात यह है, ''आमदनी कहाँ से होती है।'' हम क्या करते हैं, यह उतना महत्त्वपूर्ण नहीं है, जितना कि यह कि हमारी आमदनी कहाँ से होती है।

धन कमाने के अलग-अलग तरीक़े

किसी भी चीज़ से बढ़कर, हमारे केंद्रीय जीवनमूल्यों, शक्तियों, कमज़ोरियों और रुचियों के आंतरिक अंतर इस बात को प्रभावित करते हैं कि हम आमदनी कमाने के लिए किस क्वाड्रैंट को चुनते हैं। कुछ लोगों को कर्मचारी बनना अच्छा लगता है, जबकि दूसरे इससे नफ़रत करते हैं। कुछ लोगों को कंपनियों का मालिक बनना अच्छा लगता है, परंतु उन्हें चलाना अच्छा नहीं लगता। दूसरे लोगों को कंपनी का मालिक बनना अच्छा लगता है और उन्हें चलाना भी अच्छा लगता है। कुछ लोगों को निवेश करना अच्छा लगता है, जबकि बाकियों को इसमें सिर्फ़ पैसा गँवाने का जोखिम नज़र आता है। हममें से अधिकांश लोगों में इन चारों प्रकार के चरित्रों का थोड़ा-बहुत अंश होता है। अगर हम चारों क्वाड्रैंटों में सफल बनना चाहते हैं, तो इसका यह अर्थ है कि हमें अपने आंतरिक केंद्रीय जीवनमूल्यों को नई दिशा में ढालना होगा।

आप चारों क्वाड्रैंटों में अमीर या ग़रीब हो सकते हैं

यह जानना भी महत्त्वपूर्ण है कि आप चारों क्वाड्रैंटों में अमीर या ग़रीब हो सकते हैं। ऐसे लोग हर क्वाड्रैंट में होते हैं, जिन्होंने लाखों-करोड़ों रुपए कमाए या जो दिवालिया हो गए। किसी एक क्वाड्रैंट या दूसरे क्वाड्रैंट में होना आर्थिक सफलता की गारंटी नहीं है।

सभी क्वाड्रैंट समान नहीं हैं

हर क्वाड्रैंट की अलग-अलग विशेषताओं को जानने के बाद आप यह निर्णय करने की बेहतर स्थिति नें होंगे कि कौन सा क्वाड्रैंट या कौन से क्वाड्रैंट आपके लिए सर्वश्रेष्ठ हो सकते हैं।

उदाहरण के लिए, अन्य कारणों के अलावा मैंने टैक्स के लाभों के कारण भी ''बी'' और ''आई'' क्वाड्रैंटों में काम करने का विकल्प चुना। क्वाड्रैंट के बाएँ हिस्से में काम कर रहे अधिकांश लोगों के लिए टैक्स से बचने के बहुत कम क़ानूनी रास्ते उपलब्ध हैं। परंतु क्वाड्रैंट के दाएँ हिस्से में टैक्स से बचने के बहुत से क़ानूनी रास्ते मौजूद हैं। ''बी'' और ''आई'' क्वाड्रैंटों से मैं ज़्यादा तेज़ी से धन कमा सकता था और उस धन से अपने लिए

ज़्यादा लंबे समय तक काम करवा सकता था, क्योंकि मुझे अपने कमाए धन का बड़ा हिस्सा टैक्स में नहीं देना पड़ता था।

धन कमाने के अलग-अलग तरीक़े

जब लोग पूछते हैं कि किम और मैं बेघर क्यों रहे, तो मैं उन्हें बताता हूँ कि ऐसा उन बातों की वजह से था, जो मेरे अमीर डैडी ने मुझे धन के बारे में सिखाई थीं। मेरे लिए धन महत्त्वपूर्ण है, परंतु मैं सारी ज़िंदगी इसके लिए मेहनत नहीं करना चाहता था। इसीलिए मैंने नौकरी नहीं की। ज़िम्मेदार नागरिक बनने के लिए किम और मैं चाहते थे कि हमारा पैसा हमारे लिए काम करे बजाय इसके कि हम पैसे के लिए सारी ज़िंदगी शारीरिक श्रम करते रहें।

इसीलिए कैशफ़्लो क्वाड्रैंट महत्त्वपूर्ण है। यह पैसा कमाने के अलग-अलग तरीक़ों के बीच के अंतर को बताता है। शारीरिक श्रम करने के अलावा भी ज़िम्मेदार होने और पैसा कमाने के बहुत से तरीक़े हैं।

अलग-अलग पिता – पैसे के बारे में अलग-अलग विचार

मेरे उच्च शिक्षित डैडी का प्रबल विश्वास था कि पैसे से प्रेम करना बुरी बात है। उनका मानना था कि अत्यधिक लाभ कमाने का अर्थ यह है कि आप लोभी हैं। जब अख़बारों में उनकी ऊँची तनख़्वाह के बारे में छपता था, तो वे असहज हो जाते थे, क्योंकि उन्हें महसूस होता था कि उन्हें बहुत ज़्यादा तनख़्वाह मिलती है, जबकि उनके अधीन काम करने वाले स्कूली शिक्षकों को उनसे बहुत कम तनख़्वाह मिलती है। वे एक अच्छे, ईमानदार और मेहनती आदमी थे, जो अपने इस दृष्टिकोण की रक्षा करने का सर्वश्रेष्ठ प्रयास करते थे कि धन जीवन में महत्त्वपूर्ण नहीं है।

मेरे उच्च शिक्षित परंतु ग़रीब डैडी हमेशा कहा करते थे,

- ''मेरी पैसे में ज़्यादा रुचि नहीं है।''
- ''मैं कभी अमीर नहीं बनूँगा।''
- ''मेरे पास इसे ख़रीदने के पैसे नहीं हैं।''
- ''निवेश करना जोखिम भरा है।''
- ''धन सब कुछ नहीं है।''

धन जीवन को सहारा देता है

मेरे अमीर डैडी का दृष्टिकोण बिलकुल ही अलग था। वे सोचते थे कि पैसे के लिए ज़िंदगी भर मेहनत करते रहना मूर्खता है। उनके हिसाब से यह समझदारी नहीं थी कि पैसा महत्त्वपूर्ण नहीं है। अमीर डैडी का मानना था कि हालाँकि जीवन पैसे से ज़्यादा महत्त्वपूर्ण है, परंतु जीवन को सहारा देने के लिए पैसा ज़रूरी है। वे अक्सर कहते थे, ''आपके पास एक दिन

में चौबीस घंटे ही होते हैं और आप इस सीमा तक ही कड़ी मेहनत कर सकते हैं। तो पैसे के लिए कड़ी मेहनत क्यों की जाए? अगर आप पैसे और लोगों से अपने लिए कड़ी मेहनत करवाना सीख लेते हैं, तो आप महत्त्वपूर्ण काम करने के लिए स्वतंत्र हो सकते हैं।''

मेरे अमीर डैडी के लिए ये बातें महत्त्वपूर्ण थीं :

- अपने बच्चों के साथ रहने के लिए बहुत समय होना।
- परोपकार और अपनी रुचि की अन्य सेवाभावी परियोजनाओं में दान देने के लिए धन होना।
- समुदाय में नौकरियाँ और आर्थिक स्थायित्व लाना।
- अपनी सेहत का ध्यान रखने के लिए समय और धन होना।
- अपने परिवार के साथ दुनिया घूमने में समर्थ होना।

अमीर डैडी कहते थे, ''इन चीज़ों के लिए पैसे की ज़रूरत होती है, इसीलिए पैसा मेरे लिए महत्त्वपूर्ण है। पैसा महत्त्वपूर्ण है, परंतु मैं इसके लिए काम करके अपनी ज़िंदगी बर्बाद नहीं करना चाहता।''

क्वाड्रैंट चुनना

जब हम बेघर थे, तब मेरी पत्नी और मैंने ''बी'' तथा ''आई'' क्वाड्रैंटों पर ध्यान केंद्रित करने का विकल्प चुना। इसका एक कारण यह था कि अमीर डैडी के मार्गदर्शन की बदौलत मेरे पास इन क्वाड्रैंटों का अधिक प्रशिक्षण और शिक्षा थी। इसी वजह से मैं हर क्वाड्रैंट के विभिन्न आर्थिक और व्यावसायिक लाभों के बारे में अच्छी तरह से जानता था। मेरे हिसाब से दाएँ हिस्से के क्वाड्रैंट यानी ''बी'' और ''आई'' क्वाड्रैंट आर्थिक सफलता तथा आर्थिक स्वतंत्रता पाने का सर्वश्रेष्ठ अवसर प्रदान करते थे।

इसके अलावा, 37 साल की उम्र तक मैं चारों क्वाड्रैंटों में सफलताओं और असफलताओं का अनुभव ले चुका था। इस वजह से मुझे अपने व्यक्तिगत स्वभाव, पसंद, नापसंद, शक्तियों और कमज़ोरियों की जानकारी भी मिल गई थी। मैं जानता था कि मैं किन क्वाड्रैंटों में अधिक श्रेष्ठ था।

माता-पिता शिक्षक हैं

जब मैं छोटा था, तो मेरे अमीर डैडी अक्सर *कैशफ़्लो क्वाड्रैंट* का ज़िक्र करते थे। वे मुझे अक्सर समझाते रहते थे कि इसके बाएँ और दाएँ हिस्से में सफल व्यक्तियों के बीच क्या अंतर होता है। परंतु चूँकि मैं छोटा था, इसलिए मैंने उनकी बातों की तरफ़ ज़्यादा ध्यान नहीं दिया। मैं कर्मचारी और बिज़नेस मालिक की मानसिकताओं के अंतर को नहीं समझ पाया। उस समय मैं स्कूल में बने रहने के लिए संघर्ष कर रहा था।

बहरहाल, मैं उनके शब्द सुनता रहा और जल्दी ही मुझे उनका अर्थ समझ में आने लगा। दो प्रतिभाशाली और सफल पिताओं के आसपास होने से मुझे उन दोनों की कही बातों का मतलब समझ में आया। परंतु उनके कामों से मुझे *क्वाड्रैंट* के ''ई/एस'' हिस्से और ''बी/आई'' हिस्से के अंतर ज़्यादा अच्छी तरह से समझ में आने लगे। पहले तो ये अंतर सूक्ष्म थे, परंतु बाद में वे बहुत स्पष्ट हो गए।

उदाहरण के तौर पर, मैंने बचपन में एक कष्टकारी सबक़ सीखा था। वह सबक़ यह था कि एक डैडी के पास मेरे साथ बिताने के लिए बहुत समय रहता था, जबकि दूसरे के पास ज़रा भी समय नहीं रहता था। जैसे-जैसे दोनों डैडियों की सफलता और शोहरत बढ़ती गई, यह स्पष्ट दिख रहा था कि एक डैडी यानी मेरे असली डैडी के पास अपनी पत्नी और चार बच्चों के साथ बिताने के लिए समय दिनोंदिन कम होता गया। वे हमेशा यात्रा करते रहते थे, बैठकों में जाते थे या बैठकों में भाग लेने के लिए हवाई अड्डे की तरफ़ भागते रहते थे। वे जितने ज़्यादा सफल हुए, परिवार के साथ उनका रात का भोजन उतना ही कम होता गया। सप्ताह के अंत में वे रहते तो घर पर थे, परंतु वे अपना सारा समय अपने छोटे से ऑफ़िस में बिताते थे और काग़ज़ों के बीच सिर घुसाए रहते थे।

दूसरी तरफ़, मेरे अमीर डैडी जैसे-जैसे सफल होते गए, उनके पास ख़ाली समय बढ़ता गया। मैं धन, वित्त, बिज़नेस और जीवन के बारे में इतना ज़्यादा सीख पाया, उसका एक कारण यह भी है कि मेरे अमीर डैडी के पास अपने बच्चों और मेरे लिए बहुत समय था।

एक और उदाहरण यह है कि दोनों डैडी जब सफल हुए तो वे पहले से ज़्यादा धन कमाने लगे, परंतु मेरे असली डैडी यानी शिक्षित डैडी क़र्ज़ में डूबते चले गए। इसलिए वे ज़्यादा मेहनत करते थे, परंतु अचानक वे ख़ुद को उच्च आयकर समूह में पाते थे। ''टैक्स लाभ'' लेने के लिए उनके बैंकर और अकाउंटेंट उन्हें ज़्यादा बड़ा मकान ख़रीदने की सलाह देते थे। मेरे डैडी इस सलाह का पालन करते थे और बड़ा मकान ख़रीद लेते थे। फिर जल्दी ही वे पहले से भी ज़्यादा मेहनत करने लगते थे, ताकि वे इस नए घर की ज़्यादा बड़ी क़िस्त चुका सकें... इस वजह से वे अपने परिवार से और भी ज़्यादा दूर हो जाते थे।

मेरे अमीर डैडी अलग थे। हालाँकि वे पहले से ज़्यादा पैसा कमा रहे थे, परंतु बहुत कम टैक्स दे रहे थे। उनके पास भी बैंकर्स और अकाउंटेंट थे, परंतु वे उन्हें वही सलाह नहीं दे रहे थे, जो वे मेरे उच्च शिक्षित डैडी को दे रहे थे।

मुख्य कारण

बहरहाल, एक घटना ऐसी हुई, जिसकी वजह से मैंने ठान लिया कि मैं *क्वाड्रैंट* के बाएँ हिस्से में नहीं रुकूँगा। यह मुझे प्रेरित करने वाली सबसे बड़ी शक्ति बन गई। यह घटना मेरे उच्च शिक्षित परंतु ग़रीब डैडी के साथ तब हुई, जब वे अपने करियर के शिखर पर थे।

1970 के दशक की शुरुआत में मैं कॉलेज से निकल चुका था और पेन्साकोला, फ़्लोरिडा में मैरीन कोर के लिए पायलट ट्रेनिंग ले रहा था, जहाँ से मुझे वियतनाम युद्ध में

जाना था। मेरे शिक्षित डैडी उस समय हवाई राज्य के शिक्षा अधीक्षक थे और गवर्नर के स्टाफ़ के सदस्य भी। एक शाम को मेरे डैडी ने मुझे पेन्साकोला में मेरे कमरे में फ़ोन किया।

वे बोले, ''बेटे, मैं अपनी नौकरी से इस्तीफ़ा दे रहा हूँ। मैं हवाई राज्य के लेफ़्टिनेंट गवर्नर पद के लिए रिपब्लिकन पार्टी की तरफ़ से खड़ा हो रहा हूँ।''

मैंने थूक गटकते हुए कहा, ''आप अपने बॉस के ख़िलाफ़ चुनाव लड़ेंगे?''

''बिलकुल ठीक,'' उन्होंने जवाब दिया।

''क्यों?'' मैंने पूछा। ''हवाई राज्य में रिपब्लिकन पार्टी के जीतने की कोई संभावना नहीं है। वहाँ डेमोक्रेटिक पार्टी और इसकी लेबर यूनियन्स बहुत ताक़तवर हैं।''

''मैं जानता हूँ, बेटे। मैं जानता हूँ कि हमारे जीतने की ज़रा भी संभावना नहीं है। फिर भी जज सेम्युअल किंग गवर्नर पद के उम्मीदवार होंगे और मैं उनका रनिंग मेट रहूँगा।''

''क्यों?'' मैंने दुबारा पूछा। ''जब आप पहले से ही जानते हैं कि आप हार जाएँगे, तो आप अपने बॉस के ख़िलाफ़ चुनाव क्यों लड़ रहे हैं?''

''क्योंकि मेरी अंतरात्मा मुझे कोई और काम नहीं करने देगी। ये राजनेता जो खेल खेलते हैं, उनसे मुझे परेशानी होती है।''

मैंने पूछा, ''आपका मतलब है कि वे भ्रष्ट हैं?''

''मैं यह कहना नहीं चाहता,'' मेरे असली डैडी ने जवाब दिया। वे एक ईमानदार और नैतिक व्यक्ति थे, परंतु वे कभी किसी के बारे में बुरा नहीं बोलते थे। वे हमेशा अप्रत्यक्ष रूप से ऐसा करते थे।'' बहरहाल, उनकी आवाज़ से मैं समझ गया कि वे नाराज़ और परेशान थे, जब उन्होंने मुझसे कहा, ''मैं सिर्फ़ इतना कहूँगा कि मेरी अंतरात्मा मुझे कचोटती है जब मैं देखता हूँ कि पर्दे के पीछे क्या हो रहा है। अगर मैं इसकी तरफ़ से आँखें बंद कर लूँ और कुछ न करूँ, तो मैं अपनी आत्मा के साथ सुख से नहीं जी सकता। मेरी नौकरी और तनख़्वाह मेरे लिए उतनी महत्त्वपूर्ण नहीं है, जितनी कि मेरी अंतरात्मा।''

लंबी ख़ामोशी के बाद मुझे अहसास हुआ कि मेरे डैडी फ़ैसला कर चुके थे। इसलिए मैंने धीरे से कहा, ''शुभकामनाएँ, मुझे आपके साहस और आपका बेटा होने पर गर्व है।''

जैसी आशंका थी, मेरे डैडी और रिपब्लिकन पार्टी बुरी तरह हार गए। दुबारा चुने गए गवर्नर ने साफ़ कह दिया कि मेरे डैडी को हवाई राज्य में सरकारी नौकरी नहीं मिलेगी... और उन्हें नौकरी नहीं मिली। 54 वर्ष की उम्र में मेरे डैडी नौकरी की तलाश में यहाँ-वहाँ भटक रहे थे और मैं वियतनाम जा रहा था।

अधेड़ावस्था में मेरे डैडी एक नई नौकरी की तलाश कर रहे थे। उन्होंने बहुत से काम बदले, जिनके पदनाम तो बहुत बड़े थे, परंतु तनख़्वाह बहुत कम थी। वे एक के बाद एक ऊँचे पदनाम परंतु कम तनख़्वाह वाली नौकरियाँ बदलते रहे। कभी वे एक अलाभकारी संस्था एक्स.वाय.जेड. सर्विसेस से निकलकर ए.बी.सी. सर्विसेस के एक्ज़ीक्यूटिव डायरेक्टर बन जाते थे, जो एक और अलाभकारी संगठन होता था।

वे ऊँचे, प्रतिभाशाली और ऊर्जावान व्यक्ति थे। उनके सामने समस्या यह थी कि उनका अब उस इकलौती दुनिया में स्वागत नहीं हो रहा था, जिसे वे जानते थे – सरकारी कर्मचारियों की दुनिया। उन्होंने कई छोटे बिज़नेस शुरू करने की कोशिश भी की। उन्होंने कुछ समय तक परामर्शदाता के रूप में काम किया। फिर उन्होंने एक मशहूर फ्रैंचाइज़ी ख़रीदी, परंतु उनका कोई बिज़नेस नहीं चल पाया। जब उनकी उम्र अधिक होने लगी और शक्ति कम होने लगी, तो दुबारा शुरू करने की उनकी इच्छा भी घटने लगी। बिज़नेस की हर असफलता के बाद उनकी इच्छाशक्ति की कमी अधिक स्पष्ट नज़र आने लगी। वे एक सफल ''ई'' कर्मचारी थे, जो ''एस'' क्वाड्रैंट में सफल होने की कोशिश कर रहे थे। दिक़्क़त यह थी कि उनके पास इस क्वाड्रैंट का कोई प्रशिक्षण या अनुभव नहीं था और इसमें उनका दिल नहीं लगता था। वे सार्वजनिक शिक्षा की दुनिया से प्रेम करते थे, परंतु वे दुबारा इसके अंदर नहीं जा सकते थे। राज्य सरकार में उनके रोज़गार पर प्रतिबंध स्थायी रूप से लगा रहा। कुछ लोग इसे ''ब्लैकलिस्ट करना'' भी कहते हैं।

अगर सामाजिक सुरक्षा और मेडिकेयर का सहारा नहीं होता, तो उनके जीवन के अंतिम वर्ष बहुत दुखद होते। अपनी मृत्यु के समय वे कुंठित और थोड़े नाराज़ थे, परंतु उनकी आत्मा बिलकुल साफ़ थी।

तो उन सबसे अँधेरे घंटों में मुझे किस चीज़ ने प्रेरणा दी? मुझे शिक्षित डैडी की इस तसवीर ने प्रेरित किया कि वे घर पर बैठकर फ़ोन बजने का इंतज़ार कर रहे थे और बिज़नेस की उस दुनिया में सफल होने की कोशिश कर रहे थे, जिसके बारे में वे कुछ नहीं जानते थे।

इस बात के अलावा मुझे अपने अमीर डैडी से भी प्रेरणा मिली। मेरे शिक्षित डैडी के विपरीत मेरे अमीर डैडी उम्र बढ़ने के साथ-साथ सुखी और सफल होते चले गए। 54 साल की उम्र में कमज़ोर होने के बजाय अमीर डैडी ज़्यादा ताक़तवर बन गए। वे बरसों पहले अमीर बन चुके थे, परंतु अब वे बहुत ज़्यादा अमीर बन रहे थे। अख़बारों में लगातार उनके बारे में यह ख़बरें छपती थीं कि वे वायकिकी और माउ टापू ख़रीद रहे थे। बरसों तक सुनियोजित तरीक़े से बिज़नेस बनाने और निवेश करने में उन्होंने जो मेहनत की थी, वह अब फल दे रही थी। वे टापुओं के सबसे अमीर व्यक्तियों में से एक बनने की राह पर आगे बढ़ रहे थे।

छोटे अंतर बड़े अंतर बन जाते हैं

चूँकि मेरे अमीर डैडी ने मुझे क्वाड्रैंट का ज्ञान दिया था, इसलिए मैं उन छोटे-छोटे अंतरों को देख सकता था, जो बरसों तक काम करते रहने के बाद बड़े अंतरों में बदल जाते हैं। क्वाड्रैंट के कारण मैं यह बात जानता था : मैं क्या करना चाहता था, यह फ़ैसला करना उतना महत्त्वपूर्ण नहीं था, जितना कि यह कि मैं भविष्य में क्या बनना चाहता था। सबसे अँधेरे क्षणों में यह गहरा ज्ञान और मेरे दोनों सशक्त डैडियों के सबक़ मुझे शक्ति देते रहे।

यह क्वाड्रैंट से अधिक है

कैशफ़्लो क्वाड्रैंट दो लाइनों और कुछ अक्षरों से अधिक है।

अगर आप इस आसान रेखाचित्र की सतह के नीचे देखेंगे, तो आपको एक बिलकुल अलग संसार मिलेगा और इसे देखने के भिन्न-भिन्न दृष्टिकोण मिलेंगे। मैंने दुनिया को क्वाड्रैंट के बाएँ हिस्से से भी देखा है और दाएँ हिस्से से भी। मैं ईमानदारी से यह कह सकता हूँ कि दोनों हिस्सों से संसार बहुत अलग दिखाई देता है और यह इस बात पर निर्भर करता है कि आप किस हिस्से में हैं... और यह पुस्तक इन्हीं अंतरों के बारे में है।

एक क्वाड्रैंट दूसरे से बेहतर नहीं है... हर क्वाड्रैंट में शक्तियाँ होती हैं और हर क्वाड्रैंट में कमज़ोरियाँ भी होती हैं। यह पुस्तक आपको विभिन्न क्वाड्रैंटों की झलक दिखाने के लिए लिखी गई है। यह उस व्यक्तिगत विकास की झलक दिखाने के लिए भी लिखी गई है, जो प्रत्येक क्वाड्रैंट में आर्थिक रूप से सफल होने के लिए ज़रूरी है। मैं आशा करता हूँ कि आपको इससे जीवन में ऐसा आर्थिक मार्ग चुनने का ज्ञान मिलेगा, जो आपके लिए सबसे ज़्यादा उपयुक्त होगा।

क्वाड्रैंट के दाएँ हिस्से में सफल होने के लिए बहुत सी योग्यताएँ, अनिवार्य होती हैं, जो स्कूल-कॉलेज में नहीं सिखाई जातीं। इससे यह समझना आसान हो जाता है कि माइक्रोसॉफ़्ट के बिल गेट्स, सी.एन.एन. के टेड टर्नर और थॉमस एडिसन ने स्कूल-कॉलेज जल्दी ही क्यों छोड़ दिया था। यह पुस्तक उन योग्यताओं और उस व्यक्तिगत मूलभूत स्वभाव का वर्णन करेगी, जो *क्वाड्रैंट* के ''बी'' और ''आई'' वाले हिस्से में सफलता पाने के लिए ज़रूरी हैं।

सबसे पहले तो मैं चारों क्वाड्रैंटों का व्यापक सर्वेक्षण करूँगा। फिर मैं "बी" और "आई" के पहलुओं पर क़रीबी नज़र डालूँगा। "ई" और "एस" वाले दाएँ हिस्से में सफल होने के लिए किन बातों की ज़रूरत होती है, इस बारे में पहले ही बहुत सी पुस्तकें लिखी जा चुकी हैं।

हो सकता है इस पुस्तक को पढ़ने के बाद आपमें से कुछ लोग अपनी आमदनी कमाने के तरीक़े को बदलना चाहें। यह भी हो सकता है कि आपमें से कुछ लोग जहाँ हैं, वहीं रहने में ख़ुशी का अनुभव करें। हो सकता है आप एक से अधिक क्वाड्रैंट में काम करने का विकल्प चुनें, शायद चारों क्वाड्रैंटों में। हम सब अलग हैं और एक क्वाड्रैंट दूसरे से अधिक महत्त्वपूर्ण या बेहतर नहीं होता है। दुनिया के हर गाँव, क़स्बे, शहर और देश में चारों क्वाड्रैंटों में काम करने वाले लोगों की ज़रूरत होती है, ताकि समुदाय का आर्थिक स्थायित्व क़ायम रह सके।

इसके साथ ही, जब हम बड़े होते हैं और कई अनुभवों से गुज़रते हैं, तो हमारी रुचियाँ बदलती हैं। उदाहरण के लिए, मैं देखता हूँ कि बहुत से युवक कॉलेज से निकलते ही अक्सर नौकरी पाकर ख़ुश होते हैं। परंतु दो-तीन साल बाद उनमें से कुछ यह फ़ैसला करते हैं कि कंपनी में प्रमोशन की सीढ़ी चढ़ने में उनकी कोई रुचि नहीं है। या फिर वे जिस बिज़नेस में होते हैं, उसमें उनकी रुचि ख़त्म हो जाती है। उम्र और अनुभव के इन परिवर्तनों के कारण अक्सर व्यक्ति विकास, चुनौती, आर्थिक पुरस्कार और व्यक्तिगत सुख के नए क्षेत्रों की तलाश करता है। मैं आशा करता हूँ कि यह पुस्तक उन लक्ष्यों को हासिल करने के लिए आपको कुछ नए विचार देगी।

संक्षेप में, यह पुस्तक बेघर होने के बारे में नहीं है, बल्कि एक घर बनाने के बारे में है... एक या एक से अधिक क्वाड्रैंट में घर बनाने के बारे में।

अध्याय 2

अलग-अलग क्वाड्रैंट, अलग-अलग लोग

क्वाड्रैंट बदलना अक्सर अपने अस्तित्व की बुनियाद में परिवर्तन करना होता है।

मेरे उच्च शिक्षित डैडी हमेशा कहा करते थे, ''आप बूढ़े कुत्ते को नए करतब नहीं सिखा सकते।''

मैंने कई बार उन्हें *कैशफ़्लो क्वाड्रैंट* समझाने की पूरी कोशिश की, ताकि उन्हें नई वित्तीय दिशाएँ दिखा सकूँ। उनकी उम्र उस समय लगभग साठ साल थी और उन्हें यह अहसास हो चुका था कि उनके कई सपने कभी पूरे नहीं होंगे। ऐसा लग रहा था, जैसे उनकी ''ब्लैकलिस्टिंग'' राज्य सरकार की दीवारों के आगे तक चली गई थी। अब उन्होंने भी ख़ुद को ''ब्लैकलिस्ट'' कर लिया था।

वे कहते थे, ''मैंने इसकी कोशिश की, परंतु मैं कामयाब नहीं हुआ।''

मेरे डैडी उन असफल प्रयासों की ओर इशारा कर रहे थे, जो उन्होंने ''एस क्वाड्रैंट में सेल्फ़-एम्प्लॉयड परामर्शदाता के रूप में किए थे। और ''बी'' क्वाड्रैंट के असफल प्रयासों की ओर भी, जब उन्होंने अपने जीवन की अधिकांश जमापूँजी एक प्रसिद्ध आइसक्रीम फ्रैंचाइजी ख़रीदने में लगा दी थी, जो चल नहीं पाई।

चूँकि वे बुद्धिमान थे, इसलिए वैचारिक रूप से वे यह समझ गए कि हर क्वाड्रैंट में सफल होने के लिए अलग-अलग तकनीकी योग्यताओं की आवश्यकता होती है। वे जानते थे कि अगर वे चाहें तो वे उन योग्यताओं को सीख सकते थे। परंतु कोई और चीज़ थी, जो उन्हें रोक रही थी।

एक दिन लंच के दौरान मैंने अमीर डैडी से अपने शिक्षित डैडी के बारे में चर्चा की।

अमीर डैडी बोले, ''तुम्हारे पिता और मैं अंदर से एक जैसे नहीं हैं। हालाँकि हम दोनों ही इंसान हैं और हम दोनों में ही डर, शंकाएँ, विश्वास, शक्तियाँ तथा कमज़ोरियाँ हैं, परंतु हम इन पर एक सी प्रतिक्रिया नहीं करते हैं... हम अलग-अलग प्रतिक्रिया करते हैं।''

''क्या आप इन अंतरों के बारे में बता सकते हैं?'' मैंने पूछा।

अमीर डैडी ने कहा, ''एक लंच में तो यह संभव नहीं है। बहरहाल, हम जिस तरह उन अंतरों पर प्रतिक्रिया करते हैं, उसकी वजह से ही हम एक या दूसरे क्वाड्रैंट में बने रहते हैं। जब तुम्हारे डैडी ने 'ई' क्वाड्रैंट से निकलकर 'बी' क्वाड्रैंट में आने की कोशिश की, तो वे बौद्धिक रूप से इस प्रक्रिया को समझते थे, परंतु वे इसे भावनात्मक रूप से नहीं सँभाल पाए। जब मुश्किलें आईं और उन्हें नुक़सान होने लगा, तो उन्हें यह मालूम नहीं था कि इन समस्याओं को कैसे सुलझाया जाए... इसलिए वे उसी क्वाड्रैंट की ओर वापस लौट गए, जिसमें वे सबसे ज़्यादा आरामदेह महसूस करते थे।''

'' 'ई' क्वाड्रैंट और कई बार 'एस' क्वाड्रैंट,'' मैंने कहा।

अमीर डैडी ने अपना सिर हिलाया, ''धन गँवाने और असफल होने का डर बहुत दुखद होता है और यह डर हम दोनों में है। बहरहाल इस डर का मुक़ाबला करते समय वे सुरक्षा खोजने का विकल्प चुनते हैं और मैं स्वतंत्रता खोजने का।''

''और यही मूलभूत अंतर है,'' मैंने वेटर को बिल लाने का इशारा करते हुए कहा।

''हालाँकि हम सब इंसान हैं,'' अमीर डैडी ने इसे दूसरी तरह से कहा, ''परंतु जब बात पैसे और पैसे से जुड़ी भावनाओं पर आती है, तो हम सब अलग-अलग तरह से प्रतिक्रिया करते हैं। हमारी इस प्रतिक्रिया से ही अक्सर यह तय होता है कि हम किस क्वाड्रैंट से धन कमाने का विकल्प चुनते हैं।''

''अलग-अलग क्वाड्रैंट... अलग-अलग लोग,'' मैंने कहा।

अमीर डैडी खड़े होते हुए और दरवाज़े की तरफ़ बढ़ते हुए बोले, ''बिलकुल ठीक कहा। और अगर आप किसी क्वाड्रैंट में सफल होना चाहते हैं, तो आपको सिर्फ़ तकनीकी योग्यताओं से अधिक जानने की ज़रूरत होती है। आपको उन मूलभूत अंतरों को समझने की ज़रूरत है, जिनकी वजह से लोग अलग-अलग क्वाड्रैंट खोजने के लिए प्रेरित होते हैं। अगर तुम यह बात समझ लोगे, तो जीवन बहुत आसान हो जाएगा।''

जब शोफ़र अमीर डैडी की कार ले आया, तो हमने हाथ मिलाकर एक-दूसरे से विदा ली। तभी मैंने जल्दी से पूछा, ''अच्छा, एक और बात। क्या मेरे डैडी बदल सकते हैं?''

''बिलकुल,'' अमीर डैडी ने कहा। ''कोई भी बदल सकता है। परंतु क्वाड्रैंट बदलना नौकरियाँ या व्यवसाय बदलने जैसा नहीं होता। क्वाड्रैंट बदलना अक्सर उस मूलभूत केंद्र में परिवर्तन करना है जो यह बताता है कि आप कौन हैं, आप क्या सोचते हैं और आप दुनिया को किस तरह देखते हैं। यह परिवर्तन कुछ लोगों के लिए आसान होता है, क्योंकि

वे परिवर्तन का स्वागत करते हैं, जबकि बाक़ी लोगों के लिए यह मुश्किल होता है। क्वाड्रैंट बदलना अक्सर ज़िंदगी बदलने वाला अनुभव होता है। यह उतना ही गहरा परिवर्तन है, जितनी कि इल्ली (caterpillar) के तितली बनने की सदियों पुरानी कहानी। यह न सिर्फ़ आपको बदल देगा, बल्कि यह आपके दोस्तों को भी बदल देगा। हालाँकि आप अब भी अपने पुराने दोस्तों से दोस्ती बनाए रखेंगे, परंतु इल्लियों के लिए वे काम करना बहुत मुश्किल होते हैं, जो तितलियाँ करती हैं। यह परिवर्तन बहुत बड़ा परिवर्तन होता है और इसीलिए बहुत कम लोग इसे करने का विकल्प चुनते हैं।''

शोफ़र ने दरवाज़ा बंद किया और जब अमीर डैडी की कार आगे बढ़ी, तो मैं वहीं खड़ा-खड़ा अंतरों के बारे में सोचता रहा।

मूलभूत अंतर क्या हैं?

किसी के बारे में ज़्यादा कुछ जाने बिना मैं कैसे समझ सकता हूँ कि सामने वाला ''ई, एस, बी या आई'' क्वाड्रैंट में है? यह समझने का एक तरीक़ा यह है कि उसके शब्दों को ध्यान से सुना जाए।

मेरे अमीर डैडी की सबसे बड़ी योग्यताओं में से एक लोगों को ''पढ़ना'' भी था, परंतु वे यह भी मानते थे कि आपको ''किसी पुस्तक का मूल्यांकन उसके कवर से नहीं करना चाहिए।'' हेनरी फ़ोर्ड की तरह ही अमीर डैडी भी बहुत ज़्यादा शिक्षित नहीं थे, परंतु दोनों ही जानते थे कि शिक्षित लोगों को नौकरी पर कैसे रखा जाए और उनसे काम कैसे करवाया जाए। अमीर डैडी मुझे हमेशा बताते थे कि स्मार्ट लोगों को एकत्रित करना और उनसे टीम के रूप में काम करवाना उनकी मूलभूत योग्यताओं में से एक है।

9 वर्ष की उम्र से मेरे अमीर डैडी मुझे वे योग्यताएँ सिखाने लगे, जो ''बी'' और ''आई'' क्वाड्रैंटों में सफल होने के लिए आवश्यक होती हैं। किसी व्यक्ति के भीतर जाकर उसके मूलभूत केंद्र में झाँकना एक ऐसी ही योग्यता थी। अमीर डैडी कहा करते थे, ''जब मैं किसी व्यक्ति की बातें सुनता हूँ, तो मैं उसकी आत्मा को देखने और महसूस करने लगता हूँ।''

9 वर्ष की उम्र से ही मैं अपने अमीर डैडी के साथ बैठने लगा, जब वे लोगों को नौकरी पर रखते समय उनका इंटरव्यू लेते थे। यहाँ मैंने लोगों के शब्दों को सुनकर मूलभूत जीवनमूल्यों को पहचानने का तरीक़ा सीखा, जो मेरे अमीर डैडी के अनुसार उनकी आत्माओं से आते हैं।

''ई'' क्वाड्रैंट के शब्द

''ई'' यानी कर्मचारी क्वाड्रैंट वाला व्यक्ति कहता था : ''मैं एक सुरक्षित नौकरी ढूँढ़ रहा हूँ, जिसमें अच्छी तनख़्वाह और बढ़िया लाभ हों।''

''एस'' क्वाड्रैंट के शब्द

''एस'' या सेल्फ़-एम्प्लॉयड क्वाड्रैंट वाला व्यक्ति कहता था : ''मेरी दर 35 डॉलर प्रति घंटा है।'' या ''मेरे सामान्य कमीशन की दर है क़ीमत का 6 प्रतिशत।'' या ''मुझे ऐसे लोग नहीं मिलते, जो सही तरीक़े से काम करना चाहते हों।'' या ''मुझे इस प्रोजेक्ट में 20 घंटे और लगेंगे।''

''बी'' क्वाड्रैंट के शब्द

''बी'' या बिज़नेस मालिक के क्वाड्रैंट वाला व्यक्ति इस तरह की बातें कहता था : ''मैं अपनी कंपनी को चलाने के लिए एक नया प्रेसिडेंट ढूँढ़ रहा हूँ।''

''आई'' क्वाड्रैंट के शब्द

''आई'' या निवेशक क्वाड्रैंट वाला व्यक्ति इस तरह की बातें कहता था : ''मेरा कैशफ़्लो लाभ की आंतरिक दर पर आधारित है या लाभ की वास्तविक दर पर?''

शब्द उपकरण हैं

एक बार जब मेरे अमीर डैडी जान लेते थे कि जिस व्यक्ति का वे इंटरव्यू ले रहे हैं, वह कम से कम उस समय मूलभूत रूप से किस क्वाड्रैंट का है, तो वे यह जान जाते थे कि वह दरअसल किन चीज़ों की तलाश कर रहा है। वे यह देखते थे कि उनके पास उसे देने के लिए क्या था। इसके बाद वे यह तय करते थे कि उससे बात करते समय वे किन शब्दों का प्रयोग करें। अमीर डैडी हमेशा कहा करते थे, ''शब्द शक्तिशाली उपकरण होते हैं।''

अमीर डैडी लगातार अपने पुत्र और मुझे यही याद दिलाते थे, ''अगर तुम लोगों के लीडर बनना चाहते हो, तो तुम्हें शब्दों के प्रयोग में निपुण होना चाहिए।''

''बी'' की आवश्यक योग्यताओं में से एक शब्दों के प्रयोग में निपुण होना है। इसका मतलब यह जानना है कि कौन से शब्द अलग-अलग तरह के लोगों पर किस तरह काम करते हैं। उन्होंने हमें प्रशिक्षित किया कि हम सावधानी से किसी व्यक्ति के शब्दों को सुनें। इससे हमें यह पता लग जाएगा कि हमें किन शब्दों का प्रयोग करना चाहिए और कब करना चाहिए, ताकि उस व्यक्ति के साथ सबसे प्रभावी ढंग से चर्चा हो सके।

अमीर डैडी समझाते थे, ''एक शब्द एक तरह के व्यक्ति को रोमांचित कर सकता है, जबकि वही शब्द दूसरी तरह के व्यक्ति को पूरी तरह से रोक सकता है।''

उदाहरण के लिए ''जोखिम'' शब्द ''आई'' क्वाड्रैंट वाले व्यक्ति के लिए रोमांचक हो सकता है, जबकि यही शब्द ''ई'' क्वाड्रैंट के व्यक्ति के मन में डर पैदा कर सकता है।

अमीर डैडी ज़ोर देकर कहते थे कि अच्छा लीडर बनने के लिए हमें पहले अच्छा श्रोता बनना पड़ेगा। अगर आप किसी व्यक्ति के शब्द नहीं सुनेंगे, तो आप उसकी आत्मा

की आवाज़ नहीं सुन पाएँगे। और अगर आप उसका आत्मा की आवाज़ को नहीं सुन पाएँगे, तो आप यह कभी नहीं जान पाएँगे कि आप किससे बातें कर रहे हैं।

मूलभूत अंतर

''शब्द सुनो, आत्माओं को महसूस करो।'' वे ऐसा इसलिए कहते थे क्योंकि शब्दों के चयन के पीछे व्यक्ति के मूलभूत जीवनमूल्य और अंतर होते हैं। नीचे कुछ आम बातें दी गई हैं, जो एक क्वाड्रैंट के लोगों को दूसरे क्वाड्रैंट के लोगों से अलग करती हैं।

1. *''ई'' (कर्मचारी)*

जब मैं ''सुरक्षा'' या ''सुविधाओं'' शब्द सुनता हूँ, तो मुझे इस बात का अहसास होने लगता है कि सामने वाला मूलभूत रूप से क्या हो सकता है। ''सुरक्षा'' एक ऐसा शब्द है, जिसका प्रयोग अक्सर तभी किया जाता है जब मन में डर का भाव हो। जब कोई व्यक्ति डरा हुआ महसूस करता है, तभी वह आम तौर पर सुरक्षा की आवश्यकता जैसे वाक्यांश का प्रयोग करता है। ऐसी बातें मूलत: ''ई'' क्वाड्रैंट का व्यक्ति कहता है। जब बात पैसे या नौकरी की आती है, तो बहुत से लोग डर के भाव से बुरी तरह आतंकित होते हैं, जो आर्थिक असुरक्षा से उत्पन्न होता है... इसलिए उन्हें सुरक्षा की आवश्यकता होती है।

''सुविधाओं'' का यह अर्थ है कि लोग अतिरिक्त पुरस्कारों को भी पसंद करते हैं, जो साफ़ लिखे हों – कोई परिभाषित और निश्चित अतिरिक्त लाभ जैसे हैल्थ-केयर या रिटायरमेंट प्लान। कुंजी यह है कि वे सुरक्षित महसूस करना चाहते हैं और लिखित सुरक्षा चाहते हैं। अनिश्चितता उन्हें सुखी नहीं बनाती, बल्कि निश्चितता बनाती है। उनकी आंतरिक भावना कहती है, ''मैं आपको यह दूँगा... और आप बदले में मुझे यह देने का वादा करें।''

वे चाहते हैं कि उनके डर किसी हद तक निश्चितता से संतुष्ट हो जाएँ, इसलिए जब रोज़गार की बात आती है तो वे सुरक्षा और प्रबल समझौते की तलाश करते हैं। वे सही होते हैं, जब वे कहते हैं, ''धन में मेरी इतनी ज़्यादा रुचि नहीं है।''

उनके लिए सुरक्षा अक्सर धन से ज़्यादा महत्त्वपूर्ण होती है।

कर्मचारी की श्रेणी में कंपनी के प्रेसिडेंट से लेकर दरबान तक कोई भी आ सकता है। वह क्या काम करता है, यह उतना महत्त्वपूर्ण नहीं है। महत्त्वपूर्ण तो वह समझौता है, जो वह ख़ुद को नौकरी पर रखने वाली कंपनी या व्यक्ति के साथ करता है।

2. *''एस'' (सेल्फ़-एम्प्लॉयड)*

ये लोग ''ख़ुद अपने बॉस'' बनना चाहते हैं या ''अपनी मनमर्ज़ी का काम'' करना चाहते हैं।

मैं इस समूह को ''ख़ुद-काम-करने-वाला'' कहता हूँ।

जब पैसे की बात आती है, तो अक्सर प्रबल ''एस'' यह पसंद नहीं करता कि उसकी आमदनी दूसरों पर निर्भर हो। दूसरे शब्दों में, अगर ''एस'' क्वाड्रैंट के लोग कड़ी मेहनत करते हैं, तो वे अपने काम के लिए भुगतान पाने की आशा करते हैं। ''एस'' क्वाड्रैंट के लोग कभी यह पसंद नहीं करते हैं कि जो धन वे कमाते हैं, उसकी मात्रा किसी ऐसे व्यक्ति या समूह द्वारा निर्धारित या निश्चित की जाए, जो उनके बराबर कड़ी मेहनत नहीं कर सकता। अगर वे कड़ी मेहनत करते हैं, तो उन्हें अच्छा भुगतान करें। वे यह बात भी समझते हैं कि अगर वे ज़्यादा मेहनत नहीं करते हैं, तो वे ज़्यादा भुगतान पाने के योग्य नहीं हैं। जब बात पैसे की आती है, तो वे बहुत ज़्यादा स्वतंत्र मानसिकता के होते हैं।

डर का भाव

''ई'' यानी कर्मचारी अक्सर धन न होने के डर पर प्रतिक्रिया करते हुए ''सुरक्षा'' खोजता है, जबकि ''एस'' की प्रतिक्रिया बिलकुल अलग होती है। इस क्वाड्रैंट के लोग डर के कारण सुरक्षा नहीं चाहते हैं, बल्कि स्थिति का पूरा नियंत्रण अपने हाथ में लेना चाहते हैं और अपने काम को स्वतंत्रता से करना चाहते हैं। इसीलिए मैं ''एस'' समूह को ''ख़ुद-काम-करने-वाला'' कहता हूँ। जब डर और आर्थिक जोखिम की बात आती है, तो वे ''बैल के सींग पकड़कर मुक़ाबला करना चाहते हैं।''

इस समूह में आपको अच्छी तरह शिक्षित ''प्रोफ़ेशनल्स'' मिलेंगे, जिन्होंने स्कूल-कॉलेज में बरसों तक पढ़ाई की है, जैसे डॉक्टर, वकील और दंत चिकित्सक।

''एस'' समूह में वे लोग भी आते हैं, जिन्होंने पारंपरिक शिक्षा के अतिरिक्त अन्य शैक्षणिक मार्ग चुने हैं। इस समूह में कमीशन पर काम करने वाले सेल्समैन - उदाहरण के लिए रियल एस्टेट एजेंट - और छोटे बिज़नेस मालिक आते हैं, जैसे खेरची दुकानदार, सफ़ाईकर्मी, रेस्तराँ चलाने वाले, परमार्शदाता, थैरेपिस्ट्स, ट्रैवल एजेंट्स, कार मैकेनिक, प्लंबर, कारपेंटर, प्रवचन देने वाले, इलेक्ट्रिशियन, हेयर स्टाइलिस्ट्स और कलाकार।

इस समूह का प्रिय गीत होगा ''कोई भी मुझसे बेहतर काम नहीं करता,'' या ''मैंने इसे, अपने तरीक़े से किया।''

सेल्फ़-एम्प्लॉयड लोग प्रायः प्रबल ''पूर्णतावादी'' होते हैं। वे अक्सर किसी काम को सर्वश्रेष्ठ ढंग से करना चाहते हैं। वे अपने मन में सोचते हैं कि कोई दूसरा उस काम को उनसे ज़्यादा अच्छी तरह से नहीं कर सकता। इसीलिए वे किसी दूसरे पर भरोसा नहीं कर पाते कि वह उनके मनपसंद काम को उनके तरीक़े से कर सकता है... उस तरीक़े से, जिसे वे ''सही तरीक़ा'' मानते हैं। कई मायनों में, वे सच्चे शिल्पी होते हैं, जिनकी अपनी व्यक्तिगत शैली और काम करने के तरीक़े होते हैं।

और इसीलिए हम उनकी सेवाएँ लेते हैं। अगर आप किसी ब्रेन सर्जन की सेवा लेते हैं, तो आप यह चाहते हैं कि उसके पास बरसों का प्रशिक्षण और अनुभव हो, परंतु सबसे महत्त्वपूर्ण बात यह है कि वह पूर्णतावादी हो। यही दंतचिकित्सक, हेयर-स्टाइलिस्ट, मार्केटिंग परामर्शदाता, प्लंबर, इलेक्ट्रिशियन, भविष्यवक्ता, वकील या कंपनी के प्रशिक्षक के बारे में सही है। आप सर्वश्रेष्ठ व्यक्ति की सेवाएँ ही लेना चाहते हैं।

इस समूह के लोगों के लिए धन सबसे महत्त्वपूर्ण चीज़ नहीं है। उनके लिए अपनी स्वतंत्रता, चीज़ों को अपने तरीक़े से करने की आज़ादी, अपने क्षेत्र में उत्कृष्टता के लिए सम्मान पाना धन कमाने से बहुत ज़्यादा महत्त्वपूर्ण होता है। उनसे काम करवाने का सर्वश्रेष्ठ तरीक़ा यह होता है कि उन्हें काम सौंपते समय बता दें कि आप क्या करवाना चाहते हैं और फिर उस काम को करने के लिए उन्हें मुक्त छोड़ दें। उन्हें निगरानी की ज़रूरत नहीं है। अगर आप ज़्यादा दख़लंदाज़ी करेंगे, तो वे काम छोड़कर चले जाएँगे और आपसे साफ़ कह देंगे कि किसी दूसरे से काम करवा लें। दरअसल पैसा उनके लिए पहले स्थान पर नहीं होता, उनकी स्वतंत्रता होती है।

इस समूह को अपना काम करवाने के लिए दूसरे लोगों को नौकरी पर रखने में बहुत मुश्किल होती है, क्योंकि उनके हिसाब से कोई भी उनके जितना श्रेष्ठ नहीं होता है। इसी वजह से यह समूह अक्सर कहता है : ''इन दिनों अच्छे सहायक मिलना मुश्किल है।''

इसके अलावा, अगर यह समूह अपना काम करवाने के लिए किसी को प्रशिक्षित करता है, तो नया प्रशिक्षित व्यक्ति अक्सर, ''अपना ख़ुद का काम'' शुरू करने के लिए, ''अपना ख़ुद का बॉस बनने'' के लिए, ''चीज़ों को अपने तरीक़े से करने'' के लिए और ''अपनी वैयक्तिकता के व्यक्त करने का अवसर पाने'' के लिए उन्हें छोड़कर चला जाता है।

कई ''एस'' टाइप के व्यक्ति दूसरों को नौकरी पर रखने और उन्हें प्रशिक्षित करने में हिचकिचाते हैं, क्योंकि एक बार प्रशिक्षित होने के बाद वही व्यक्ति अक्सर उनके प्रतियोगी के रूप में खड़े हो जाते हैं। इस वजह से उन्हें और ज़्यादा मेहनत करना पड़ती है और अपने तरीक़े से काम करते रहना पड़ता है।

3. *''बी'' (बिज़नेस मालिक)*

इस समूह के लोग ''एस'' क्वाड्रैंट के लोगों के लगभग विपरीत होते हैं। जो सच्चे ''बी'' होते हैं, वे ''ई, एस, बी और आई'' यानी चारों श्रेणियों के लोगों से घिरे रहना पसंद करते हैं। ''एस'' के विपरीत, जो काम सौंपना पसंद नहीं करता (क्योंकि कोई दूसरा उस काम को उससे बेहतर तरीक़े से नहीं कर सकता), सच्चा ''बी'' काम सौंपना पसंद करता है। ''बी'' का सच्चा लक्ष्य है, ''उस काम को ख़ुद क्यों करो, जब आप उसे करवाने के लिए किसी को नौकरी पर रख सकते हो और वह उसे आपसे बेहतर तरीक़े से कर सकता हो?''

हेनरी फ़ोर्ड इसी साँचे में फ़िट होते हैं। यह कहानी लोकप्रिय है कि कुछ तथाकथित बुद्धिजीवी एक बार फ़ोर्ड को ''अज्ञानी'' साबित करने के लिए आए। उन्होंने दावा किया कि फ़ोर्ड में ज्ञान का अभाव है। इस पर फ़ोर्ड ने उन्हें अपने ऑफ़िस में बुलवाया

और कोई भी सवाल पूछने की चुनौती दी। इस पर वे अमेरिका के सबसे शक्तिशाली उद्योगपति के चारों तरफ़ बैठे और सवालों की बौछार करने लगे। फ़ोर्ड ने उनके सारे सवाल सुने। उसके बाद फ़ोर्ड ने अपनी मेज़ पर रखे फ़ोन घुमाए और अपने कुछ प्रतिभाशाली सहयोगियों को बुलाया। फ़ोर्ड ने उनसे बुद्धिजीवियों के सवालों के जवाब देने को कहा, जो उन्होंने तत्काल दे दिए। अंत में फ़ोर्ड ने उन बुद्धिजीवियों से कहा कि वे ऐसे सवालों का जवाब देने के लिए कॉलेज में शिक्षित स्मार्ट लोगों को नौकरी पर रखना बेहतर समझते हैं, ताकि उनका दिमाग़ अधिक महत्त्वपूर्ण काम करने के लिए ख़ाली रहे। जैसे ''सोचने'' के लिए।

फ़ोर्ड ने कहा था : ''सोचना दुनिया का सबसे मुश्किल काम है। इसीलिए, बहुत कम लोग यह काम करते हैं।''

लीडरशिप लोगों के सर्वश्रेष्ठ स्वरूप को सामने लाना है

मेरी अमीर डैडी के आदर्श हेनरी फ़ोर्ड थे। वे मुझे फ़ोर्ड और स्टैंडर्ड ऑइल के संस्थापक जॉन डी. रॉकफ़ेलर जैसे लोगों के बारे में लिखी पुस्तकें पढ़वाते थे। अमीर डैडी लगातार अपने बेटे और मुझे लीडरशिप तथा बिज़नेस की तकनीकी योग्यताएँ सीखने के लिए प्रोत्साहित करते थे। पीछे मुड़कर देखते समय मैं अब समझता हूँ कि बहुत से लोगों में एक या दूसरी योग्यता हो सकती है, परंतु सफल ''बी'' बनने के लिए आपको दरअसल दोनों ही योग्यताओं की ज़रूरत होती है। अब मुझे यह अहसास भी होता है कि दोनों ही योग्यताएँ सीखी जा सकती हैं। बिज़नेस और लीडरशिप विज्ञान भी हैं और कला भी। मेरे लिए दोनों ही जीवन भर चलने वाले अध्ययन हैं।

जब मैं बच्चा था, तो मेरे अमीर डैडी ने मुझे बच्चों की एक पुस्तक दी, जिसका शीर्षक था ***स्टोन सूप।*** इसे मार्शिया ब्राउन ने 1947 में लिखा था और यह आज भी प्रमुख बुकस्टोर्स पर उपलब्ध है। उन्होंने मुझे यह पुस्तक इसलिए पढ़वाई, ताकि बिज़नेस लीडर के रूप में मेरा प्रशिक्षण शुरू हो सके।

अमीर डैडी कहते थे, लीडरशिप ''लोगों के सर्वश्रेष्ठ स्वरूप को बाहर निकालने की योग्यता है। इसीलिए उन्होंने अपने बेटे और मुझे बिज़नेस में सफल होने के लिए आवश्यक तकनीकी योग्यताओं का प्रशिक्षण दिया, जैसे फ़ाइनैंशियल स्टेटमेंट पढ़ना, मार्केटिंग, सेल्स, अकाउंटिंग, मैनेजमेंट, प्रॉडक्शन और सौदेबाज़ी। और उन्होंने इस बात पर ज़ोर दिया कि हम दोनों ही लोगों के साथ काम करना और उनका नेतृत्व करना सीखें। अमीर डैडी हमेशा कहते थे, ''बिज़नेस की तकनीकी योग्यताएँ आसान हैं... मुश्किल हिस्सा लोगों के साथ काम करना है।''

पुरानी चीज़ों को याद रखने के लिए मैं आज भी ***स्टोन सूप*** पढ़ता हूँ, क्योंकि व्यक्तिगत रूप से मुझमें लीडर के बजाय तानाशाह होने की प्रवृत्ति है, ख़ासकर तब जब चीज़ें मेरे हिसाब से न हो रही हों।

उद्यमिता विकास (Entrepreneurial Development)

मैं अक्सर ये शब्द सुनता हूँ, ''मैं अपना ख़ुद का बिज़नेस शुरू करने जा रहा हूँ।''

बहुत से लोग यह मानते हैं कि आर्थिक सुरक्षा और सुख का रास्ता ''अपना ख़ुद का काम करना है'' या ''कोई ऐसा नया प्रॉडक्ट बनाना है, जो किसी और ने नहीं बनाया हो।''

इसलिए वे लपककर जाते हैं और अपना बिज़नेस शुरू कर देते हैं। अधिकांश मामलों में वे इस रास्ते पर जाते हैं।

बहुत से लोग ''बी'' टाइप का बिज़नेस शुरू करने के बजाय ''एस'' टाइप का बिज़नेस शुरू कर देते हैं। मैं एक बार फिर यह बता दूँ कि एक क्वाड्रैंट दूसरे से बेहतर नहीं होता। दोनों की ही अलग-अलग शक्तियाँ और कमज़ोरियाँ, जोखिम और पुरस्कार होते हैं। परंतु बहुत से लोग जो ''बी'' टाइप का बिज़नेस शुरू करना चाहते हैं, ''एस'' टाइप के बिज़नेस में पहुँच जाते हैं और क्वाड्रैंट के दाएँ हिस्से में आगे बढ़ने की उनकी यात्रा रुक जाती है।

बहुत से नए उद्यमी यह करना चाहते हैं :

परंतु ऐसा करने के बजाय वे यह करते हैं और यहीं उलझे रह जाते हैं।

फिर बहुत से यह करने की कोशिश करते हैं।

परंतु उन कोशिश करने वालों में से बहुत कम लोग ही सचमुच ऐसा करने में सफल होते हैं। क्यों? क्योंकि हर क्वाड्रैंट में सफल होने के लिए आवश्यक तकनीकी और मानवीय योग्यताएँ अक्सर अलग-अलग होती हैं। आपको किसी क्वाड्रैंट में सच्ची सफलता पाने के लिए उसकी आवश्यक योग्यताओं और मानसिकताओं को सीखना पड़ता है।

''एस'' टाइप के बिज़नेस और ''बी'' टाइप के बिज़नेस में अंतर

जो लोग सच्चे ''बी'' होते हैं, वे अपने बिज़नेस को एक साल या इससे भी ज़्यादा समय तक छोड़कर जा सकते हैं। हो सकता है कि जब वे लौटें, तो उनका बिज़नेस पहले से ज़्यादा लाभदायक और बेहतर स्थिति में हो। परंतु सच्चे ''एस'' टाइप के बिज़नेस में अगर ''एस'' एक साल या इससे ज़्यादा समय के लिए कहीं चला जाए, तो इस बात की संभावना है कि वापस लौटने तक उसके पास बिज़नेस ही नहीं बचेगा।

इनमें क्या अंतर है? आसान शब्दों में, ''एस'' काम का स्वामी होता है, जबकि ''बी'' सिस्टम का स्वामी होता है। अपने सिस्टम को चलाने के लिए ''बी'' योग्य व्यक्तियों को नौकरी पर रखता है। दूसरे तरीक़े से कहा जाए, तो बहुत से मामलों में ''एस'' ख़ुद ही सिस्टम होता है। इसीलिए वह अपने काम छोड़कर नहीं जा सकता।

दंतचिकित्सक का उदाहरण लें। एक दंतचिकित्सक कॉलेज में कई साल तक पढ़ता है, ताकि वह एक आत्मनिर्भर सिस्टम बनना सीख सके। आपको दाँत में दर्द होता है। आप दंतचिकित्सक के पास जाते हैं। वह आपके दाँत का दर्द ठीक कर देता है। आप उसकी फ़ीस देते हैं और घर आ जाते हैं। आप ख़ुश होकर अपने सभी दोस्तों को उस योग्य दंतचिकित्सक के बारे में बताते हैं। बहुत से मामलों में दंतचिकित्सक पूरा काम ख़ुद ही कर सकता है। समस्या यह है कि जब दंतचिकित्सक छुट्टियाँ मनाने के लिए बाहर घूमने जाता है, तो उसकी आमदनी भी उसके साथ ही बाहर घूमने चली जाती है।

''बी'' बिज़नेस मालिक हमेशा के लिए छुट्टियाँ मनाने बाहर घूमने जा सकता है, क्योंकि वह काम का नहीं, बल्कि पूरे सिस्टम का स्वामी होता है। अगर ''बी'' छुट्टियाँ मनाने बाहर चला जाए, तो पैसा आना बंद नहीं होगा।

''बी'' के रूप में सफल होने के लिए दो चीज़ों की ज़रूरत होती है :

1. सिस्टम का नियंत्रण या स्वामित्व, और
2. लोगों का नेतृत्व करने की योग्यता।

''एस'' को अगर ''बी'' बनना है, तो उसे अपनी मूल प्रकृति को बदलना होगा और सिस्टम के बारे में अपना जानकारी को भी। बहुत से लोग यह नहीं कर पाते... या वे अक्सर सिस्टम से गहराई से जुड़े होते हैं।

क्या आप मैक्डोनल्ड्स से ज़्यादा अच्छा हैमबर्गर बना सकते हैं?

बहुत से लोग मुझसे सलाह माँगते हैं कि नई कंपनी कैसे शुरू की जाए। या वे मुझसे पूछते हैं कि किसी नए प्रॉडक्ट या विचार के लिए धन कैसे जुटाया जाए।

मैं आम तौर पर 10 मिनट तक सुनता हूँ। इतने समय में मैं समझ जाता हूँ कि उनका फ़ोकस कहाँ है : प्रॉडक्ट पर या फिर बिज़नेस के सिस्टम पर? उन 10 मिनटों में मैं अक्सर

इस तरह के शब्द सुनता हूँ (अच्छे श्रोता बनने और शब्दों के माध्यम से किसी व्यक्ति की आत्मा के मूलभूत जीवनमूल्य समझने के महत्त्व पर ध्यान दें) :

- ''अमुक कंपनी जो प्रॉडक्ट बनाती है, यह उससे काफ़ी बेहतर है।''
- ''मैंने हर जगह देखा है और किसी के पास यह प्रॉडक्ट नहीं है।''
- ''मैं आपको इस प्रॉडक्ट का विचार दूँगा; बदले में मैं लाभ का सिर्फ़ 25 प्रतिशत हिस्सा चाहता हूँ।''
- ''मैं इस (प्रॉडक्ट, पुस्तक, संगीत के एलबम, आविष्कार) पर बरसों से मेहनत कर रहा हूँ।''

ये उस व्यक्ति के शब्द हैं, जो आम तौर पर *क्वाड्रैंट* के बाएँ हिस्से यानी ''ई'' या ''एस'' वाले हिस्से में काम कर रहा है।

इस समय नम्र रहना महत्त्वपूर्ण है, क्योंकि हमारा सामना उन मूलभूत जीवनमूल्यों और विचारों से हो रहा है, जो अक्सर बरसों से गहराई में दबे हुए हैं... शायद पीढ़ी दर पीढ़ी हस्तांतरित होते आ रहे हैं। अगर मैं नम्र या धैर्यवान न रहूँ, तो मैं किसी कोमल और संवेदनशील विचार को नष्ट कर सकता हूँ और इससे भी ज़्यादा महत्त्वपूर्ण बात यह है कि मैं दूसरे क्वाड्रैंट में विकसित होने के लिए तैयार व्यक्ति को चोट पहुँचा सकता हूँ।

हैमबर्गर और बिज़नेस

चूँकि मुझे नम्र रहना है, इसलिए मैं अक्सर अपनी बात को स्पष्ट करने के लिए ''मैकडोनल्ड्स हैमबर्गर'' के उदाहरण का प्रयोग करता हूँ। उनकी बात सुनने के बाद मैं धीमे से पूछता हूँ, ''क्या आप मैकडोनल्ड्स से ज़्यादा अच्छा हैमबर्गर बना सकते हैं?''

अब तक मैंने नए विचार या प्रॉडक्ट वाले जितने लोगों से बातचीत की है, उन सभी ने कहा है, ''हाँ।'' वे सब मैकडोनल्ड्स से ज़्यादा अच्छा हैमबर्गर बना सकते हैं।

इस मोड़ पर मैं उनसे अगला सवाल यह पूछता हूँ : ''क्या आप मैकडोनल्ड्स से ज़्यादा अच्छा बिज़नेस सिस्टम बना सकते हैं?''

कुछ लोग तत्काल अंतर समझ लेते हैं और कुछ नहीं समझ पाते। मैं उन्हें समझाता हूँ कि अंतर यह है कि आप क्वाड्रैंट के बाएँ हिस्से यानी बेहतर बर्गर बनाने के विचार पर केंद्रित हैं या फिर क्वाड्रैंट के दाएँ हिस्से यानी बिज़नेस सिस्टम पर।

मैं यह बताने का सर्वश्रेष्ठ प्रयास करता हूँ कि बहुत से उद्यमी अत्यधिक अमीर मल्टीनेशनल कंपनियों से बेहर प्रॉडक्ट्स या सेवाएँ दे रहे हैं, ठीक उसी तरह जिस तरह अरबों लोग मैकडोनल्ड्स से बेहतर बर्गर बना सकते हैं। परंतु सिर्फ़ मैकडोनल्ड्स के पास ऐसा सिस्टम है, जो अरबों हैमबर्गर बेच सकता है।

दूसरे हिस्से को देखें

अगर लोग दूसरे हिस्से को देखने लगते हैं, तो मैं उन्हें यह सुझाव देता हूँ कि वे मैकडोनल्ड्स जाएँ, एक बर्गर ख़रीदें और फिर बैठकर उस सिस्टम को देखें, जो उस बर्गर को बेचते है। उन ट्रकों को देखें, जो कच्चे बर्गर लाते हैं, उस रैंचर को जो बीफ़ उत्पन्न करता है, उस ख़रीदार को जो बीफ़ ख़रीदता है और टी.वी. विज्ञापनों को, जिनमें रोनाल्ड मैकडोनल्ड नज़र आता है। युवा अनुभवहीन लोगों के प्रशिक्षण को देखें, जो हमेशा एक से शब्द कहते हैं, ''हलो, मैकडोनल्ड्स में आपका स्वागत है।'' इसके साथ ही फ्रैंचाइज़ी की सजावट को देखें, क्षेत्रीय ऑफ़िसों को देखें, बन बनाने वाली बेकरियों को देखें और लाखों पौंड फ्रैंच फ्राइज़ को देखें, जिनका पूरी दुनिया में एक सा स्वाद होता है। फिर उन स्टॉकब्रोकर्स को देखें, जो वॉल स्ट्रीट पर मैकडोनल्ड्स के लिए धन जुटाते हैं। अगर वे लोग ''पूरी तसवीर'' देखने लगें, तो उनके पास क्वाड्रैंट के ''बी'' या ''आई'' वाले हिस्से में आगे बढ़ने का अवसर होगा।

सच तो यह है कि नए विचार असीमित हैं। अरबों लोगों के दिमाग़ में नई सेवाएँ या प्रॉडक्ट देने के विचार भरे पड़े हैं, परंतु बहुत कम लोग जानते हैं कि बहुत अच्छा बिज़नेस सिस्टम कैसे बनाया जाता है।

माइक्रोसॉफ़्ट के बिल गेट्स ने कोई बहुत बढ़िया प्रॉडक्ट ईज़ाद नहीं किया था। उन्होंने किसी दूसरे का बनाया हुआ प्रॉडक्ट ख़रीदा और उसके चारों तरफ़ एक सशक्त वैश्विक सिस्टम बना दिया।

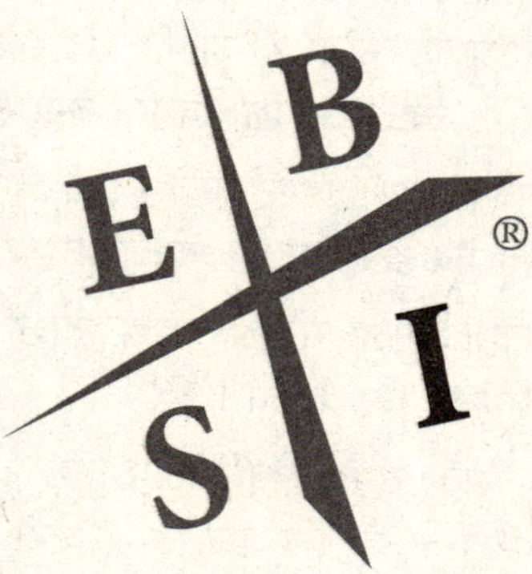

4. *''आई'' (निवेशक)*

निवेशक पैसे से पैसा कमाते हैं। उन्हें काम करने की ज़रूरत नहीं होती, क्योंकि उनका पैसा उनके लिए काम करता है।

''आई'' क्वाड्रैंट अमीरों के खेलने का मैदान है इस बात से कोई फ़र्क़ नहीं पड़ता कि लोग अपना पैसा किस क्वाड्रैंट से कमाते हैं, अगर वे अमीर बनना चाहते हैं, तो उन्हें अंततः ''आई'' क्वाड्रैंट में आना ही पड़ेगा। ''आई'' क्वाड्रैंट में ही धन दौलत में बदलता है।

कैशफ़्लो क्वाड्रैंट

यह *कैशफ़्लो क्वाड्रैंट* है। *क्वाड्रैंट* का अंतर सिर्फ़ यह बताता है कि आमदनी कहाँ से होती है, ''ई'' (कर्मचारी), ''एस'' (सेल्फ़-एम्प्लॉयड), ''बी'' (बिज़नेस मालिक) या ''आई'' (निवेशक) के रूप में। ये अंतर नीचे सारांश में दिए गए हैं।

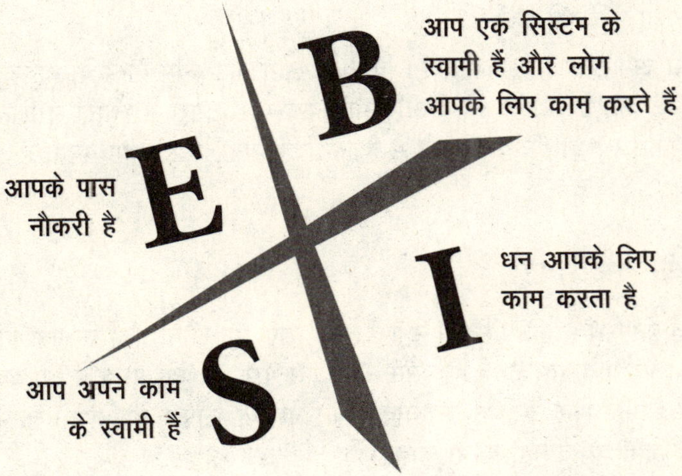

ओ.पी.टी. और ओ.पी.एम.

हममें से ज़्यादातर ने सुना है कि अमीरी और प्रचुर दौलत के रहस्य हैं :

- ओ.पी.टी. - दूसरे लोगों का समय (Other People's Time)
- ओ.पी.एम. - दूसरे लोगों का धन (Other People's Money)

ओ.पी.टी. और ओ.पी.एस. *क्वाड्रैंट* के दाएँ हिस्से में पाए जाते हैं। ज़्यादातर मामलों में *क्वाड्रैंट* के बाएँ हिस्से में काम करने वाले लोग ओ.पी. (दूसरे लोग) होते हैं, जिनके समय और धन का प्रयोग किया जाता है।

''एस'' टाइप का बिज़नेस बनाने के बजाय किम और मैंने ''बी'' टाइप का बिज़नेस बनाने का निर्णय लिया। इसके कई कारण थे। उनमें से एक प्रमुख कारण यह था कि हम ''दूसरे लोगों के समय'' का प्रयोग करने के दीर्घकालीन लाभ को पहचानते थे। सफ़ल ''एस'' बनने का एक नुक़सान यह है कि सफलता मिलने के बाद ज़्यादा मेहनत करनी पड़ती है। दूसरे शब्दों में, अच्छे काम का परिणाम यह होता है कि आप ज़्यादा कड़ी मेहनत करते हैं और ज़्यादा घंटे काम करते हैं।

''बी'' टाइप के बिज़नेस में सफलता मिलने का परिणाम यह होता है कि सिस्टम का विस्तार होता है और अधिक लोगों को नौकरी पर रखा जाता है। दूसरे शब्दों में, आप कम समय तक काम करते हैं, ज़्यादा कमाई करते हैं और अधिक ख़ाली समय का आनंद लेते हैं।

इस पुस्तक का बाक़ी हिस्सा उन योग्यताओं और मानसिकता का वर्णन करता है, जो *क्वाड्रैंट* के दाएँ हिस्से के लिए आवश्यक है। मेरा अनुभव है कि दाएँ हिस्से में सफल होने के लिए एक अलग मानसिकता और अलग तकनीकी योग्यताओं की ज़रूरत होती है। अगर लोग लचीले हों और अपनी मानसिकता में परिवर्तन कर सकते हों, तो मैं सोचता हूँ कि अधिक आर्थिक सुरक्षा या स्वतंत्रता हासिल करने की प्रक्रिया उन्हें आसान लगेगी। दूसरे लोगों के लिए यह प्रक्रिया बड़ी कठिन हो सकती है... क्योंकि बहुत से लोग एक क्वाड्रैंट, एक मानसिकता में जकड़े रहते हैं।

कम से कम आप यह जान जाएँगे कि कुछ लोग कम काम करने के बावज़ूद ज़्यादा क्यों कमाते हैं, कम टैक्स क्यों देते हैं और आर्थिक रूप से दूसरों से ज़्यादा सुरक्षित महसूस करते हैं। इसका संबंध सिर्फ़ यह जानने से है कि किस क्वाड्रैंट से काम करना है और कब करना है।

स्वतंत्रता की दिग्दर्शिका

कैशफ़्लो क्वाड्रैंट नियमों की पुस्तिका नहीं है। यह सिर्फ़ उन लोगों के लिए एक दिग्दर्शिका है, जो इसका प्रयोग करना चाहते हैं। इसने किम और मुझे आर्थिक संघर्ष से आर्थिक सुरक्षा तक पहुँचाया, और फिर आर्थिक स्वतंत्रता तक। पैसे के लिए कड़ी मेहनत करने में हम अपनी पूरी ज़िंदगी बर्बाद नहीं करना चाहते थे।

अमीरों और बाक़ी लोगों के बीच का अंतर

कुछ साल पहले मैंने एक लेख पढ़ा था, जिसमें लिखा था कि सबसे अमीर लोगों ने अपनी 70 प्रतिशत आमदनी निवेशों से हासिल की, यानी ''आई'' क्वाड्रैंट से, जबकि तनख़्वाह या ''ई'' क्वाड्रैंट से उन्हें 30 प्रतिशत से कम आमदनी हुई। और अगर वे ''ई'' हैं, तो इस बात की काफ़ी संभावना है कि वे अपने ही कॉरपोरेशन के कर्मचारी होंगे।

उनकी आमदनी इस तरह दिखती है :

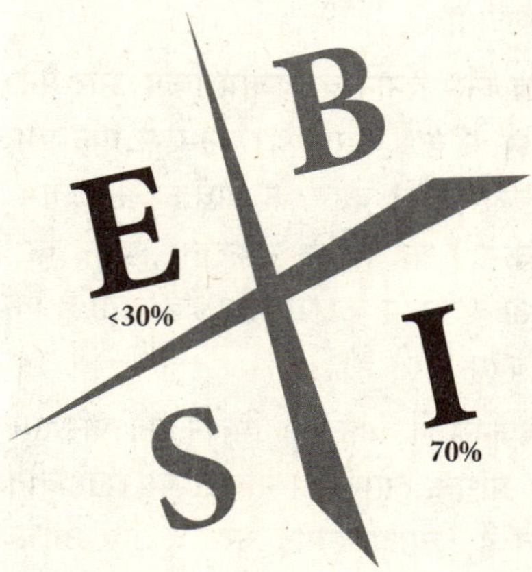

ग़रीबों और मध्य वर्गीय लोगों की लगभग 80 प्रतिशत आमदनी ''ई'' या ''एस'' क्वाड्रैंटों की तनख़्वाह से आती है और 20 प्रतिशत से कम निवेशों या ''आई'' क्वाड्रैंट से।

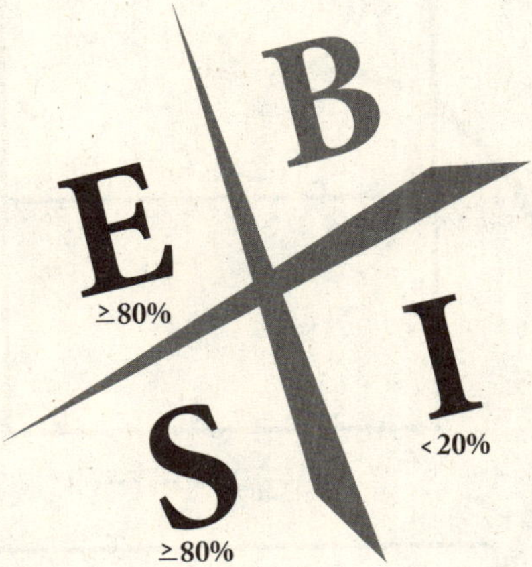

अमीर और बहुत अमीर बनने के बीच का अंतर

पहले अध्याय में मैंने लिखा था कि मेरी पत्नी और मैं 1989 तक मिलियनेअर बन चुके थे, परंतु 1994 में जाकर हम आर्थिक रूप से स्वतंत्र हुए। अमीर और बहुत अमीर होने में अंतर होता है। 1989 तक हमारा बिज़नेस हमारे लिए बहुत सा धन कमा रहा था। हम कम काम करने के बावज़ूद बहुत कमा रहे थे, क्योंकि बिज़नेस सिस्टम हमारे शारीरिक श्रम के बिना बढ़ रहा था। जिसे अधिकांश लोग आर्थिक सफलता मानते हैं, हम उसे हासिल कर चुके थे।

परंतु हमें अब भी अपने बिज़नेस से हो रहे *कैशफ़्लो* को ऐसी संपत्ति में बदलने की ज़रूरत थी, जो हमें अतिरिक्त *कैशफ़्लो* दे सके। हमारा बिज़नेस सफल हो चुका था और अब समय आ गया था कि हम अपनी संपत्तियों को इस हद तक बढ़ा लें, ताकि उनसे मिलने वाला *कैशफ़्लो* हमारे जीवनयापन के ख़र्च से अधिक हो जाए।

हमारा रेखाचित्र इस तरह दिखता था :

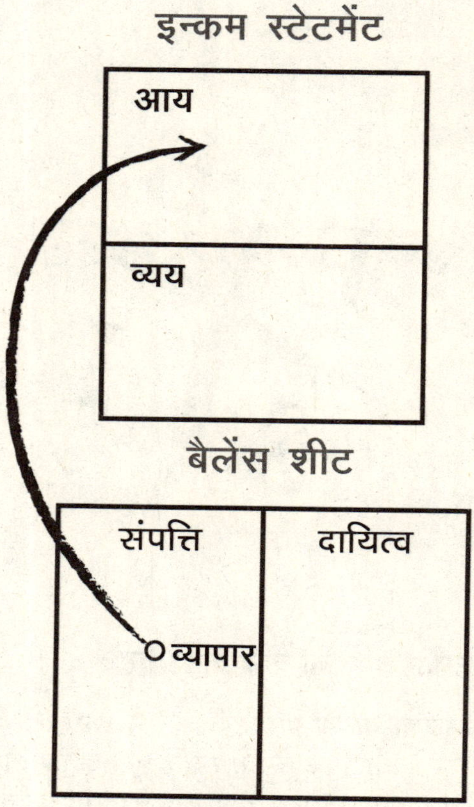

1994 में हमारी संपत्तियों से आने वाली निष्क्रिय आमदनी हमारे ख़र्च से अधिक हो गई। तब हम बहुत अमीर बन गए।

दरअसल हमारा बिज़नेस भी एक संपत्ति था, क्योंकि यह आमदनी देता था और हमारे शारीरिक श्रम के बिना काम करता था। बहुत अमीर बनने के लिए हम यह सुनिश्चित करना चाहते थे कि हमारे पास रियल एस्टेट और स्टॉक्स जैसी मूर्त संपत्तियाँ हों, जो हमारे ख़र्च से अधिक निष्क्रिय आमदनी प्रदान करें, ताकि हम सचमुच कह सकें कि हम बहुत अमीर हैं। जब हमारे संपत्ति वाले कॉलम से हो रही आमदनी बिज़नेस से आ रही आमदनी से ज़्यादा हो गई, तो हमने अपने पार्टनर को अपना बिज़नेस बेच दिया। अब हम बहुत अमीर बन गए थे।

दौलत की परिभाषा

दौलत की परिभाषा यह है : ''उन दिनों की संख्या, जिनमें आप शारीरिक श्रम न करें (या आपके परिवार का कोई और सदस्य शारीरिक श्रम न करे), परंतु इसके बावज़ूद आप अपने जीवनस्तर को बनाए रख सकें।''

उदाहरण के लिए : अगर आपका मासिक ख़र्च 1,000 डॉलर प्रति माह है और अगर आपके पास 3,000 डॉलर की बचत है, तो आपकी दौलत लगभग 3 महीने या 90 दिन होगी। दौलत का पैमाना धन नहीं, बल्कि समय है।

1994 तक मेरी पत्नी और मैं स्थायी रूप से दौलतमंद बन चुके थे (जब तक कि कोई बहुत बड़ा आर्थिक परिवर्तन ही न हो जाए) क्योंकि हमारे निवेशों से हो रही आमदनी हमारे मासिक ख़र्च से अधिक थी।

अंतत: इससे फ़र्क़ नहीं पड़ता कि आप कितना धन कमाते हैं। फ़र्क़ तो इस बात से पड़ता है कि आप अपने पास कितना धन रख पाते हैं और कितनी ज़्यादा देर तक वह धन आपके लिए काम करता है। हर दिन मैं बहुत से ऐसे लोगों से मिलता हूँ, जो बहुत सा धन कमाते हैं, परंतु उनका सारा पैसा ख़र्च वाले कॉलम से बाहर चला जाता है। उनका कैशफ़्लो पैटर्न इस तरह का दिखता है :

जब भी वे थोड़ा ज़्यादा पैसा कमा लेते हैं, तो हर बार वे ख़रीदारी करने चले जाते हैं। वे अक्सर ज़्यादा बड़ा मकान या नई कार ख़रीद लेते हैं, जिसका परिणाम दीर्घकालीन क़र्ज़ और ज़्यादा कड़ी मेहनत होता है। संपत्ति वाले कॉलम में जाने के लिए कुछ बचता ही नहीं है। धन इतनी तेज़ी से बाहर जाता है, जैसे उन्होंने आर्थिक जुलाब ले लिया हो।

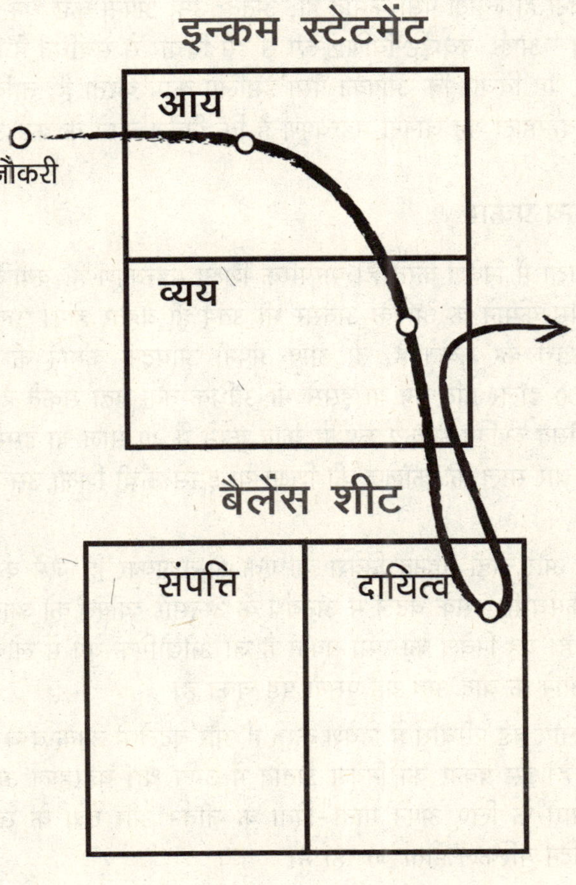

लाल लकीर वाली आर्थिक स्थिति

''इंजन को लाल लकीर पर रखने'' के बारे में कारों की दुनिया में एक कहावत प्रचलित है। ''लाल लकीर'' का अर्थ यह है कि इंजन का आर.पी.एम. ''लाल लकीर'' यानी अधिकतम गति पर है, जहाँ इंजन बिना फटे चल सकता है।

व्यक्तिगत संपत्ति के क्षेत्र में ऐसे बहुत से लोग हैं, अमीर भी और ग़रीब भी, जो लगातार वित्तीय ''लाल लकीर'' के क़रीब काम करते हैं। वे जितनी तेज़ी से धन कमाते हैं, उतनी ही तेज़ी से ख़र्च कर देते हैं। आपकी कार के इंजन को ''लाल लकीर'' के पास चलाने में दिक़्क़त यह है कि इससे इंजन की उम्र कम हो जाती है। यही आपकी संपत्ति को ''लाल लकीर'' के पास चलाने के बारे में भी सही है।

मेरे कुछ डॉक्टर मित्र कहते हैं कि वर्तमान युग की सबसे प्रमुख समस्या तनाव है, जो कड़ी मेहनत करने और पर्याप्त धन न होने के कारण उत्पन्न होता है। एक डॉक्टर का तो यह कहना है कि स्वास्थ्य संबंधी गड़बड़ियों का सबसे बड़ा कारण है ''पर्स का कैन्सर।''

पैसा पैसे को खींचता है

चाहे लोग कितना ही ज़्यादा पैसा कमाते हों, अंततः उन्हें अपना कुछ धन ''आई'' क्वाड्रैंट में रखना होगा। ''आई'' क्वाड्रैंट विशिष्ट रूप से इस विचार से संबंधित है कि पैसा पैसे को खींचता है। या यह विचार कि आपका पैसा इसलिए काम करता है, ताकि आपको काम न करना पड़े। बहरहाल यह जानना महत्त्वपूर्ण है कि निवेश करने के कई अन्य प्रकार हैं।

निवेश के अन्य प्रकार

लोग अपनी शिक्षा में निवेश करते हैं। पारंपरिक शिक्षा महत्त्वपूर्ण है, क्योंकि शिक्षा जितनी बेहतर होगी, पैसे कमाने के आपके अवसर भी उतने ही बेहतर होंगे। अगर आप कॉलेज में चार साल ख़र्च कर सकते हैं, तो आप अपनी आमदनी कमाने की क्षमता 24,000 डॉलर से 50,000 डॉलर प्रति वर्ष या इससे भी अधिक तक बढ़ा सकते हैं। अगर हम यह मान लें कि औसत व्यक्ति सक्रिय रूप से काम करने में 40 साल या इससे अधिक समय बिताता है, तो चार साल की कॉलेज की शिक्षा या इससे ऊँची शिक्षा उसके लिए बेहतरीन निवेश है।

वफ़ादारी और कड़ी मेहनत निवेश का एक अन्य प्रकार है, जैसे कंपनी या सरकार का आजीवन कर्मचारी। इसके बदले में अनुबंध के अनुसार व्यक्ति को आजीवन पेंशन का उपहार मिलता है। यह निवेश का ऐसा प्रकार है जो औद्योगिक युग में लोकप्रिय था, परंतु सूचना युग में आने के बाद अब यह पुराना पड़ चुका है।

बहुत से लोग बड़े परिवारों में निवेश करते हैं और बदले में उनके बच्चे बुढ़ापे में उनकी देखभाल करते हैं। इस प्रकार का निवेश अतीत में आम था। बहरहाल आर्थिक सीमाओं के कारण परिवारों के लिए अपने माता-पिता के जीवन और दवा के ख़र्चों को झेलना आजकल दिनोंदिन मुश्किल होता जा रहा है।

एक अन्य प्रकार का निवेश है सरकारी रिटायरमेंट योजनाएँ, जैसे अमेरिका में सामाजिक सुरक्षा और मेडीकेयर। ये योजनाएँ अक्सर क़ानूनी रूप से बाध्यकारी होती हैं और इनके लिए अक्सर तनख़्वाह में से कटौती कर ली जाती है। परंतु हो सकता है कि जनसंख्या और जीवन के ख़र्च में हुए भारी परिवर्तन के कारण ये योजनाएँ अपने कुछ वादों को न निभा पाएँ।

रिटायरमेंट का एक और स्वतंत्र निवेश प्रकार व्यक्तिगत रिटायरमेंट योजना है। अक्सर संघीय सरकारी इस तरह की योजनाओं में शामिल होने के लिए नियोक्ता और कर्मचारी दोनों को टैक्स में छूट देती है। अमेरिका में 401 (k) रिटायरमेंट योजना लोकप्रिय है, जिसे ऑस्ट्रेलिया जैसे देशों में ''सुपर एन्युएशन'' प्लान कहा जाता है।

निवेशों से प्राप्त आमदनी

हालाँकि उपर्युक्त सभी निवेश के ही प्रकार हैं, परंतु ''आई'' क्वाड्रैंट उन निवेशों पर ध्यान केंद्रित करता है, जो आपके सक्रिय वर्षों के दौरान नियमित रूप से आय प्रदान करते हों। इसलिए ''आई'' क्वाड्रैंट का व्यक्ति बनने के लिए आप उन्हीं मानदंडों का प्रयोग करें, जो बाक़ी सभी क्वाड्रैंटों में प्रयुक्त होते हैं। क्या आप अपनी वर्तमान आमदनी ''आई'' क्वाड्रैंट से प्राप्त करते हैं? दूसरे शब्दों में, क्या आपका धन आपके लिए काम कर रहा है और आपको वर्तमान में आमदनी दे रहा है?

आइए उस व्यक्ति को देखें, जो निवेश के रूप में मकान ख़रीदता है और इसे किराए पर उठा देता है। अगर वसूल किया जाने वाला किराया मकान पर होने वाले ख़र्च से अधिक है, तो इससे मिलने वाली आमदनी ''आई'' क्वाड्रैंट से आ रही है। यही उन लोगों के बारे में सही है, जिनकी आमदनी बचत पर ब्याज या स्टॉक्स और बॉन्ड्स पर डिविडेन्ड से प्राप्त होती है। ''आई'' क्वाड्रैंट में आने का पैमाना यह है कि आप इसमें काम किए बिना इस क्वाड्रैंट से कितनी आमदनी हासिल करते हैं।

क्या मेरा रिटायरमेंट अकाउंट एक प्रकार का निवेश है?

रिटायरमेंट अकाउंट में नियमित रूप से पैसे जमा करना निवेश का एक प्रकार है और ऐसा करना समझदारी है। हममें से ज़्यादातर लोग तब निवेशक कहलाना चाहते हैं, जब हमारे काम करने के दिन पूरे हो जाएँ... परंतु इस पुस्तक में ''आई'' क्वाड्रैंट उस व्यक्ति का प्रतिनिधित्व करता है, जिसे काम करने के वर्षों के दौरान ही निवेशों से आमदनी होती है। सच तो यह है कि ज़्यादातर लोग रिटायरमेंट अकाउंट में निवेश नहीं कर रहे हैं। वे तो इस आशा में अपने रिटायरमेंट अकाउंट में पैसे बचा रहे हैं कि जब वे रिटायर होंगे तो उन्होंने जितना जमा किया है, उससे ज़्यादा बाहर निकलेगा।

ज़्यादातर लोग अपने रिटायरमेंट अकाउंट में धन बचाते हैं। जबकि कुछ लोग निवेश के द्वारा अपने धन का सक्रिय प्रयोग करके अधिक आमदनी कमाते हैं। इन दोनों तरह के लोगों में अंतर होता है।

क्या स्टॉकब्रोकर निवेशक हैं?

अगर निवेश की परिभाषा पर ग़ौर किया जाए, तो कुछ निवेश सलाहकार भी अपनी आमदनी ''आई'' क्वाड्रैंट से नहीं कमाते हैं।

उदाहरण के लिए, ज़्यादातर स्टॉकब्रोकर, रियल एस्टेट एजेंट, वित्तीय सलाहकार, बैंकर्स और अकाउंटेंट्स मुख्यत: ''ई'' या ''एस'' होते हैं। दूसरे शब्दों में उनकी आमदनी उनके व्यावसायिक कार्य से आती है। यह ज़रूरी नहीं है कि उनकी आमदनी उनके स्वामित्व की संपत्तियों से प्राप्त हो।

मेरे कुछ दोस्त स्टॉक ट्रेडर्स हैं। वे कम क़ीमत पर शेयर ख़रीदते हैं और उन्हें अधिक दाम पर बेचने की उम्मीद करते हैं। दरअसल, उनका व्यवसाय ''ट्रेडिंग'' है, बहुत हद तक किसी किराने की दुकान के मालिक की तरह, जो थोक में सामान ख़रीदता है और खेरची में बेचता है। इन लोगों को धन कमाने के लिए शारीरिक रूप से कुछ श्रम करना पड़ता है। इसलिए वे ''आई'' क्वाड्रैंट के बजाय ''एस'' क्वाड्रैंट में अधिक उपयुक्त होंगे।

क्या ये सब लोग निवेशक बन सकते हैं? जवाब है, ''हाँ,'' परंतु यह अंतर जानना महत्त्वपूर्ण है कि जो व्यक्ति कमीशन पर या प्रति घंटे सलाह बेचकर धन कमाता है, तनख़्वाह के लिए सलाह देता है या कम क़ीमत पर ख़रीदकर अधिक क़ीमत पर बेचने की कोशिश करता है, उसमें और उस व्यक्ति में अंतर होता है, जो अच्छे निवेशों को भाँपकर और उन्हें तैयार करके धन कमाता है।

आपके सलाहकार कितने अच्छे हैं, यह पता लगाने का एक तरीक़ा यह है : उनसे पूछें कि उनकी कितनी प्रतिशत आमदनी कमीशन या फ़ीस से होती है। इसके बाद उनसे यह पूछें कि उनकी निष्क्रिय आमदनी कितने प्रतिशत है, यानी उन्हें निवेशों या उनके स्वामित्व के दूसरे बिज़नेसों से कितनी आमदनी होती है।

मेरे कुछ सी.पी.ए. मित्र हैं, जो ग्राहकों के नाम लिए बिना मुझे बताते हैं कि कई प्रोफ़ेशनल निवेश सलाहकारों की निवेशों से आमदनी न के बराबर होती है। दूसरे शब्दों में, ''जो वे दूसरों को सिखाते हैं, उसे वे ख़ुद नहीं करते हैं।''

''आई'' क्वाड्रैंट से आमदनी के लाभ

इस तरह ''आई'' क्वाड्रैंट से आमदनी कमाने वाले लोगों की मूलभूत पहचान यह है कि वे अपने पैसे से अधिक पैसा कमाने पर ध्यान केंद्रित करते हैं। अगर वे यह काम अच्छी तरह से करते हैं, तो उनका पैसा उनके और उनके परिवार के लिए सदियों तक काम कर सकता है।

यह जानने के स्पष्ट लाभ हैं कि पैसे से पैसा कमाया जा सकता है। एक लाभ तो यह है कि इसके बाद हर रोज़ सुबह उठकर काम पर जाने की ज़रूरत नहीं होती। इसके अलावा कई टैक्स लाभ भी हैं, जो उन लोगों को नहीं मिलते, जिन्हें अपने धन के लिए काम करना पड़ता है।

अमीरों के और अमीर बनने का एक कारण यह है कि कई बार तो करोड़ों रुपये कमाने के बावज़ूद उस धन पर उन्हें क़ानूनी रूप से कोई टैक्स नहीं देना पड़ता। ऐसा इसलिए है क्योंकि वे अपना धन ''आय के कॉलम'' से नहीं, बल्कि ''संपत्ति के कॉलम'' से कमाते हैं। वे कर्मचारी के रूप में नहीं, बल्कि निवेशक के रूप में धन कमाते हैं।

जो लोग धन के लिए काम करते हैं, उन पर न सिर्फ़ अक्सर ज़्यादा ऊँची दरों से टैक्स लगता है, बल्कि टैक्स उनके वेतन से ही कट जाता है और वे अपनी आमदनी के उस हिस्से को की देख भी नहीं पाते हैं।

अधिक लोग निवेशक क्यों नहीं हैं?

''आई'' क्वाड्रैंट कम काम करने, अधिक धन कमाने और कम टैक्स चुकाने वाले लोगों का क्वाड्रैंट है। तो फिर अधिक लोग निवेशक क्यों नहीं है? उसी वजह से, जिस वजह से ज़्यादातर लोग अपना ख़ुद का बिज़नेस शुरू नहीं करते हैं। इसका सारांश एक ही शब्द में दिया जा सकता है : ''जोखिम।''

ज़्यादातर लोग इस विचार को पसंद नहीं करते कि वे अपनी मेहनत से कमाए गए पैसे को कहीं डाल दें और वह लौटकर वापस न आए। बहुत से लोग पैसे गँवाने से इतना डरते हैं कि वे निवेश न करने या धन-संबंधी किसी तरह का जोखिम न लेने का विकल्प चुनते हैं... भले ही बदले में उन्हें कितना ही अधिक धन मिल सकता हो।

हॉलीवुड की एक मशहूर हस्ती ने एक बार कहा था : ''मैं निवेश पर मिलने वाले ब्याज के बारे में चिंतित नहीं हूँ; मैं तो निवेश यानी मूलधन के वापस लौटने के बारे में चिंतित हूँ।''

धन गँवाने का जोखिम निवेशकों को चार बड़ी श्रेणियों में विभाजित करता है :

1. जो जोखिम-विरोधी हैं, जो खेल को सुरक्षित तरीक़े से खेलते हैं और अपने पैसे को बैंक में रखते हैं।
2. जो निवेश करने का काम किसी और को सौंप देते हैं, जैसे किसी आर्थिक सलाहकार या मीच्युअल फ़ंड मैनेजर को।
3. जुआरी।
4. निवेशक।

जुआरी और निवेशक के बीच अंतर होता है। जुआरी के लिए निवेश क़िस्मत का खेल है। निवेश के लिए निवेश करना योग्यता का खेल है। और जो लोग किसी दूसरे को निवेश करने के लिए अपना धन सौंप देते हैं, उनके लिए निवेश अक्सर एक ऐसा खेल होता है, जिसे वे सीखना नहीं चाहते। इन लोगों के लिए महत्त्वपूर्ण बात यह होती है कि वे अपना आर्थिक सलाहकार सावधानी से चुनें।

आने वाले अध्याय में यह पुस्तक निवेशकों के पाँच स्तरों का विस्तार से वर्णन करेगी, जो इस विषय पर अधिक प्रकाश डालेंगे।

जोखिम लगभग शून्य हो सकता है

निवेश के बारे में अच्छी ख़बर यह है कि जोखिम को काफ़ी हद तक कम किया जा सकता है, यहाँ तक कि ख़त्म भी किया जा सकता है और इसके बावज़ूद आपको अपने धन पर काफ़ी धन मिलता है, बशर्ते आप खेल को खेलना जानते हों।

सच्चे निवेशक को ये शब्द कहते सुना जाएगा : ''कितनी जल्दी मुझे अपना धन वापस मिलेगा? मूलधन वापस मिल जाने के बाद मुझे बाक़ी जीवन में अपने निवेश से कितनी आमदनी होती रहेगी?''

सच्चा निवेशक हमेशा यह जानना चाहता है कि उसे अपना मूलधन कितनी जल्दी वापस मिलेगा। जिन लोगों का रिटायरमेंट अकाउंट होता है, उन्हें यह जानने के लिए बरसों इंतज़ार करना पड़ता है कि उन्हें उनका धन वापस मिलेगा भी या नहीं। यह प्रोफ़ेशनल निवेशक और रिटायरमेंट के लिए पैसे अलग रखने वाले व्यक्ति में सबसे बड़ा अंतर है।

पैसे गँवाने का डर अधिकांश लोगों को सुरक्षा खोजने के लिए प्रेरित करता है। बहरहाल ''आई'' क्वाड्रैंट उतने जोखिम भरा नहीं है, जितने अधिकांश लोग सोचते हैं। ''आई'' क्वाड्रैंट भी अन्य क्वाड्रैंटों की ही तरह होता है। इसकी अपनी योग्यताएँ और मानसिकता होती है। ''आई'' क्वाड्रैंट में सफल होने की योग्यताएँ सीखी जा सकती हैं, बशर्ते आप उन्हें सीखने में कुछ समय लगाने के इच्छुक हों।

एक नया युग शुरू होता है

1989 में बर्लिन की दीवार गिर गई। दुनिया के इतिहास में यह सबसे महत्त्वपूर्ण घटनाओं में से एक थी। यह साम्यवाद की असफलता की सूचक थी। परंतु मेरे विचार से यह इससे भी अधिक महत्त्वपूर्ण थी। यह घटना औद्योगिक युग की आधिकारिक समाप्ति और सूचना युग की शुरुआत का संकेत थी।

औद्योगिक युग की पेंशन योजनाओं और सूचना युग की पेंशन योजनाओं के बीच का अंतर

1492 में कोलंबस की समुद्री यात्रा लगभग औद्योगिक युग की शुरुआत के आसपास हुई। 1989 में बर्लिन की दीवार का ढहना एक ऐसी घटना थी, जिसने उस युग के अंत का संकेत दिया। ऐसा लगता है कि आधुनिक इतिहास में हर 500 साल बाद महान आमूलचूल परिवर्तन घटित होते हैं। हम इस समय एक ऐसे ही दौर में हैं।

यह परिवर्तन करोड़ों लोगों की आर्थिक सुरक्षा को पहले ही ख़तरे में डाल चुका है, हालाँकि उनमें से अधिकांश लोग अब भी उस परिवर्तन के आर्थिक प्रभाव के बारे में नहीं

जानते और उनमें से कई उसे नहीं झेल सकते। यह परिवर्तन औद्योगिक युग की पेंशन योजना और सूचना युग की पेंशन योजना के बीच का अंतर है।

जब मैं बच्चा था, तो मेरे अमीर डैडी मुझे प्रोत्साहित करते थे कि मैं अपने धन का जोखिम लूँ और निवेश करना सीखूँ। वे हमेशा कहा करते थे : ''अगर तुम अमीर बनना चाहते हो, तो तुम्हें यह सीखने की ज़रूरत है कि जोखिम कैसे लिया जाए। निवेशक बनना सीखो।''

घर पर मैंने अपने शिक्षित डैडी को अपने अमीर डैडी के सुझाव के बारे में बताया कि हमें निवेश करना और जोखिम को मैनेज करना सीखना चाहिए। मेरे शिक्षित डैडी ने जवाब दिया, ''मुझे यह सीखने की कोई ज़रूरत नहीं है कि निवेश कैसे किया जाए। मेरे पास सरकारी पेंशन योजना है, टीचर्स यूनियन की पेंशन है और गारंटीशुदा सामाजिक सुरक्षा लाभ हैं। तो फिर अपने धन का जोखिम क्यों लिया जाए?''

मेरे शिक्षित डैडी औद्योगिक युग की पेंशन योजनाओं जैसे सरकारी कर्मचारी पेंशनों और सामाजिक सुरक्षा में विश्वास करते थे। जब मैंने यू.एस. मैरीन कोर में अपना नाम लिखवाया, तो वे ख़ुश हुए। इस बात पर चिंतित होने के बजाय कि वियतनाम में मेरी जान जा सकती है, वे बोले, ''20 साल तक इसी में बने रहो और तुम्हें जीवन भर के लिए पेंशन और मेडिकल लाभ मिलेंगे।''

हालाँकि इनका अब भी प्रयोग होता है, परंतु इस तरह की पेंशन योजनाएँ अब प्रचलन से बाहर हो चुकी हैं, यह विचार कि कंपनी आपके रिटायरमेंट के लिए आर्थिक रूप से ज़िम्मेदार और सरकार पेंशन योजनाओं के द्वारा आपके रिटायरमेंट के बाद की ज़रूरतों को पूरी करेगी, एक पुराना विचार है जो अब तर्कसंगत नहीं रह गया है।

लोगों को निवेशक बनने की ज़रूरत है

जब हम सुनिश्चित लाभ वाली पेंशन योजनाओं (Defined benefit pension plans) से आगे बढ़ते हैं यानी औद्योगिक युग की रिटायरमेंट योजनाओं से निकलकर सूचना युग की पेंशन योजनाओं यानी सुनिश्चित योगदान वाली पेंशन योजनाओं (Defined contribution pension plans) पर आते हैं, तो इसका परिणाम यह होता है कि व्यक्ति के रूप में अब आप ख़ुद के लिए आर्थिक रूप से पूरी तरह ज़िम्मेदार हैं। बहुत कम लोगों ने इस परिवर्तन पर ग़ौर किया होगा।

औद्योगिक युग की पेंशन योजना

औद्योगिक युग में सुनिश्चित लाभ की पेंशन योजना का मतलब यह था कि कंपनी आपको यानी कर्मचारी को गारंटी देती थी कि जब तक आप ज़िंदा रहेंगे, तब तक आपको एक निश्चित धनराशि (आम तौर पर हर महीने) मिलती रहेगी। लोग इसलिए सुरक्षित महसूस करते थे क्योंकि ये योजनाएँ स्थायी आमदनी प्रदान करती थीं।

सूचना युग की पेंशन योजना

किसी ने इस सौदे को बदल दिया और अचानक कंपनियाँ ने रिटायर होने के बाद आर्थिक सुरक्षा की गारंटी देना बंद कर दिया। इसके बजाय, कंपनियाँ सुनिश्चित योगदान वाली रिटायरमेंट योजनाएँ लागू करने लगीं। ''सुनिश्चित योगदान'' का अर्थ है कि आपको सिर्फ़ वही वापस मिलेगा, जो आपने और आपकी कंपनी ने आपके रिटायर होने से पहले जमा किया था। दूसरे शब्दों में, आपकी पेंशन सिर्फ़ आपके योगदान से तय होती है। अगर आपने और आपकी कंपनी ने इसमें कोई पैसा नहीं डाला है, तो आपको रिटायरमेंट के बाद कोई पैसा नहीं मिलेगा।

अच्छी ख़बर यह है कि सूचना युग में आयु बढ़ जाएगी। बुरी ख़बर यह है कि आप तो ज़िंदा रहेंगे, परंतु आपकी पेंशन मर जाएगी।

जोखिम भरी पेंशन योजनाएँ

और इससे भी बुरी बात यह है कि आपने और आपके नियोक्ता ने योजना में भले ही पैसा डाला हो, पर इस बात की अब कोई गारंटी नहीं है कि जब आप इसे वापस निकालने का फ़ैसला करेंगे, तब तक यह पैसा वहाँ बचेगा। ऐसा इसलिए है क्योंकि 401 (k) और सुपरएन्युएशन जैसी योजनाएँ बाज़ार की शक्तियों के अधीन होती हैं। दूसरे शब्दों में, आपके पास इस ख़ाते में एक दिन दस लाख डॉलर हो सकते हैं, परंतु अगर स्टॉक मार्केट क्रैश हो जाता है, जैसा कि कभी-कभार होता है, तो आपके दस लाख डॉलर आधे हो सकते हैं या पूरी तरह साफ़ भी हो सकते हैं। आजीवन आमदनी की गारंटी जा चुकी है ... और जिन लोगों के पास ये योजनाएँ हैं, उनमें से कितनों को यह अहसास है कि वास्तव में इसका क्या मतलब है।

इसका मतलब यह हो सकता है कि जो लोग 65 की उम्र में रिटायर होते हैं और अपनी सुनिश्चित योगदान वाली पेंशन योजना पर जीना शुरू कर देते हैं, उनका पैसा 75 वर्ष की उम्र तक पहुँचते-पहुँचते ख़त्म हो जाए। फिर वे क्या करेंगे? शायद अपने बायोडाटा की धूल साफ़ करेंगे।

सरकार की सुनिश्चित लाभों वाली पेंशन योजना कैसी है? देखिए, अमेरिका में सोशल सिक्युरिटी यानी सामाजिक सुरक्षा संभवत: सन् 2037 तक दिवालिया हो जाएगी और मेडिकेयर संभवत: 2017 तक। आज भी सोशल सिक्युरिटी ज़्यादा पैसे नहीं देती है। तब क्या होगा, जब 77 मिलियन बेबी बूमर इससे पैसे माँगेंगे, जो इन्होंने इसमें डाला था, लेकिन वह उन्हें नहीं मिलेगा?

1998 में राष्ट्रपति क्लिंटन के लोकप्रिय नारे ''सामाजिक सुरक्षा को बचाओ'' को काफ़ी समर्थन मिला था। बहरहाल डेमोक्रेटिक सीनेटर अर्नेस्ट होलिंग्स ने संकेत किया था, ''स्पष्ट रूप से सामाजिक सुरक्षा को बचाने का पहला उपाय इसे लूटना बंद करना है।'' दशकों से संघीय सरकार ही इस स्थिति के लिए ज़िम्मेदार है क्योंकि वह अपने ख़र्च के लिए रिटायरमेंट के धन को ''उधार'' ले रही है।

कई राजनेता यह सोचते हैं कि सामाजिक सुरक्षा एक धरोहर या संपत्ति न होकर आमदनी है, जिसे ख़र्च किया जा सकता है।

बहुत सारे लोग सरकार से उम्मीद लगाए हैं

मैं पुस्तकें लिखता हूँ और शैक्षणिक बोर्ड गेम कैशफ़्लो जैसे प्रॉडक्ट बनाता हूँ, क्योंकि हम औद्योगिक युग के अंत और सूचना युग की शुरुआत में खड़े हैं।

नागरिक होने के नाते मुझे इस बात की चिंता है कि हम औद्योगिक युग और सूचना युग के अंतरों का सामना करने के लिए ठीक से तैयार नहीं हैं... और उनमें से एक अंतर यह है कि हम अपने रिटायरमेंट के वर्षों के लिए किस तरह आर्थिक तैयारी करें। ''स्कूल जाओ और सुरक्षित नौकरी ढूँढ़ो'' का विचार 1930 से पहले पैदा हुए लोगों के लिए अच्छा था। आज सबको स्कूल जाने की ज़रूरत है ताकि वे अच्छी नौकरी पाना सीख सकें, परंतु हमें यह भी जानने की ज़रूरत है कि निवेश कैसे किया जाए। और निवेश करना एक ऐसा विषय है, जो स्कूल में नहीं सिखाया जाता।

औद्योगिक युग का दिया गया एक दुख यह है कि बहुत सारे लोग अपनी व्यक्तिगत समस्याओं को सुलझाने के लिए सरकार पर निर्भर हो गए हैं। अपनी व्यक्तिगत आर्थिक ज़िम्मेदारी सरकार पर सौंपने के कारण आज हम ज़्यादा बड़ी समस्याओं का सामना कर रहे हैं।

ऐसा अनुमान है कि 2020 तक 27.5 करोड़ अमेरिकी होंगे, जिनमें से 10 करोड़ किसी न किसी तरह के सरकारी समर्थन की आशा कर रहे होंगे। इनमें संघीय कर्मचारी, रिटायर्ड सैनिक, डाक विभाग के कर्मचारी, शिक्षक और अन्य सरकारी कर्मचारी होंगे। साथ ही सामाजिक सुरक्षा और मेडीकेयर के भुगतान की आशा करने वाले रिटायर्ड लोग भी होंगे। अनुबंध के हिसाब से उनके द्वारा ऐसी आशा करना उचित है, क्योंकि किसी न किसी तरह से ज़्यादातर लोग सरकारी के वादे में निवेश कर रहे हैं। दुर्भाग्य से, बहुत वर्षों तक बहुत ज़्यादा वादे किए गए हैं और उन्हें पूरा करने का समय अब आ रहा है।

मुझे नहीं लगता कि ये आर्थिक वादे पूरे किए जा सकते हैं। अगर हमारी सरकार इन वादों के मुताबिक़ भुगतान करने के लिए टैक्स को और बढ़ाएगी, तो अमीर लोग भागकर उन देशों में चले जाएँगे जहाँ टैक्स यहाँ की तुलना में कम होगा। सूचना युग में ''ऑफ़शोर'' का अर्थ दूसरे देश का टैक्स स्वर्ग नहीं होगा... ''ऑफ़शोर'' का मतलब ''साइबरस्पेस'' हो सकता है।

एक बड़ा परिवर्तन दहलीज़ पर खड़ा है

मुझे राष्ट्रपति जॉन एफ़. कैनेडी की चेतावनी याद आती है, ''एक बड़ा परिवर्तन दहलीज़ पर खड़ा है।'' तो, वह परिवर्तन अब हमारे ठीक सामने खड़ा है।

निवेशक बने बिना निवेश करना

सुनिश्चित लाभ वाली पेंशन योजनाओं से सुनिश्चित योगदान वाली पेंशन योजनाएँ दुनिया भर में करोड़ों ऐसे लोगों को निवेशक बनने पर मजबूर कर रही हैं, जो निवेश करने के बारे में कुछ भी नहीं जानते हैं। ऐसे बहुत से लोग हैं जो ज़िंदगी भर आर्थिक जोखिमों से बचते रहे हैं, परंतु अब उन्हें जोखिम लेने के लिए मजबूर किया जा रहा है... वे अपने भविष्य, अपने बुढ़ापे, अपने काम के वर्षों के बाद के समय का आर्थिक जोखिम ले रहे हैं। जब वे रिटायर होंगे, तभी जाकर ज़्यादातर लोगों को यह पता चलेगा कि वे बुद्धिमान निवेशक थे या लापरवाह जुआरी।

आज स्टॉक मार्केट के बारे में दुनिया भर में चर्चा हो रही है। यह कई चीज़ों की वजह से है, जिनमें से एक ग़ैर-निवेशक द्वारा निवेशक बनने का प्रयास करना है। उनका आर्थिक रास्ता इस तरह दिखता है :

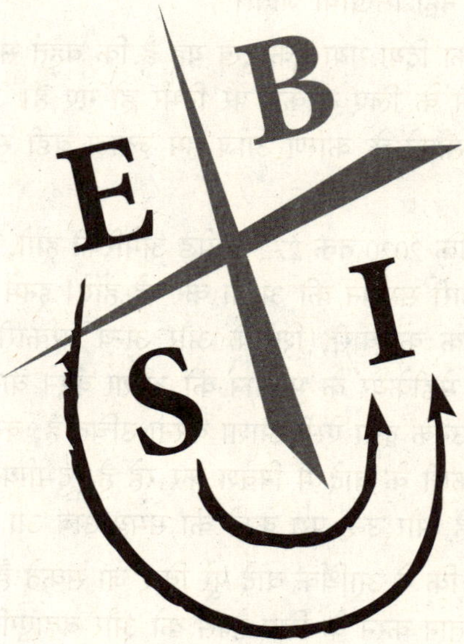

इनमें से अधिकांश ''ई'' और ''एस'' वाले ऐसे लोग हैं, जो स्वभाव से सुरक्षा पर केंद्रित होते हैं। इसीलिए वे सुरक्षित नौकरियों या सुरक्षित करियर की तलाश करते हैं या ऐसे छोटे बिज़नेस शुरू करते हैं, जिन्हें वे आसानी से नियंत्रित कर सकते हैं। सुनिश्चित योगदान वाली रिटायरमेंट योजनाओं की वजह से वे आज ''आई'' क्वाड्रैंट की ओर बढ़ रहे हैं, जहाँ उन्हें रिटायर होने के बाद ''सुरक्षा'' मिलने की आशा है। दुर्भाग्य से, ''आई'' क्वाड्रैंट में सुरक्षा होती ही नहीं है, यह तो जोखिम का क्वाड्रैंट है।

चूँकि *कैशफ़्लो क्वाड्रैंट* के बाएँ हिस्से में बहुत से लोग सुरक्षा की तलाश करते हुए आते हैं, इसलिए स्टॉक मार्केट प्रतिक्रिया करते हुए उनकी मदद करते हैं। इसीलिए आप नीचे लिखे शब्द इतनी ज़्यादा बार सुनते हैं :

1. डाइवर्सिफ़िकेशन

जो लोग सुरक्षा चाहते हैं, वे ''डाइवर्सिफ़िकेशन'' शब्द का बहुत ज़्यादा प्रयोग करते हैं। क्यों? क्योंकि डाइवर्सिफ़िकेशन की रणनीति ''न हारने वाली'' रणनीति है। यह जीतने की निवेश रणनीति नहीं है। सफल या अमीर निवेशक डाइवर्सिफ़ाई नहीं करते यानी अलग-अलग क्षेत्रों की कंपनियों के शेयर नहीं ख़रीदते हैं। वे अपने प्रयासों को केंद्रित करते हैं।

वारेन बफ़े, जो शायद दुनिया के सबसे बड़े निवेशक हैं, ''डाइवर्सिफ़िकेशन'' के बारे में कहते हैं : ''जो रणनीति हम अपनाते हैं, उसमें हम स्तरीय डाइवर्सिफ़िकेशन सिद्धांत का पालन नहीं करते हैं। इसलिए बहुत से विद्वान कहते हैं कि पारंपरिक निवेशकों के बजाय हमारी रणनीति अधिक जोखिम भरी है। परंतु हम उनसे सहमत नहीं हैं। हमारा मानना है कि पोर्टफ़ोलियो अत्यंत सीमित होने से जोखिम कम होता है, बशर्ते शेयर ख़रीदने से पहले निवेशक उस कंपनी के बारे में प्रबलता से सोचता हो और उसके आर्थिक लक्षणों के प्रति आरामदेह महसूस करता हो।''

दूसरे शब्दों में, वारेन बफ़े कह रहे हैं कि पोर्टफ़ोलियो पर केंद्रित होना (portfolio concentration) या चुनिंदा निवेशों पर केंद्रित रहना डाइवर्सिफ़िकेशन से बेहतर रणनीति है। उनके हिसाब से डाइवर्सिफ़िकेशन के बजाय केंद्रित होने में ज़्यादा स्मार्टनेस की ज़रूरत पड़ती है। इसके लिए आपके विचारों और कार्यों में अधिक गहनता की ज़रूरत पड़ती है। उन्होंने आगे लिखा है कि औसत निवेशक अस्थिरता से बचते हैं क्योंकि वे अस्थिरता को जोखिम भरा मानते हैं। इसके बजाय वारेन बफ़े कहते हैं, ''दरअसल सच्चा निवेशक अस्थिरता का स्वागत करता है।''

आर्थिक दलदल से बाहर निकलने और आर्थिक स्वतंत्रता पाने के लिए मेरी पत्नी और मैंने डाइवर्सिफ़िकेशन नहीं किया। हमने अपने निवेश केंद्रित किए।

2. *''ब्लू चिप'' स्टॉक्स*

सुरक्षित मानसिकता वाले निवेशक आम तौर पर ''ब्लू चिप'' कंपनी के शेयर ख़रीदते हैं, क्योंकि वे उन्हें ज़्यादा सुरक्षित मानते हैं। वे यह भूल जाते हैं कि कंपनी अधिक सुरक्षित हो सकती है, परंतु शेयर बाज़ार सुरक्षित नहीं होता है।

3. *मीच्युअल फ़ंड्स*

> ''जो लोग निवेश के बारे में बहुत कम जानकारी रखते हैं, वे किसी फ़ंड मैनेजर को अपना पैसा सौंपकर अधिक सुरक्षित महसूस करते हैं, जिसके बारे में उन्हें आशा होती है कि वह उनसे ज़्यादा अच्छा काम करेगा। जो लोग प्रोफ़ेशनल निवेशक बनना ही नहीं चाहते हैं, उनके लिए यह एक स्मार्ट रणनीति है। समस्या यह है कि रणनीति तो स्मार्ट है, परंतु इसका यह अर्थ नहीं है कि मीच्युअल फ़ंड्स में जोखिम कम होता है। सच तो यह है कि अगर स्टॉक मार्केट गिरता है, तो हम ''मीच्युअल फ़ंड मेल्टडाउन'' देख सकते हैं, जो उतनी ही भीषण विपत्ति होती है जितनी 1610 में हुई ''ट्यूलिपोमैनिया'' की दुर्घटना, 1620 में ''साउथ सी बबल'' का मेल्टडाउन और 1990 में ''जंक बॉन्ड'' का बम विस्फोट।

आज बाज़ार ऐसे करोड़ों लोगों से भरा पड़ा है, जिनकी मूलभूत मानसिकता सुरक्षा की है, परंतु बदलती हुई अर्थव्यवस्था उन्हें *कैशफ़्लो क्वाड्रैंट* के बाएँ सिरे से दाएँ सिरे में आने के लिए मजबूर कर रही है, जहाँ इस तरह की सुरक्षा का दरअसल कोई अस्तित्व ही नहीं है। बहुत से लोग सोचते हैं कि उनकी पेंशन योजनाएँ सुरक्षित हैं, जबकि दरअसल वे सुरक्षित नहीं हैं। इसलिए यह चिंता का विषय है। अगर स्टॉक मार्केट धड़ाम से गिरता है या बड़ी मंदी आती है, तो उनकी योजनाएँ साफ़ हो सकती हैं। उनकी रिटायरमेंट योजनाएँ उतनी सुरक्षित नहीं हैं, जितनी कि उनके माता-पिताओं की थीं।

आने वाली बड़ी आर्थिक उथलपुथल

एक बड़ी आर्थिक उथलपुथल के लिए मंच तैयार हो चुका है। इस तरह की उथलपुथल हमेशा किसी पुराने युग के अंत और नए युग की शुरुआत के समय हमेशा होती आई है। हर युग की समाप्ति पर कुछ लोग आगे बढ़ जाते हैं, जबकि बाक़ी लोग अतीत के विचारों में ही उलझे रहते हैं। मुझे डर है कि जो लोग अब भी आशा करते हैं कि उनकी आर्थिक सुरक्षा बड़ी कंपनी या बड़ी सरकार की ज़िम्मेदारी है, उन्हें आने वाले सालों में निराश होना पड़ेगा। ये विचार सूचना युग के नहीं, बल्कि औद्योगिक युग के हैं।

भविष्य बताने वाला दर्पण किसी के भी पास नहीं है। मैं कई निवेश समाचार सेवाओं का ग्राहक हूँ। हर सलाहकार अलग-अलग बात कहता है। कुछ कहते हैं कि निकट भविष्य उज्ज्वल है। कुछ कहते हैं कि मार्केट गिरने ही वाला है और बड़ी मंदी सामने वाले मोड़ पर खड़ी है। तटस्थ बने रहने के लिए मैं दोनों पक्षों की बात सुनता हूँ, क्योंकि दोनों तरफ़ अच्छे तर्क होते हैं। मैं जो रास्ता अपनाता हूँ, वह भविष्यवक्ता का अभिनय करना नहीं है या भविष्यवाणी करने का प्रयास भी नहीं है। इसके बजाय मैं ''बी'' और ''आई'' दोनों ही क्वाड्रैंटों में शिक्षित बने रहने के लिए मेहनत करता हूँ और चाहे जो हो, उसके लिए तैयार रहता हूँ। जो व्यक्ति तैयार होता है वह समृद्ध होगा, भले ही अर्थव्यवस्था किसी भी दिशा में जाए और कभी भी जाए।

अगर इतिहास सही सूचक है, तो जो व्यक्ति 75 साल की उम्र तक जी चुका है, उसे एक मंदी और दो बड़े रेसेशन से गुज़रना पड़ता है। मेरे माता-पिता ने मंदी झेली थी, परंतु बेबी बूमर्स ने नहीं झेली है... अब तक। और पिछली मंदी को आए 60 साल से ज़्यादा समय हो चुका है।

आज हम सबको सिर्फ़ नौकरी की सुरक्षा के बारे में ही चिंतित होने की ज़रूरत नहीं है। हमें इसके अलावा कई अन्य चीज़ों के बारे में चिंतित होने की ज़रूरत है। मैं सोचता हूँ कि हमें अपनी ख़ुद की दीर्घकालीन आर्थिक सुरक्षा के बारे में भी चिंतित होने की ज़रूरत है... और उस ज़िम्मेदारी को कंपनी या सरकार के भरोसे छोड़ने की क़तई ज़रूरत नहीं है। आधिकारिक रूप से समय तब बदल गया, जब कंपनियों ने कहा कि वे आपके रिटायरमेंट के बाद की ज़िंदगी के लिए ज़िम्मेदार नहीं हैं। जब उन्होंने सुनिश्चित योगदान वाली रिटायरमेंट योजना अपना ली, तो संदेश यह था कि आप अब अपने ख़ुद के रिटायरमेंट में निवेश करने के लिए ज़िम्मेदार हैं। आज हम सबको अधिक समझदार निवेशक बनने की ज़रूरत है। हम सबको बाज़ार के उतार-चढ़ावों और परिवर्तनों के बारे में निरंतर जागरूक रहने की ज़रूरत है। मैं सुझाव देता हूँ कि आप निवेश करने के लिए किसी दूसरे को पैसा देने के बजाय ख़ुद निवेशक बनना सीखें। अगर आप अपना धन किसी मीच्युअल फ़ंड या किसी सलाहकार को सौंप देते हैं, तो हो सकता है आपको यह पता लगाने के लिए 65 साल की उम्र तक इंतज़ार करना पड़े कि उस व्यक्ति ने सही काम किया है या नहीं। अगर उन्होंने सही काम नहीं किया है, तो हो सकता है आपको ज़िंदगी भर काम करते रहना पड़े। लाखों लोगों को यही करना पड़ेगा, क्योंकि तब तक निवेश करने या निवेश करना सीखने के लिए बहुत देर हो चुकी होगी।

जोखिम का प्रबंधन करना सीखें

कम जोखिम के साथ अधिक लाभ वाले सौदों में निवेश करना संभव है। आपको बस यह सीखना है कि ऐसा कैसे किया जाता है। यह कठिन नहीं है। दरअसल यह बहुत हद तक साइकिल चलाना सीखने की तरह है। शुरुआत में आप गिर सकते हैं, परंतु कुछ समय बाद गिरना बंद हो जाता है और निवेश करने की आदत पड़ जाती है, ठीक उसी तरह जिस तरह हममें से ज़्यादातर लोगों को साइकिल चलाने की आदत पड़ जाती है।

कैशफ़्लो क्वाड्रैंट के बाएँ हिस्से के साथ समस्या यह है कि अधिकांश लोग आर्थिक जोखिम से बचने के लिए वहाँ जाते हैं। मेरा सुझाव यह है कि जोखिम से बचने के बजाय आप यह सीखें कि आर्थिक जोखिम का प्रबंधन किस तरह किया जाए।

जोखिम लेना

जो लोग जोखिम लेते हैं, वे दुनिया को बदल देते हैं। बहुत कम लोग जोखिम लिए बिना अमीर बन पाते हैं। आज बहुत ज़्यादा लोग जीवन के जोखिमों को ख़त्म करने के लिए सरकार पर निर्भर हो चुके हैं। सूचना युग की शुरुआत उस तरह की बड़ी सरकार का अंत

है, जिसे हम जानते हैं। बड़ी सरकार अब बहुत ज़्यादा ख़र्चीली हो चुकी है। दुर्भाग्य से, दुनिया भर के जो करोड़ों लोग जीवन भर के लिए ''गारंटियों'' और पेंशन के विचार पर निर्भर हो चुके हैं, वे आर्थिक रूप से पीछे छूट जाएँगे। सूचना युग का अर्थ यह है कि हम सबको अधिक आत्म-निर्भर बनने और बड़े होने की ज़रूरत है।

''मेहनत से पढ़ो और सुरक्षित नौकरी ढूँढ़ो'' औद्योगिक युग का विचार है। हम अब उस युग में नहीं हैं। समय बदल रहा है। समस्या यह है कि कई लोगों के विचार नहीं बदले हैं। वे अब भी सोचते हैं कि उन्हें कुछ मिलने की गारंटी है। कई लोग अब भी सोचते हैं कि ''आई'' क्वाड्रैंट उनकी ज़िम्मेदारी नहीं है। उन्हें लगता है कि जब उनके काम करने के दिन ख़त्म हो जाएँगे, तो सरकारी या बड़ी कंपनी या लेबर यूनियन या उनका मीच्युअल फ़ंड या उनका परिवार उनकी देखभाल करेगा। उनके लिए मैं आशा करता हूँ कि वे सही हों। ऐसे लोगों को यह पुस्तक आगे पढ़ने की कोई ज़रूरत नहीं है।

मुझे उन लोगों की चिंता है, जो निवेशक बनने की ज़रूरत को समझते हैं। इसी चिंता ने मुझे *कैशफ़्लो क्वाड्रैंट* लिखने के लिए प्रेरित किया। यह उन लोगों की मदद करने के लिए लिखी गई है, जो *क्वाड्रैंट* के बाएँ हिस्से से दाएँ हिस्से में आने के लिए क़दम बढ़ाना चाहते हैं, परंतु यह नहीं जानते कि शुरुआत कहाँ से की जाए। कोई भी व्यक्ति सही योग्यताओं और संकल्प के साथ क़दम बढ़ा सकता है।

अगर आप पहले ही आर्थिक स्वतंत्रता पा चुके हैं, तो मैं आपको बधाई देता हूँ। कृपया दूसरों को अपने रास्ते के बारे में बताएँ और अगर वे मार्गदर्शन चाहते हों, तो उनका मार्गदर्शन करें। बहरहाल, उनका मार्गदर्शन करते समय उन्हें अपना रास्ता ख़ुद खोजने दें, क्योंकि आर्थिक स्वतंत्रता के कई रास्ते हैं।

चाहे आप जो भी निर्णय करें, कृपया यह याद रखें : आर्थिक स्वतंत्रता मुफ़्त में नहीं मिलती। स्वतंत्रता की क़ीमत होती है... और मैं सोचता हूँ यह क़ीमत चुकाने लायक़ है। बड़ा रहस्य यह है : आर्थिक रूप से स्वतंत्र होने के लिए न तो धन की ज़रूरत होती है, न ही अच्छी औपचारिक शिक्षा की। ज़रूरी नहीं है कि इसमें जोखिम हो। इसके बजाय स्वतंत्रता की क़ीमत उन सपनों, इच्छाओं और निराशाओं को पार करने की योग्यता से नापी जाती है, जो हम सबको रास्ते में मिलती हैं। क्या आप क़ीमत चुकाने के इच्छुक हैं?

मेरे एक डैडी ने यह क़ीमत चुकाई थी; दूसरे डैडी ने यह क़ीमत नहीं चुकाई। इसके बजाय उन्होंने एक अलग तरह की क़ीमत चुकाई।

''बी'' क्वाड्रैंट क्विज़

क्या आप सच्चे बिज़नेस मालिक हैं?

अगर आप नीचे दिए सवाल का जवाब ''हाँ'' में देते हैं, तो आप सच्चे बिज़नेस मालिक हैं :

क्या यह हो सकता है कि आप एक साल या इससे भी ज़्यादा समय के लिए अपना बिज़नेस छोड़कर कहीं चले जाएँ और आपके लौटने पर आपका बिज़नेस आपको पहले से बेहतर व लाभदायक स्थिति में मिले?

❍ हां

❍ नहीं

अध्याय 3

लोग सुरक्षा को स्वतंत्रता से ऊपर क्यों रखते हैं

कई लोग नौकरी की सुरक्षा इसलिए चाहते हैं, क्योंकि उन्हें स्कूल में और घर पर यही सिखाया गया है।

मेरे दोनों डैडियों ने मुझे कॉलेज जाने और डिग्री लेने का सुझाव दिया। परंतु कॉलेज की डिग्री लेने के बाद मैं क्या करूँ, इस बारे में दोनों के सुझाव अलग-अलग थे। मेरे उच्च शिक्षित डैडी लगातार सलाह देते थे : '''स्कूल जाओ, अच्छे नंबर लाओ और एक अच्छी सुरक्षित नौकरी खोज लो।''

वे *क्वाड्रैंट* के बाएँ हिस्से पर केंद्रित जीवन का सुझाव दे रहे थे, जिसका रास्ता इस तरह दिखता था।

मेरे अशिक्षित परंतु अमीर डैडी हमेशा *क्वाड्रैंट* के दाएँ हिस्से पर ध्यान केंद्रित करने की सलाह देते थे : "'स्कूल जाओ, अच्छे नंबर लाओ और अपनी ख़ुद की कंपनी शुरू करो।"

उन दोनों की सलाहें अलग-अलग इसलिए थीं, क्योंकि एक डैडी नौकरी की सुरक्षा के बारे में ज़्यादा चिंता करते थे, जबकि दूसरे आर्थिक स्वतंत्रता के बारे में ज़्यादा चिंता करते थे।

लोग नौकरी की सुरक्षा क्यों चाहते हैं

बहुत से लोग नौकरी की सुरक्षा मूलतः इस कारण चाहते हैं, क्योंकि उन्हें घर पर और स्कूल में यही सिखाया गया है।

लाखों-करोड़ों लोग इस शिक्षा का अनुसरण कर रहे हैं। हममें से बहुत से लोगों को बचपन से ही आर्थिक सुरक्षा या स्वतंत्रता के बजाय नौकरी की सुरक्षा के बारे में सोचने के लिए तैयार (condition) किया गया है। और चूँकि हममें से ज़्यादातर घर पर या स्कूल में पैसे के बारे में लगभग कुछ नहीं सीखते हैं, इसलिए यह स्वाभाविक है कि हममें से ज़्यादातर लोग आर्थिक स्वतंत्रता पाने की कोशिश करने के बजाय नौकरी की सुरक्षा के विचार को और कसकर पकड़ लेते हैं।

अगर आप *कैशफ़्लो क्वाड्रैंट* की ओर देखें, तो आप पाएँगे कि बायाँ हिस्सा सुरक्षा द्वारा प्रेरित है और दायाँ हिस्सा स्वतंत्रता द्वारा।

क़र्ज़ के जाल में उलझना

90 प्रतिशत लोग क्वाड्रैंट के बाएँ हिस्से में काम कर रहे हैं और इसका प्रमुख कारण यह है कि उन्होंने स्कूल में इसी हिस्से के बारे में सीखा है। स्कूल से निकलने के कुछ समय बाद ही वे क़र्ज़ में डूब जाते हैं। वे क़र्ज़ में इतनी गहराई तक डूब जाते हैं कि उन्हें सिर्फ़ अपना ख़र्च चलाने के लिए नौकरी या व्यवसाय की सुरक्षा को और कसकर पकड़ना पड़ता है।

मैं अक्सर ऐसे युवाओं से मिलता हूँ, जिन्हें कॉलेज का डिप्लोमा कॉलेज के क़र्ज़ के साथ मिलता है। उनमें से कई ने बताया कि वे यह देखकर निराश हो गए कि वे अपनी कॉलेज की शिक्षा के लिए 50,000 डॉलर से लेकर 1,50,000 डॉलर तक के क़र्ज़ में डूब चुके हैं। अगर उनके माता-पिता ने उनकी पढ़ाई के लिए पैसे दिए हैं, तो वे कई साल तक आर्थिक संकट का सामना करते हैं।

मैंने हाल ही में पढ़ा है कि अधिकांश अमेरिकावासियों को आज कॉलेज में पढ़ने के दौरान ही क्रेडिट कार्ड मिल जाता है और वे पूरी ज़िंदगी क़र्ज़ में रहेंगे। ऐसा इसलिए है क्योंकि वे अक्सर उस स्क्रिप्ट का अनुसरण करते हैं, जो औद्योगिक युग में लोकप्रिय थी।

स्क्रिप्ट का अनुसरण करना

अगर हम औसत शिक्षित लोगों के जीवन पर निगाह डालें, तो आर्थिक स्क्रिप्ट अक्सर इस तरह से चलती है :

लड़का कॉलेज जाता है, स्नातक हो जाता है, नौकरी करने लगता है और जल्दी ही उसके पास ख़र्च करने के लिए पैसा आने लगता है। यह युवक अब मकान किराए पर ले सकता है, टी.वी. सेट ख़रीद सकता है, नए कपड़े ख़रीद सकता है, कुछ फ़र्नीचर ख़रीद सकता है और ज़ाहिर है एक कार भी। और फिर बिल आना शुरू होते हैं। एक दिन यह युवक किसी ख़ास व्यक्ति से मिलता है, चिंगारियाँ भड़कती हैं, उन्हें प्रेम हो जाता है और वे शादी कर लेते हैं। कुछ समय के लिए जीवन सुखमय हो जाता है, क्योंकि दो लोग एक व्यक्ति के ख़र्च में गुज़ारा कर सकते हैं। अब उनके पास दो आमदनियाँ हैं, जबकि उन्हें सिर्फ़ एक ही मकान का किराया देना है। अब वे कुछ डॉलर बचा सकते हैं, ताकि वे अपना ख़ुद का मकान ख़रीद सकें, जो हर युवा दंपति का सपना होता है। आख़िरकार वे अपने सपनों का मकान खोज लेते हैं, अपना जमा किया हुआ धन निकालते हैं और उसे मकान के डाउन पेमेंट के लिए दे देते हैं। इस तरह अब उन पर मकान का क़र्ज़ चुकाने की क़िस्त का भार आ जाता है। चूँकि उनके पास एक नया घर है, इसलिए उन्हें सजावट के लिए नए सामान की ज़रूरत भी पड़ती है। अब वे एक फ़र्नीचर स्टोर खोजते हैं, जिसके विज्ञापन में यह लुभावने शब्द लिखे होते हैं, ''नक़द की ज़रूरत नहीं, आसान मासिक क़िस्तों में।''

जीवन अद्भुत लगता है और वे दावत देते हैं, ताकि उनके सभी मित्र आकर उनका नया घर, नई कार, नया फ़र्नीचर और नया सामान देख सकें। वे अब ज़िंदगी भर के लिए क़र्ज़ में गहराई तक डूब चुके हैं। तभी उनका पहला बच्चा आ जाता है।

अच्छी तरह शिक्षित, कड़ी मेहनत करने वाले औसत दंपति बच्चे को नर्सरी स्कूल में छोड़ने के बाद अपनी कमर कसते हैं और नौकरी करने चले जाते हैं। वे नौकरी की सुरक्षा की आवश्यकता में जकड़े हुए हैं, क्योंकि आम तौर पर वे आर्थिक दिवालिएपन से सिर्फ़ तीन महीने या इससे भी कम दूरी पर रहते हैं। इन लोगों के मुँह से आप अक्सर इस तरह के शब्द सुनते हैं, ''मैं इसे छोड़ ही नहीं सकता। मुझे बिलों का भुगतान करना है,'' या स्नो व्हाइट और सात बौनों के गीत की पंक्ति से मिलता-जुलता यह वाक्य, ''मुझ पर क़र्ज़ है, मुझ पर क़र्ज़ है, इसलिए मैं काम पर जाता हूँ।''

सफलता का जाल

मैं अपने अमीर डैडी से इतना ज़्यादा सीख पाया, इसके कई कारण थे। उनमें से एक यह था कि उनके पास मुझे सिखाने के लिए ख़ाली समय था। जैसे-जैसे वे अधिक सफल होते गए, उनके पास अधिक ख़ाली समय और धन आता गया। बिज़नेस बढ़ने पर उन्हें ज़्यादा मेहनत करने की ज़रूरत नहीं थी। उन्हें तो सिर्फ़ अपने प्रेसिडेंट से कहना होता था कि वह सिस्टम को बढ़ा ले और काम करने के लिए अधिक लोगों को नौकरी पर रख ले। अगर उनके निवेश से अच्छा पैसा आता था, तो वे उस धन का दुबारा निवेश करके और ज़्यादा पैसा कमाते थे। उनकी सफलता के कारण उनके पास ज़्यादा ख़ाली समय था। वे अपने पुत्र और मेरे साथ घंटों बिताते थे। वे हमें अपने बिज़नेस और निवेश की सारी बातें बताते थे कि वे जो कर रहे थे, क्यों कर रहे थे। मैं स्कूल में उतना नहीं सीख रहा था, जितना उनसे सीख रहा था। जब आप *क्वाड्रैंट* के दाएँ हिस्से यानी ''बी'' और ''आई'' वाले हिस्से पर कड़ी मेहनत करते हैं, तो यही होता है।

मेरे उच्च शिक्षित डैडी भी कड़ी मेहनत करते थे, परंतु वे *क्वाड्रैंट* के बाएँ हिस्से में कड़ी मेहनत करते थे। कड़ी मेहनत के कारण उनकी तरक़्क़ी तो हुई, लेकिन उनकी ज़िम्मेदारियाँ भी बढ़ती गईं और उनके पास अपने बच्चों के साथ बिताने के लिए समय कम होता गया। वे सुबह सात बजे नौकरी पर चल देते थे और कई बार तो हम उन्हें देख ही नहीं पाते थे, क्योंकि उनके घर लौटने से पहले ही हम सो जाते थे। जब आप *क्वाड्रैंट* के बाएँ हिस्से में कड़ी मेहनत करते हैं और सफलता की सीढ़ियाँ चढ़ते हैं, तो यही होता है। सफलता आपके समय को कम करती जाती है... भले ही यह अधिक धन प्रदान करती हो।

धन का जाल

क्वाड्रैंट के दाएँ हिस्से में सफलता पाने के लिए धन के ज्ञान की ज़रूरत होती है, जिसे ''वित्तीय बुद्धि'' कहते हैं। अमीर डैडी ने इसे इस तरह परिभाषित किया : ''वित्तीय बुद्धि का इस बात से इतना संबंध नहीं है कि आप कितना धन कमाते हैं, जितना इस बात से है कि आप अपने पास कितना धन रख पाते हैं, आप अपने धन से कितनी कड़ी मेहनत करवाते हैं और आप इसे कितनी पीढ़ियों तक अपने पास रख पाते हैं।''

क्वाड्रैंट के दाएँ हिस्से में सफलता पाने के लिए वित्तीय बुद्धि की ज़रूरत होती है। अगर लोगों में मूलभूत वित्तीय बुद्धि नहीं है, तो अधिकांश मामलों में वे क्वाड्रैंट के दाएँ हिस्से में नहीं टिक पाएँगे।

मेरे अमीर डैडी में लोगों के साथ काम करने तथा धन की अच्छी समझ थी। उनमें समझ होना अनिवार्य भी था। उन पर धन कमाने, यथासंभव कम से कम लोगों का प्रबंधन करने, लागत कम करने और अधिकतम लाभ प्राप्त करने की ज़िम्मेदारी थी। *क्वाड्रैंट* के दाएँ हिस्से में सफलता पाने के लिए ये योग्यताएँ आवश्यक हैं।

मेरे अमीर डैडी ने ही मुझे ज़ोर देकर बताया कि मकान संपत्ति नहीं, बल्कि दायित्व होता है। वे इस बात को इसलिए साबित कर सकते थे, क्योंकि उन्होंने हमें आर्थिक रूप से साक्षर बनाया था, ताकि हम अंकों को पढ़ने में सक्षम हो सकें। अपने पुत्र और मुझे सिखाने के लिए उनके पास ख़ाली समय इसलिए था, क्योंकि वे लोगों का प्रबंधन करने में कुशल थे। काम की उनकी योग्यताएँ उनके घरेलू जीवन में भी आ गईं।

मेरे शिक्षित डैडी धन और कर्मचारियों का प्रबंधन नहीं कर पाते थे, हालाँकि उन्हें लगता था कि वे ऐसा कर रहे हैं। राज्य के शिक्षा प्रमुख होने के नाते वे एक सरकारी अधिकारी थे, जिनके पास लाखों डॉलर का बजट और हज़ारों कर्मचारी थे। परंतु इस धन को उन्होंने नहीं कमाया था। यह टैक्स चुकाने वालों का धन था और उनका काम इसे पूरा ख़र्च करना था। अगर वे इसे ख़र्च नहीं कर पाते थे, तो सरकार उन्हें अगले साल कम धन देती थी। इसलिए हर वित्तीय वर्ष के अंत में वे इसे पूरा ख़र्च करने के तरीक़े खोजते थे। इसका मतलब यह था कि अगले साल के बजट को न्यायोचित ठहराने के लिए वे अक्सर ज़रूरत से ज़्यादा लोगों को नौकरी पर रखते थे। अजीब बात यह थी कि वे जितने ज़्यादा लोगों को नौकरी पर रखते थे, उनकी समस्याएँ उतनी ही बढ़ जाती थीं।

बचपन में अपने दोनों डैडियों के जीवन को देखते हुए मैं मानसिक रूप से यह सोचने लगा कि मैं किस तरह का जीवन जीना चाहता हूँ।

मेरे शिक्षित डैडी पुस्तकें पढ़ने के शौकीन थे। वे शब्द-साक्षर तो थे, परंतु वे वित्तीय रूप से साक्षर नहीं थे। चूँकि वे अंक नहीं पढ़ सकते थे, इसलिए उन्हें अपने बैंकर और अकाउंटेंट से सलाह लेना पड़ती थी। ये दोनों ही उन्हें बताते थे कि उनका मकान संपत्ति है, इसलिए यह उनका सबसे बड़ा निवेश होना चाहिए।

इस वित्तीय सलाह के कारण न सिर्फ़ मेरे उच्च शिक्षित डैडी ने ज़्यादा मेहनत की, बल्कि वे क़र्ज़ में भी ज़्यादा गहराई तक डूबते चले गए। हर बार जब उन्हें कड़ी मेहनत के कारण प्रमोशन मिलता था, तो उनकी तनख़्वाह भी बढ़ती थी, लेकिन हर बार तनख़्वाह बढ़ने के साथ वे टैक्स के अधिक ऊँचे दायरे में पहुँच जाते थे। चूँकि वे अधिक ऊँचे टैक्स के दायरे में आ गए थे (और 1960 तथा 1970 के दशक में उच्च-आमदनी वाले कर्मचारियों पर बहुत ज़्यादा टैक्स लगता था), इसलिए उनके अकाउंटेंट और बैंकर उन्हें एक ज़्यादा बड़ा मकान ख़रीदने की सलाह देते थे, ताकि वे ब्याज की क़िस्तों को आमदनी में से घटा कर टैक्स में छूट ले सकें। वे ज़्यादा पैसा कमा रहे थे, परंतु इसका परिणाम कुल मिलाकर यह हुआ कि उनके टैक्स बढ़ गए और उनका क़र्ज़ भी बढ़ गया। वे जितने सफल होते गए,

उन्हें उतनी ही ज़्यादा मेहनत करनी पड़ी और अपने प्रियजनों के साथ बिताने के लिए उनके पास समय कम होता गया। जल्दी ही उनके सारे बच्चे घर से दूर चले गए, परंतु वे अब भी बिलों का भुगतान करने के लिए कड़ी मेहनत कर रहे थे।

वे हमेशा सोचते थे कि अगले प्रमोशन या तनख़्वाह में वृद्धि से उनकी समस्या सुलझ जाएगी। परंतु वे जितना ज़्यादा धन कमाते थे, वही चीज़ें उतनी ही अधिक होती थीं। वे गहरे क़र्ज़ में डूब जाते थे और ज़्यादा टैक्स चुकाते थे।

घर पर और नौकरी में वे जितने परेशान होते गए, नौकरी की सुरक्षा पर वे उतने ही ज़्यादा निर्भर होते गए। वे अपनी नौकरी और बिलों का भुगतान करने के लिए तनख़्वाह पर भावनात्मक रूप से जितने निर्भर होते गए, उन्होंने अपने बच्चों को ''सुरक्षित नौकरी पाने'' के लिए उतना ही ज़्यादा प्रोत्साहित किया।

वे जितना असुरक्षित महसूस करते थे, वे उतनी ही ज़्यादा सुरक्षा चाहते थे।

आपके दो सबसे बड़े ख़र्च

चूँकि मेरे डैडी फ़ाइनैंशियल स्टेटमेंट्स नहीं पढ़ सकते थे, इसलिए वे धन के उस जाल को नहीं देख पाए, जिसमें वे अधिक सफल होने के साथ फँसते जा रहे थे। मैं लाखों अन्य सफल और कड़ी मेहनत करने वाले लोगों को धन के इस जाल में फँसते देख रहा हूँ।

इतने अधिक लोगों के आर्थिक रूप से संघर्ष करने का कारण यह है कि हर बार अधिक धन कमाने के साथ वे अपने दो सबसे बड़े ख़र्च बढ़ा लेते हैं :

1. टैक्स।
2. क़र्ज़ पर ब्याज।

मज़े की बात यह है कि क़र्ज़ में गहराई तक डूबने के लिए सरकार अक्सर टैक्स में छूट भी देती है। क्या इससे आपको ज़रा भी शक नहीं होता?

मेरे अमीर डैडी ने वित्तीय बुद्धि को इस तरह परिभाषित किया था : ''इसका इस बात से उतना संबंध नहीं है कि आप कितना धन कमाते हैं, जितना इस बात से है कि आप कितना धन अपने पास रख पाते हैं, आप अपने धन से कितनी कड़ी मेहनत करवाते हैं और आप इसे कितनी पीढ़ियों तक अपने पास रख पाते हैं।''

मेरे कड़ी मेहनत करने वाले शिक्षित डैडी के पास विरासत में छोड़ने के लिए जो थोड़ा बहुत धन था, वह भी सरकार के प्रोबेट टैक्सों में ले लिया।

स्वतंत्रता की तलाश

मैं जानता हूँ कि बहुत से लोग स्वतंत्रता और सुख की तलाश कर रहे हैं। समस्या यह है कि अधिकांश लोगों को ''बी'' और ''आई'' क्वाड्रैंटों में काम करने का प्रशिक्षण नहीं दिया गया है। इस प्रशिक्षण के अभाव, नौकरी की सुरक्षा की प्रोग्रामिंग और बढ़ते व्यक्तिगत

क़र्ज़ के कारण ज़्यादातर लोग वित्तीय स्वतंत्रता की अपना तलाश *कैशफ़्लो क्वाड्रैंट* के बाएँ हिस्से तक सीमित कर देते हैं। दुर्भाग्य से वित्तीय सुरक्षा या वित्तीय स्वतंत्रता ''ई'' या ''एस'' क्वाड्रैंट में बहुत कम पाई जाती है। सच्ची वित्तीय सुरक्षा या स्वतंत्रता दाएँ हिस्से में पाई जाती है।

स्वतंत्रता की तलाश में नौकरियाँ बदलते रहना

कैशफ़्लो क्वाड्रैंट का एक उपयोग यह भी है कि इससे किसी व्यक्ति की जीवन संरचना या उसके मार्ग को परखा जा सकता है। कई लोग ज़िंदगी भर सुरक्षा या स्वतंत्रता की तलाश करते हैं, परंतु वे सिर्फ़ नौकरियाँ ही बदलते रहते हैं। उदाहरण के लिए :

मेरा हाई स्कूल का एक दोस्त है। मैं लगभग हर पाँच साल बाद उसके हालचाल सुनता हूँ और वह हमेशा रोमांचित होता है, क्योंकि उसे आदर्श नौकरी मिल गई है। वह बहुत ख़ुश है, क्योंकि उसे अपने सपनों की कंपनी मिल चुकी है। वह कंपनी से प्रेम करता है, क्योंकि यह रोमांचक काम कर रही है। वह अपने काम से प्रेम करता है, उसके पास महत्त्वपूर्ण पद है, तनख़्वाह बहुत अच्छी है, लोग बहुत बढ़िया हैं, लाभ ढेर सारे हैं और प्रमोशन की संभावनाएँ ढेर सारी हैं। लगभग साढ़े चार साल बाद मैं दुबारा उसके हालचाल सुनता हूँ, परंतु अब वह असंतुष्ट लगता है। जिस कंपनी के लिए वह काम करता है, वह अब उसकी राय में भ्रष्ट और बेईमान है। यह कंपनी अपने कर्मचारियों से सम्मानजनक व्यवहार नहीं करती। वह अपने बॉस से नफ़रत करता है, जिसने उसे प्रमोशन न देकर उसके किसी अधीनस्थ को प्रमोशन दे दिया। वह कम तनख़्वाह की शिकायत भी करता है। छह महीने गुज़र जाते हैं और वह एक बार फिर ख़ुश नज़र आता है। वह बहुत ख़ुश इसलिए है क्योंकि उसे आदर्श नौकरी मिल गई है... दुबारा।

उसके जीवन का मार्ग कुछ इस तरह दिखता है, जैसे कोई कुत्ता अपनी पूँछ का पीछा कर रहा हो। यह इस तरह दिखता है :

उसके जीवन का पैटर्न एक नौकरी छोड़कर दूसरी नौकरी की तरफ़ जाना है। अब तक वह अच्छी तरह जी रहा है, क्योंकि वह स्मार्ट, आकर्षक और व्यवहारकुशल है। परंतु उसकी उम्र ढल रही है और जो नौकरियाँ पहले उसे मिलती थीं, वे अब उससे युवा लोगों को मिल रही हैं। उसके पास बचत के नाम पर सिर्फ़ कुछ हज़ार डॉलर हैं। रिटायरमेंट के लिए उसने कुछ नहीं जोड़ा है। उसके पास एक मकान है, जिसका वह कभी मालिक नहीं बन पाएगा। और उसे अभी अपने बच्चों की कॉलेज की पढ़ाई का ख़र्च उठाना है। उसका सबसे छोटा बेटा अभी 8 साल का है और उसकी पूर्व पत्नी के साथ रहता है, जबकि उसका 14 साल का बड़ा बेटा उसके साथ रहता है।

वह मुझसे हमेशा कहा करता था, ''मुझे चिंता करने की कोई ज़रूरत नहीं है। मैं अब भी जवान हूँ। मेरे पास समय है।''

मैं सोचता हूँ कि अब वह क्या कहेगा।

मेरे विचार से उसे तत्काल ''बी'' या ''आई'' क्वाड्रैंट में पहुँचने का गंभीर प्रयास करना चाहिए। उसे एक नए नज़रिए और नई शैक्षणिक प्रक्रिया की ज़रूरत है। अगर वह ऐसा नहीं करेगा, तो सुखद भविष्य की उसकी आशा धूमिल है। जब तक उसकी क़िस्मत अच्छी न हो और वह लॉटरी न जीत जाए या वह किसी अमीर महिला से शादी न कर ले, तब तक वह ज़िंदगी भर कड़ी मेहनत की राह पर चलता रहेगा।

अपना ख़ुद का काम करना

एक और आम पैटर्न यह है कि व्यक्ति ''ई'' क्वाड्रैंट से निकलकर ''एस'' क्वाड्रैंट में चला जाता है। वर्तमान युग में बड़े पैमाने पर छँटनी की वजह से बहुत से लोग इस बात को समझ चुके हैं। इसीलिए वे बड़ी कंपनियों की नौकरियाँ छोड़कर ख़ुद की कंपनियाँ शुरू कर रहे हैं। ''घर से शुरू होने वाले बिज़नेस'' दिनोंदिन बढ़ते जा रहे हैं। बहुत से लोगों ने अपना ख़ुद का बिज़नेस शुरू करने, अपना मनचाहा काम करने और ख़ुद का बॉस बनने का निर्णय ले लिया है। उनके करियर का मार्ग इस तरह दिखता है।

जीवन के जितने भी मार्ग हैं, उनमें मैं ''एस'' क्वाड्रैंट वालों के लिए सबसे ज़्यादा करुणा महसूस करता हूँ। मेरे विचार से ''एस'' बनना सबसे लाभदायक भी है और सबसे जोखिम भरा भी। मैं सोचता हूँ कि ''एस'' क्वाड्रैंट सबसे मुश्किल क्वाड्रैंट है। इसमें असफलता की दर ऊँची है। और अगर आप सफल हो भी जाएँ, तो भी इस क्वाड्रैंट में सफल होना असफल होने से ज़्यादा भारी पड़ सकता है। ऐसा इसलिए है, क्योंकि अगर आप ''एस'' के रूप में सफल होते हैं, तो आप किसी अन्य क्वाड्रैंट के व्यक्ति से ज़्यादा मेहनत करेंगे... और काफ़ी लंबे समय तक करते रहेंगे। तब तक, जब तक आप सफल हैं।

''एस'' व्यक्ति सबसे ज़्यादा मेहनत इसलिए करते हैं, क्योंकि वे कहावत के अनुसार ''प्रमुख रसोइए और बर्तन धोने वाले'' होते हैं। उन्हें वे सारे काम करने पड़ते हैं या उनकी ज़िम्मेदारी लेना पड़ती है, जो किसी बड़ी कंपनी में बहुत से कर्मचारी तथा मैनेजर करते हैं। बिज़नेस की शुरुआत में ''एस'' व्यक्ति अक्सर फ़ोन का जवाब देता है, बिलों का भुगतान करता है, सेल्स कॉल पर जाता है, कम बजट में विज्ञापन देने की कोशिश करता है, ग्राहकों को सँभालता है, कर्मचारियों को नौकरी पर रखता है, कर्मचारियों को नौकरी से निकालता है, जब कर्मचारी छुट्टी पर होते हैं तो उनका काम ख़ुद सँभालता है, टैक्स वसूलने वालों से बात करता है, सरकारी इंस्पेक्टरों से संघर्ष करता है, इत्यादि।

जब भी मैं किसी को यह कहते सुनता हूँ कि वह अपना ख़ुद का बिज़नेस शुरू करने जा रहा है, तो मैं सहम जाता हूँ। मेरी शुकामनाएँ उसके साथ होती हैं, परंतु मैं उसके लिए बहुत चिंतित होता हूँ। मैंने देखा है कि बहुत से ''ई'' व्यक्तियों ने अपना बिज़नेस शुरू करने में अपनी ज़िंदगी भर की जमा पूँजी या दोस्तों और परिवारजनों से उधार लिया पैसा लगा दिया। लगभग तीन साल के संघर्ष व कड़ी मेहनत के बाद बिज़नेस ठप्प हो जाता है और ज़िंदगी भर की बचत के बजाय अब उनके सिर पर बहुत सा क़र्ज़ होता है।

देश भर में जितने बिज़नेस शुरू होते हैं, उनमें से 90 प्रतिशत पाँच साल में चौपट हो जाते हैं। बाक़ी जितने बिज़नेस बचते हैं, उनमें से भी 90 प्रतिशत अगले पाँच सालों में नाकामयाब हो जाते हैं। दूसरे शब्दों में, 100 में से 99 छोटे बिज़नेस दस साल बाद ढेर हो जाते हैं।

मेरा मानना है कि पहले पाँच साल में ज़्यादातर लोग अनुभव और पूँजी की कमी के कारण असफल होते हैं। अगले पाँच सालों में असफल होने का कारण पूँजी का अभाव न होकर ऊर्जा का अभाव होता है। लंबी व कड़ी मेहनत आख़िरकार उस व्यक्ति को धराशायी कर देती है। बहुत से ''एस'' स्थायी थकान के शिकार (burnout) हो जाते हैं। इसीलिए ज़्यादातर उच्च शिक्षित प्रोफ़ेशनल्स कंपनियाँ बदलते हैं या कुछ नया करने की कोशिश करते हैं या मर जाते हैं। शायद इसीलिए डॉक्टरों और वकीलों की औसत आयु अन्य लोगों से कम होती है। उनकी औसत आयु 58 वर्ष है, जबकि बाक़ी लोगों की औसत आयु 70 वर्ष है।

''एस'' क्वाड्रैंट के जो लोग बच जाते हैं, वे इस विचार के आदी हो जाते हैं कि सुबह उठना है, काम पर जाना है और ज़िंदगी भर कड़ी मेहनत करना है। वे बस इतना ही जानते हैं।

एक मित्र के माता-पिता को देखकर मुझे यह याद आ जाता है। सड़क के एक नुक्कड़ पर उनकी शराब की दुकान है। 45 साल तक वे इस दुकान में सोलह घंटे तक बैठे। अब इस इलाक़े में अपराध बढ़ गए हैं, इसलिए उन्होंने दरवाज़ों और खिड़कियों पर लोहे की छड़ें लगवा ली हैं। उनकी दुकान से कुछ ख़रीदते समय पैसा एक खाँचे में से देना पड़ता है, बहुत हद तक किसी बैंक की तरह। मैं कभी-कभार उनसे मिलने जाता हूँ। वे बहुत बढ़िया और अच्छे लोग हैं, परंतु मुझे यह देखकर दुख होता है कि वे अपने ही बिज़नेस के क़ैदी बन चुके हैं; वे सुबह 10 बजे से रात के दो बजे तक दुकान में बैठकर छड़ों के पीछे से बाहर देखते रहते हैं।

कई समझदार ''एस'' व्यक्ति अपने बिज़नेस को शिखर पर ही बेच देते हैं। इससे पहले कि उनकी ऊर्जा ख़त्म हो, वे अपना बिज़नेस किसी ऐसे व्यक्ति को बेच देते हैं, जिसके पास ऊर्जा और धन हो। वे कुछ समय आराम करने के बाद फिर कोई नया काम शुरू कर देते हैं। वे अपना ख़ुद का काम करना जारी रखते हैं और उससे प्रेम भी करते हैं। परंतु उन्हें यह मालूम होना चाहिए कि बाहर कब निकला जाए।

अपने बच्चों को देने के लिए सबसे बुरी सलाह

अगर आप 1930 से पहले पैदा हुए हैं, तो ''स्कूल जाओ, अच्छे नंबर लाओ और सुरक्षित नौकरी खोजो'' एक अच्छी सलाह थी। परंतु अगर आप 1930 के बाद पैदा हुए हैं, तो यह बुरी सलाह है।

क्यों? जवाब है : टैक्स और क़र्ज़।

जो लोग ''ई'' क्वाड्रैंट से आमदनी कमाते हैं, उनके पास व्यावहारिक रूप से टैक्स से बचने का कोई अवसर नहीं होता। आज अमेरिका में कर्मचारी होने का अर्थ यह है कि आप सरकार के साथ 50/50 के पार्टनर हैं। इसका मतलब यह है कि सरकार अंततः कर्मचारी की 50 प्रतिशत या इससे अधिक आमदनी ले लेगी और इसका ज़्यादातर हिस्सा तो कर्मचारी को तनख़्वाह मिलने से पहले ही सरकार के पास पहुँच जाएगा।

जब आप इस बात पर विचार करते हैं कि सरकार आपको क़र्ज़ में अधिक गहरे तक डूबने के लिए टैक्स में छूट देती है, तो आप यह समझ सकते हैं कि वित्तीय स्वतंत्रता की राह ''ई'' और ''एस'' क्वाड्रैंट के अधिकांश व्यक्तियों के लिए लगभग असंभव होती है। जो लोग ''ई'' क्वाड्रैंट से अधिक धन कमाते हैं, उन्हें अक्सर उनके अकाउंटेंट बड़ा मकान ख़रीदने की सलाह देते हैं, ताकि उन्हें टैक्स में अधिक छूट मिल सके। हालाँकि *कैशफ़्लो क्वाड्रैंट* के बाएँ हिस्से में रहने वाले व्यक्ति को इसमें समझदारी दिख सकती है, परंतु क्वाड्रैंट के दाएँ हिस्से के व्यक्ति को इसमें समझदारी नहीं दिखती है।

सबसे ज़्यादा टैक्स कौन देता है?

अमीर लोग बहुत कम आय कर देते हैं। क्यों? क्योंकि वे अपना धन कर्मचारियों के रूप में नहीं कमाते। बेहद अमीर लोग जानते हैं कि टैक्स से बचने का सबसे अच्छा क़ानूनी तरीक़ा ''बी'' और ''आई'' क्वाड्रैंटों से धन कमाना है।

अगर लोग ''ई'' क्वाड्रैंट में पैसे कमाते हैं, तो उन्हें इकलौती छूट यह मिलती है कि वे ज़्यादा बड़ा मकान ख़रीद लें और अधिक गहरे क़र्ज़ में डूब जाएँ। *कैशफ़्लो क्वाड्रैंट* के दाएँ हिस्से के व्यक्ति की नज़र में यह वित्तीय समझदारी नहीं है। दाएँ हिस्से के लोगों को यह उसी तरह लगता है, जैसे कोई यह कह रहा हो, ''मुझे 1 डॉलर दे दो, और मैं तुम्हें 0.50 डॉलर वापस कर दूँगा।''

टैक्स अन्यायपूर्ण होते हैं

मैं अक्सर लोगों को कहते सुनता हूँ, ''टैक्स न चुकाना अमेरिका-विरोधी होना है।''

जो अमेरिकी यह कहते हैं, ऐसा लगता है कि वे अपने इतिहास को भूल चुके हैं। अमेरिका का जन्म ही टैक्स के विरोध के कारण हुआ था। क्या वे 1773 की मशहूर बोस्टन टी पार्टी को भूल गए? वह विद्रोह, जिसकी वजह से बाद में क्रांतिकारी संग्राम हुआ, जिसके बाद अमेरिकी कॉलोनियों को इंग्लैंड के दमनकारी टैक्स से मुक्ति मिली।

इस विद्रोह के बाद शे विद्रोह हुआ। व्हिसकी विद्रोह, फ़्राइज़ विद्रोह, टैरिफ़ युद्ध और भी कई विद्रोह अमेरिका के इतिहास में हो चुके हैं।

दो और मशहूर टैक्स विद्रोह हैं, जो अमेरिकी नहीं हैं, परंतु वे दर्शाते हैं कि लोग कितनी प्रबलता से टैक्स का विरोध करते हैं :

विलियम टेल की कहानी टैक्स के विरोध की कहानी है। उसने अपने पुत्र के सिर के ऊपर से तीर इसीलिए चलाया था, क्योंकि वह टैक्स को लेकर नाराज़ था और उसने विरोध में अपने पुत्र की जान जोखिम में डाल दी।

और लेडी गोडिवा की कहानी है। उन्होंने अपने शहर में टैक्स कम करने का आग्रह किया। प्रशासकों ने कहा कि वे टैक्स कम कर देंगे, बशर्ते वे शहर में निर्वस्त्र घुड़सवारी करें। लेडी गोडिवा ने उनकी इस चुनौतीपूर्ण शर्त को पूरा कर दिया।

टैक्स लाभ

टैक्स आधुनिक सभ्यता की आवश्यकता है। समस्याएँ तब उत्पन्न होती हैं, जब टैक्सों का दुरुपयोग और कुप्रबंधन किया जाता है। अगले कुछ सालों में लाखों बेबी बूमर रिटायर होने लगेंगे। वे टैक्स चुकाने वालों की भूमिका से निकलकर रिटायरमेंट और सामाजिक सुरक्षा प्राप्त करने वालों की श्रेणी में आ जाएँगे। इस परिवर्तन को सँभालने के लिए और ज़्यादा टैक्स वसूलने की ज़रूरत पड़ेगी। अमेरिका और अन्य बड़े देश वित्तीय रूप से कमज़ोर होने लगेंगे। वहाँ के अमीर लोग ऐसे देशों की खोज में चले जाएँगे, जो उनके धन का स्वागत करें, उसके लिए उन्हें दंडित न करें।

एक बड़ी ग़लती

इस साल के शुरू में एक अख़बार के पत्रकार ने मेरा इंटरव्यू लिया। उसने मुझसे पूछा कि मैंने पिछले साल कितना पैसा कमाया। मैंने जवाब दिया, ''लगभग दस लाख डॉलर।''

इस पर उसने पूछा, ''और आपने कितना टैक्स चुकाया?''

''कुछ नहीं,'' मैंने कहा। ''मैंने पैसा केपिटल गेन्स में कमाया था और मैं उन टैक्सों को अनंत काल तक टाल सकता था। मैंने रियल एस्टेट के तीन टुकड़े बेच दिए और उन्हें टैक्स कोड सेक्शन 1031 एक्सचेंज में रख दिया। मैंने उस पैसे को छुआ तक नहीं। मैंने ज़्यादा बड़ी जायदाद में उसका निवेश कर दिया।'' कुछ दिनों के बाद अख़बार में यह ख़बर छपी :

''अमीर आदमी ने दस लाख डॉलर कमाए और वह स्वीकार करता है कि उसने टैक्स में एक पैसा भी नहीं दिया।''

मैंने इस तरह की चीज़ कही थी, परंतु उस ख़बर में कुछ महत्त्वपूर्ण शब्द नहीं दिए गए थे, जिससे संदेश विकृत हो गया था। मैं नहीं जानता कि पत्रकार ने यह दुर्भावना से लिखा था या वह यह समझा ही नहीं था कि 1031 एक्सचेंज क्या होता है। चाहे जो वजह हो, यह इस बात का आदर्श उदाहरण है कि अलग-अलग क्वाड्रैंटों के लोगों के अलग-अलग दृष्टिकोण होते हैं। जैसा मैंने कहा था, हर आमदनी समान नहीं होती। कुछ आमदनियों पर बाक़ी आमदनियों से कम टैक्स लगता है।

अधिकांश लोगों का ध्यान निवेशों के बजाय आमदनी पर केंद्रित होता है

इन्कम स्टेटमेंट

पत्रकार अपनी आमदनी इस कॉलम में कमाता है :

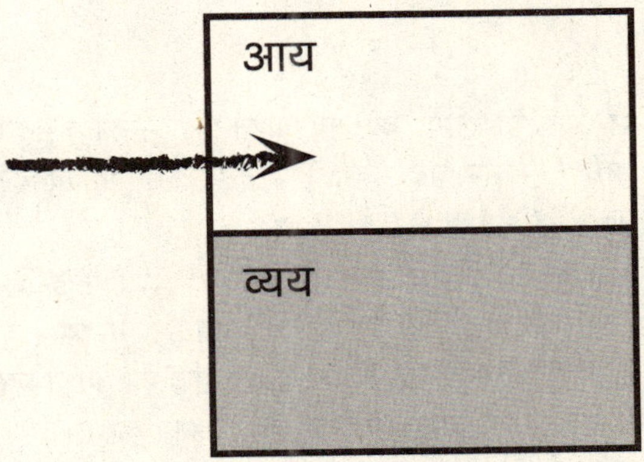

बैलेंस शीट

मैं अपनी आमदनी इस कॉलम में कमाता हूँ :

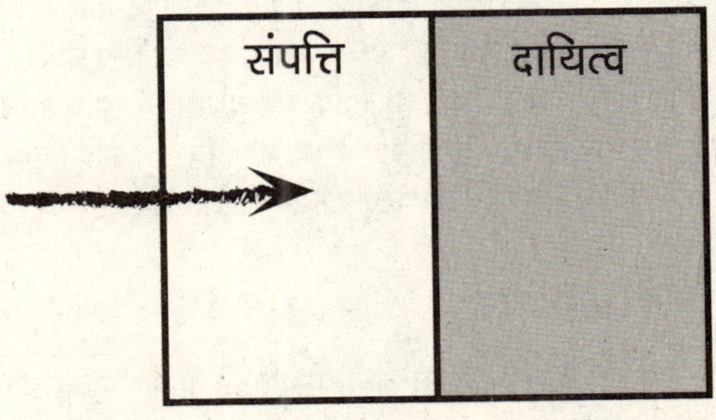

पत्रकार अपनी आमदनी इस क्वाड्रैंट में कमाता है :

मैंने अपने दस लाख डॉलर इस क्वाड्रैंट से कमाए :

मैं अब भी लोगों को यह कहते हुए सुनता हूँ, "मैं दुबारा कॉलेज जा रहा हूँ, ताकि मेरी तनख़्वाह बढ़ सके," या "मैं कड़ी मेहनत कर रहा हूँ, ताकि मुझे प्रमोशन मिल सके।"

ये शब्द या विचार उस आदमी के हैं, जो फ़ाइनैंशियल स्टेटमेंट की आमदनी के कॉलम और *कैशफ़्लो क्वाड्रैंट* के "ई" क्वाड्रैंट पर ध्यान केंद्रित कर रहा है। ये शब्द उस आदमी के हैं, जो तनख़्वाह में होने वाली वृद्धि का आधा हिस्सा सरकार को सौंप देगा और ऐसा करने के लिए ज़्यादा कड़ी व लंबी मेहनत करेगा।

आने वाले अध्याय में मैं यह स्पष्ट करूँगा कि *क्वाड्रैंट* के दाएँ हिस्से के लोग किस तरह टैक्स का प्रयोग दायित्व के बजाय संपत्ति के रूप में करते हैं, जबकि *क्वाड्रैंट* के बाएँ हिस्से के अधिकांश व्यक्तियों के लिए टैक्स एक दायित्व होता है। इसका देशप्रेम होने या न होने से कोई संबंध नहीं है। इसका संबंध तो ऐसा व्यक्ति होने से है, जो क़ानूनी रूप से संघर्ष और विरोध करता है, ताकि वह यथासंभव अधिकाधिक धन सुरक्षित रखने के अपने अधिकार की रक्षा कर सके। जो व्यक्ति और देश अपने टैक्स का विरोध नहीं करते, उनकी अर्थव्यवस्था अक्सर निराशाजनक होती है।

जल्दी अमीर बनो

मेरी पत्नी और मैं अपनी बेघर स्थिति से मुक्ति पाकर जल्दी ही वित्तीय स्वतंत्रता पाना चाहते थे। हमारे लिए इसका अर्थ यह था कि हम "बी" और "आई" क्वाड्रैंटों से अपनी आमदनी कमाएँ। दाएँ हिस्से के क्वाड्रैंटों में आप तुरंत अमीर बन सकते हैं, क्योंकि आप क़ानूनी रूप से टैक्स से बच सकते हैं। यही वजह है कि अपना अधिकाधिक धन अपने पास रखकर और उस धन से अपने लिए काम करवाकर हमने जल्दी ही आर्थिक स्वतंत्रता प्राप्त कर ली।

स्वतंत्रता कैसे पाई जाए

टैक्स और क़र्ज़ वे दो प्रमुख कारण हैं, जिनकी वजह से अधिकांश लोग वित्तीय सुरक्षा का अनुभव नहीं कर पाते हैं और वित्तीय स्वतंत्रता प्राप्त नहीं कर पाते हैं। सुरक्षा या स्वतंत्रता की राह *कैशफ़्लो क्वाड्रैंट* के दाएँ हिस्से में पाई जाती है। आपको नौकरी की सुरक्षा के पार जाने की ज़रूरत है। अब समय आ चुका है कि वित्तीय सुरक्षा और वित्तीय स्वतंत्रता के बीच के अंतर को अच्छी तरह समझ लिया जाए।

जैसा आप जानते हैं, मेरे उच्च शिक्षित डैडी नौकरी की सुरक्षा को लेकर बेहद चिंतित थे, जैसा उनकी पीढ़ी के ज़्यादातर लोग थे। उन्होंने यह मान लिया था कि नौकरी की सुरक्षा का अर्थ वित्तीय सुरक्षा है... जब तक कि उनकी नौकरी नहीं चली गई और उन्हें दूसरी नौकरी नहीं मिल पाई। मेरे अमीर डैडी की नौकरी की सुरक्षा के बारे में बात नहीं करते थे। इसके बजाय वे सिर्फ़ वित्तीय स्वतंत्रता के बारे में बात करते थे।

आप किस क़िस्म की सुरक्षा या स्वतंत्रता चाहते हैं, इस सवाल का जवाब *कैशफ़्लो क्वाड्रैंट* में पाए जाने वाले पैटर्नों का अवलोकन करने से मिल सकता है।

यह नौकरी की सुरक्षा का पैटर्न है

इस पैटर्न वाले लोग अक्सर अपनी नौकरी में कुशल होते हैं। बहुतों ने स्कूल-कॉलेज में कई साल तक मेहनत की है और बरसों तक नौकरी का अनुभव प्राप्त किया है। भले ही उन लोगों ने रिटायरमेंट प्लान बना रखा हो, परंतु समस्या यह है कि वे ''बी'' या ''आई'' क्वाड्रैंट के बारे में बहुत कम जानते हैं। वे वित्तीय रूप से असुरक्षित महसूस करते हैं, क्योंकि उन्हें सिर्फ़ नौकरी या व्यावसायिक सुरक्षा का ही प्रशिक्षण मिला है।

ज्ञान शक्ति है

वित्तीय रूप से अधिक सुरक्षित बनने के लिए मैं यह सुझाव देता हूँ कि लोग "ई" या "एस" क्वाड्रैंट में काम करते रहें, परंतु "बी" या "आई" क्वाड्रैंट में भी शिक्षित बनें। जब उन्हें *क्वाड्रैंट* के दोनों हिस्सों में अपनी योग्यताओं पर विश्वास हो जाएगा, तो स्वाभाविक रूप से वे अधिक सुरक्षित महसूस करेंगे, भले ही उनके पास पैसा कम हो। ज्ञान शक्ति है... उन्हें बस अपने ज्ञान का प्रयोग करने के लिए सही अवसर का इंतज़ार करना है और फिर उनके पास पैसा आ जाएगा।

इसीलिए ईश्वर ने हमें दो पैर दिए हैं। अगर हमारे पास सिर्फ़ एक ही पैर होता, तो हम हमेशा लड़खड़ाते रहते और असुरक्षित महसूस करते। दो क्वाड्रैंटों का ज्ञान होने पर, जिनमें से एक बाएँ हिस्से का हो और दूसरा दाएँ हिस्से का, हम ज़्यादा सुरक्षित महसूस करते हैं। जो लोग सिर्फ़ अपने नौकरी या व्यवसाय के बारे में जानते हैं, उनका सिर्फ़ एक ही पैर होता है। हर बार जब आर्थिक हवाएँ तेज़ी से बहती हैं, तो वे दो पैर वाले लोगों से ज़्यादा लड़खड़ाते हैं।

यह वित्तीय सुरक्षा का पैटर्न है

"ई" क्वाड्रैंट के व्यक्ति की वित्तीय सुरक्षा इस तरह दिखती है :

रिटायरमेंट अकाउंट में सिर्फ़ धन डालते रहने और सर्वश्रेष्ठ की उम्मीद करने के बजाय यह लूप दर्शाता है कि लोगों को निवेशक और कर्मचारी दोनों ही रूपों में अपनी शिक्षा के बारे में आत्मविश्वास होता है। हम नौकरी करना सीखने के लिए कॉलेज में अध्ययन करते हैं। इसी तरह मैं सुझाव देता हूँ कि आप प्रोफ़ेशनल निवेशक बनने के लिए भी अध्ययन करें।

जो पत्रकार इस बात पर विचलित था कि मैंने अपनी संपत्ति वाले कॉलम में दस लाख डॉलर कमाने के बाद भी टैक्स नहीं दिया था, उसने मुझसे यह सवाल कभी नहीं पूछा, "आपने दस लाख डॉलर कैसे कमाए?"

मेरे हिसाब से यही असली सवाल है। टैक्स से क़ानूनी रूप से बचना आसान है। दस लाख डॉलर कमाना उतना असान नहीं है।

वित्तीय सुरक्षा का दूसरा मार्ग यह हो सकता है :

''एस'' क्वाड्रैंट वाले व्यक्ति की वित्तीय सुरक्षा इस तरह दिखती है :

इस पैटर्न का वर्णन थॉमस स्टैनली ने अपनी पुस्तक ***द मिलियनेअर नेक्स्ट डोर*** में किया है। यह बहुत बढ़िया पुस्तक है। औसत अमेरिकी मिलियनेअर सेल्फ़-एम्प्लॉयड है, मितव्ययिता से रहता है और लंबे समय के लिए निवेश करता है। ऊपर दिया पैटर्न इस वित्तीय जीवन पथ को प्रतिबिंबित करता है।

''एस'' से ''बी'' के इस मार्ग को प्राय: बिल गेट्स जैसे बहुत से बड़े उद्यमियों ने चुना है। यह सबसे आसान नहीं है, परंतु मेरे विचार से यह बहुत अच्छा मार्ग है।

एक से बेहतर दो हैं

दो क्वाड्रैंटों में, ख़ासकर बाएँ हिस्से के एक क्वाड्रैंट में और दाएँ हिस्से के एक क्वाड्रैंट में, शिक्षित बनना सिर्फ़ एक क्वाड्रैंट में निपुण होने से बेहतर है। अध्याय 2 में मैंने यह तथ्य बताया है कि औसत अमीर आदमी अपनी 70 प्रतिशत आमदनी *क्वाड्रैंट* के दाएँ हिस्से से कमाता है और 30 प्रतिशत आमदनी *क्वाड्रैंट* के बाएँ हिस्से से। मैंने पाया है कि चाहे लोग कितना भी धन कमाते हों, अगर वे एक से अधिक क्वाड्रैंट में काम करें, तो वे ज़्यादा सुरक्षित महसूस करेंगे। वित्तीय सुरक्षा का अर्थ *कैशफ़्लो क्वाड्रैंट* के दोनों हिस्सों में सुरक्षित स्थान बनाना है।

लखपति फ़ायरफ़ाइटर्स

मेरे दो मित्र हैं, जो *कैशफ़्लो क्वाड्रैंट* के दोनों हिस्सों में सफल होने के उत्कृष्ट उदाहरण हैं। उनके पास नौकरी की ज़बर्दस्त सुरक्षा और लाभ हैं। इसके साथ ही उन्होंने *क्वाड्रैंट* के दाएँ हिस्से में भी बहुत दौलत हासिल कर ली है। दोनों ही राज्य सरकार के फ़ायरफ़ाइटर्स हैं। उनके पास अच्छी व स्थायी तनख़्वाह है, उत्कृष्ट लाभ तथा रिटायरमेंट प्लान हैं और वे हफ़्ते में सिर्फ़ दो दिन काम करते हैं। हफ़्ते में तीन दिन वे व्यावसायिक निवेशकों के रूप में काम करते हैं। बचे हुए दो दिनों में वे आराम करते हैं और अपने परिवार के साथ समय बिताते हैं।

उनमें से एक पुराने मकान ख़रीदता है, उनकी मरम्मत करता है और किराया वसूल करता है। यह लिखते समय उसके पास 45 मकान हैं, जिनसे उसे क़र्ज़, टैक्स, रखरखाव, मैनेजमेंट और बीमे का ख़र्च निकालने के बाद 10,000 डॉलर प्रति माह की आमदनी होती है। फ़ायरफ़ाइटर के रूप में वह 3,500 डॉलर प्रति माह कमाता है। इस तरह उसकी कुल मासिक आमदनी 13,000 डॉलर से अधिक है और वार्षिक आमदनी लगभग 1,50,000 डॉलर। यह आमदनी बढ़ती जा रही है। अभी उसके रिटायरमेंट में 5 साल बचे हैं और उसका लक्ष्य 56 साल की उम्र में 2,00,000 डॉलर प्रति वर्ष कमाना है। यह उस सरकारी कर्मचारी के लिए बुरा नहीं है, जिसके चार बच्चे हैं।

दूसरा मित्र अपना समय कंपनियों का विश्लेषण करने और स्टॉक तथा ऑप्शन्स में लंबे समय तक निवेश करने में लगाता है। उसका पोर्टफ़ोलियो अब 30 लाख डॉलर से अधिक का है। अगर वह पूरे निवेश को नक़द करवा ले और उस पर प्रति वर्ष 10 प्रतिशत ब्याज कमाए तथा यदि बाज़ार में कोई बड़ा परिवर्तन न हो, तो उसे आजीवन 3,00,000 डॉलर प्रति वर्ष की आमदनी होगी। एक बार फिर, यह उस सरकारी कर्मचारी के लिए बुरा नहीं है, जिसके दो बच्चे हैं।

दोनों ही मित्रों के पास पर्याप्त निष्क्रिय आमदनी है, जो 20 वर्ष के निवेश के परिणामस्वरूप मिली है। वे 40 वर्ष की उम्र में रिटायर हो सकते थे... परंतु वे दोनों ही अपनी नौकरी से ख़ुश हैं और राज्य सरकार से पूरे लाभ लेकर रिटायर होना चाहते हैं। तब वे दोनों स्वतंत्र होंगे, क्योंकि उन्हें *क्वाड्रैंट* के दोनों हिस्सों से सफलता के लाभों का आनंद मिलेगा।

सुरक्षा सिर्फ़ धन से नहीं मिलती

मैं बहुत से लोगों से मिला हूँ, जिनके रिटायरमेंट अकाउंट में लाखों जमा हैं, परंतु इसके बावजूद वे असुरक्षित महसूस करते हैं। क्यों? क्योंकि यह धन उन्होंने अपनी नौकरी या बिज़नेस से कमाया है। ज़्यादातर ने रिटायरमेंट अकाउंट में निवेश किया तो है, परंतु वे निवेश के बारे में लगभग कुछ भी नहीं जानते हैं। अगर वह धन ग़ायब हो जाए और उनके काम करने के दिन पूरे ही जाएँ, तब वे क्या करेंगे?

बड़े आर्थिक परिवर्तन के दौर में हमेशा बहुत सा धन इस हाथ से उस हाथ तक पहुँचता है। चाहे आपके पास ज़्यादा धन न हो, परंतु आपके लिए अपनी शिक्षा में निवेश करना महत्त्वपूर्ण है... क्योंकि जब परिवर्तन आते हैं, तो आप उनके लिए बेहतर तैयार होंगे। ऐसा न हो कि जब ये परिवर्तन आएँ, तो आप उनके प्रति जागरूक न हों और उनसे डर जाएँ। जैसा मैंने कहा था, कोई भी यह सटीक भविष्यवाणी नहीं कर सकता कि क्या होगा, परंतु किसी भी स्थिति के लिए तैयार रहना सर्वश्रेष्ठ है। और इसका मतलब है अभी शिक्षित बनना।

यह वित्तीय स्वतंत्रता का पैटर्न है

यह अध्ययन का वह पैटर्न है, जिसकी अनुशंसा मेरे अमीर डैडी ने की थी। यह वित्तीय स्वतंत्रता की राह है। यह सच्ची वित्तीय स्वतंत्रता है, क्योंकि, ''बी'' क्वाड्रैंट में लोग आपके लिए काम करते हैं और ''आई'' क्वाड्रैंट में आपका धन आपके लिए काम करता है। आप काम करने या न करने के लिए स्वतंत्र हैं। इन दोनों क्वाड्रैंटों का ज्ञान आपको काम से पूरी शारीरिक आज़ादी देता है।

अगर आप बेहद अमीर लोगों की तरफ़ देखें, तो *क्वाड्रैंट* में उनका पैटर्न यह है। ''बी'' और ''आई'' के वृत्त उस आमदनी के पैटर्न का संकेत देते हैं, जो माइक्रोसॉफ़्ट के बिल गेट्स, न्यूज़ कॉर्प के रूपर्ट मरडॉक, बर्कशायर हैथअवे के वारेन बफ़े और रॉस पेरोट का है।

यहाँ पर मैं आपको तत्काल सावधान कर दूँ। ''बी'' क्वाड्रैंट ''आई'' क्वाड्रैंट से बहुत अलग होता है। मैंने देखा है कि कई सफल ''बी'' अपना बिज़नेस लाखों-करोड़ों डॉलर में बेच देते हैं और नई मिली अमीरी उनका सिर फिरा देती है। वे यह सोचने लगते हैं कि उनके डॉलर उनके आई.क्यू. का मापदंड हैं, इसलिए वे इतराते हुए ''आई'' क्वाड्रैंट में जाते हैं और अपना सारा धन गँवा देते हैं। सभी क्वाड्रैंटों का खेल और उनके नियम अलग होते हैं... इसीलिए मैं शिक्षा और अहम् पर विजय प्राप्त करने का सुझाव देता हूँ।

वित्तीय सुरक्षा की तरह ही दोनों क्वाड्रैंटों में पैर जमाने से आपको वित्तीय स्वतंत्रता के संसार में अधिक स्थायित्व मिलता है।

मार्गों का चुनाव

ये अलग-अलग वित्तीय मार्ग हैं, जिनमें से लोग अपना विकल्प चुन सकते हैं। दुर्भाग्य से ज़्यादातर लोग नौकरी की सुरक्षा का मार्ग चुनते हैं। जब अर्थव्यवस्था लड़खड़ाने लगती है,

तो वे अक्सर नौकरी की सुरक्षा को और ज़्यादा कसकर पकड़ लेते हैं। वे वहाँ पर अपनी पूरी ज़िंदगी बिता देते हैं।

कम से कम मैं वित्तीय सुरक्षा में शिक्षित बनने की सलाह देता हूँ, जिसका मतलब है अपनी नौकरी के बारे में और अच्छे-बुरे दोनों समय में अपनी निवेश योग्यता के बारे में आत्मविश्वास होना। यह एक बड़ा रहस्य है कि सच्चे निवेशक गिरते बाज़ार में ज़्यादा धन कमाते हैं। वे ज़्यादा धन इसलिए कमाते हैं क्योंकि ग़ैर-निवेशक दहशत में आकर शेयर बेच देते हैं, जबकि उन्हें इस समय ख़रीदना चाहिए। इसीलिए मैं आने वाले संभावित आर्थिक परिवर्तनों से भयभीत नहीं हूँ... क्योंकि परिवर्तन का अर्थ यह है कि दौलत की अदला-बदली हो रही है।

आपका बॉस आपको अमीर नहीं बना सकता

वर्तमान में जो आर्थिक परिवर्तन हो रहे हैं, वे कुछ हद तक कंपनियों की बिक्री और विलय के कारण हो रहे हैं। हाल ही में मेरे एक मित्र ने अपनी कंपनी बेच दी। कंपनी बिकने के दिन उसने अपने बैंक ख़ाते में डेढ़ करोड़ डॉलर जमा किए। उसके कर्मचारियों को नई नौकरियों की तलाश करना पड़ी।

फ़ेयरवेल पार्टी आँसुओं से भरी थी, परंतु उसमें बहुत क्रोध और द्वेष की अंतर्धाराएँ भी थीं। हालाँकि मेरे मित्र ने उन्हें वर्षों तक अच्छा वेतन दिया था, परंतु अधिकांश कर्मचारी अपनी नौकरी के पहले दिन वित्तीय रूप से जिस हाल में थे, आख़िरी दिन भी वे उससे बेहतर हाल में नहीं थे। बहुत से लोगों को यह अहसास हुआ कि कंपनी का मालिक अमीर बन गया था, जबकि उन्होंने अपने सारे वर्ष तनख़्वाह कमाने और ख़र्च करने में बिता दिए थे।

सच्चाई यह है कि आपको अमीर बनाना आपके बॉस का काम नहीं है। उसका काम तो यह सुनिश्चित करना है कि आपको आपकी तनख़्वाह समय पर मिल जाए। अमीर बनना आपका काम है, बशर्ते आप अमीर बनना चाहें। और यह काम उस पल शुरू होता है, जिस पल आपको तनख़्वाह मिली है। अगर आप धन के प्रबंधन में निपुण नहीं हैं, तो दुनिया का सारा धन भी आपको नहीं बचा सकता। अगर आप बुद्धिमत्तापूर्वक बजट बनाते हैं, और या तो "बी" या फिर "आई" क्वाड्रैंट के बारे में सीखते हैं, तो आप प्रचुर व्यक्तिगत दौलत की राह पर हैं और सबसे महत्त्वपूर्ण बात यह है कि स्वतंत्रता की राह पर हैं।

मेरे अमीर डैडी अपने पुत्र और मुझसे कहा करते थे, "अमीर और ग़रीब लोगों के बीच का इकलौता अंतर यह है कि वे अपने ख़ाली समय में क्या करते हैं।"

मैं इस कथन से सहमत हूँ। मुझे अहसास है कि लोग आज जितने व्यस्त हैं, उतने पहले कभी नहीं थे, और ख़ाली समय बहुत ही क़ीमती होता है। फिर भी मैं यह सुझाव देना चाहूँगा कि अगर आपको व्यस्त होना ही है, तो *क्वाड्रैंट* के दोनों हिस्सों में व्यस्त रहें। अगर आप ऐसा करते हैं, तो इस बात की ज़्यादा संभावना है कि अंततः आपको ज़्यादा ख़ाली समय और ज़्यादा वित्तीय स्वतंत्रता मिल जाएगी। जब आप नौकरी करें, तो पूरी

मेहनत से करें। कृपया ऑफ़िस में ***वॉल स्ट्रीट जरनल*** नहीं पढ़ें। पूरे दिल से काम करने पर आपका बॉस आपका अधिक सम्मान और प्रशंसा करेगा। आप नौकरी के समय के बाद अपनी तनख़्वाह और ख़ाली समय का क्या करते हैं, उसी से आपका भविष्य निर्धारित होगा। अगर आप *क्वाड्रैंट* के बाएँ हिस्से में कड़ी मेहनत करते हैं, तो आप हमेशा कड़ी मेहनत करते रहेंगे अगर आप *क्वाड्रैंट* के दाएँ हिस्से में कड़ी मेहनत करते हैं, तो आपके पास स्वतंत्रता पाने का अवसर होगा।

मैं इस मार्ग की सलाह देता हूँ

मुझसे अक्सर *क्वाड्रैंट* के बाएँ हिस्से के लोग पूछते हैं, ''आप किस मार्ग की सलाह देते हैं?'' मैं उसी मार्ग की सलाह देता हूँ, जिसकी सलाह मेरे अमीर डैडी ने मुझे दी थी। यह वही मार्ग है, जिस पर रॉस पेरोट, बिल गेट्स और उनके जैसे अन्य लोग चले थे। यह मार्ग इस तरह दिखता है :

कभी-कभार मुझे यह शिकायत सुनने को मिलती है, ''परंतु मैं तो निवेशक बनना पसंद करूँगा।''

इस पर मैं जवाब देता हूँ, ''तो फिर सीधे 'आई' क्वाड्रैंट में चले जाएँ। अगर आपके पास बहुत सा धन और ख़ाली समय है, तो सीधे 'आई' क्वाड्रैंट में चले जाएँ। परंतु अगर आपके पास समय और धन प्रचुर मात्रा में नहीं हैं, तो मेरा सुझाया मार्ग ज़्यादा सुरक्षित है।''

''आई'' का ''बी'' में निवेश

अधिकांश मामलों में लोगों के पास बहुत समय या धन नहीं होता, इसलिए वे एक और सवाल पूछते हैं, ''क्यों? आप पहले 'बी' क्वाड्रैंट में जाने की सलाह क्यों देते हैं?''

इस चर्चा में आम तौर पर लगभग एक घंटे का समय लगता है, इसलिए मैं इसे यहाँ नहीं करना चाहूँगा। परंतु मैं अगली कुछ पंक्तियों में अपने कारणों को सारांश में अवश्य बताना चाहूँगा।

1. अनुभव और शिक्षा

अगर आप पहले ''बी'' के रूप में सफल होते हैं, तो आपके पास सशक्त ''आई'' बनने का बेहतर अवसर होगा। ''आई'' व्यक्ति ''बी'' में निवेश करता है।

अगर आप पहले बिज़नेस की अच्छी समझ विकसित कर लेते हैं, तो आप एक बेहतर निवेशक बन सकते हैं। इसके बाद आप अच्छे ''बी'' व्यक्तियों को ज़्यादा अच्छी तरह से पहचान सकेंगे। सच्चे निवेशक सफल ''बी'' में निवेश करते हैं, जिनका बिज़नेस तंत्र सुदृढ़ होता है। ''ई'' या ''एस'' में निवेश करना जोख़िम भरा होता है, जो सिस्टम और प्रॉडक्ट के बीच का अंतर ही नहीं जानता... या जिसमें उत्कृष्ट लीडरशिप योग्यताओं का अभाव होता है।

2. कैशफ़्लो

अगर आपका कोई बिज़नेस सफलतापूर्वक चल रहा है, तो आपके पास ज़्यादा ख़ाली समय और कैशफ़्लो होगा, जो ''आई'' क्वाड्रैंट के उतार-चढ़ाव में आपको सहारा देगा।

कई बार मैं ''ई-एस'' क्वाड्रैंटों के ऐसे लोगों से मिलता हूँ, जिनके पास इतना कम धन होता है कि वे किसी तरह के वित्तीय नुक़सान को बर्दाश्त नहीं कर सकते। बाज़ार के एक ही झटके में वे आर्थिक रूप से बर्बाद हो जाते हैं, क्योंकि वित्तीय दृष्टि से वे ''लाल लकीर'' पर चलते हैं।

सच्चाई यह है कि निवेश करने में पूँजी और ज्ञान की आवश्यकता होती है। कई बार यह ज्ञान हासिल करने के लिए बहुत सी पूँजी और समय की ज़रूरत होती है। अनेक सफल निवेशक जीतने से पहले कई बार हारे हैं। सफल लोग जानते हैं कि सफलता बुरी शिक्षक है। शिक्षा ग़लतियाँ करने से मिलती है और ''आई'' क्वाड्रैंट में ग़लतियाँ करने में पैसा ख़र्च होता है। अगर आपमें ज्ञान और पूँजी दोनों की कमी है, तो निवेशक बनने की कोशिश करना वित्तीय आत्महत्या की तरह है।

अगर आप पहले अच्छा ''बी'' बनने की योग्यता विकसित कर लेते हैं, तो आपके पास आवश्यक कैशफ़्लो होगा, जो अच्छा निवेशक बनने के लिए ज़रूरी है। जब आप अच्छे निवेशक बनने के लिए शिक्षा हासिल करेंगे, तो ''बी'' के रूप में आपके द्वारा विकसित किया गया बिज़नेस आपको धन उपलब्ध कराएगा। जब आप सफल निवेशक बनने की शिक्षा हासिल कर लेंगे, तो आप समझ जाएँगे कि मैं यह क्यों कहता हूँ कि ''पैसा कमाने के लिए हमेशा पैसे की ज़रूरत नहीं होती।''

अच्छी ख़बर

अच्छी ख़बर यह है कि ''बी'' क्वाड्रैंट में सफल होना आज पहले से ज़्यादा आसान है। जिस तरह प्रौद्योगिकी के विकास ने बहुत सी चीज़ों को आसान बना दिया है, उसी तरह इसने ''बी'' क्वाड्रैंट में सफल होना आसान बना दिया है। हालाँकि यह काम कम तनख़्वाह की नौकरी पाने जितना आसान नहीं है, परंतु आज ऐसे तंत्र बन चुके हैं, जिनमें ज़्यादा से ज़्यादा लोग ''बी'' क्वाड्रैंट में वित्तीय सफलता हासिल कर सकते हैं।

अध्याय 4

तीन प्रकार के बिज़नेस सिस्टम

आपका लक्ष्य एक सिस्टम का स्वामी बनना है, जिसमें दूसरे लोग आपकी ख़ातिर काम करें।

"बी" क्वाड्रैंट में प्रवेश करते समय यह याद रखें कि आपका लक्ष्य है सिस्टम का स्वामी बनना और उस सिस्टम में लोगों से अपने लिए काम करवाना। आप या तो यह सिस्टम ख़ुद तैयार कर सकते हैं या फिर उसे ख़रीद सकते हैं। सिस्टम को वह सेतु मानें, जो आपको *कैशफ़्लो क्वाड्रैंट* के बाएँ हिस्से से दाएँ हिस्से में सुरक्षित तरीक़े से पहुँचाता है... और यह सेतु वित्तीय स्वतंत्रता तक पहुँचाने वाला सेतु भी होता है।

आज मुख्य रूप से तीन तरह के बिज़नेस सिस्टम हैं :

1. पारंपरिक सी-टाइप कॉरपोरेशन - जहाँ आप अपना ख़ुद का सिस्टम तैयार करते हैं।
2. फ़्रैंचाइज़ी - जहाँ आप बना-बनाया सिस्टम ख़रीदते हैं।
3. नेटवर्क मार्केटिंग - जहाँ आप बने-बनाए सिस्टम को ख़रीदकर उसका हिस्सा बनते हैं।

इनमें से प्रत्येक की अपनी शक्तियाँ और कमज़ोरियाँ हैं, परंतु अंततः प्रत्येक में आपको एक ही चीज़ मिलती है। अगर सही तरीक़े से काम किया जाए, तो हर सिस्टम आपको स्थायी आमदनी प्रदान करता है और मालिक के रूप में आपको ज़्यादा शारीरिक श्रम करने की ज़रूरत नहीं होती... बशर्ते यह खड़ा हो जाए और सफलतापूर्वक चलने लगे। समस्या इसे खड़ा करने और सफलतापूर्वक चलाने में आती है।

लोग मुझसे पूछते हैं, ''1985 में आप बेघर क्यों थे?'' इसके जवाब में किम और मैं बस यही कहते हैं, ''हम एक बिज़नेस सिस्टम बना रहे थे।''

यह एक ऐसा बिज़नेस सिस्टम था, जो पारंपरिक कॉरपोरेशन और फ्रैंचाइज़ी का मिला-जुला रूप था। जैसा मैं पहले ही बता चुका हूँ, ''बी'' क्वाड्रैंट में सिस्टमों और लोगों दोनों के ही ज्ञान की ज़रूरत होती है।

हमने अपना ख़ुद का सिस्टम बनाने का जो निर्णय लिया था, वह कड़ी मेहनत का रास्ता था। मैं इस रास्ते पर पहले भी चल चुका था, हालाँकि मेरी बनाई कंपनी डूब गई थी। हालाँकि यह कुछ वर्षों तक सफलतापूर्वक चली, परंतु अचानक यह पाँचवें साल में धराशायी हो गई। जब हमें सफलता मिली, तो हम पर्याप्त सिस्टम तैयार नहीं कर पाए। हालाँकि हमने बहुत मेहनत की, परंतु इसके बावज़ूद सिस्टम बिखरने लगा। हमें ऐसा महसूस हुआ जैसे हम एक ऐसी बड़ी नाव पर सवार थे, जिसमें अचानक छेद हो गया था। समस्या यह थी कि हम उस छेद को ढूँढ़ नहीं पा रहे थे। हालाँकि हम सब यह पता लगाने की कोशिश कर रहे थे कि छेद कहाँ हुआ था, परंतु हम इतनी तेज़ी से पानी बाहर नहीं निकाल पा रहे थे कि हम छेद को ढूँढ़कर उसे ठीक कर सकें। अगर हमें वह मिल भी जाता, तो भी हमें यह विश्वास नहीं था कि हम उसे बंद कर सकते थे।

तुम्हारी दो-तीन कंपनियाँ डूब सकती हैं

जब मैं हाई स्कूल में था, तो मेरे अमीर डैडी ने अपने पुत्र और मुझे बताया कि बीस और तीस के बीच की उम्र में उनकी एक कंपनी डूब गई थी। उन्होंने कहा, ''वह मेरे जीवन का सबसे अच्छा और सबसे बुरा अनुभव था। मुझे कंपनी डूबने का अफ़सोस ज़रूर हुआ था, परंतु मैंने इसे सुधारने और अंततः इसे एक बड़ी सफलता में बदलने से बहुत ज़्यादा सबक़ सीखे।''

जब अमीर डैडी को यह पता चला कि मैं अपनी ख़ुद की कंपनी शुरू करने के बारे में सोच रहा था, तो वे मुझसे बोले, ''यह हो सकता है कि सफल और दीर्घजीवी कंपनी बनाने से पहले तुम्हारी दो-तीन कंपनियाँ डूब जाएँ।''

वे अपने पुत्र माइक को अपना साम्राज्य सँभालने का प्रशिक्षण दे रहे थे। चूँकि मेरे डैडी सरकारी कर्मचारी थे, इसलिए मुझे विरासत में साम्राज्य नहीं मिलने वाला था। मुझे अपना साम्राज्य ख़ुद बनाना था।

सफलता एक ख़राब शिक्षक है

अमीर डैडी हमेशा कहा करते थे, ''सफलता एक ख़राब शिक्षक है। हम जब असफल होते हैं, तो हम सबसे ज़्यादा सीखते हैं... इसलिए असफल होने से कभी मत डरना। असफलता सफलता की प्रक्रिया का हिस्सा है। आप असफल हुए बिना सफलता नहीं पा सकते। यही वजह है कि जीवन में वही लोग सचमुच हारते हैं, जो कभी असफल नहीं होते।''

शायद यह एक सटीक भविष्यवाणी थी, क्योंकि 1984 में मेरी जो कंपनी दिवालिया

हुई, वह मेरी तीसरी कंपनी थी। मैंने लाखों डॉलर कमाए थे और लाखों डॉलर गँवा दिए थे। जिस समय मैं किम से मिला, उस समय मैं एक बार फिर शून्य से अपना कारोबार शुरू कर रहा था। उसने मुझसे मेरी दौलत के लिए शादी नहीं की, मैं यह बात इतनी अच्छी तरह इसलिए जानता हूँ क्योंकि उस समय मेरे पास दौलत थी ही नहीं। जब मैंने उसे बताया कि मैं अपनी चौथी कंपनी बनाने जा रहा हूँ, तो वह पीछे नहीं हटी।

उसका जवाब था, ''हम इसे मिलकर बनाएँगे।'' और वह अपने वादे की पक्की थी। एक और पार्टनर के साथ मिलकर हम दोनों ने ऐसा बिज़नेस सिस्टम बनाया, जिसके दुनिया भर में 11 ऑफ़िस थे। भले ही हम इसमें काम करें या न करें, हमें इससे आमदनी होती थी। शून्य से 11 ऑफ़िसों तक के इस सफ़र में हमने पाँच साल तक कड़ी मेहनत की... और अंततः हम सफल हो गए। दोनों ही डैडी मेरी सफलता पर ख़ुश थे और उन्होंने सच्चे दिल से मुझे बधाई दी (कंपनियाँ शुरू करने के मेरे पूर्व प्रयोगों में उन दोनों का कुछ पैसा डूब गया था।)

मुश्किल हिस्सा

मेरे अमीर डैडी का पुत्र माइक मुझसे अक्सर कहता था, ''मैं कभी नहीं जान पाऊँगा कि क्या मैं वह कर सकता हूँ, जो तुमने या मेरे डैडी ने किया है। मुझे बना-बनाया सिस्टम मिल गया था और मुझे सिर्फ़ इसे चलाना सीखना था।''

मुझे विश्वास है कि वह अपना ख़ुद का सफल सिस्टम बना सकता था, क्योंकि उसने अपने डैडी से अच्छी तरह सीखा था। बहरहाल मैं उसकी बात का मतलब समझता हूँ। कंपनी को शून्य से शुरू करने में मुश्किल बात यह है कि आपके पास दो बहुत परिवर्तनशील चीज़ें होती हैं : सिस्टम और उस सिस्टम में काम करने वाले लोग। अगर लोगों और सिस्टम दोनों में ही छेद हों, तो असफलता की संभावना ज़्यादा है। कई बार यह जानना मुश्किल होता है कि असली समस्या कहाँ हैं। असफल कौन हो रहा है : लोग या सिस्टम।

फ़्रेंचाइज़ी से पहले

जब मेरे अमीर डैडी ने मुझे ''बी'' बनने के बारे में सिखाना शुरू किया, तब सिर्फ़ एक ही तरह का बिज़नेस होता था। यह बड़ा बिज़नेस था... एक बड़ा कॉरपोरेशन, जिसका आम तौर पर शहर पर आधिपत्य होता था। हवाई के हमारे क़स्बे में यह कॉरपोरेशन शुगर प्लांटेशन था, जो व्यावहारिक रूप से हर चीज़ को नियंत्रित करता था, जिसमें अन्य बड़ी कंपनियाँ शामिल थीं। हमारे यहाँ बड़ी कंपनियाँ थीं और कुछ ''एस'' टाइप के बिज़नेस भी थे, जिनके बीच में ज़्यादा कुछ नहीं था।

अमीर डैडी और मेरे जैसे लोगों के लिए उन बड़ी शकर कंपनियों के शीर्ष स्तर पर पहुँचना असंव था। अल्पसंख्यक लोग यानी जापान, चीन और हवाई के नागरिक खेतों में तो काम करते थे, परंतु उन्हें कभी बोर्डरूम में घुसने की अनुमति नहीं दी जाती थी। इसलिए अमीर डैडी ने जो कुछ भी सीखा, अपने प्रयोगों और ग़लतियों से सीखा।

जब मैं हाई स्कूल में पढ़ने लगा, तो हमने ''फ्रैंचाइज़ी'' नाम की एक नई चीज़ के बारे में सुना। उस समय तक हमारे छोटे क़स्बे में एक भी फ्रैंचाइज़ी नहीं आई थी। हमने मैकडोनल्ड्स या केंटुकी फ्राइड चिकन या टेको बेल के बारे में नहीं सुना था। जब मैं अमीर डैडी से शिक्षा ले रहा था, तो ''फ्रैंचाइज़ी'' हमारी शब्दावली का हिस्सा नहीं थी। हमने उनके बारे में ये अफ़वाहें सुनीं कि वे ''ग़ैर-क़ानूनी, धोखाधड़ी के कारोबार और ख़तरनाक'' काम होती हैं। ज़ाहिर है, अमीर डैडी ने इन अफ़वाहों की हक़ीक़त मालूम करने का फ़ैसला किया। वे फ्रैंचाइज़ी के बारे में जाँच-पड़ताल करने के लिए हवाई जहाज़ से कैलिफ़ोर्निया गए। उनका निष्कर्ष यह था कि अफ़वाहें निराधार थीं। जब वे लौटे, तो उन्होंने इतना ही कहा, ''फ्रैंचाइज़ी भविष्य की लहर हैं।'' यही नहीं, उन्होंने दो फ्रैंचाइजियों के अधिकार भी ख़रीद लिए। जब फ्रैंचाइज़ी के विचार ने ज़ोर पकड़ा, तो उनकी दौलत आसमान छूने लगी। वे अब दूसरे लोगों को अपनी फ्रैंचाइज़ी के अधिकार बेचने लगे, ताकि उन्हें भी अपना बिज़नेस बनाने का मौक़ा मिल सके।

जब मैंने उनसे पूछा कि क्या मैं उनसे किसी फ्रैंचाइज़ी के अधिकार ख़रीद सकता हूँ, तो उन्होंने इतना ही कहा, ''नहीं। तुम यह सीखने की राह पर बहुत दूर तक पहुँच चुके हो कि अपना ख़ुद का बिज़नेस सिस्टम कैसे बनाया जाता है। इसलिए अब बीच में मत रुको। फ्रैंचाइज़ी उन लोगों के लिए हैं, जो अपना ख़ुद का सिस्टम बनाना नहीं चाहते या वे उसे बनाने का तरीक़ा नहीं जानते। इसके अलावा, तुम्हारे पास मुझसे फ्रैंचाइज़ी ख़रीदने के लिए 2,50,000 डॉलर नहीं हैं।''

आज मैकडोनल्ड्स या बर्गर किंग या पिज़्ज़ा हट के बिना किसी शहर की कल्पना करना मुश्किल है। परंतु एक समय था और वह समय बहुत पहले नहीं था, जब उनका अस्तित्व ही नहीं था। और मेरी उम्र इतनी है कि मुझे वे दिन याद हैं।

''बी'' बनना कैसे सीखें

मैंने अपने अमीर डैडी का शिष्य बनकर ''बी'' बनना सीखा। उनका पुत्र और मैं दोनों ही ''ई'' थे, जो ''बी'' बनना सीख रहे थे। और यही वह तरीक़ा है, जिससे बहुत से लोग सीखते हैं। इसे ''नौकरी करते हुए प्रशिक्षण हासिल करना'' कहते हैं। यही वह तरीक़ा है, जिससे कई पारिवारिक व्यवसायों का साम्राज्य एक पीढ़ी से दूसरी पीढ़ी को हस्तांतरित किया जाता है।

समस्या यह है कि बहुत कम लोग इतने सौभाग्यशाली होते हैं कि वे ''बी'' बनने के ''पर्दे के पीछे'' के पहलुओं को सीख सकें। अधिकांश कॉरपोरेट ''मैनेजमेंट प्रशिक्षण कार्यक्रम'' आपको सिर्फ़ मैनेजमेंट करना सिखाते हैं – कंपनी आपको सिर्फ़ मैनेजर बनने का प्रशिक्षण देती है। बहुत कम लोग यह सिखाते हैं कि ''बी'' बनने के लिए सचमुच क्या आवश्यक है।

अक्सर लोग ''बी'' क्वाड्रैंट की अपनी यात्रा के बीच में ''एस'' क्वाड्रैंट में उलझकर रह जाते हैं। ऐसा मूलतः इसलिए होता है क्योंकि वे पर्याप्त सशक्त सिस्टम नहीं बना पाते

हैं। वे सिर्फ़ सिस्टम का अनिवार्य हिस्सा बनकर रह जाते हैं, जबकि सफल ''बी'' एक ऐसा सिस्टम विकसित कर लेते हैं, जो उनके बिना भी चलता रहे।

ऐसे तीन तरीक़े हैं, जो आपको तेज़ी से ''बी'' क्वाड्रैंट में पहुँचा सकते हैं।

1. एक मार्गदर्शक खोजें

मेरे अमीर डैडी मेरे मार्गदर्शक थे। मार्गदर्शक (mentor) वह होता है, जो उस काम को पहले कर चुका हो... और सफलतापूर्वक कर चुका हो। परामर्शदाता न खोजें। परामर्शदाता (adviser) वह है, जो आपको बताता है कि काम कैसे करना है, हालाँकि उसने व्यक्तिगत रूप से वह काम कभी नहीं किया है। अधिकांश परामर्शदाता ''एस'' क्वाड्रैंट में होते हैं। दुनिया ऐसे ''एस'' लोगों से भरी पड़ी है, जो आपको बताने की कोशिश करते हैं कि ''बी'' या ''आई'' कैसे बना जाता है। मेरे अमीर डैडी परामर्शदाता नहीं, बल्कि मार्गदर्शक थे। उन्होंने मुझे जो बेहतरीन नसीहतें दी थीं, उनमें से एक यह थी :

''जो सलाह लो, उसके बारे में सावधान रहो। हालाँकि तुम्हें अपना दिमाग़ खुला रखना चाहिए, परंतु हमेशा इस बारे में जागरूक रहना कि सलाह किस क्वाड्रैंट से आ रही है।''

मेरे अमीर डैडी ने मुझे सिस्टमों के बारे में सिखाने के साथ ही यह भी सिखाया कि लोगों का मैनेजर बनने के बजाय उनका लीडर कैसे बना जाता है। मैनेजर अक्सर अपने अधीनस्थों को अपने से हीन मानते हैं, जबकि लीडर्स को उन लोगों को दिशा देनी होती है, जो प्राय: उनसे ज़्यादा स्मार्ट होते हैं।

अगर आपको अपना बिज़नेस सिस्टम शुरू करने के लिए मूलभूत जानकारी चाहिए और आप इस विषय पर कोई उत्कृष्ट पुस्तक पढ़ना चाहें, तो माइकल गर्बर की *ई-मिथ* पढ़कर देखें। जो लोग अपना ख़ुद का सिस्टम बनाना सीखना चाहते हैं, उनके लिए यह पुस्तक अनमोल है।

सिस्टमों के बारे में सीखने का पारंपरिक तरीक़ा यह है कि किसी प्रतिष्ठित कॉलेज से एम.बी.ए. की डिग्री लेकर किसी कंपनी में तेज़ी से तरक़्क़ी देने वाली कोई नौकरी खोज लें। एम.बी.ए. की डिग्री महत्त्वपूर्ण है, क्योंकि उसमें आप अकाउंटिंग की मूलभूत बातें सीखते हैं और यह भी कि किस तरह आर्थिक आँकड़े बिज़नेस के सिस्टमों से संबंधित होते हैं। बहरहाल, अगर आपके पास एम.बी.ए. की डिग्री है, तो इसका यह मतलब नहीं है कि आप उन सभी सिस्टमों को चलाने में निपुण हो चुके हैं, जिनसे मिलकर संपूर्ण बिज़नेस सिस्टम बनता है।

बड़ी कंपनी में आवश्यक सभी सिस्टमों और बिज़नेस के सभी पहलुओं के बारे में सीखने के लिए आपको वहाँ 10 से 15 साल तक बिताने पड़ेंगे। इसके बाद आपको वह बड़ी कंपनी छोड़कर अपनी ख़ुद की कंपनी शुरू करनी होगी। किसी सफल बड़े कॉरपोरेशन में नौकरी करना वैसा ही है, जैसे मार्गदर्शक आपको तनख़्वाह दे रहा हो।

मार्गदर्शक और वर्षों के अनुभव के बाद भी पहले तरीक़े में बहुत मेहनत लगती है। अपना ख़ुद का सिस्टम बनाने में बहुत से प्रयोगों और ग़लतियों की ज़रूरत होती है। इसमें शुरुआती क़ानूनी ख़र्चों और काग़ज़ी कार्यवाही की भी ज़रूरत होती है। और यह सब उसी समय होता है, जब आप अपने लोगों को विकसित करने की कोशिश कर रहे होते हैं।

2. फ़्रैंचाइज़ी

सिस्टम के बारे में सीखने का एक और तरीक़ा फ़्रैंचाइज़ी ख़रीदना है। जब आप फ़्रैंचाइज़ी ख़रीदते हैं, तो आप एक ''आज़माया हुआ और सफल'' संचालन तंत्र ख़रीदते हैं। ऐसी बहुत सी उत्कृष्ट फ़्रैंचाइज़ी हैं।

अपना सिस्टम बनाने की कोशिश करने के बजाय फ़्रैंचाइज़ी सिस्टम ख़रीदकर आप सिर्फ़ अपने लोगों को विकसित करने पर ध्यान केंद्रित कर सकते हैं। ''बी'' बनना सीखते समय बना-बनाया सफल सिस्टम ख़रीदने से एक बहुत बड़ी अनिश्चितता दूर हो जाती है। ज़्यादातर बैंक छोटे शुरुआती बिज़नेस के लिए लोन नहीं देते, परंतु फ़्रैंचाइज़ी के लिए लोन दे देते हैं। ऐसा इसलिए है क्योंकि बैंक सिस्टम के महत्त्व को पहचानता है और यह भी कि एक अच्छे सिस्टम के साथ शुरुआत करने में जोखिम कम होता है।

अगर आप कोई फ़्रैंचाइज़ी ख़रीदें, तो एक बात के बारे में सावधान रहें। मेहरबानी करके ''एस'' न बनें, जो ''अपना ख़ुद का काम'' करना चाहता है। अगर आप फ़्रैंचाइज़ी सिस्टम ख़रीदते हैं, तो ''ई'' बनें। बस वही करें और वैसा ही करें, जो आपसे करने के लिए कहा जाए। कोई और चीज़ इतनी दुखद नहीं है, जितनी कि फ़्रैंचाइज़ी और फ़्रैंचाइज़र के बीच के अदालती युद्ध। ये युद्ध आम तौर पर इसलिए होते हैं, क्योंकि जो लोग सिस्टम ख़रीदते हैं, वे उस काम को अपने तरीक़े से करना चाहते हैं। वे इस काम को इस तरीक़े से नहीं करना चाहते, जिस तरह सिस्टम बनाने वाला व्यक्ति चाहता है। अगर आप अपने ख़ुद के तरीक़े से काम करना चाहते हैं, तो ऐसा आप तभी करें, जब आप में सिस्टम और लोगों दोनों का ज्ञान हो।

हालाँकि मेरे उच्च शिक्षित डैडी ने एक मशहूर और महँगी आइसक्रीम फ़्रैंचाइज़ी ख़रीदी थी, परंतु इसके बावजूद वे असफल हो गए। हालाँकि सिस्टम बहुत अच्छा था, परंतु इसके बावजूद बिज़नेस चौपट हो गया। मेरे विचार से वह फ़्रैंचाइज़ी इसलिए असफल हुई, क्योंकि वे और उनके पार्टनर ''ई'' या ''एस'' क्वाड्रैंट के थे। उन्हें यह नहीं मालूम था कि स्थिति बिगड़ने पर क्या करना है। उन्होंने मातृ-कंपनी यानी फ़्रैंचाइज़र से भी मार्गदर्शन नहीं माँगा। अंत में, पार्टनर आपस में झगड़ने लगे और बिज़नेस चौपट हो गया। वे भूल गए कि सच्चा ''बी'' बिज़नेस सिर्फ़ सिस्टम से ही नहीं चलता है। यह उस सिस्टम को चलाने वाले अच्छे लोगों पर भी निर्भर करता है।

बैंक बिना सिस्टम वाले लोगों को लोन नहीं देते

अगर बैंक बिना सिस्टम वाले छोटे बिज़नेस के लिए लोन नहीं देते, तो आप क्यों दें? लगभग हर दिन लोग मेरे पास बिज़नेस योजनाएँ लेकर आते हैं। उन्हें यह आशा होती है कि मैं उनकी विचार या योजना में अपने धन का निवेश करूँगा।

ज़्यादातर बार मैं एक प्रमुख कारण से उनके प्रस्ताव को अस्वीकार कर देता हूँ : पैसा चाहने वाले लोग प्रॉडक्ट और सिस्टम के फ़र्क़ को नहीं जानते। मेरे कुछ दोस्त (जो एक बैंड में गायक हैं) मुझसे कहते हैं कि मैं एक नई संगीत सी.डी. बनाने में धन का निवेश करूँ। अन्य कई लोग हैं, जो मेरी मदद से दुनिया को बदलने वाली कोई अलाभकारी संस्था बनाना चाहते हैं। अगर उनके पास बिज़नेस सिस्टम बनाने और चलाने का ज़रा भी अनुभव नहीं है या बहुत कम अनुभव है, तो मैं उनका प्रस्ताव ठुकरा देता हूँ। भले ही मुझे वह योजना, प्रॉडक्ट या व्यक्ति कितना ही पसंद क्यों न आए।

आप गा सकते हैं, इसका यह मतलब नहीं है कि आप मार्केटिंग सिस्टम, वित्तीय और लेखांकन सिस्टम, सेल्स सिस्टम, लोगों को नौकरी देने और नौकरी से निकालने के सिस्टम तथा क़ानूनी सिस्टम जैसे बहुत से सिस्टमों को समझते हैं, जो किसी भी बिज़नेस के स्थायित्व और सफलता के लिए आवश्यक है।

बिज़नेस क़ायम रहे और समृद्ध होता रहे, इसके लिए सभी सिस्टमों को शत-प्रतिशत काम करना होगा और जवाबदेह बनना होगा। उदाहरण के लिए :

हवाई जहाज़ सिस्टमों का सिस्टम है। अगर कोई हवाई जहाज़ उड़ान भरता है और ईंधन का सिस्टम ख़राब हो जाए, तो अक्सर दुर्घटना हो जाती है। इसी तरह की चीज़ें बिज़नेस में होती हैं। आप जिन सिस्टमों के बारे में जानते हैं, उनके कारण समस्याएँ उत्पन्न नहीं होती हैं। आपके साथ दुर्घटनाएँ तो उन सिस्टमों के कारण होती हैं, जिनके बारे में आप नहीं जानते हैं।

मानव शरीर सिस्टमों का सिस्टम है। हममें से अधिकांश का कोई प्रियजन मर गया होगा, क्योंकि शरीर के किसी सिस्टम ने ठीक से काम करना बंद कर दिया होगा - जैसे रक्त संचरण तंत्र, जो बाक़ी सभी सिस्टमों में बीमारी फैला देता है।

यही वजह है कि आज़माया हुआ और सफल बिज़नेस सिस्टम बनाना आसान नहीं है। जिन सिस्टमों के बारे में आप भूल जाते हैं या जिनकी तरफ़ आप ध्यान नहीं देते हैं, उनकी वजह से आपके साथ दुर्घटनाएँ होती हैं और आपको नुक़सान होता है। इसीलिए मैं उस "ई" या "एस" की योजना में बहुत कम निवेश करता हूँ, जिसके पास कोई नया प्रॉडक्ट या विचार होता है। व्यावसायिक निवेशकों की प्रवृत्ति आज़माए हुए सिस्टमों में निवेश करने की होती है, जहाँ लोग उन सिस्टमों को चलाना जानते हों।

अगर बैंक सिर्फ़ आज़माए हुए और सच्चे बिज़नेस सिस्टमों पर ही क़र्ज़ देता है और उसे चलाने वाले व्यक्ति को देखता है, तो आपको भी यही करना चाहिए - बशर्ते आप स्मार्ट निवेशक बनना चाहते हों।

3. नेटवर्क मार्केटिंग से जुड़ना

(इसे मल्टीलेवल मार्केटिंग या डायरेक्ट डिस्ट्रिब्यूशन सिस्टम भी कहा जाता है।)

क़ानूनी तंत्र ने फ्रैंचाइज़ी की तरह ही शुरुआत में नेटवर्क मार्केटिंग को ग़ैर-क़ानूनी घोषित करने की कोशिश की थी। कुछ ऐसे देश भी हैं, जिन्होंने इसे ग़ैर-क़ानूनी घोषित करने में सफलता पाई है या उसे बहुत बुरी तरह सीमित कर दिया है। किसी भी तरह के नए सिस्टम या विचार को अक्सर इस दौर से गुज़रना ही पड़ता है, जिसे ''अजीब और संदिग्ध'' के रूप में वर्गीकृत किया जा सकता है। पहले तो मैंने भी सोचा था कि नेटवर्क मार्केटिंग धोखाधड़ी है। परंतु बरसों तक जब मैंने नेटवर्क मार्केटिंग द्वारा उपलब्ध सिस्टम्स का अध्ययन किया और मैंने इस प्रकार के ''बी'' बिज़नेस में अपने कई मित्रों को सफल होते देखा, तो मैंने अपनी मानसिकता बदल ली।

जब मैंने अपने पूर्वाग्रह छोड़ दिए और नेटवर्क मार्केटिंग पर रिसर्च की, तो मैंने पाया कि बहुत से लोग ईमानदारी और मेहनत से सफल नेटवर्क मार्केटिंग बिज़नेस बना रहे थे। जब मैं इन लोगों से मिला, तो मैंने देखा कि उनके बिज़नेस का दूसरे लोगों के जीवन और वित्तीय भविष्य पर बहुत ज़्यादा प्रभाव पड़ रहा था। मैं सचमुच नेटवर्क मार्केटिंग सिस्टम के महत्त्व को समझ गया और उसके प्रति प्रशंसा के भाव से भर गया। बहुत कम प्रवेश शुल्क (लगभग 200 डॉलर के क़रीब) देकर लोग एक बने-बनाए सिस्टम को ख़रीदकर उसमें प्रवेश कर सकते हैं और तत्काल अपना बिज़नेस बनाना शुरू कर सकते हैं। कम्प्यूटर प्रौद्योगिकी के विकास के कारण उनके संगठन पूरी तरह स्वचलित होते हैं। नेटवर्क मार्केटिंग सॉफ़्टवेअर सिस्टम काग़ज़ी लिखापढ़ी, ऑर्डर की प्रोसेसिंग, डिस्ट्रिब्यूशन, अकाउंटिंग और फ़ॉलोअप का सिरदर्द लगभग पूरी तरह सँभाल लेते हैं। इस ऑटोमेटेड बिज़नेस अवसर के माध्यम से नए डिस्ट्रिब्यूटर अपने सारे प्रयास अपने बिज़नेस को बनाने पर केंद्रित कर सकते हैं। उन्हें छोटे बिज़नेस के सामान्य शुरुआती सिरदर्दों के बारे में चिंता करने की ज़रूरत नहीं होती।

मेरे एक पुराने मित्र ने रियल एस्टेट में एक अरब डॉलर से अधिक धन कमाया था। 1997 में वह नेटवर्क मार्केटिंग डिस्ट्रिब्यूटर बन गया और उसने इसमें अपना बिज़नेस बनाना शुरू किया। नेटवर्क मार्केटिंग बिज़नेस बनाने के लिए उसे इतनी मेहनत करते देखकर मैं हैरान रह गया, क्योंकि निश्चित रूप से उसे पैसों की ज़रूरत तो नहीं थी। जब मैंने उससे पूछा कि वह ऐसा क्यों कर रहा था, तो उसने यह कहा :

''मैं सी.पी.ए. बनने के लिए कॉलेज गया था और मेरे पास फ़ाइनैंस में एम.बी.ए. की डिग्री भी है। जब लोग मुझसे पूछते हैं कि मैं इतना अमीर कैसे बना, तो मैं उन्हें अपने लाखों डॉलर के रियल एस्टेट सौदों के बारे में बताता हूँ। इसके अलावा मैं उन्हें लाखों डॉलर की उस निष्क्रिय आमदनी के बारे में बताता हूँ, जो मुझे रियल एस्टेट से हर साल मिलती है। इसके बाद मैं देखता हूँ कि उनमें से कुछ पीछे हट जाते हैं या छिटक जाते हैं। आप तो जानते ही हैं, मैं जिस तरह के लाखों डॉलर के रियल एस्टेट निवेश करता हूँ, वे लोग उस

तरह के निवेश नहीं कर सकते हैं। शैक्षणिक पृष्ठभूमि न होने के अलावा, उनके पास निवेश करने के लिए अतिरिक्त पूँजी भी नहीं होती है। इसलिए मैंने उनकी मदद करने के लिए एक ऐसे तरीक़े की तलाश शुरू कर दी, जिससे वे भी निष्क्रिय आमदनी के उसी स्तर को हासिल कर सकें, जो मैंने रियल एस्टेट से हासिल किया था ...छह साल तक कॉलेज जाए बगैर और रियल एस्टेट में 12 वर्ष तक निवेश किए बगैर। मैं मानता हूँ कि नेटवर्क मार्केटिंग लोगों को निष्क्रिय आमदनी कमाने का अवसर देती है जो व्यावसायिक निवेशक बनना सीखते समय सहारा देती है। इसीलिए मैं उन्हें नेटवर्क मार्केटिंग का सुझाव देता हूँ। भले ही उनके पास कम पैसा हो, परंतु इसके बावज़ूद वे पाँच साल तक इसमें मेहनत करके पर्याप्त से अधिक निष्क्रिय आमदनी प्राप्त कर सकते हैं। अपना ख़ुद का बिज़नेस विकसित करने के बाद उनके पास सीखने के लिए ख़ाली समय होता है और मेरे साथ बड़े सौदों में निवेश करने के लिए पूँजी भी होती है।''

मेरे मित्र ने कई नेटवर्क मार्केटिंग कंपनियों की अच्छी तरह जाँच-पड़ताल की। इसके बाद वह एक नेटवर्क मार्केटिंग कंपनी का डिस्ट्रिब्यूटर बन गया। उसने उन लोगों के साथ नेटवर्क मार्केटिंग बिज़नेस शुरू किया, जो भविष्य में उसके साथ निवेश करना चाहते थे। वह अब अपने नेटवर्क मार्केटिंग बिज़नेस में भी सफल हो रहा है और निवेश के बिज़नेस में भी। उसने मुझे बताया, ''मैंने शुरुआत में ऐसा इसलिए किया, क्योंकि मैं निवेश के लिए धन जुटाने में लोगों की मदद करना चाहता था। और अब इसका परिणाम यह हो रहा है कि मैं एक बिलकुल नए बिज़नेस के माध्यम से अमीर बन रहा हूँ।''

महीने में दो शनिवारों को वह अपनी कक्षा आयोजित करता है। पहली मीटिंग में वह लोगों को बिज़नेस सिस्टमों और लोगों के बारे में सिखाता है यानी यह कि सफल ''बी'' कैसे बना जाए। महीने की दूसरी मीटिंग में वह उन्हें वित्तीय साक्षरता और वित्तीय बुद्धि के बारे में सिखाता है। वह उन्हें स्मार्ट ''आई'' बनना सिखा रहा है। उसकी कक्षा में आने वालों की संख्या तेज़ी से बढ़ रही है। वह उसी पैटर्न का सुझाव देता है, जिसका सुझाव मैं देता हूँ।

व्यक्तिगत फ़्रैंचाइज़ी

और इसीलिए आज मैं लोगों को नेटवर्क मार्केटिंग पर विचार करने की सलाह देता हूँ। कई नामी फ़्रैंचाइजियों को ख़रीदने की लागत दस लाख डॉलर या इससे अधिक है। फ़्रैंचाइज़ी एक तरह से व्यक्तिगत फ़्रैंचाइज़ी ख़रीदना है, जिसकी लागत अक्सर 200 डॉलर से भी कम होती है।

मैं जानता हूँ कि नेटवर्क मार्केटिंग का ज़्यादातर काम बहुत मेहनत भरा होता है। परंतु किसी भी क्वाड्रैंट में सफलता पाने के लिए कड़ी मेहनत की ज़रूरत तो होती ही है। व्यक्तिगत रूप से मुझे नेटवर्क मार्केटिंग डिस्ट्रिब्यूटर के रूप में कोई आमदनी नहीं होती है। मैंने कई नेटवर्क मार्केटिंग कंपनियों और उनकी भुगतान की योजनाओं पर रिसर्च की है। अपनी रिसर्च के दौरान मैं कई कंपनियों में शामिल भी हुआ हूँ, सिर्फ़ इसलिए क्योंकि उनके प्रॉडक्ट्स बहुत अच्छे थे और मैं आज भी ग्राहक के रूप में उनका प्रयोग करता हूँ।

बहरहाल, मैं जब आपको एक अच्छी कंपनी खोजने की सलाह देता हूँ, जो आपको *क्वाड्रैंट* के दाएँ हिस्से तक ले जाने में मदद करे, तो सबसे महत्त्वपूर्ण बात प्रॉडक्ट नहीं, बल्कि कंपनी द्वारा दी जाने वाली शिक्षा है। ऐसी बहुत सी नेटवर्क मार्केटिंग कंपनियाँ हैं, जो सिर्फ़ इस बात में रुचि रखती हैं कि आप अपने दोस्तों को उनका सिस्टम बेच दें। और ऐसी कंपनियाँ भी हैं, जिनकी मूलभूत रुचि आपको शिक्षित करने और सफल बनाने में होती है।

नेटवर्क मार्केटिंग कंपनियों की रिसर्च में मैंने यह पाया कि आप उनके कार्यक्रमों से दो महत्त्वपूर्ण बातें सीख सकते हैं, जो सफल ''बी'' बनने के लिए अनिवार्य हैं :

1. सफल बनने के लिए आपको रिजेक्शन (अस्वीकृति) के डर से मुक्ति पाना सीखना होगा। आपको इस बारे में चिंता करना छोड़ना होगा कि लोग आपके बारे में क्या कहेंगे। बहुत बार मैं ऐसे लोगों से मिला हूँ, जो ख़ुद को सिर्फ़ इसलिए रोके रखते हैं क्योंकि वे सोचते हैं कि अगर वे कोई अलग काम करेंगे, तो उनके दोस्त क्या कहेंगे। मैं इस स्थिति को अच्छी तरह समझ सकता हूँ क्योंकि मैं भी कभी इसी रास्ते पर चल चुका हूँ। मैं एक छोटे क़स्बे से आया हूँ, जहाँ हर आदमी जानता था कि दूसरा आदमी क्या कर रहा था। अगर किसी को आपका कोई काम पसंद नहीं आता था, तो पूरा क़स्बा उसके बारे में जान जाता था और आपके काम को अपनी चिंता बना लेता था।

   मैंने ख़ुद से जो वाक्य बार-बार कहा है, वह सबसे अच्छे वाक्यों में से एक है, ''आप मेरे बारे में क्या सोचते हैं, इससे मुझे कोई लेना-देना नहीं है। सबसे महत्त्वपूर्ण यह है कि मैं अपने बारे में क्या सोचता हूँ।''

   मेरे अमीर डैडी ने मुझे ज़ेरॉक्स कॉरपोरेशन में सेल्स का काम करने के लिए प्रोत्साहित किया। इसका कारण यह नहीं था कि वे फ़ोटो कॉपियर्स को पसंद करते थे, बल्कि यह था कि वे चाहते थे कि मैं अपने संकोच और रिजेक्शन के डर से मुक्ति पा जाऊँ।

2. लोगों का नेतृत्व करना सीखना। अलग-अलग तरह के लोगों के साथ काम करना बिज़नेस की सबसे मुश्किल चीज़ है। मैं बिज़नेस के जितने भी सफल लोगों से मिला हूँ, वे स्वाभाविक लीडर्स थे। लोगों के साथ मिलकर काम करने और उन्हें प्रेरित करने की योग्यता अनमोल है। यह एक ऐसी योग्यता है, जो सीखी जा सकती है।

जैसा मैंने पहले कहा था, बाएँ क्वाड्रैंट से दाएँ क्वाड्रैंट में पहुँचने का संबंध इस बात से उतना नहीं है कि आप क्या करते हैं, बल्कि इस बात से है कि आप क्या बनना चाहते हैं। रिजेक्शन का सामना करना सीखें। यह सीखें कि दूसरे लोग आपके बारे में क्या सोचते हैं, उससे प्रभावित नहीं होना है। इसके अलावा, लोगों का नेतृत्व करना सीखें। अगर आप यह सीख लेंगे, तो आपको दौलत निश्चित रूप से मिलेगी। यही वजह है कि मैं उस नेटवर्क मार्केटिंग कंपनी की अनुशंसा करता हूँ, जो पहले तो आपके व्यक्तित्व का विकास करने के लिए प्रतिबद्ध हो, बजाय इसके कि वह आपको सेल्समैन बनाने में ज़्यादा रुचि ले। मैं आपको इस तरह की कंपनियों से जुड़ने की सलाह देना चाहूँगा :

1. जो आज़माए हुए संगठन हों, जिनका सफल रिकॉर्ड हो और जिनका डिस्ट्रिब्यूशन सिस्टम और भुगतान योजना बरसों से सफल हों।
2. जिनके पास ऐसा बिज़नेस अवसर हो, जिसमें आप सफल हो सकते हों, जिसमें आप विश्वास कर सकते हों और जिसे आप दूसरों को विश्वासपूर्वक बता सकते हों।
3. जिनके निरंतर चलने वाले, दीर्घकालीन शैक्षणिक कार्यक्रम हों, जो इंसान के रूप में आपका विकास करें। आत्मविश्वास *क्वाड्रैंट* के दाएँ हिस्से का अत्यावश्यक गुण है।
4. जिनका सशक्त मार्गदर्शक कार्यक्रम हो। आप लीडर्स से सीखना चाहते हैं, परामर्शदाताओं से नहीं। जो लोग पहले से ही *क्वाड्रैंट* के दाएँ हिस्से में लीडर्स हों और जो आपको सफल देखना चाहते हों, उन्हीं से सीखें।
5. जिनमें ऐसे लोग हों, जिनका आप सम्मान करते हों और जिनके साथ रहने में आपको आनंद आए।

अगर आपके द्वारा चुनी गई कंपनी इन पाँच मानदंडों को पूरा करती हो, तभी और सिर्फ़ तभी प्रॉडक्ट को देखें। बहुत से लोग प्रॉडक्ट को देखते हैं; प्रॉडक्ट के पीछे के बिज़नेस सिस्टम तथा कंपनी को नहीं देखते। मैंने जिन कंपनियों को क़रीब से देखा है, उनमें से कुछ इस तरह की प्रोत्साहित करने वाली बातें कहती हैं, ''यह प्रॉडक्ट अपने आप बिक जाता है। यह आसान है।'' अगर आप सेल्समैन बनना चाहते हैं, तो यह ''एस'' क्वाड्रैंट है और इस क्वाड्रैंट में प्रॉडक्ट सबसे महत्त्वपूर्ण चीज़ है। परंतु अगर आप दीर्घकालीन ''बी'' बनने के लिए ख़ुद को तैयार करना चाहते हैं, तो सिस्टम, आजीवन शिक्षा और लोग अधिक महत्त्वपूर्ण हैं।

मेरे एक मित्र और सहयोगी को इस उद्योग के बारे में काफ़ी जानकारी है। उसने मुझे समय के मूल्य के बारे में याद दिलाया, जो हमारी सबसे क़ीमती संपत्तियों में से एक है। नेटवर्क मार्केटिंग कंपनी में सच्ची सफलता तब मिलती है, जब कम अवधि तक समय और कड़ी मेहनत के निवेश के बाद आपको लंबी अवधि तक काफ़ी निष्क्रिय आमदनी होती है। एक बार जब आप अपने नीचे एक सशक्त संगठन बना लेते हैं, तो आप काम करना बंद कर सकते हैं। इसके बाद भी आपको अपने बनाए हुए संगठन के प्रयासों से आमदनी होती रहेगी। नेटवर्क मार्केटिंग कंपनी में सफलता की सबसे महत्त्वपूर्ण कुंजी अब भी यह है कि आपमें और आपके संगठन में यह दीर्घकालीन प्रतिबद्धता होना चाहिए कि आपको उस तरह के बिज़नेस लीडर में विकसित होना है, जिस तरह के लीडर आप बनना चाहते हैं।

सिस्टम स्वतंत्रता का सेतु है

बेघर बनना एक ऐसा अनुभव नहीं है, जिसे मैं दोहराना चाहूँ। बहरहाल, किम और मेरे लिए यह अनुभव अनमोल था। आज हमारे पास जो है, उससे हमें स्वतंत्रता और सुरक्षा नहीं मिलती है। सुरक्षा यह जानने और इस विश्वास से मिलती है कि हम दुबारा बना सकते हैं।

उस मुश्किल समय के बाद हमने एक रियल एस्टेट कंपनी, एक ऑइल कंपनी, एक माइनिंग कंपनी और दो शिक्षण कंपनियाँ बनाईं। इस मायने में सफल सिस्टम बनाना सीखने की प्रक्रिया हमारे लिए लाभदायक रही। बहरहाल, मैं इस प्रक्रिया से गुज़रने की सलाह किसी को नहीं देना चाहूँगा, जब तक कि वे सचमुच इससे न गुज़रना चाहें।

कुछ साल पहले तक ''बी'' क्वाड्रैंट में सिर्फ़ उन्हीं लोगों के सफल होने की संभावना थी, जो बहादुर या अमीर हों। किम और मैं निश्चित रूप से बहादुर रहे होंगे, क्योंकि यह तो तय है कि हम अमीर नहीं थे। अधिकांश लोग *क्वाड्रैंट* के बाएँ हिस्से में इसलिए फँसे रहते हैं, क्योंकि वे यह महसूस करते हैं कि अपना ख़ुद का सिस्टम बनाने में बहुत ज़्यादा जोख़िम है। उनके लिए नौकरी में सुरक्षित बने रहना ज़्यादा स्मार्ट तरीक़ा है।

आज मूलतः प्रौद्योगिकी में हुए परिवर्तनों के कारण सफल बिज़नेस मालिक बनने में जोखिम बहुत कम हो गया है... और अपने ख़ुद के बिज़नेस सिस्टम का स्वामी होने का अवसर लगभग हर एक के लिए उपलब्ध है।

फ़्रैंचाइज़ी और नेटवर्क मार्केटिंग ने अपना सिस्टम बनाने की मुश्किल को आसान कर दिया है। आप एक आज़माए हुए सिस्टम के अधिकार हासिल करते हैं। इसके बाद आपके पास सिर्फ़ एक ही काम बचता है : लोगों को विकसित करना।

इन बिज़नेस सिस्टमों को उनसे सेतु के रूप में देखें, जिससे आप *कैशफ़्लो क्वाड्रैंट* के बाएँ हिस्से से दाएँ हिस्से तक सुरक्षित तरीक़े से पहुँच सकें... यह वित्तीय स्वतंत्रता का आपका सेतु होगा।

अगले अध्याय में मैं *क्वाड्रैंट* के दाएँ हिस्से के दूसरे भाग यानी ''आई'' (निवेशक) के बारे में चर्चा करूँगा।

अध्याय 5

निवेशकों के पाँच स्तर

निवेश वित्तीय स्वतंत्रता की कुंजी है।

मेरे ग़रीब डैडी अक्सर कहते थे, "निवेश करना जोखिम भरा है।"

मेरे अमीर डैडी अक्सर कहते थे, "वित्तीय दृष्टि से अशिक्षित होना जोखिम भरा है।"

आज ज़्यादातर लोग जानते हैं कि उन्हें निवेश करना चाहिए। समस्या यह है कि मेरे ग़रीब डैडी जैसे ज़्यादातर लोग यह मानते हैं कि निवेश करना जोखिम भरा है – और अगर आपके पास वित्तीय शिक्षा, अनुभव और मार्गदर्शन नहीं हो, तो यह सचमुच जोखिम भरा होता है।

निवेश करना सीखना महत्त्वपूर्ण है, क्योंकि निवेश ही वित्तीय स्वतंत्रता की कुंजी है। उन लोगों के साथ पाँच चीज़ें होती हैं, जो निवेश नहीं करते हैं या ख़राब तरीक़े से निवेश करते हैं :

1. वे जीवन भर कड़ी मेहनत करते हैं।
2. वे ज़िंदगी भर पैसों की चिंता करते हैं।
3. वे अपनी परवाह के लिए दूसरों पर निर्भर रहते हैं, जैसे परिवार, कंपनी या सरकार की पेंशन।
4. उनके जीवन की सीमाएँ पैसों से तय होती हैं।
5. वे यह नहीं जान पाते हैं कि सच्ची स्वतंत्रता क्या है।

अमीर डैडी अक्सर कहते थे, "जब तक तुम वित्तीय स्वतंत्रता हासिल नहीं कर लेते, तब तक तुम सच्ची स्वतंत्रता को कभी नहीं जान पाओगे।" इससे उनका मतलब यह था कि

निवेश करना सीखना किसी पेशे को सीखने से ज़्यादा महत्त्वपूर्ण था। उन्होंने कहा था, ''जब तुम कोई पेशा सीखते हो, मान लो कि डॉक्टर का, तो तुम यह सीखते हो कि पैसे के लिए कैसे काम करना है। निवेश करना सीखने में तुम यह सीखते हो कि पैसे से अपनी ख़ातिर कैसे काम कराना है। जिस पल तुम पैसे से अपनी ख़ातिर काम करा लेते हो, तुम्हारे पास अपनी स्वतंत्रता का तुम्हारा टिकट आ जाता है।'' उन्होंने यह भी कहा, ''जितना ज़्यादा पैसा तुम्हारे लिए काम करता है, तुम उतना ही कम टैक्स देते हो - बशर्ते तुम सच्चे निवेशक हो।''

निवेश करना सीखना

मेरे अमीर डैडी मुझे नौ साल की उम्र में ही ''आई'' क्वाड्रैंट के लिए तैयार करने लगे थे। मुझे सिखाने के लिए वे मोनोपॉली खेल का इस्तेमाल करते थे। वे बार-बार कहते थे, ''मोनोपॉली के खेल में दौलत का बहुत बड़ा फ़ॉर्मूला छिपा हुआ है। हमेशा इस फ़ॉर्मूले को याद रखना : चार हरे मकान, एक लाल होटल।''

मोनोपॉली का खेल कैशफ़्लो का खेल है। मिसाल के तौर पर, अगर आपके पास अपने स्वामित्व की किसी जायदाद पर एक हरा मकान था और आपको 10 डॉलर मिले थे, तो आपके पास 10 डॉलर प्रति माह का कैशफ़्लो होता था। दो मकान, 20 डॉलर। तीन मकान, 30 डॉलर। और लाल होटल, 50 डॉलर। ज़्यादा हरे मकानों और ज़्यादा लाल होटलों का मतलब था ज़्यादा कैशफ़्लो, कम काम, कम टैक्स और ज़्यादा स्वतंत्रता।

एक आसान खेल - लेकिन एक महत्त्वपूर्ण सबक़।

अमीर डैडी असली ज़िंदगी में मोनोपॉली का खेल खेलते थे। वे अक्सर अपने बेटे के साथ मुझे भी अपने हरे मकान दिखाने ले जाते थे - हरे मकान, जो एक दिन वाइकिकी बीच पर एक बड़े लाल होटल में बदल जाएँगे।

जब मैं बड़ा हुआ और मैंने अमीर डैडी को असली ज़िंदगी में मोनोपॉली का खेल खेलते देखा, तो मैंने निवेश के बारे में कई मूल्यवान सबक़ सीखे। उन सबक़ों में से कुछ ये हैं :

- निवेश जोखिम भरा नहीं है।
- निवेश मज़ेदार है।
- निवेश आपको बहुत, बहुत अमीर बना सकता है।
- ज़्यादा महत्त्वपूर्ण बात यह है कि निवेश आपको स्वतंत्र कर सकता है - आजीविका कमाने के संघर्ष और पैसे कमाने की चिंता से स्वतंत्र।

दूसरे शब्दों में, अगर आप स्मार्ट हैं, तो आप ज़िंदगी भर के लिए कैशफ़्लो की पाइपलाइन बिछा सकते हैं - एक ऐसी पाइपलाइन, जो आपकी जेब में नक़दी बहाकर लाती रहेगी, चाहे समय अच्छा हो या बुरा, चाहे बाज़ार गिर रहा हो या चढ़ रहा हो। आपका कैशफ़्लो

मुद्रास्फीति के साथ-साथ अपने आप बढ़ेगा और इसकी बदौलत आप टैक्स भी कम देंगे।

मैं यह नहीं कह रहा हूँ कि रियल इस्टेट ही निवेश करने का एकमात्र तरीक़ा है। मैंने तो सिर्फ़ *मोनोपॉली* के खेल का उदाहरण यह बताने के लिए दिया है कि अमीर किस तरह अमीर बनते हैं। कोई व्यक्ति डिविडेंड के ज़रिये शेयरों से कमा सकता है। या फिर ब्याज के ज़रिये बॉन्डों से आमदनी कमा सकता है। या फिर रॉयल्टी के ज़रिये तेल से आमदनी कमा सकता है। या फिर पुस्तकों से और पेटेंट्स से आमदनी कमा सकता है। दूसरे शब्दों में, वित्तीय स्वतंत्रता के कई रास्ते हैं।

वित्तीय "विशेषज्ञ"

दुर्भाग्य से, स्कूलों में वित्तीय शिक्षा नहीं मिलने के कारण ज़्यादातर लोग अंधों की तरह अपना पैसा उन लोगों के हवाले कर देते हैं, जिन्हें वे वित्तीय विशेषज्ञ मानते हैं : जैसे बैंकर, वित्तीय नियोजक और शेयरों के दलाल। दुर्भाग्य से, इन "विशेषज्ञों" में से ज़्यादातर "आई" क्वाड्रैंट के सच्चे निवेशक नहीं होते हैं। ज़्यादातर तो "ई" क्वाड्रैंट के कर्मचारी होते हैं, जो वेतन के लिए काम करते हैं या "एस" क्वाड्रैंट में काम करने वाले सेल्फ़-एम्प्लॉयड वित्तीय सलाहकार होते हैं, जो फ़ीस और कमीशन के लिए काम करते हैं। ज़्यादातर "विशेषज्ञ" काम करना बंद नहीं कर सकते, सिर्फ़ इसलिए, क्योंकि उनके पास ऐसे निवेश नहीं हैं, जो उनकी ख़ातिर काम कर रहे हों।

वॉरेन बफ़े ने कहा था, "वॉल स्ट्रीट एकमात्र जगह है, जहाँ लोग रोल्स रॉयस में बैठकर उन लोगों से सलाह लेने आते हैं, जो सबवे से यात्रा करते हैं।"

अगर लोगों के पास मज़बूत वित्तीय शिक्षा नहीं है, तो वे यह नहीं समझ सकते कि उनका वित्तीय सलाहकार सेल्समैन है या धोखेबाज़ है, मूर्ख है या जीनियस है। याद रखें, सभी धोखेबाज़ अच्छे लोग दिखते हैं। आप जो सुनना चाहते हैं, अगर वे वही बोलते हैं, तो वे आपको अच्छे लगेंगे। अगर वे ऐसा नहीं करें, तो आप उनकी बात सुनेंगे ही नहीं।

सेल्सपर्सन होने में कोई बुराई नहीं है। हम सभी कुछ न कुछ बेचते हैं। लेकिन जैसा वॉरेन बफ़े कहते हैं, "कभी किसी बीमा सेल्समैन से यह नहीं पूछें कि क्या आपको बीमे की ज़रूरत है।" जब बात पैसे की आती है, तो कई लोग कुछ भी कहने और बेचने के लिए उतावले रहते हैं, ताकि वे आपकी जेब में हाथ डाल सकें।

रोचक बात यह है कि ज़्यादातर निवेशक उस व्यक्ति से कभी नहीं मिलते, जो उनका पैसा ले रहा है। ज़्यादातर पश्चिमी देशों में कर्मचारियों का पैसा अपने आप उनके वेतन से काट लिया जाता है, उसी तरह जिस तरह आयकर विभाग आयकर वसूलता है। अमेरिका में कई कर्मचारी अपने नियोक्ता को अनुमति दे देते हैं कि वह उनका पैसा काटकर उनके 401 (के)रिटायरमेंट प्लान में जमा कर दे, जो संभवत: रिटायरमेंट के लिए निवेश करने का सबसे बुरा तरीक़ा है। *(401 (के) योजनाओं के अलग-अलग देशों में अलग-अलग नाम हैं। जापान में भी इसे 401 (के) कहा जाता है, लेकिन ऑस्ट्रेलिया में इसे सुपरएन्युएशन प्लान कहा जाता है और कनाडा में इसे आरआरएसपी कहा जाता है।)*

401 (के) रिटायरमेंट के लिए निवेश करने का सबसे बुरा कारण है, यह कहने के पीछे मेरे तर्क ये हैं :

1. टाइम मैग्ज़ीन मेरे पक्ष में है

टाइम मैग्ज़ीन ने इतने वर्षों में कई लेख छापे हैं, जिनमें इतने सारे लोगों के रिटायरमेंट को जोखिम में डालने की बुद्धिमत्ता पर सवाल किया गया है। *टाइम* यह भविष्यवाणी कर रही है कि करोड़ों लोग अजनबियों को ज़िंदगी भर पैसे थमाने के बाद जब रिटायर होंगे, तो उनके पास इतने पैसे नहीं होंगे कि वे रिटायर हो सकें।

सामान्य 401 (के) योजना 80 प्रतिशत मुनाफ़ा ले लेती है। निवेशक को 20 प्रतिशत मुनाफ़ा मिल सकता है, बशर्ते वह ख़ुशक़िस्मत हो। निवेशक 100 प्रतिशत पैसे लगाता है और 100 प्रतिशत जोखिम लेता है। 401 (के) योजना 0 प्रतिशत पैसा लगाती है और 0 प्रतिशत जोखिम लेती है। 401 (के) कंपनी को हर हाल में पैसे मिलते हैं, चाहे आपको मुनाफ़ा हो रहा हो या घाटा।

2. 401 (के) में टैक्स आपके ख़िलाफ़ काम करता है

अमेरिका में लॉन्ग टर्म कैपिटल गेन्स पर 15 प्रतिशत की कम दर से टैक्स लगता है। लेकिन 401 (के) के लाभों पर लगभग 35 प्रतिशत की सामान्य आयकर दर से टैक्स लगता है, जो तीनों प्रकार की आमदनी में सबसे ऊँची दर होती है :

- सामान्य रूप से अर्जित
- पोर्टफ़ोलियो
- निष्क्रिय

यदि आप अपनी 401 (के) योजना में से अपना पैसा जल्दी निकालना चाहते हैं, तो आपको 10 प्रतिशत पेनल्टी टैक्स भी देना पड़ता है।

3. यदि शेयर बाज़ार गिर जाता है, तो आपके पास कोई बीमा नहीं होता

कार चलाते समय मेरे पास बीमा रहता है, ताकि दुर्घटना में काम आए। रियल इस्टेट में निवेश करते समय मेरे पास आग या अन्य आपदाओं का बीमा रहता है। लेकिन 401 (के) निवेशक के पास बाज़ार की आपदाओं से होने वाले नुक़सान को रोकने के लिए कोई बीमा नहीं होता।

4. 401 (के) उन लोगों के लिए है, जो रिटायर होने के बाद ग़रीब रहने की योजना बना रहे हैं

इसीलिए वित्तीय नियोजक अक्सर कहते हैं, ''जब आप रिटायर होते हैं, तो

आपकी आयकर की दर कम हो जाएगी।'' वे यह मानकर चलते हैं कि रिटायरमेंट के बाद आपकी आमदनी कम हो जाएगी, इसलिए आपकी आयकर की दर कम हो जाएगी। दूसरी तरफ़, अगर रिटायर होते वक़्त आप अमीर होते हैं और आपके पास 401 (के) होती है, तो आपको रिटायरमेंट के बाद और भी ज़्यादा ऊँची दर से टैक्स देना पड़ सकता है। चतुर निवेशक निवेश करने से पहले टैक्सों को समझते हैं।

ज़्यादातर वित्तीय सलाहकारों और पेंशन फ़ंड मैनेजरों के बारे में दुखद सत्य यह है कि वे निवेशक नहीं हैं। ज़्यादातर तो ''ई'' क्वाड्रैंट में काम करने वाले कर्मचारी हैं। सरकारी पेंशन और यूनियन पेंशन भारी मुश्किल में हैं और इसका एक कारण यह है कि इन कर्मचारियों को निवेशक बनने के लिए प्रशिक्षित नहीं किया गया है। ज़्यादातर के पास असली ज़िंदगी की वित्तीय शिक्षा ही नहीं होती है।

स्थिति और भी बदतर हो जाती है, क्योंकि ज़्यादातर वित्तीय ''विशेषज्ञ'' अशिक्षित निवेशकों को यह सलाह देते हैं कि ''शेयरों, बॉन्डों और मीच्युअल फ़ंडों के अच्छी तरह डाइवर्सिफ़ाइड पोर्टफ़ोलियो में लंबे समय तक निवेश करो।''

ये वित्तीय ''विशेषज्ञ'' आपको ऐसा करने की सलाह क्यों देते हैं, जो ''ई'' क्वाड्रैंट के कर्मचारी या ''एस'' क्वाड्रैंट के सेल्सपीपल होते हैं, लेकिन ''आई'' क्वाड्रैंट के निवेशकों का नक़ाब ओढ़े रहते हैं? ऐसा इसलिए है, क्योंकि उन्हें इस बात के लिए भुगतान नहीं मिलता कि वे आपको कितना मुनाफ़ा कमाकर देते हैं। उन्हें तो इस बात के लिए भुगतान मिलता है कि लंबे समय में आप अपना कितना पैसा उनके हाथों में सौंपते हैं। आपका पैसा जितने लंबे समय तक उनके यहाँ रहेगा, उन्हें उतना ही ज़्यादा भुगतान मिलेगा।

सच्चाई यह है कि असली निवेशक अपने पैसे को कहीं पर लंबे समय तक नहीं रखते हैं। वे अपने पैसे को चलाते रहते हैं। इस रणनीति को ''धन की गति'' कहा जाता है। सच्चे निवेशक का पैसा हमेशा इधर से उधर घूमता रहता है, नई संपत्तियों को हासिल करता है और फिर उससे भी ज़्यादा संपत्तियों को हासिल करने के लिए गतिशील हो जाता है। केवल नौसिखिये लोग ही अपने पैसे को लंबे समय तक एक जगह पर रखते हैं।

मैं यह नहीं कह रहा हूँ कि 401 (के) योजनाएँ बुरी होती हैं, हालाँकि मैं तो कभी उनमें निवेश करना पसंद नहीं करूँगा। मेरे लिहाज़ से वे बहुत ज़्यादा महँगी, बहुत ज़्यादा जोखिम भरी, बहुत ज़्यादा कर-अकुशल और निवेशक के लिए अन्यायपूर्ण हैं।

मैं तो बस इतना कहना चाहता हूँ कि निवेश करने के इससे बेहतर तरीक़े मौजूद हैं, हालाँकि उनके लिए आपको वित्तीय शिक्षा की ज़रूरत होती है।

सर्वश्रेष्ठ निवेश क्या है?

औसत निवेशक यह नहीं जानता है कि कैशफ़्लो के लिए निवेश करने और कैपिटल गेन्स के लिए निवेश करने में क्या फ़र्क़ होता है। ज़्यादातर निवेशक कैपिटल गेन्स के लिए निवेश

करते हैं। यानी वे यह उम्मीद और दुआ करते हैं कि उनके ख़रीदे हुए शेयर या मकान का भाव बढ़ जाए। जब तक आपकी आमदनी ख़र्च से ज़्यादा हो, तब तक आपका निवेश एक अच्छा निवेश है।

यह ध्यान रखें कि संपत्ति की श्रेणी किसी व्यक्ति को अमीर या ग़रीब नहीं बनाती है। मिसाल के तौर पर, जब कोई व्यक्ति पूछता है, ''क्या रियल इस्टेट एक अच्छा निवेश है?'' तो मैं जवाब देता हूँ, ''मैं नहीं जानता। क्या आप अच्छे निवेशक हैं?'' या अगर वे पूछते हैं, ''क्या शेयर अच्छा निवेश है?'' एक बार फिर मेरा जवाब वही रहता है, ''मैं नहीं जानता। क्या आप अच्छे निवेशक हैं?''

मेरा मुद्दा यह है कि निवेश या संपत्ति की श्रेणी कभी महत्त्वपूर्ण नहीं होती। सफलता या असफलता, दौलत या ग़रीबी पूरी तरह से इस बात पर निर्भर करती है कि निवेशक कितना चतुर है। चतुर निवेशक शेयर बाज़ार में करोड़ों कमा सकता है। दूसरी तरफ़, नौसिखिया करोड़ों गँवा सकता है।

दुखद बात यह है कि ज़्यादातर लोग यह नहीं सोचते हैं कि निवेश करना सीखना महत्त्वपूर्ण है। इसीलिए ज़्यादातर लोग यह विश्वास करते हैं कि निवेश करना जोखिम भरा है और वे अपना पैसा ''विशेषज्ञों'' के सुपुर्द कर देते हैं, जिनमें से ज़्यादातर दरअसल निवेशक नहीं होते हैं, बल्कि सेल्सपीपल होते हैं, जो पैसे बनाते हैं, चाहे निवेशक का पैसा बढ़े या डूब जाए।

निवेशकों के पाँच प्रकार

''आई'' क्वाड्रैंट में निवेशकों के पाँच प्रकार या स्तर होते हैं।

स्तर 1 : शून्य वित्तीय बुद्धि स्तर

दुखद बात यह है कि अमेरिका में, जो कभी संसार का सबसे अमीर देश था, आधी जनसंख्या ''आई'' क्वाड्रैंट के सबसे निचले स्तर पर है। सरल भाषा में कहा जाए, तो उनके पास निवेश करने के लिए कुछ नहीं है।

कई लोग बहुत सारे पैसे कमाने के बावजूद इसी श्रेणी में आते हैं। वे ख़ूब कमाते हैं, लेकिन वे जितना कमाते हैं, उससे ज़्यादा ख़र्च कर देते हैं।

मेरा एक दोस्त बहुत अमीर दिखता है। उसके पास रियल इस्टेट ब्रोकर का अच्छा काम है, सुंदर पत्नी है और तीन बच्चे प्राइवेट स्कूलों में पढ़ रहे हैं। वे एक सुंदर मकान में रहते हैं, जो सैन डिएगो में प्रशांत महासागर के पास है। वह और उसकी पत्नी महँगी यूरोपीय कारें चलाते हैं। जब उसके बेटे-बेटी पर्याप्त बड़े हो गए, तो वे भी महँगी कारें चलाने लगे। वे काफ़ी अमीर दिखते थे, लेकिन उन पर बुरा क़र्ज़ था। वे अमीर दिखते थे, लेकिन वे ज़्यादातर ग़रीब लोगों से भी ज़्यादा ग़रीब थे।

आज की तारीख़ में वे बेघर हैं। जब रियल इस्टेट बाज़ार टूटा, तो वे भी टूट गए। वे उस सारे क़र्ज़ का ब्याज भी नहीं चुका सकते थे।

जवानी में इसी दोस्त ने बहुत पैसे कमाए थे। दुर्भाग्य से कम (शून्य) वित्तीय बुद्धि के स्तर की वजह से वह लंबे समय में शून्य बन गया। वास्तव में वह इतने गहरे क़र्ज़ में है कि वह दरअसल शून्य से भी निचले स्तर का निवेशक है।

कई लोगों की तरह ही वह जो भी चीज़ ख़रीदता है, उसका मूल्य या तो घट जाता है या उसे नुक़सान हो जाता है। ऐसा कुछ भी नहीं है, जिसे ख़रीदने से वह ज़्यादा अमीर बनता हो।

स्तर 2 : बचत करने वाले पराजित होते हैं वाला स्तर

कई लोगों को यह विश्वास होता है कि बचत करना चतुराई भरा तरीक़ा है। समस्या यह है कि आज ''पैसा'' दरअसल पैसा नहीं रह गया है। आज लोग नक़ली डॉलर बचा रहे हैं, जिन्हें प्रकाश की गति से छापा जा सकता है।

1971 में राष्ट्रपति निक्सन ने अमेरिकी डॉलर का स्वर्ण पैमाना हटा दिया, जिससे पैसा क़र्ज़ बन गया। 1971 के बाद से भाव मुख्यत: इसीलिए बढ़े हैं, क्योंकि अब अमेरिका मनचाही संख्या में नोट छापने की शक्ति रखता है।

आज बचत करने वाले सबसे ज़्यादा हारते हैं। 1971 के बाद से अमेरिकी डॉलर ने सोने की तुलना में अपना 95 प्रतिशत मूल्य खो दिया है। बचे हुए 5 प्रतिशत मूल्य को खोने में इसे 40 साल नहीं लगेंगे।

याद रहे, 1971 में सोने का भाव 35 डॉलर प्रति औंस था। चालीस साल बाद सोने का भाव 1,400 डॉलर प्रति औंस हो गया है। यानी डॉलर की क्रय शक्ति में भारी कमी आई है। समस्या और भी बुरी इसलिए है, क्योंकि अमेरिका पर ट्रिलियनों डॉलर का क़र्ज़ है और यह अंधाधुंध ''नक़ली'' पैसा छापता जा रहा है।

जब फ़ेडरल रिजर्व बैंक और संसार भर के केंद्रीय बैंक तेज़ गति से ट्रिलियनों डॉलर छापते हैं, तो हर छपे हुए डॉलर का मतलब है ज़्यादा ऊँचे कर और ज़्यादा मुद्रास्फीति। इस तथ्य के बावजूद करोड़ों लोग यह विश्वास करते हैं कि पैसे बचाने में चतुराई है। इसमें तब चतुराई थी, जब पैसा सचमुच पैसा था।

बॉन्ड मार्केट संसार का सबसे बड़ा बाज़ार है। ''बॉन्ड'' का मतलब है ''बचत''। अलग-अलग प्रकार की बचत करने वालों के लिए अलग-अलग प्रकार के बॉन्ड हैं। अमेरिकी ट्रेज़री बॉन्ड हैं, कॉरपोरेट बॉन्ड हैं, म्यूनिसिपल बॉन्ड हैं और जंक बॉन्ड हैं।

बरसों तक यह माना जाता था कि अमेरिकी सरकार के बॉन्ड और सरकारी म्यूनिसिपल बॉन्ड सुरक्षित थे। फिर 2007 का वित्तीय संकट शुरू हो गया। जैसा आपमें से कई लोग जानते होंगे, यह संकट मॉर्टगेज बॉन्डों से उत्पन्न हुआ था, जैसे मॉर्टगेज बैक्ड सिक्युरिटीज़ या एमबीएस, जिन्हें डेरिवेटिव्ज़ भी कहा जाता था। करोड़ों मॉर्टगेज बॉन्ड सबप्राइम मॉर्टगेजों से बने थे, यानी वे क़र्ज़ जो ज़्यादा जोखिम वाले क़र्ज़दारों को दिए गए थे। आपको याद होगा कि इनमें से कुछ क़र्ज़दारों के पास कोई आमदनी और कोई नौकरी नहीं थी। लेकिन वे ऐसे मकान ख़रीद रहे थे, जिनके लिए वे कभी भुगतान नहीं कर सकते थे।

वॉल स्ट्रीट के बैंकरों ने इन सबप्राइम लोन्स को बॉन्ड में बदल दिया और इसे आकर्षक दिखाकर संस्थाओं, बैंकों, सरकारों और व्यक्तिगत निवेशकों को बेच दिया। मेरे हिसाब से यह धोखेबाज़ी है। लेकिन बैंकिंग तंत्र ऐसा ही है।

जब सबप्राइम क़र्ज़दार अपने मॉर्टगेज पर ब्याज नहीं चुका पाए, तो ये एमबीएस बॉन्ड पूरे संसार में उड़ने लगे।

रोचक बात यह है कि वॉरेन बफ़े की फ़र्म मूडीज़ ने इन सबप्राइम मॉर्टगेजों को एएए प्राइम डेट का आशीर्वाद दिया था, जो बॉन्ड की सबसे ऊँची रेटिंग होती है।

सबप्राइम संकट के लिए कई लोग गोल्डमैन सैक्स और जे.पी. मॉर्गन जैसे बड़े बैंकों को दोष देते हैं। लेकिन अगर इस संकट के लिए किसी को दोष देना ही हो, तो वॉरेन बफ़े को देना चाहिए। वे चतुर इंसान हैं और वे जानते थे कि वे क्या कर रहे थे। मूडीज़ कुत्ते के सड़े हुए मांस को ए ग्रेड का मीट घोषित करके आशीर्वाद दे रही थी। यह आपराधिक है।

समस्या यह है कि ये सबप्राइम बॉन्ड अब पूरे संसार में लहर प्रभाव उत्पन्न कर रहे हैं। आज आयरलैंड और ग्रीस जैसे देश गंभीर मुश्किल में हैं और अपने बॉन्डों पर ब्याज चुकाने में असमर्थ हैं। अमेरिका में सरकारें और म्युनिसिपैलिटीज़ की हालत ख़स्ता है और वे अपने बॉन्ड पर ब्याज चुकाने में असमर्थ हैं।

2011 में करोड़ों लोग, रिटायर्ड लोग, पेंशन फ़ंड, सरकारें और बैंक संकट में हैं, क्योंकि बॉन्ड मार्केट यह साबित करता है कि बॉन्ड कितने असुरक्षित हो सकते हैं।

इससे भी बढ़कर, बढ़ती हुई मुद्रास्फीति बॉन्ड को ज़्यादा जोखिम भरा निवेश बनाती है, इसीलिए पैसे बचानेवाले लोग हार रहे हैं। मिसाल के तौर पर, अगर कोई बॉन्ड 3 प्रतिशत ब्याज देता है और मुद्रास्फीति की दर 5 प्रतिशत है, तो 3 प्रतिशत बॉन्ड का मूल्य घट जाता है और निवेशकों के पैसों को मिटा देता है।

चीन सबसे ज़्यादा पराजित स्थिति में नज़र आता है। चीन के पास एक ट्रिलियन डॉलर से ज़्यादा के अमेरिकी बॉन्ड हैं। जब भी अमेरिकी सरकार ज़्यादा पैसे छापकर और ज़्यादा बॉन्ड जारी करके डॉलर का मूल्य घटाती है, तो अमेरिका में चीन के ट्रिलियन डॉलर के निवेश का मूल्य कम हो जाता है। अगर चीन अमेरिकी सरकार के बॉन्ड ख़रीदना बंद कर दे, तो विश्व की अर्थव्यवस्था थम जाएगी और ढह जाएगी।

करोड़ों रिटायर्ड लोग चीन की तरह ही हैं। रिटायरमेंट के बाद स्थिर आमदनी की तलाश करने वाले रिटायर्ड लोगों को यह विश्वास था कि सरकारी बॉन्ड सुरक्षित होते हैं। आज जब छोटी-बड़ी सरकारें ढह रही हैं और मुद्रास्फीति बढ़ रही है, तो रिटायर्ड लोगों को यह पता चल रहा है कि जिन बचत करने वालों ने बॉन्ड में पैसों की बचत की, वे दरअसल खेल में हार गए हैं।

म्यूनिसिपल बॉन्ड वे आईओयू हैं, जिन्हें राज्य, शहर, अस्पताल, स्कूल और अन्य सार्वजनिक संस्थान जारी करते हैं। म्यूनिसिपल बॉन्ड का एक लाभ यह है कि इनमें से कई करमुक्त आय देते हैं। समस्या यह है कि म्यूनिसिपल बॉन्ड जोखिम रहित नहीं हैं।

म्यूनिसिपल बॉन्ड के करोड़ों निवेशकों को अब यह पता चल रहा है कि जिन म्यूनिसिपल बॉन्डों में उन्होंने निवेश किया था, वे गंभीर मुश्किल में हैं। अमेरिका में म्यूनिसिपल बॉन्डों में 3 ट्रिलियन डॉलर से ज़्यादा का निवेश है। अनुमान है कि इनमें से दो तिहाई बॉन्ड अब जोखिम में हैं, क्योंकि ये सार्वजनिक संस्थाएँ कड़की हो चुकी हैं। यदि ज़्यादा पैसा अंदर नहीं डाला गया, तो अमेरिका केंद्र से ढहने लगेगा। तब राज्य, शहर, अस्पताल और स्कूल ब्याज नहीं चुका पाएँगे, जिस तरह सबप्राइम घर मालिक नहीं चुका पाए थे और उन्होंने अपने मकान की क़िस्तें भरना बंद कर दिया था।

बॉन्ड बाज़ार संसार का सबसे बड़ा बाज़ार है। यह शेयर बाज़ार या रियल इस्टेट बाज़ार से भी ज़्यादा बड़ा है। इसके सबसे बड़े होने का मुख्य कारण यह है कि ज़्यादातर लोग बचत करने वाले होते हैं – स्तर 2 के निवेशक। दुर्भाग्य से, 1971 में जब धन के नियम बदल गए, तो इसके बाद बचत करने वाले सबसे बड़े पराजित बन गए, भले ही उन्होंने बॉन्ड में निवेश करके पैसे बचाए हों।

याद रखें, बचत करने वाले, बॉन्डधारक और रिटायरमेंट योजना में पैसे बचाने वाले ज़्यादातर लोग ऐसे होते हैं, जो अपने पैसे को गतिहीन कर देते हैं, लंबे समय के लिए निवेश करते हैं, जबकि पेशेवर निवेशक अपने पैसे को इधर से उधर चलाते रहते हैं।

पेशेवर निवेशक अपने पैसे का निवेश किसी संपत्ति में करते हैं। फिर वे उस संपत्ति को बेचे बिना अपना पैसा निकाल लेते हैं, जिससे वे दूसरी जगह पर संपत्तियाँ ख़रीद लेते हैं। इसीलिए अपने पैसे को लंबे समय तक एक जगह रखने वाले और बचत करने वाले लोग सबसे बड़े पराजितों की श्रेणी में आते हैं।

स्तर 3 : मैं बहुत ज़्यादा व्यस्त हूँ स्तर

यह निवेशक इतना ज़्यादा व्यस्त रहता है कि निवेश करना सीखना ही नहीं चाहता। इस स्तर के कई निवेशक उच्च शिक्षित होते हैं, जो अपने करियर, परिवार, दूसरी रुचियों, वैकेशन्स आदि में बहुत ज़्यादा व्यस्त रहते हैं। इसलिए वे वित्तीय दृष्टि से नादान बने रहना पसंद करते हैं और अपना पैसा किसी दूसरे के हवाले कर देते हैं, ताकि वह उनकी तरफ़ से इसका प्रबंधन करे।

ज़्यादातर 401 (के), आईआरए और बहुत अमीर निवेशक भी इसी स्तर पर होते हैं। वे अपना पैसा किसी ''विशेषज्ञ'' को थमा देते हैं और फिर आशा व प्रार्थना करते हैं कि उनका विशेषज्ञ सचमुच विशेषज्ञ हो।

जब 2007 में वित्तीय संकट शुरू हुआ, तो कई समृद्ध लोगों को यह पता चला कि उनका विश्वस्त विशेषज्ञ दरअसल विशेषज्ञ नहीं था और इससे भी बुरी बात, उस पर भरोसा नहीं किया जा सकता था।

जब रियल इस्टेट और शेयर बाज़ार लुढ़के, तो कुछ ही महीनों के भीतर ट्रिलियनों डॉलर की दौलत काफ़ूर हो गई। दहशत में आकर इन निवेशकों ने अपने विश्वस्त सलाहकारों से मुक्ति की भीख माँगी।

कुछ अमीर निवेशकों को यह पता लगा कि उनके विश्वस्त सलाहकार बेहद परिष्कृत धोखेबाज़ थे और व्यापक पॉन्ज़ी योजनाएँ चला रहे थे। पॉन्ज़ी योजना वह निवेश योजना होती है, जहाँ पुराने निवेशकों को नए निवेशकों के पैसे से भुगतान किया जाता है। यह योजना तब तक अच्छी तरह काम करती है, जब तक नए निवेशक नया पैसा अंदर डालते रहें, जिससे पुराने निवेशकों को भुगतान दिया जा सके। अमेरिका में बर्नी मैडॉफ़ पॉन्ज़ी योजना के कारण ही मशहूर हुए थे, क्योंकि उन्होंने अमीर लोगों के अरबों डॉलर की ''चपत लगा दी थी।''

क़ानूनी पॉन्ज़ी योजनाएँ भी होती हैं और ग़ैर-क़ानूनी भी। सोशल सिक्युरिटी क़ानूनी पॉन्ज़ी योजना है, जैसा कि शेयर बाज़ार है। दोनों ही प्रकरणों में यह योजना तब तक काम करती है, जब तक योजना में नया पैसा आता रहे। अगर नया पैसा आना बंद हो जाता है, तो योजना – चाहे यह मैडॉफ़ की हो, सोशल सिक्युरिटी हो या वॉल स्ट्रीट हो – ढह जाती है।

स्तर 3 वाले मैं बहुत ही ज़्यादा व्यस्त हूँ निवेशक के साथ समस्या यह है कि वह अपना पैसा गँवाने के बाद भी कुछ नहीं सीखता। उसके पास बुरे अनुभव के सिवाय कोई अनुभव नहीं होता। वह बस इतना कर सकता है कि अपने सलाहकार, बाज़ार या सरकार को दोष दे। अपनी ग़लतियों से सीखना मुश्किल होता है, अगर आपको यही नहीं पता हो कि कौन सी ग़लतियाँ की गई थीं।

स्तर 4 : मैं एक पेशेवर हूँ स्तर

इस स्तर पर ''एस'' क्वाड्रैंट में इसे-ख़ुद-करो निवेशक आता है। कई रिटायर्ड लोग स्तर 4 के निवेशक बन जाते हैं, जब उनके कामकाजी दिन पूरे हो जाते हैं।

यह निवेशक प्राय: किसी डिसकाउंट ब्रोकर से शेयर ख़रीदता-बेचता है। वह किसी ब्रोकर को ज़्यादा ऊँचे कमीशन क्यों दे, जब वह अपना ख़ुद को शोध कर सकता है और अपने ख़ुद के निर्णय ले सकता है?

यदि वह रियल इस्टेट में निवेश करता है, तो इसे-ख़ुद-करो वाला इंसान ख़ुद ही जायदाद खोज सकता है, उनकी मरम्मत कर सकता है और उनका प्रबंधन कर सकता है। और यदि वह व्यक्ति सोने का दीवाना है, तो वह अपना ख़ुद का सोना और चाँदी ख़रीद सकता है और उनका भंडारण कर सकता है।

ज़्यादातर मामलों में इसे-ख़ुद-करो वाले इंसान के पास बहुत कम औपचारिक वित्तीय शिक्षा होती है या बिलकुल भी नहीं होती। देखिए, अगर वह किसी काम को ख़ुद कर सकता है, तो फिर सीखने की क्या ज़रूरत है?

यदि वह एक-दो कोर्स करता भी है, तो यह अक्सर किसी संकीर्ण विषय पर होते हैं। मिसाल के तौर पर, यदि उसे शेयर में ट्रेडिंग पसंद है, तो वह केवल शेयर ट्रेडिंग पर ध्यान केंद्रित करेगा। यही छोटे रियल इस्टेट निवेशक के बारे में भी सही है।

नौ साल की उम्र में जब अमीर डैडी ने *मोनोपॉली* के खेल से मेरी वित्तीय शिक्षा आरंभ की थी, तो वे चाहते थे कि मैं निवेश के संसार की ज़्यादा बड़ी तसवीर देख लूँ।

नीचे कुछ बुनियादी बड़ी तसवीर की संपत्ति श्रेणियाँ हैं और वे चाहते थे कि इन्हें सीखने में मैं अपना जीवन लगाऊँ।

संपत्तियाँ	दायित्व
व्यवसाय रियल इस्टेट शेयर/बॉन्ड/पेपर कमॉडिटीज़	

जैसे-जैसे ज़्यादा लोगों को निवेश करने की ज़रूरत महसूस होती है, करोड़ों लोग सभी चार श्रेणियों में स्तर 4 के छोटे निवेशक बन जाते हैं।

2007 में शेयर बाज़ार के ढहने के बाद करोड़ों लोग उद्यमी बन गए हैं और उन्होंने छोटे व्यवसाय शुरू किए हैं और कई रियल इस्टेट में निवेश कर रहे हैं, जब भाव कम हैं। बहरहाल, ज़्यादातर अपने हाथ शेयर ट्रेडिंग और शेयर चुनने में आज़मा रहे हैं। जब डॉलर का मूल्य घटता है, तो करोड़ों लोग डॉलर के बजाय सोना और चाँदी की बचत करने लगते हैं।

ज़ाहिर है, जो लोग निरंतर अपनी वित्तीय शिक्षा में भी निवेश करते हैं, नियमित रूप से कक्षाओं में जाते हैं और अपने प्रदर्शन को बढ़ाने के लिए कोच नियुक्त करते हैं, वे उन लोगों से आगे निकल जाएँगे, जो यह काम अपने ख़ुद के दम पर करते हैं।

दमदार वित्तीय शिक्षा के साथ स्तर 4 के कुछ निवेशक अगले स्तर तक पहुँच जाएँगे, जो स्तर 5 निवेशक है, पूँजीपति।

स्तर 5 : पूँजीपति स्तर

यह संसार के सबसे अमीर लोगों का स्तर है। स्तर 5 का निवेशक पूँजीपति होता है। वह ''बी'' क्वाड्रैंट का व्यवसाय मालिक होता है, जो ''आई'' क्वाड्रैंट में निवेश कर रहा है।

जैसा पहले ही बताया जा सकता है स्तर 4 का निवेशक ''एस'' क्वाड्रैंट का इसे-ख़ुद-करो वाला व्यक्ति होता है, जो ''आई'' क्वाड्रैंट में निवेश कर रहा है।

नीचे कुछ उदाहरण दिए गए हैं, जिनसे आप समझ सकते हैं कि स्तर 4 के निवेशक और स्तर 5 के पूँजीपति निवेशक में क्या फ़र्क़ होता है।

1. ''एस'' क्वाड्रैंट का निवेशक आम तौर पर निवेश के लिए अपने ख़ुद के पैसों का इस्तेमाल करता है।

   ''बी'' क्वाड्रैंट का निवेशक आम तौर पर निवेश के लिए ओपीएम (दूसरे लोगों के पैसों) का इस्तेमाल करता है।

   यह अंतर स्तर 4 और स्तर 5 के निवेशकों के बीच के सबसे बड़े अंतरों में से एक है।

2. ''एस'' क्वाड्रैंट का निवेशक प्रायः अकेला निवेशक होता है। (''एस'' का मतलब सबसे स्मार्ट भी होता है।)

   ''बी'' क्वाड्रैंट का निवेशक एक टीम के साथ निवेश करता है। ''बी'' क्वाड्रैंट के निवेशकों के लिए यह ज़रूरी नहीं होता कि वे सबसे चतुर दिखें। वे तो बस यह चाहते हैं कि उनकी टीम सबसे चतुर टीम हो।

   ज़्यादातर लोग जानते हैं कि दो दिमाग़ एक से बेहतर होते हैं। लेकिन ''एस'' क्वाड्रैंट के कई निवेशक ख़ुद को संसार का सबसे चतुर व्यक्ति मानते हैं।

3. ''एस'' क्वाड्रैंट का निवेशक ''बी'' क्वाड्रैंट के निवेशक से कम कमाता है।

4. ''एस'' क्वाड्रैंट का निवेशक प्रायः ''बी'' क्वाड्रैंट के निवेशक से ज़्यादा ऊँची दर पर टैक्स चुकाता है।

5. ''एस'' क्वाड्रैंट का मतलब स्वार्थी भी हो सकता है। वे जितने ज़्यादा स्वार्थी होते हैं, उतना ही ज़्यादा पैसा कमाते हैं।

   ''बी'' क्वाड्रैंट के निवेशक को उदार होना पड़ता है। वे जितने ज़्यादा उदार होते हैं, वे उतने ही ज़्यादा पैसे कमाते हैं।

6. ''एस'' क्वाड्रैंट के निवेशक के लिए पैसे उगाहना मुश्किल होता है। पूँजी उगाहना ''बी''क्वाड्रैंट के निवेशक के लिए आसान होता है। एक बार जब कोई इंसान जान जाता है कि ''बी'' क्वाड्रैंट में व्यवसाय कैसे बनाया जाता है, तो सफलता धन को आकर्षित करने लगती है। अगर आप ''बी'' क्वाड्रैंट में सफल हैं, तो ''आई'' क्वाड्रैंट में पैसे उगाहना आसान बन जाता है। यह एक बड़ा ''अगर'' होता है।

पूँजी उगाहने की आसानी ''एस'' क्वाड्रैंट में सफल होने बनाम ''बी'' क्वाड्रैंट में सफल होने की बीच के सबसे बड़े अंतरों में से एक है। एक बार जब कोई व्यक्ति ''बी'' क्वाड्रैंट में सफल हो जाता है, तो जीवन आसान हो जाता है। चुनौती सफल होना है।

''एस' क्वाड्रैंट में सफलता के साथ समस्या यह होती है कि पूँजी उगाहना हमेशा मुश्किल होता है।

मिसाल के तौर पर, ''बी'' क्वाड्रैंट के व्यवसाय को सार्वजनिक करना आसान होता है, जब यह शेयर बाज़ार में व्यवसाय के शेयर बेचता है। फ़ेसबुक की कहानी एक आधुनिक उदाहरण है कि ''बी'' क्वाड्रैंट के व्यवसाय के लिए पूँजी उगाहना कितना आसान होता है।

यदि फ़ेसबुक केवल एक छोटी वेब परामर्शदात्री फ़र्म ही बनी रहती, तो निवेश पूँजी उगाहना बहुत मुश्किल होता।

एक और उदाहरण है मैकडॉनल्ड्स। यदि मैकडॉनल्ड्स सिर्फ़ एक ही हैमबर्गर स्टोर बना रहता, या "एस" क्वाड्रैंट का व्यवसाय कर रहा होता, तो कोई भी इसमें निवेश नहीं करता। एक बार जब मैकडॉनल्ड्स ने फ्रैंचाइज़ी सिस्टम के ज़रिये "बी" क्वाड्रैंट में विस्तार शुरू किया और यह शेयर बाज़ार में सूचीबद्ध हुआ, तो पैसा अंदर आने लगा।

कोई व्यवसाय "शेयर" बेचता है, इसका कारण यह है कि उद्यमी जितने ज़्यादा हिस्से करता है, वह उतना ही ज़्यादा अमीर बन जाता है। "एस" क्वाड्रैंट के व्यवसाय के लिए शेयर बेचना बहुत मुश्किल काम होता है, क्योंकि व्यवसाय इतना छोटा होता है कि उसमें हिस्से नहीं दिए जा सकते।

रियल इस्टेट में भी यह सच है। जब मैं छोटा रियल इस्टेट निवेशक था और जो अकेले परिवार के घरों, कॉन्डो और 4 से 30 यूनिट की अपार्टमेंट इमारतों में निवेश कर रहा था, तो क़र्ज़ मिलने में मुश्किल आती थी।

जिस पल किम और मैंने 100 से ज़्यादा यूनिट वाली अपार्टमेंट इमारतों में निवेश शुरू किया, तो बैंक हमें ज़्यादा पैसे उधार देने के ज़्यादा इच्छुक हो गए। इस मेहरबानी का कारण? 100 यूनिट से ज़्यादा की जायदादों पर, जिनकी क़ीमत मिलियनों डॉलर थी, बैंक निवेशक को पैसे नहीं देते हैं। वे तो निवेश को पैसे देते हैं। दूसरे शब्दों में, 100 यूनिट से ज़्यादा की जायदादों पर बैंक निवेशक के बजाय निवेश को ज़्यादा ग़ौर से देखते हैं।

इससे भी बढ़कर, बैंकर 10,000 डॉलर के बजाय 10 मिलियन डॉलर का लोन देना ज़्यादा पसंद करते हैं, क्योंकि उन्हें हज़ारों का लोन देने में भी उतना ही समय लगता है, जितना कि करोड़ों का लोन देने में। याद रखें, बैंकरों को क़र्ज़ लेने वाले पसंद होते हैं, क्योंकि क़र्ज़ लेने वाले बैंक को अमीर बनाते हैं।

एक बार जब बैंकर बड़े अपार्टमेंट मकानों के स्वामी बनने और उनका लाभदायक प्रबंधन करने की हमारी योग्यता से संतुष्ट हो जाते हैं, तो बैंक अक्सर हमें पैसा देने के लिए क़तार लगाकर खड़े हो जाते हैं, संकट के दौरान भी।

इसलिए प्रश्न यह है : स्तर 5 के निवेशक उनका पैसा कहाँ से प्राप्त करते हैं? जवाब है : वे इसे स्तर 2 और स्तर 3 के निवेशकों से प्राप्त करते हैं, जो अपने पैसे बचाकर बैंकों और पेंशन योजनाओं में रख देते हैं।

शून्य से शुरू करना

मैंने यह पुस्तक किम और मेरे बेघर होने की कहानी से इसलिए शुरू की, ताकि पाठक यह बहाना नहीं बना सकें कि उनके पास पैसे नहीं हैं। आप इसके बावजूद ज़्यादा चतुर बन सकते हैं, ज़्यादा बड़ा सोच सकते हैं और ज़्यादा अमीर बन सकते हैं।

मेरे ज़्यादातर जीवन में मेरे पास कभी पर्याप्त पैसे नहीं रहे हैं। अगर मैं पैसे नहीं होने का बहाना बनाता, तो मैं कभी पूँजीपति नहीं बन पाता। यह महत्त्वपूर्ण है, क्योंकि एक सच्चे

पूँजीपति के पास कभी पैसे नहीं होते हैं। इसीलिए उन्हें यह पता होना चाहिए कि पूँजी कैसे उगाही जाए और बहुत सारे लोगों की ख़ातिर बहुत सारा पैसा बनाने के लिए दूसरे लोगों के पैसों का इस्तेमाल कैसे किया जाए।

पूँजीपति कैसे बनें

मेरे मम्मी-डैडी चाहते थे कि मैं ''ई'' और ''एस'' क्वाड्रैंट में सफल बनूँ। मेरे डैडी का सुझाव था कि मैं स्कूल जाऊँ, अपनी पीएचडी करूँ, जो उन्होंने ख़ुद की थी और ''ई'' क्वाड्रैंट में या तो सरकारी नौकरी करूँ या फिर कंपनी जगत की सीढ़ियों पर चढ़ जाऊँ। मेरी माँ एक रजिस्टर्ड नर्स थीं और यह चाहती थीं कि मैं ''एस'' क्वाड्रैंट में मेडिकल डॉक्टर बन जाऊँ।

मेरे अमीर डैडी ने मुझे पूँजीपति बनने का सुझाव दिया। इसका मतलब था कि मुझे ''बी'' और ''आई'' क्वाड्रैंटों में सफल होने के लिए आवश्यक योग्यताओं का अध्ययन करना था।

मेरे माता-पिता कॉलेज, लॉ स्कूल और मेडिकल कॉलेज जैसे पारंपरिक स्कूल-कॉलेजों में विश्वास करते थे। वे अच्छे ग्रेड, उपाधियों और प्रमाणपत्रों को महत्त्व देते थे, जैसे कि क़ानून की डिग्री या मेडिकल लाइसेंस।

मेरे अमीर डैडी शिक्षा में विश्वास करते थे, लेकिन पारंपरिक स्कूलों की शिक्षा में नहीं। स्कूल जाने के बजाय मेरे अमीर डैडी सेमिनारों और कोर्सों में जाते थे, जो उनके व्यवसाय और निवेश की योग्यताओं को बेहतर बनाते थे। उन्होंने व्यक्तिगत विकास कोर्स भी किए। ग्रेड या डिग्री में उनकी कोई रुचि नहीं थी। वे असली जीवन की योग्यताएँ चाहते थे, जो उन्हें ''बी'' और ''आई'' क्वाड्रैंटों में शक्तिशाली बनाएँ और कामकाज करने में ज़्यादा निपुण बनाए।

जब मैं हाई स्कूल में था, तो अमीर डैडी अक्सर विमान से उद्यमिता और निवेश पर सेमिनारों में शिरकत करने के लिए होनोलुलू जाते थे। एक दिन जब मैंने अपने अमीर डैडी से कहा कि अमीर डैडी बिक्री पर एक क्लास में जा रहे हैं, तो ग़रीब डैडी हँस दिए। वे यह नहीं समझ पाए कि किसी को बेचना सीखने की क्या ज़रूरत है, ख़ास तौर पर अगर उस कोर्स के घंटे किसी ऊँची कॉलेज डिग्री में क्रेडिट के रूप में नहीं जुड़ने वाले हों। ग़रीब डैडी अमीर डैडी को नीचा समझते थे, क्योंकि अमीर डैडी ने कभी हाई स्कूल की पढ़ाई पूरी नहीं की थी।

चूँकि मेरे पास शिक्षा पर भिन्न नज़रिये रखने वाले दो डैडी थे, इसलिए मुझे इस बात का पता चल गया कि एक से ज़्यादा प्रकार की शिक्षा होती है। पारंपरिक स्कूल उन लोगों के लिए हैं, जो ''ई'' और ''एस'' क्वाड्रैंटों में सफल होना चाहते हैं। दूसरे प्रकार की शिक्षा उन लोगों के लिए है, जो ''बी'' और ''आई'' क्वाड्रैंटों में सफल होना चाहते हैं।

1973 में मैं वियतनाम से लौटा। अब यह निर्णय लेने का समय आ गया था कि मैं किस डैडी का अनुसरण करने वाला था। क्या मैं अपने ग़रीब डैडी के नक़्शेक़दम पर चलने वाला था और ''ई'' या ''एस'' बनने के लिए दोबारा स्कूल-कॉलेज जाने वाला था? या

फिर मैं अपने अमीर डैडी के मार्ग पर चलने वाला था और ''बी'' या ''आई'' बनने वाला था, अंततः पूँजीपति बनने के लिए?

1973 में मेरे अमीर डैडी ने सुझाव दिया कि मैं रियल इस्टेट निवेश पर क्लास कर लूँ। उन्होंने कहा, ''अगर तुम सफल पूँजीपति बनना चाहते हो, तो तुम्हें पता होना चाहिए कि पूँजी कैसे उगाही जाती है और पैसे कमाने के लिए क़र्ज़ का इस्तेमाल कैसे किया जाता है।''

उस साल मैं रियल इस्टेट निवेश पर तीन दिन की कार्यशाला में गया। यह पूँजीपति के संसार में मेरी शिक्षा की शुरुआत थी।

कुछ महीनों बाद 100 से ज़्यादा जायदाद देखने के बाद मैंने माउ के टापू पर मेरी पहली किराये वाली जायदाद ख़रीदी, जिसमें 100 प्रतिशत क़र्ज़ से फ़ाइनैंसिंग कराई गई थी और इसके बावजूद हर महीने मेरी जेब में 25 डॉलर का कैशफ़्लो आ रहा था। मेरी असली ज़िंदगी की शिक्षा शुरू हो गई थी। मैं पैसे बनाने के लिए दूसरे लोगों के पैसे का इस्तेमाल करना सीख रहा था। यह एक ऐसी योग्यता है, जो सच्चे पूँजीपति में होनी ही चाहिए।

1974 में मैरीन कोर के साथ मेरा अनुबंध ख़त्म हो गया और मैंने हवाई में ज़ेरॉक्स कॉरपोरेशन में नौकरी कर ली, इसलिए नहीं क्योंकि मैं कंपनी की सीढ़ी पर चढ़ना चाहता था, बल्कि इसलिए क्योंकि ज़ेरॉक्स की सेल्स-प्रशिक्षण योजना सर्वश्रेष्ठ थी। एक बार फिर, यह सब मुझे पूँजीपति बनने का प्रशिक्षण देने के लिए मेरे अमीर डैडी की शैक्षणिक योजना का हिस्सा था।

1994 में किम और मैं वित्तीय दृष्टि से स्वतंत्र हो गए थे। हमें कभी नौकरी करने या कंपनी या सरकार की रिटायरमेंट योजना की ज़रूरत नहीं पड़ने वाली थी। अमीर डैडी ने सही कहा था। मेरी शिक्षा ने मुझे स्वतंत्र कर दिया था - लेकिन उस शिक्षा ने नहीं, जो पारंपरिक स्कूलों में मिलती थी।

जब 2007 में बाज़ार लुढ़कने लगे, तो हमारी दौलत बाक़ी अर्थव्यवस्था के साथ नहीं लुढ़की; इसके बजाय यह तो आसमान छूने लगी। जब शेयर बाज़ार और रियल इस्टेट बाज़ार लुढ़के, तो बड़े सौदे तैरकर सतह पर आए और बैंक हमें करोड़ों डॉलर उधार देने के लिए बहुत ज़्यादा उत्सुक थे, ताकि हम उनके नीलाम होने वाले निवेशों को ख़रीद लें और उनके स्वामी बन जाएँ। 2010 में किम और मैंने रियल इस्टेट में 87 मिलियन डॉलर से ज़्यादा की प्रॉपर्टी ख़रीदी। ज़ाहिर है, इसके लिए हमने बैंकों और पेंशन फ़ंडों से क़र्ज़ का इस्तेमाल किया। वह साल हमारा सर्वश्रेष्ठ साल था।

जैसा अमीर डैडी अक्सर कहते थे, ''अगर आप सच्चे निवेशक हैं, तो इससे कोई फ़र्क़ नहीं पड़ता कि बाज़ार ऊपर जा रहा है या नीचे आ रहा है। सच्चा निवेशक बाज़ार की किसी भी परिस्थिति में अच्छा प्रदर्शन करता है।''

आप कहाँ हैं?

एक पल रुकें और आकलन करें कि आज आप कहाँ हैं।

क्या आप निवेशक स्तर 1 पर हैं?

यदि आपकी संपत्ति वाले कॉलम में कुछ नहीं है, आपके निवेशों से कोई आय नहीं हो रही है और आपके पास बहुत ज़्यादा दायित्व हैं, तो आप नीचे के स्तर से शुरू कर रहे हैं, शून्य से।

अगर आप बुरे क़र्ज़ में गहराई तक डूबे हुए हैं, तो आपका सर्वश्रेष्ठ निवेश क़र्ज़ से बाहर निकलना हो सकता है। क़र्ज़ में गहराई तक डूबने में कुछ ग़लत नहीं है, जब तक कि आप निष्क्रिय ही नहीं बैठे हों। जब मैंने अपना पहला व्यवसाय गँवाया था, तो मैं लगभग एक मिलियन डॉलर क़र्ज़ में था। इसे शून्य तक पहुँचाने में मुझे लगभग पाँच साल का समय लग गया। कई मायनों में अपनी ग़लतियों से सीखना और अपनी ग़लतियों की ज़िम्मेदारी लेना वह सबसे अच्छी शिक्षा थी, जो मुझे मिल सकती थी। अगर मैंने अपनी ग़लतियों से नहीं सीखा होता, तो मैं आज वहाँ नहीं होता, जहाँ मैं हूँ।

किम और मैंने एक आसान योजना बताई है तथा एक वर्कबुक तैयार की है, *हाउ वी गॉट आउट ऑफ़ बैड डेट।* इसमें उस प्रक्रिया को स्पष्ट किया गया है, जिसका इस्तेमाल करके हम लाखों डॉलर के बुरे क़र्ज़ से बाहर निकले। यह एक आसान, लगभग दर्दरहित, प्रक्रिया है। इसमें बस थोड़े अनुशासन और सीखने की इच्छा की ज़रूरत होती है।

क्या आप निवेशक स्तर 2 पर हैं?

अगर आप बचत करने वाले हैं, तो बहुत सावधान रहें, ख़ास तौर पर अगर आप किसी बैंक या रिटायरमेंट योजना में पैसे बचा रहे हैं। आम तौर पर बचत करने वाले लोग हारते हैं।

बचत करना प्रायः उन लोगों की रणनीति होती है, जो कुछ नहीं सीखना चाहते। देखिए, बचत करने के लिए किसी वित्तीय बुद्धि की ज़रूरत नहीं होती। आप पैसे बचाने के लिए किसी बंदर को भी प्रशिक्षित कर सकते हैं।

बचत में जोखिम यह रहता है कि आप बहुत कम सीख पाते हैं। और अगर आपकी बचत साफ़ हो जाती है, या तो बाज़ार गिरने के कारण या पैसे की आपूर्ति के अवमूल्यन के कारण, तो आपके पास न तो पैसे होते हैं, न ही शिक्षा होती है।

याद रखें, अमेरिकी डॉलर 1971 के बाद से अपना 95 प्रतिशत मूल्य खो चुका है। बचा हुआ मूल्य खोने में इसे ज़्यादा समय नहीं लगेगा।

जैसा पहले बताया गया था, कोई व्यक्ति सोना बचाकर भी पैसे गँवा सकता है, अगर वह ग़लत भाव पर सोना ख़रीद ले।

मेरी सलाह यह है कि निवेश पर कुछ कोर्स करें, या तो शेयरों में या रियल इस्टेट में और देखें कि आपकी दिलचस्पी किस क्षेत्र में जागती है। अगर किसी चीज़ में आपकी दिलचस्पी नहीं जगे, तो बचत करते रहें।

याद रखें, बॉन्ड बाज़ार संसार का सबसे बड़ा बाज़ार इसीलिए है, क्योंकि ज़्यादातर लोग और कंपनियाँ बचत करने वाली हैं, निवेश करने वाली नहीं हैं। यह बचत करने वालों

को अजीब लग सकता है, लेकिन बॉन्ड बाज़ार और बैंकों को उधार लेने वालों की ज़रूरत होती है।

क्या आप निवेशक स्तर 3 पर हैं?

यह स्तर भी स्तर 2 के समान ही है। फ़र्क़ सिर्फ़ इतना है कि यह स्तर शेयरों, बॉन्डों, मीच्युअल फंडों, बीमा और ईटीएफ़ जैसे ज़्यादा जोखिम भरे निवेशों में निवेश करता है।

एक बार फिर इस स्तर के साथ जोखिम यह है कि अगर हर चीज़ चली जाती है, तो निवेशक हर चीज़ गँवा देता है – और कुछ नहीं सीखता है।

अगर आप अपनी वित्तीय शिक्षा में निवेश करके और अपने पैसा का नियंत्रण हासिल करने में निवेश करके स्तर 3 से बाहर निकलने के लिए तैयार हों, तो स्तर 4 आपके लिए एक अच्छा स्तर है।

क्या आप निवेशक 4 स्तर पर हैं?

यदि आप पेशेवर निवेशक के रूप में यहाँ पर हैं, तो बधाई। बहुत कम लोग अपने पैसों का प्रबंधन करना सीखने के लिए समय का निवेश करते हैं। स्तर 4 पर सफलता की कुंजी है आजीवन सीखते रहना। इसकी कुंजी है महान शिक्षक, महान कोच और समान मानसिकता वाले मित्र।

स्तर 4 निवेशक अपने जीवन का नियंत्रण लेते हैं और यह जानते हैं कि उनकी ग़लतियाँ सीखने और विकास करने के अवसर हैं।

निवेश करने के डर से वे घबराते नहीं हैं। वे तो इसे चुनौती की तरह देखते हैं।

क्या आप निवेशक स्तर 5 पर हैं?

मेरे लिए स्तर 5 पर पूँजीवादी निवेशक बनना संसार के शिखर पर होने जैसा है। संसार सचमुच आपके क़दमों में होता है। संसार की कोई सीमाएँ नहीं रह गई हैं। तेज़ गति वाली प्रौद्योगिकी के इस संसार में, संपन्नता से भरे समृद्ध संसार में पूँजीवादी बनना पहले से ज़्यादा आसान है।

अगर आप इस स्तर पर हैं, तो सीखते रहें और देते रहें। याद रखें, सच्चे पूँजीपति उदार होते हैं, क्योंकि ''बी'' क्वाड्रैंट वाला पूँजीपति जानता है कि ज़्यादा पाने के लिए आपको ज़्यादा देना पड़ता है।

यह आपका चयन है

स्वतंत्रता के बारे में एक बेहतरीन चीज़ जीवन को उस तरह जीने का चुनाव करने की स्वतंत्रता है, जिस तरह आप जीना चाहते हैं।

1973 में 26 साल की उम्र में मैं जानता था कि मैं अपना जीवन उस तरह नहीं जीना चाहता, जिस तरह मेरे माता-पिता ने जीने का विकल्प चुना था। मैं अपने संसाधनों से कम

में गुज़ारा नहीं करना चाहता था, एक वेतन से दूसरे वेतन तक नहीं जीना चाहता था और महीने के आख़िर में फक्कड़ नहीं रहना चाहता था। मेरे लिए यह जीवन का मतलब नहीं था। यह उनके लिए अच्छा हो सकता है, लेकिन मैं अपने दिल में जानता था कि यह मेरे लिए सही नहीं था।

मैं यह भी जानता था कि ऊँची डिग्रियाँ लेने के लिए कॉलेज लौटकर जाना भी मेरे बस की बात नहीं थी। मैं जानता था कि स्कूल-कॉलेज लोगों को अमीर नहीं बनाते हैं, क्योंकि मैं ऊँची-ऊँची डिग्रियों वाले परिवार में पला-बढ़ा था। मेरे ज़्यादातर चाचाओं और चाचियों के पास स्नातकोत्तर की उपाधि थी और कई के पास तो पीएचडी की उपाधि भी थी।

मैं ''ई'' क्वाड्रैंट में भी कंपनी की सीढ़ी पर नहीं चढ़ना चाहता था, न ही ''एस'' क्वाड्रैंट में कोई बहुत ख़ास विशेषज्ञ बनना चाहता था।

इसलिए मैंने वह मार्ग चुना, जिस पर कम लोग चलते हैं। इसीलिए मैंने उद्यमी तथा पेशेवर निवेशक बनने का निर्णय लिया। मैं पूरे संसार की यात्रा करने, व्यवसाय करने और निवेश करने की स्वतंत्रता चाहता था।

यह मेरा चयन था। मैं इस मार्ग की सलाह हर व्यक्ति को नहीं देता हूँ। लेकिन मैं यह सलाह ज़रूर देता हूँ कि आप ख़ुद चुनें। स्वतंत्रता यही है – चुनाव करने की शक्ति।

मैं आपको प्रोत्साहित करता हूँ कि आप निवेशकों के पाँच स्तरों को देखने के बाद अपना विकल्प चुनें। हर स्तर के अपने फ़ायदे और नुक़सान हैं। हर स्तर की पैसे से ज़्यादा बड़ी क़ीमत है।

यदि आप स्तर 1, 2 या 3 का चुनाव करते हैं, तो कई दूसरे लोग और संगठन उन स्तरों पर आपके निवेश में मदद कर सकते हैं।

1997 में किम और मैंने द रिच डैड कंपनी बनाई, ताकि हम स्तर 4 और स्तर 5 के निवेशक बनने के इच्छुक लोगों को शैक्षणिक खेल, प्रोग्राम और कोच प्रदान कर सकें।

निवेश पर अंतिम शब्द

पैसों के संसार में आप अक्सर आरओआई शब्दावली देखेंगे, निवेश पर प्रतिफल यानी रिटर्न ऑन इनवेस्टमेंट। आप किससे बात कर रहे हैं, उस हिसाब से आरओआई अलग-अलग होगी। मिसाल के तौर पर, अगर आप किसी बैंकर से बात करते हैं, तो वह कहेगा, ''हम आपके पैसों पर 3 प्रतिशत ब्याज देते हैं।'' कई लोगों को यह अच्छा लग सकता है। अगर आप किसी वित्तीय योजनाकार से बात करते हैं, तो वह कहेगा, ''आप अपने निवेश पर एक साल में 10 प्रतिशत मुनाफ़े की उम्मीद कर सकते हैं।'' कई लोगों के लिए 10 प्रतिशत का मुनाफ़ा रोमांचक होता है।

ज़्यादातर लोगों को ऐसा लगता है, ख़ास तौर पर उन्हें जो ''ई'' और ''एस'' क्वाड्रैंटों में हैं, कि मुनाफ़ा जितना ज़्यादा होगा, जोखिम भी उतना ही ज़्यादा होगा। इसलिए 10 प्रतिशत मुनाफ़ा स्वीकार करने वाला व्यक्ति पहले ही कल्पना कर लेता है कि उस निवेश में बैंक के 3 प्रतिशत के मुनाफ़े से ज़्यादा जोखिम है। और यह होता भी है।

विसंगति यह है कि बैंक का 3 प्रतिशत और शेयर बाज़ार का 10 प्रतिशत मुनाफ़ा दोनों ही बेहद जोखिम भरे हैं। बैंक में पैसे को मुद्रास्फीति और ज़्यादा ऊँचे कर का जोखिम रहता है, जो बैंकों के नोट छापने से उत्पन्न हो जाता है। शेयर बाज़ार में 10 प्रतिशत मुनाफ़ा एचएफ़टी (बहुत ज़्यादा ख़रीद-फ़रोख़्त) द्वारा उत्पन्न उतार-चढ़ाव के कारण जोखिम में होता है और इस वजह से होता है, क्योंकि नौसिखिया निवेशक बीमे के बिना निवेश करता है।

मेरे संसार में आरओआई का मतलब है रिटर्न ऑन इनफ़ॉर्मेशन यानी सूचना पर मुनाफ़ा। इसका मतलब है कि मेरे पास जितनी ज़्यादा जानकारी होगी, मेरा मुनाफ़ा उतना ही ज़्यादा होगा - और मेरा जोखिम उतना ही कम होगा।

मैं आपको चेतावनी दे रहा हूँ, क्योंकि मैं जो कहने जा रहा हूँ, वह आपको पागलपन भरा लगेगा या ऐसा लगेगा कि यह सच नहीं हो सकता। लेकिन मैं आपको आश्वस्त कर दूँ कि यह सच है।

मेरे संसार में, स्तर 4 और स्तर 5 के निवेशक के संसार में असीमित मुनाफ़ा अपेक्षित होता है - और वह भी कम जोखिम पर। असीमित प्रतिफल का मतलब है ''शून्य के बदले पैसा।'' दूसरे शब्दों में, निवेशकों को निवेश में अपना ख़ुद का पैसा लगाए बिना ही आमदनी प्राप्त होती है।

पहले मैंने लिखा था कि मैंने 1973 में रियल इस्टेट में कोर्स किया था। 100 से ज़्यादा निवेशों को देखने के बाद मैंने माउ के टापू पर मेरा पहला कॉन्डो ख़रीदा, जिसमें 100 प्रतिशत क़र्ज़ से फ़ाइनैंसिंग कराई गई थी, जिसका मतलब यह था कि मैंने अपने पैसों का इस्तेमाल नहीं किया था। हर महीने मेरी जेब में 25 डॉलर का कैशफ़्लो आ रहा था। यह 25 डॉलर मेरे निवेश पर असीमित लाभ था, क्योंकि मेरा निवेश शून्य था। और मैं उस खंड से उद्धरण देना चाहूँगा, ''मेरी असली ज़िंदगी की शिक्षा शुरू हो गई थी। मैं पैसे बनाने के लिए दूसरे लोगों के पैसे का इस्तेमाल करना सीख रहा था। यह एक ऐसी योग्यता है, जो सच्चे पूँजीपति में होनी ही चाहिए।''

मैं जानता हूँ कि 25 डॉलर प्रति माह बहुत ज़्यादा पैसा नहीं है। लेकिन मेरे लिए पैसा महत्त्वपूर्ण नहीं था। महत्त्वपूर्ण तो सोचने का तरीक़ा सीखना था, जानकारी प्रोसेस करने का तरीक़ा सीखना था और परिणाम उत्पन्न करने का तरीक़ा सीखना था।

आज मेरे पास इतना ज़्यादा पैसा है, इसका एक कारण बस यह है कि मुझे अलग तरीक़े से सोचने की शिक्षा और प्रशिक्षण मिला है। अगर आपने मेरी पुस्तक *रिच डैड पुअर डैड* पढ़ी है, तो आपको याद होगा कि पहले अध्याय का शीर्षक है, ''अमीर लोग पैसे के लिए काम नहीं करते।'' ''ई'' और ''एस'' क्वाड्रैंट के लोगों को इस कथन से समस्याएँ आती हैं, इसका एक कारण यह है कि उनमें से ज़्यादातर पैसे की ख़ातिर काम करना सीखने के लिए स्कूल गए थे। वे यह सीखने के लिए स्कूल नहीं गए थे कि दूसरे लोगों के पैसे से अपनी ख़ातिर काम कैसे कराया जाए।

जब किम और मैंने द रिच डैड कंपनी शुरू की, तो हमने निवेशकों से 2,50,000 डॉलर उधार लिए। जब कंपनी चलने लगी, तो हमने पैसे लौटा दिए। आज उस व्यवसाय ने

करोड़ों डॉलर लौटा दिए हैं, केवल किम और मुझे ही नहीं, बल्कि रिच डैड कंपनी से जुड़ी कंपनियों और व्यक्तियों को भी। जैसा मैंने कहा था, पूँजीपति उदार होते हैं।

मेरा मुद्दा यह है कि जिस पल कोई व्यक्ति जान जाता है कि दूसरे लोगों के पैसे या बैंक के पैसे या शून्य से पैसा कैसे बनाया जाता है, उसी पल वह एक भिन्न संसार में प्रवेश कर जाता है। यह संसार ''ई'' और ''एस'' क्वाड्रैंट के लोगों के संसार से बिलकुल विपरीत है, जहाँ कड़ी मेहनत, ऊँचे कर और निवेश पर कम मुनाफ़ा पाया जाता है।

ज़्यादातर लोगों को यह विश्वास होता है कि बचत करना चतुराई भरा तरीक़ा है और शेयर बाज़ार में 10 प्रतिशत मुनाफ़ा रोमांचक होता है। इसका कारण सिर्फ़ वित्तीय शिक्षा का अभाव है।

आपका सर्वश्रेष्ठ आरओआई आपके निवेश पर मुनाफ़ा नहीं है, बल्कि आपकी सूचना पर मुनाफ़ा है। इसीलिए वित्तीय शिक्षा अनिवार्य है, ख़ास तौर पर आगे के संसार की अनिश्चितता के लिए।

''शिक्षा'' शब्द के बारे में यह याद रखें : ''शिक्षा हमें जानकारी को अर्थ में बदलने की शक्ति देती है।'' सूचना युग में हम वित्तीय जानकारी में डूबे हुए हैं। लेकिन वित्तीय शिक्षा के बिना हम जानकारी को हमारे जीवन के लिए उपयोगी अर्थ में नहीं बदल सकते।

अंत में, मैं कहता हूँ कि ''आई'' क्वाड्रैंट आपके भविष्य के लिए सबसे महत्त्वपूर्ण क्वाड्रैंट है। आप आजीविका के लिए चाहे जो करते हों, आप ''आई'' क्वाड्रैंट में कितना अच्छा प्रदर्शन करते हैं, उसी से आपका भविष्य तय होगा। दूसरे शब्दों में, भले ही आप ''ई'' या ''एस'' क्वाड्रैंट में बहुत कम पैसे कमाते हों, लेकिन ''आई'' क्वाड्रैंट में वित्तीय शिक्षा स्वतंत्रता और वित्तीय सुरक्षा का आपका टिकट है।

मिसाल के तौर पर, मेरी बहन बौद्ध नन है। वह ''एस'' क्वाड्रैंट में शून्य कमाती है। लेकिन वह हमारे निवेश कोर्स में हिस्सा लेती है और लगातार अपनी वित्तीय शिक्षा बढ़ा रही है। आज उसका भविष्य उज्ज्वल है, क्योंकि उसने बैंक में पैसे बचाना और मीच्युअल फंड ख़रीदना छोड़ दिया है। अब उसने रियल इस्टेट और चाँदी में निवेश शुरू कर दिया है। 2000 और 2010 के बीच के 10 वर्षों में उसने ''आई'' क्वाड्रैंट में इतना ज़्यादा पैसा कमाया, जितना वह कभी ''एस'' क्वाड्रैंट में नन के रूप में ज़िंदगी भर में नहीं कमा सकती थी।

मुझे अपनी बहन पर बहुत गर्व है। वह पेशे से नन हो सकती है, लेकिन उसे ग़रीब नन होने की ज़रूरत नहीं है।

आगे पढ़ने से पहले

आगे पढ़ने से पहले, बड़ा सवाल यह है :

1. आप किस तरह के निवेशक हैं?

____

अगर आप जल्दी दौलतमंद बनने के बारे में सचमुच गंभीर हैं, तो पाँच स्तरों को पढ़ें और बार-बार पढ़ें। जब भी मैं इन स्तरों के बारे में पढ़ता हूँ, तो मुझे हर बार सभी स्तरों पर अपनी थोड़ी-थोड़ी छवि दिखाई देती है। मैं न सिर्फ़ अपनी शक्तियों को पहचानता हूँ, बल्कि उन चारित्रिक दोषों को भी पहचान जाता हूँ, जो मुझे पीछे रोके रखते हैं। भारी वित्तीय दौलत की राह यही है कि आप अपनी शक्तियों को मज़बूत करें और अपने चरित्र के दोषों को दूर करें। और ऐसा करने का रास्ता यह है कि आप सबसे पहले तो उन्हें पहचानें और यह ढोंग नहीं करें कि आप पूरी तरह से आदर्श और दोषरहित हैं।

हम सभी अपने बारे में सर्वश्रेष्ठ सोचना चाहते हैं। मैंने अपने ज़्यादातर जीवन में स्तर 5 का पूँजीपति बनने का सपना देखा था। मैं जानता था कि मैं यही बनना चाहता था। यह उसी पल हो गया था, जब मेरे अमीर डैडी ने मुझे शेयर चुनने वाले और घोड़े पर दाँव लगाने वाले के बीच की समानता बताई थी। लेकिन इस सूची के भिन्न स्तरों का अध्ययन करने के बाद मैं चरित्र के उन दोषों को देख सकता था, जिन्होंने मुझे पीछे रोक रखा था। मैंने अपने भीतर स्तर 4 के चारित्रिक दोष पाए, जो दबाव के समय में अपना बदसूरत सिर उठा लेते थे। इसलिए किम, अपने दोस्तों और अतिरिक्त प्रशिक्षण के मार्गदर्शन से मैंने अपने चारित्रिक दोषों को दूर करना शुरू किया और उन्हें शक्तियों में बदला। स्तर 5 के निवेशक के रूप में मेरी प्रभावकारिता तुरंत बेहतर हो गई।

हालाँकि आज मैं स्तर 5 के निवेशक के रूप में काम करता हूँ, लेकिन मैं अब भी पाँचों स्तरों को बार-बार पढ़ता हूँ और ख़ुद को बेहतर बनाने पर काम करता हूँ।

आपके लिए एक और सवाल यह है :

2. निकट भविष्य में आप किस स्तर के निवेशक बनना चाहते हैं?

____

चेतावनी

स्तर 5 का निवेशक बनने का लक्ष्य रखने वाले हर व्यक्ति को इससे पहले स्तर 4 के निवेशक की योग्यताओं को विकसित करना होगा। स्तर 5 तक पहुँचने के मार्ग में आप स्तर 4 को लाँघ नहीं सकते। जो भी ऐसा करने की कोशिश करता है, वह दरअसल स्तर 3 का निवेशक है – जुआरी!

अगर प्रश्न दो का आपका जवाब भी वही है, जो प्रश्न एक का था, तो आप वहीं हैं, जहाँ आप होना चाहते हैं। आप निवेशक के रूप में जहाँ हैं, अगर आप उससे ख़ुश हैं, तो आपको यह पुस्तक आगे पढ़ने की ज़्यादा ज़रूरत नहीं है। जीवन के सबसे बड़े आनंदों में से एक वहीं सुखी रहना है, जहाँ आप हैं। बधाइयाँ!

बहरहाल, अगर आप अब भी वित्तीय दृष्टि से ज़्यादा जानकारी चाहते हैं और अपनी वित्तीय स्वतंत्रता का पीछा करने में रुचि रखते हैं, तो आगे पढ़ते रहें। बाक़ी बचे अध्याय मूलतः ''बी'' और ''आई'' क्वाड्रैंटों में आवश्यक गुणों पर ध्यान केंद्रित करेंगे। इन अध्यायों में आप सीखेंगे कि कैशफ़्लो क्वाड्रैंट के बाएँ हिस्से से दाएँ हिस्से तक आसानी से और कम

जोखिम के साथ कैसे पहुँचा जा सकता है। बाएँ से दाएँ हिस्से का यह परिवर्तन उन अमूर्त संपत्तियों पर केंद्रित होगा, जो दाईं तरफ़ की मूर्त संपत्तियों को संभव बनाती हैं।

आगे बढ़ने से पहले मेरा एक आख़िरी सवाल है :

3. किम और मैं बेघर थे। 10 साल से कम समय में मिलियनेअर बनने के लिए आपको क्या लगता है कि हमें किस स्तर का निवेशक बनने की ज़रूरत थी?

जवाब अगले अध्याय में है, जहाँ मैं वित्तीय स्वतंत्रता की हमारी व्यक्तिगत यात्रा से कुछ सीखने के अनुभव बताने जा रहा हूँ।

अध्याय 6

धन को आँखों से नहीं देखा जा सकता

धन एक विचार है, जो आपके मस्तिष्क में ज़्यादा स्पष्टता से दिखता है।

1974 में मैंने अपने पहले निवेश के रूप में वाइकिकी की सीमा पर एक छोटा सा मकान ख़रीदा, जिसमें दो बेडरूम और एक बाथरूम थे। इस सुंदर मकान की क़ीमत 56,000 डॉलर थी। यह किराए पर उठाने के लिए आदर्श था... और मैं जानता था कि यह जल्दी ही किराए पर उठ जाएगा।

मैं बहुत रोमांचित होकर अपने अमीर डैडी के ऑफ़िस में गया, ताकि उन्हें इस सौदे के बारे में बता सकूँ। उन्होंने दस्तावेज़ों पर सरसरी निगाह डाली और एक मिनट से भी कम समय में नज़रें ऊपर उठाकर पूछा : ''तुम्हें हर महीने कितना नुक़सान हो रहा है?''

मैंने जवाब दिया, ''लगभग 100 डॉलर प्रति माह।''

अमीर डैडी बोले, ''मूर्खों जैसी बातें मत करो। मैंने अभी आँकड़ों को ठीक से नहीं देखा है, परंतु इन दस्तावेज़ों को सरसरी तौर पर देखने भर से ही मैं बता सकता हूँ कि तुम्हें इससे ज़्यादा नुक़सान होगा। तुम जान-बूझकर ऐसा निवेश क्यों कर रहे हो, जिसमें तुम्हें नुक़सान हो?''

''यह मकान सुंदर दिख रहा था और मैंने सोचा कि सौदा बढ़िया है। थोड़ा सा पेंट हो जाए, तो यह मकान बिलकुल नया दिखने लगेगा,'' मैंने कहा।

''यह तो नुक़सान उठाने का कोई तर्कसंगत कारण नहीं है,'' अमीर डैडी ने व्यंग्य से कहा।

''मेरे रियल एस्टेट एजेंट ने कहा था कि मैं हर महीने होने वाले नुक़सान की चिंता न करूँ। वह कह रहा था कि कुछ ही सालों में इस मकान की क़ीमत दोगुनी हो जाएगी। यही नहीं, सरकार इस पर होने वाले नुक़सान के लिए टैक्स में छूट भी देगी। इसके अलावा, यह इतना अच्छा सौदा था कि मैं डर रहा था कि अगर मैं इसे नहीं ख़रीदूँगा, तो कोई और ख़रीद लेगा।''

यह सुनकर अमीर डैडी ने उठकर अपने ऑफ़िस का दरवाज़ा बंद कर लिया। मैं समझ गया कि अब मुझे फटकार पड़ेगी, परंतु मैं यह भी जानता था कि मुझे कोई महत्त्वपूर्ण सबक़ सिखाया जाएगा। मैं पहले भी इस तरह के शिक्षण सत्रों से गुज़र चुका था।

अमीर डैडी ने दुबारा पूछा, ''तो तुम्हें हर महीने कितना नुक़सान हो रहा है?''

मैंने सहमते हुए जवाब दिया, ''लगभग सौ डॉलर प्रति माह।''

अमीर डैडी ने दस्तावेज़ों को देखते हुए अपना सिर हिलाया। सबक़ अब शुरू होने वाला था। उस दिन मैंने धन और निवेश के बारे में इतना कुछ सीखा, जो मैंने अपनी ज़िंदगी के पहले 27 सालों में नहीं सीखा था। अमीर डैडी ख़ुश थे कि मैंने साहस करके रियल एस्टेट में निवेश किया था... परंतु मैंने कुछ गंभीर ग़लतियाँ कर दी थीं, जो मुझे वित्तीय रूप से तबाह कर सकती थीं। बहरहाल, मैंने उस शुरुआती निवेश से जो सबक़ सीखे, उन्होंने आगे चलकर मुझे करोड़ों कमाकर दिए।

पैसे को दिमाग़ से देखा जाता है

अमीर डैडी ने कहा, ''इससे कोई फ़र्क़ नहीं पड़ता कि आपकी आँखें क्या देख सकती हैं। रियल एस्टेट की जायदाद आँखों से दिखती है। किसी कंपनी का शेयर सर्टिफ़िकेट आँखों से दिखता है। आप इन चीज़ों को देख सकते हैं। परंतु महत्त्वपूर्ण वह होता है, जिसे आप आँखों से नहीं देख सकते। कई बातें होती हैं, जो किसी निवेश को अच्छा या बुरा बनाती हैं, जैसे सौदा, वित्तीय अनुबंध, बाज़ार, मैनेजमेंट, जोखिम के तत्व, कैशफ़्लो, कंपनी का तंत्र, टैक्स क़ानून, और सैकड़ों अन्य बातें।''

इसके बाद वे सवाल पूछकर उस सौदे की चीरफाड़ करने लगे, ''तुमने इतनी ज़्यादा ब्याज दर पर सौदा क्यों किया? तुम्हारे हिसाब से इस निवेश पर तुम्हें कितने प्रतिशत आमदनी होगी? यह निवेश तुम्हारी दीर्घकालीन वित्तीय रणनीति के कितना अनुकूल है? क्या तुमने अनुमानों के बारे में कंपनी के इतिहास की जाँच कर ली है? क्या तुमने मैनेजमेंट लागत का अनुमान लगाया है? मरम्मत के ख़र्च का अनुमान लगाने के लिए तुमने कितने प्रतिशत दर का प्रयोग किया है? क्या तुम जानते हो कि नगर निगम ने अभी यह घोषणा की है कि यह उस इलाक़े की सड़कों को उखाड़ेगा और ट्रैफ़िक व्यवस्था में बदलाव करेगा? तुम्हारी इमारत के ठीक सामने एक बड़ा मार्ग बनने वाला है। इस वर्ष भर लंबे प्रोजेक्ट से बचने के लिए वहाँ रहने वाले वहाँ से दूर जा रहे हैं। क्या तुम्हें यह मालूम था? मैं जानता हूँ कि आज बाज़ार की हालत अच्छी है, परंतु क्या तुम जानते हो कि कौन सी चीज़ इसे अच्छी हालत में रख रही है? बिज़नेस अर्थशास्त्र या लोभ? तुम्हारे हिसाब से बाज़ार की

हालत कितने समय तक अच्छी रहेगी? अगर यह घर किराए पर न उठे, तो क्या होगा? और अगर ऐसा न हो, तो तुम कितने समय तक इसे और ख़ुद को अच्छे हाल में रख पाओगे? और आख़िर तुमने यह कैसे सोच लिया कि धन का नुक़सान उठाना एक अच्छा सौदा है? इससे मैं सचमुच चिंता में पड़ गया हूँ।''

मेरी हवा निकल चुकी थी और मैं खिसियाते हुए बस यही बोल पाया, ''यह सौदा बहुत अच्छा दिख रहा था।''

अमीर डैडी मुस्कराए, खड़े हुए और मुझसे हाथ मिलाते हुए बोले, ''मैं ख़ुश हूँ कि तुमने कोई क़दम तो उठाया। ज़्यादातर लोग सोचते तो बहुत हैं, परंतु करते कुछ नहीं हैं। जब कोई कुछ करता है, तभी उससे ग़लती होती है, और ग़लतियों से ही हम सबसे ज़्यादा सीखते हैं। यह बात हमेशा याद रखना, असली महत्त्व की चीज़ें क्लासरूम में नहीं सीखी जाती हैं। ये सबक़ काम करके सीखे जाते हैं। ये सबक़ ग़लतियाँ करने और फिर उन्हें सुधारने से सीखे जाते हैं। बुद्धि इसी तरीक़े से आती है।''

मैं थोड़ा बेहतर महसूस करने लगा; अब मैं सबक़ सीखने के लिए तैयार था।

अमीर डैडी बोले, ''ज़्यादातर लोग 95 प्रतिशत निवेश अपनी आँखों से करते हैं और सिर्फ़ 5 प्रतिशत निवेश अपने दिमाग़ से करते हैं।''

अमीर डैडी ने आगे समझाया कि लोग रियल एस्टेट की कोई जगह देखते हैं या किसी स्टॉक का नाम देखते हैं और इसके बाद अक्सर निर्णय ले लेते हैं। वे इस आधार पर निर्णय लेते हैं कि उनकी आँखें क्या देखती हैं या ब्रोकर उन्हें क्या बताता है या सहकर्मी उन्हें क्या अंदरूनी जानकारी देता है। अक्सर वे तर्क के बजाय भावना के आधार पर ख़रीदते हैं।

अमीर डैडी ने आगे कहा, ''इसीलिए 10 में से 9 निवेशक पैसे नहीं कमा पाते हैं। उन्हें नुक़सान हो, यह ज़रूरी नहीं है, परंतु यह तय है कि वे अच्छी कमाई नहीं कर पाते हैं। कभी वे बराबरी पर रहते हैं, कभी उन्हें नुक़सान होता है और कभी उन्हें छुटपुट फ़ायदा भी हो सकता है। ऐसा इसलिए है क्योंकि वे अपने दिमाग़ के आधार पर नहीं, बल्कि अपनी आँखों और भावनाओं के आधार पर निवेश करते हैं कई लोग इसलिए निवेश करते हैं क्योंकि वे तत्काल अमीर बनना चाहते हैं। इसलिए निवेशक बनने के बजाय वे अंततः दिवास्वप्न देखने वाले, कुटिल, जुआरी और बेईमान बन जाते हैं। दुनिया में ऐसे लोग भरे पड़े हैं। इसलिए हम थोड़ी देर बैठकर तुम्हारे द्वारा ख़रीदे गए नुक़सान वाले सौदे पर विचार करते हैं। मैं तुम्हें सिखाऊँगा कि इसे फ़ायदे वाले सौदे में कैसे बदला जा सकता है। मैं तुम्हारे दिमाग़ को वह देखना सिखाऊँगा, जो तुम्हारी आँखें नहीं देख सकतीं।''

बुरे से भले तक

अगली सुबह मैं दुबारा अपने रियल एस्टेट एजेंट के पास गया। मैंने उससे कहा कि मैं पुराने अनुबंध को बदलना चाहता हूँ। मैंने उससे अनुबंध पर दुबारा चर्चा शुरू की। यह चर्चा सुखद तो नहीं थी, परंतु मैंने इससे बहुत कुछ सीखा।

तीन दिन बाद मैं एक बार फिर अपने अमीर डैडी से मिलने गया। क़ीमत में कोई परिवर्तन नहीं हुआ था और एजेंट को उसका पूरा कमीशन मिला, क्योंकि उसने इसके लिए कड़ी मेहनत की थी। हालाँकि क़ीमत पहले जितनी ही थी, परंतु निवेश की शर्तें पहले से बहुत अलग थीं। ब्याज दर, भुगतान की शर्तों और क़िस्तों में बदलाव कराने के बाद अब मुझे विश्वास हो गया था कि इसमें मुझे कोई नुक़सान नहीं होगा, बल्कि इसकी बदौलत मुझे हर महीने 80 डॉलर नक़द लाभ होगा। इस लाभ की गणना करते समय मैंने मरम्मत के ख़र्च और मकान के कुछ समय तक ख़ाली रहने के बारे में अच्छी तरह विचार कर लिया था। अगर बाज़ार की स्थिति बिगड़ जाए, तो मैं अपने किराए में थोड़ी कमी करने के बावज़ूद पैसे कमा सकता था और अगर बाज़ार की स्थिति बेहतर हो जाए, तो मैं किराया बढ़ा सकता था।

अमीर डैडी ने कहा, ''मैंने जो अनुमान लगाया था उसके हिसाब से तुम्हें हर महीने कम से कम 150 डॉलर का नुक़सान होता। शायद इससे भी ज़्यादा। अब अगर तुम हर महीने 150 डॉलर गँवाते, तो अपनी तनख़्वाह और ख़र्च के आधार पर तुम ऐसे कितने सौदे कर सकते थे?''

मैंने जवाब दिया, ''एक सौदे में ही मेरी हालत ख़राब हो जाती। मेरे लिए हर महीने अतिरिक्त 150 डॉलर निकालना अक्सर संभव नहीं होता। अगर मैंने पहले वाला अनुबंध किया होता, तो हर महीने मुझे आर्थिक परेशानी से जूझना पड़ता, टैक्स में छूट मिलने के बाद भी। इस निवेश की क़िस्त के भुगतान के लिए शायद मुझे कोई दूसरी नौकरी भी करनी पड़ती।''

अमीर डैडी ने पूछा, ''और अब, तुम्हें क्या लगता है तुम 80 डॉलर का कैशफ़्लो देने वाले ऐसे कितने सौदे कर सकते हो?''

मैंने मुस्कराते हुए जवाब दिया, ''जितने चाहे उतने कर सकता हूँ।''

अमीर डैडी ने सहमति में सिर हिलाया। ''अब वहाँ जाओ और ऐसे ढेर सारे सौदे कर लो।''

कुछ साल बाद हवाई में रियल एस्टेट की क़ीमतें आसमान छूने लगीं। परंतु जहाँ पहले मेरी सिर्फ़ एक जायदाद की क़ीमत दुगनी होती, वहीं अब मेरी सात जायदादों की क़ीमत दुगनी हो गई। यह थोड़ी सी वित्तीय बुद्धि की शक्ति है।

आप यह नहीं कर सकते

मेरे पहले रियल एस्टेट निवेश पर एक महत्त्वपूर्ण टिप्पणी : जब मैं अपने रियल एस्टेट एजेंट के पास अपना नया प्रस्ताव लेकर गया, तो उसने मुझसे पहले वाक्य यह कहा था, ''आप यह नहीं कर सकते।''

मुझे सबसे ज़्यादा समय एजेंट को यह समझाने में लगा कि जो मैं करवाना चाहता था, उसे कैसे किया जा सकता था। चाहे जो हो, उस एक निवेश से मैंने कई सबक़ सीखे। उनमें से एक यह था कि जब कोई आपसे कहता है, ''आप यह नहीं कर सकते,'' तो

उसकी एक अँगुली आपकी तरफ़ होती है... जबकि तीन अँगुलियाँ उसकी ख़ुद की तरफ़ इशारा कर रही होती हैं।

अमीर डैडी ने मुझे सिखाया कि, "आप यह नहीं कर सकते" का हमेशा यह मतलब नहीं होता कि "आप नहीं कर सकते।" इसका अक्सर यह मतलब होता है कि "वह नहीं कर सकता।"

बरसों पहले की एक घटना इसका आदर्श उदाहरण है, जब लोगों ने राइट बंधुओं से कहा था, "आप यह नहीं कर सकते।" भगवान का शुक्र है कि राइट बंधुओं ने उनकी बात नहीं सुनी।

1.4 ट्रिलियन डॉलर मालिक की तलाश में घूम रहे हैं

इस धरती पर हर दिन 1.4 ट्रिलियन डॉलर इलेक्ट्रॉनिक माध्यम से घूमते हैं और यह आँकड़ा बढ़ता जा रहा है। आज जितना अधिक धन कमाया जा रहा है और उपलब्ध है, उतना पहले कभी नहीं रहा। समस्या यह है कि धन अदृश्य होता है। आज इसका ज़्यादातर हिस्सा इलेक्ट्रॉनिक है। इसलिए जब लोग अपनी आँखों से धन की खोज करते हैं, तो वे कुछ नहीं देख पाते हैं। ज़्यादातर लोग एक तनख़्वाह से दूसरी तनख़्वाह तक जैसे-तैसे गुज़ारा करते हैं, हालाँकि इस दुनिया में 1.4 ट्रिलियन डॉलर हर दिन उस व्यक्ति की तलाश में घूम रहे हैं, जो उन्हें कमाना चाहता है। ये डॉलर ऐसे व्यक्ति को खोज रहे हैं, जो जानता हो कि धन को कैसे सँभाला जाता है, इसे पोषण कैसे दिया जाता है, इसे बढ़ाया कैसे जाता है। अगर आप धन को सँभालना जानते हैं, तो धन न सिर्फ़ आपके पास आएगा, बल्कि उछलता हुआ आएगा। लोग आपसे उनका धन लेने की मिन्नतें करेंगे।

परंतु अगर आपको यह नहीं मालूम कि धन को कैसे सँभाला जाता है, तो धन आपसे दूर रहेगा। आपको याद है मेरे अमीर डैडी ने वित्तीय बुद्धि को किस प्रकार परिभाषित किया था : "वित्तीय बुद्धि का संबंध इस बात से उतना नहीं है कि आप कितना धन कमाते हैं, जितना इस बात से है कि आप कितना धन बनाए रखते हैं, आप अपने धन से कितनी कड़ी मेहनत करवाते हैं और आप इसे कितनी पीढ़ियों तक अपने पास रख पाते हैं।"

अंधों को अंधे राह दिखा रहे हैं

अमीर डैडी बोले, "निवेश करते समय औसत व्यक्ति आँखों का 95 प्रतिशत और दिमाग़ का सिर्फ़ 5 प्रतिशत इस्तेमाल करता है। अगर आप *क्वाड्रैंट* के 'बी' और 'आई' वाले हिस्सों में प्रोफ़ेशनल बनना चाहते हैं, तो आपको इस तरह से प्रशिक्षित होना चाहिए ताकि आपकी आँखें सिर्फ़ 5 प्रतिशत देखें और आपका मस्तिष्क बाक़ी 95 प्रतिशत।" अमीर डैडी ने आगे समझाया कि जो लोग धन को देखने के लिए अपने मस्तिष्क को प्रशिक्षित करते हैं, उनके पास उन लोगों से बहुत अधिक शक्ति होती है, जो ऐसा नहीं करते।

मैं किन लोगों से सलाह लूँ, इस बारे में अमीर डैडी के विचार बहुत दृढ़ थे। "लोग वित्तीय रूप से इसलिए संघर्ष करते हैं क्योंकि वे उन लोगों से सलाह लेते हैं, जो मानसिक

रूप से धन के प्रति अंधे होते हैं। यह अंधे द्वारा अंधे को राह दिखाए जाने का बहुत अच्छा उदाहरण है। अगर आप चाहते हैं कि आपके पास धन आए, तो आपको पता होना ही चाहिए कि इसे कैसे सँभाला जाता है। अगर धन पहले आपके दिमाग़ में जड़ें नहीं जमा पाता, तो यह आपके हाथों में भी नहीं टिक पाएगा, और अगर यह आपके पास नहीं टिक पाता, तो धन तथा धनवान लोग दोनों ही आपसे दूर रहेंगे।''

अपने मस्तिष्क को धन देखने के लिए प्रशिक्षित करें

धन देखने के लिए अपने मस्तिष्क को प्रशिक्षित करने का पहला क़दम क्या है? जवाब आसान है। जवाब है वित्तीय साक्षरता। यह पूँजीवाद के शब्दों और अंकों के तंत्र को समझने की योग्यता से शुरू होती है। अगर आप शब्दों या अंकों को नहीं समझ पाते, तो यह विदेशी भाषा समझने जितना ही मुश्किल काम होगा... और कई मामलों में हर क्वाड्रैंट विदेशी भाषा का प्रतिनिधित्व करता है।

कैशफ़्लो क्वाड्रैंट को ध्यान से देखें,

हर क्वाड्रैंट एक अलग देश की तरह है। वे समान शब्दों का प्रयोग नहीं करते हैं और अगर आप शब्दों को नहीं समझते हैं, तो आप अंकों को भी नहीं समझ पाएँगे।

उदाहरण के तौर पर अगर कोई डॉक्टर कहता है, ''आपका सिस्टोलिक 120 और डाइस्टोलिक 80 है,'' तो यह अच्छा है या बुरा? क्या आपको अपनी सेहत के बारे में बस इतना ही जानने की ज़रूरत है? ज़ाहिर है, ''नहीं।'' परंतु फिर भी यह एक शुरुआत तो है।

यह इस तरह की बात पूछना है, ''मेरे स्टॉक का पी/ई 12 है और मेरे अपार्टमेंट हाउस की कैप रेट 12 है। क्या मुझे अपनी दौलत के बारे में बस इतना ही जानने की ज़रूरत

है?'' एक बार फिर जवाब है, ''नहीं,'' परंतु फिर भी यह एक शुरुआत तो है। कम से कम हम समान शब्द बोल रहे हैं और समान अंकों का प्रयोग कर रहे हैं। और यहीं से वित्तीय साक्षरता शुरू होती है, जो वित्तीय बुद्धि का आधार है। यह शब्दों और अंकों को जानने से शुरू होती है।

डॉक्टर ''एस'' क्वाड्रैंट से बोल रहा है और दूसरा व्यक्ति ''आई'' क्वाड्रैंट के शब्द और अंक बोल रहा है। एक तरह से वे अलग-अलग भाषाओं में बात कर रहे हैं।

जब कोई मुझसे कहता है, ''पैसे कमाने के लिए पैसे होना चाहिए,'' तो मैं उससे सहमत नहीं होता हूँ।

मेरे विचार से पैसे से पैसे कमाने की योग्यता शब्दों और अंकों को समझने से शुरू होती है। जैसा मेरे अमीर डैडी हमेशा कहा करते थे, ''अगर पैसा पहले आपके दिमाग़ में जड़ें नहीं जमा पाता, तो यह आपके हाथों में भी नहीं टिक पाएगा।''

जानिए कि असली जोखिम क्या है

धन देखने के लिए अपने मस्तिष्क को प्रशिक्षित करने का दूसरा क़दम यह सीखना है कि असली जोखिम क्या है। जब लोग मुझसे कहते हैं कि निवेश करना जोखिम भरा है, तो मैं उनसे बस इतना ही कहता हूँ, ''निवेश करना जोखिम भरा नहीं है। अशिक्षित होना जोखिम भरा है।''

निवेश करना विमान उड़ाने की तरह है। अगर आप फ़्लाइट स्कूल में गए हैं और आपने बरसों तक अनुभव हासिल किया है, तो विमान उड़ाना आनंददायक और रोमांचक होता है। परंतु अगर आपने कभी फ़्लाइट स्कूल में प्रशिक्षण नहीं लिया है, तो मैं आपको यही सलाह दूँगा कि आप विमान उड़ाने का काम दूसरे के हाथों में सौंप दें।

बुरी सलाह जोखिम भरी है

अमीर डैडी का दृढ़ विश्वास था कि सलाह न होने से किसी भी तरह की वित्तीय सलाह बेहतर है। वे खुले दिमाग़ के इंसान थे। वे शिष्ट थे और बहुत से लोगों की बातें सुनते थे। परंतु अंततः वे अपने निर्णय लेने के लिए अपनी ही वित्तीय बुद्धि का प्रयोग करने में विश्वास करते थे : ''अगर आप कुछ नहीं जानते हैं, तो सलाह न मिलने से कोई भी सलाह बेहतर है। परंतु अगर आपको बुरी और अच्छी सलाह के बीच का अंतर नहीं मालूम हो, तो यह ख़तरनाक है।''

अमीर डैडी का दृढ़ विश्वास था कि अधिकांश लोग वित्तीय रूप से इसलिए संघर्ष करते हैं क्योंकि वे उस वित्तीय जानकारी के आधार पर काम करते हैं, जो पिता से पुत्र को हस्तांतरित होती है... और अधिकांश लोग वित्तीय रूप से सुदृढ़ परिवार में पैदा नहीं होते। वे अक्सर कहते थे, ''बुरी वित्तीय सलाह जोखिम भरी है और अधिकांश बुरी सलाहें घर पर दी जाती हैं। ऐसा शब्दों के नहीं, बल्कि कार्यों के कारण होता है। बच्चे शब्दों के बजाय उदाहरणों से अधिक सीखते हैं।''

आपके सलाहकार आप जितने ही स्मार्ट हैं

अमीर डैडी कहते थे, ''आपके सलाहकार आप जितने ही स्मार्ट हो सकते हैं। अगर आप स्मार्ट नहीं हैं, तो वे आपको ज़्यादा नहीं बता सकते। अगर आप वित्तीय रूप से सुशिक्षित हैं, तो सुयोग्य सलाहकार आपको अधिक परिष्कृत वित्तीय सलाह दे सकते हैं। अगर आप वित्तीय रूप से नादान हैं, तो वे आपको सिर्फ़ सुरक्षित वित्तीय रणनीतियाँ सुझाने के लिए क़ानूनन बाध्य हैं। अगर आप अपरिष्कृत निवेशक हैं, तो वे आपके सामने सिर्फ़ कम जोखिम और कम आमदनी वाले निवेश का प्रस्ताव रख सकते हैं। वे अक्सर अपरिष्कृत निवेशकों को 'डाइवर्सिफ़िकेशन' का सुझाव देते हैं। बहुत कम सलाहकार यह विकल्प चुनेंगे कि आपको प्रशिक्षित करने के लिए अपना समय निकालें। इसका कारण यह है कि उनका समय भी बहुमूल्य है परंतु अगर आप वित्तीय रूप से शिक्षित हो जाते हैं और अपने धन का उचित प्रबंधन करने की ज़िम्मेदारी ले लेते हैं, तो सुयोग्य सलाहकार आपको ऐसे निवेशों और रणनीतियों की जानकारी दे सकते हैं, जिन्हें बहुत थोड़े लोग ही देख पाएँगे। परंतु इससे पहले, आपको शिक्षित होने की अपनी ज़िम्मेदारी पूरी करना है। हमेशा याद रखें, आपके सलाहकार आप जितने ही स्मार्ट हो सकते हैं।

क्या आपका बैंकर आपसे झूठ बोल रहा है?

अमीर डैडी का बहुत से बैंकरों से पाला पड़ता था। वे उनकी वित्तीय टीम के महत्त्वपूर्ण अंग थे। हालाँकि वे अपने बैंकर्स के क़रीबी मित्र थे और उनका सम्मान करते थे, परंतु वे हमेशा महसूस करते थे कि उन्हें अपने सर्वश्रेष्ठ हितों का ध्यान ख़ुद रखना चाहिए... क्योंकि वे यह आशा करते थे कि बैंकर्स अपने सर्वश्रेष्ठ हितों का ध्यान रख रहे होंगे।

1974 के मेरे निवेश अनुभव के बाद उन्होंने मुझसे पूछा : ''जब कोई बैंकर कहता है कि आपका मकान संपत्ति है, तो क्या वह आपसे सच बोल रहा है?''

चूँकि अधिकांश लोग वित्तीय रूप से साक्षर नहीं होते हैं और धन के खेल को नहीं समझते हैं, इसलिए उन्हें अक्सर विश्वासपात्र लोगों की राय और सलाह की ज़रूरत पड़ती है। अगर आप वित्तीय रूप से साक्षर नहीं हैं, तो आपको किसी ऐसे व्यक्ति पर विश्वास करना ही पड़ता है, जिसे आप वित्तीय रूप से साक्षर मानते हैं। कई लोग अपने बजाय किसी और की सलाह पर अपने धन का निवेश या प्रबंधन करते हैं। और यह ख़तरनाक है।

वे झूठ नहीं बोल रहे हैं...
वे सिर्फ़ पूरा सच नहीं बता रहे हैं

वास्तविकता यह है कि जब आपका बैंकर आपसे कहता है कि आपका मकान संपत्ति है, तो वह आपसे झूठ नहीं बोल रहा है। वह सिर्फ़ आपको पूरी सच्चाई नहीं बता रहा है। हालाँकि आपका मकान संपत्ति है, परंतु वह आपको यह नहीं बता रहा है कि यह

किसकी संपत्ति है। क्योंकि अगर आप फ़ाइनैंशियल स्टेटमेंट पढ़ते हैं, तो आप आसानी से देख सकते हैं कि आपका मकान आपकी संपत्ति नहीं है। यह तो बैंक की संपत्ति है। ***रिच डैड पुअर डैड*** में अमीर डैडी द्वारा बताई गई संपत्ति और दायित्व की परिभाषा याद कीजिए :

''संपत्ति से मेरी जेब में धन अंदर आता है।

दायित्व से मेरी जेब का धन बाहर जाता है।''

क्वाड्रैंट के बाएँ हिस्से के लोगों को यह अंतर जानने की दरअसल कोई ज़रूरत ही नहीं है। उनमें से ज़्यादातर अपनी नौकरी में सुरक्षित महसूस करने में ख़ुश हैं। वे इस बात से ख़ुश हैं कि उनके पास एक बढ़िया मकान है, जिसके वे मालिक हैं, जिस पर उन्हें गर्व है और जिसके बारे में वे सोचते हैं कि उस पर उनका नियंत्रण है। जब तक वे अपनी पूरी क़िस्तों का भुगतान करते रहेंगे, तब तक कोई भी उनसे यह मकान नहीं छीन सकता। और वे यह भुगतान करते जाते हैं।

परंतु *क्वाड्रैंट* के दाएँ हिस्से के लोगों को यह अंतर जानने की ज़रूरत है। वित्तीय रूप से साक्षर और बुद्धिमान होने का मतलब है धन की बड़ी तसवीर को समझने की क्षमता। वित्तीय रूप से चतुर लोग जानते हैं कि मॉर्टगेज आपकी बैलेंस शीट में संपत्ति के रूप में नहीं, बल्कि दायित्व के रूप में प्रदर्शित होती है। आपकी मॉर्टगेज दरअसल किसी और की बैलेंस शीट में संपत्ति के रूप में दर्ज होती है। यह आपकी नहीं, बल्कि बैंक की बैलेंस शीट में संपत्ति के रूप में नज़र आती है।

जिसने भी अकाउंटिंग की है, उसे यह मालूम होगा कि बैलेंस शीट में बैलेंस मिलना चाहिए। परंतु यह बैलेंस आख़िर है कहाँ? आपका मकान दरअसल आपकी बैलेंस शीट में बैलेंस नहीं होता, परंतु अगर आप बैंक की बैलेंस शीट को देखें, तो वहाँ पर लिखे आँकड़े दरअसल आपको यह कहानी बताते हैं।

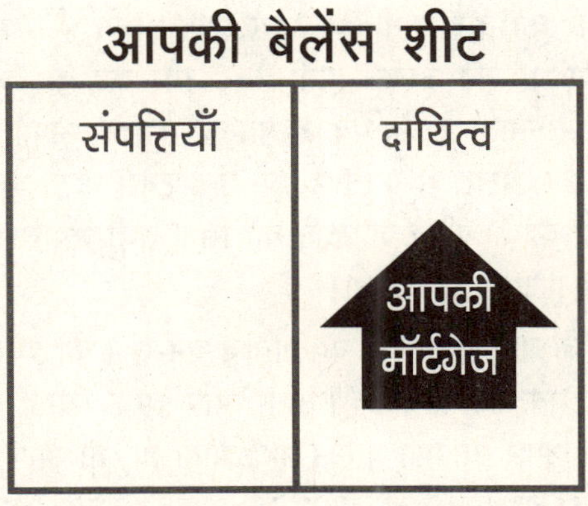

आपकी बैलेंस शीट

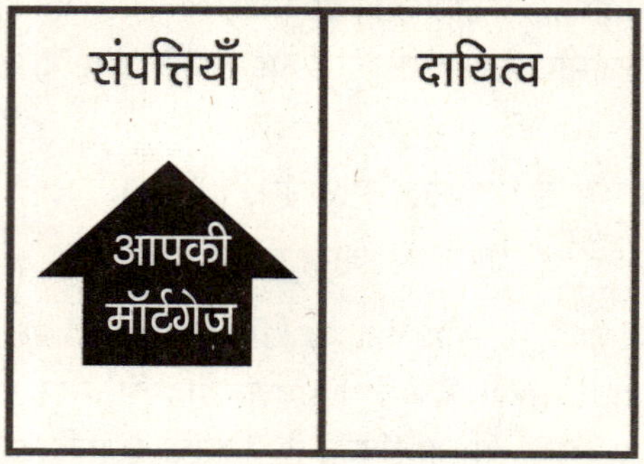

अब बैलेंस हो जाता है। अब इसका मतलब समझ में आता है। यह ''बी और आई'' अकाउंटिंग है। परंतु इसे बेसिक अकाउंटिंग में इस तरह से नहीं पढ़ाया जाता। अकाउंटिंग में आप अपने मकान के ''मूल्य'' को संपत्ति के रूप में दिखाते हैं और मॉर्टगेज को दायित्व के रूप में। एक और महत्त्वपूर्ण बिंदु पर ध्यान दें कि आपके मकान का ''मूल्य'' एक ऐसी राय है जो बाज़ार के साथ बदलती रहती है, जबकि आपकी मॉर्टगेज एक निश्चित दायित्व है, जिस पर बाज़ार का कोई प्रभाव नहीं पड़ता है। बहरहाल, ''बी और आई'' के लिए आपके मकान का ''मूल्य'' संपत्ति इसलिए नहीं है, क्योंकि इससे कैशफ़्लो नहीं मिलता है।

क्या होगा अगर मैं अपनी सारी मॉर्टगेज चुका दूँ?

कई लोग मुझसे पूछते हैं, ''क्या होगा अगर मैं अपनी सारी मॉर्टगेज चुका दूँ? क्या तब मेरा मकान संपत्ति बन जाएगा?''

इस पर मेरा जवाब होता है, ''अधिकांश मामलों में जवाब अब भी 'नहीं' है। यह अब भी एक दायित्व है।''

मेरे इस जवाब के पीछे कई कारण हैं। एक है रखरखाव और अन्य सामान्य ख़र्च। जायदाद किसी कार की तरह होती है। अगर आप इसके पूरे स्वामी हों, तब भी आपको इसे चलाने के लिए धन की ज़रूरत होती है... और कई बार जब यह टूटना शुरू करती है, तो हर चीज़ टूटने लगती है। अधिकांश मामलों में लोग अपने घर और कार की मरम्मत का भुगतान अपने उन डॉलरों से करते हैं, जो उन्हें टैक्स कटने के बाद मिले हैं। ''बी और आई'' क्वाड्रैंटों का कोई व्यक्ति जायदाद को सिर्फ़ तभी संपत्ति मानता है, जब उसे इससे कैशफ़्लो या आमदनी प्राप्त हो रही हो।

क़र्ज़ चुकाने के बाद भी मकान के दायित्व बने रहने का प्रमुख कारण यह है कि आप दरअसल अब भी इसके स्वामी नहीं हैं। अगर आप इसके स्वामी होते, तो सरकार आप पर टैक्स क्यों लगाती? अगर आपको यक़ीन नहीं आता हो, तो आप प्रॉपर्टी टैक्स देना बंद कर दें। जल्दी ही आपको यह पता चल जाएगा कि आपका मकान दरअसल किसकी संपत्ति है।

यहाँ पर टैक्स-लिएन सर्टिफ़िकेट्स का उद्गम है... जिसके बारे में मैंने ***रिच डैड, पुअर डैड*** में लिखा है। टैक्स लिएन सर्टिफ़िकेट्स आपके धन पर कम से कम 16 प्रतिशत ब्याज पाने का बेहतरीन तरीक़ा है। अगर मकान मालिक अपने प्रॉपर्टी टैक्स का भुगतान नहीं करते हैं, तो सरकार उनके द्वारा न चुकाए गए टैक्स पर ब्याज लगाती है, जो 10 प्रतिशत से लेकर 50 प्रतिशत तक हो सकता है। सूदख़ोरी अभी ग़ायब नहीं हुई है। अगर आप प्रॉपर्टी टैक्स नहीं चुकाते हैं और मेरे जैसा कोई व्यक्ति आपके एवज में इसका भुगतान करता है... तो कई राज्यों में मैं आपसे टैक्स और उस पर ब्याज पाने का हक़दार हो जाता हूँ। अगर आप एक निश्चित समयसीमा में टैक्स और ब्याज का भुगतान नहीं करते हैं, तो मैं आपके मकान का स्वामी बन जाता हूँ, सिर्फ़ उतने ही धन में जो मैंने टैक्स के रूप में अदा किया है। ज़्यादातर राज्यों में प्रॉपर्टी टैक्स सबसे पहले चुकाए जाते हैं, बैंक की मॉर्टगेज से भी पहले। मुझे ऐसे मकान ख़रीदने का अवसर मिला है, जिन पर मैंने 3,500 डॉलर से भी कम टैक्स चुकाया था।

रियल एस्टेट की परिभाषा

मैं एक बार फिर बता दूँ कि धन को देखने के लिए आपको अपनी आँखों का नहीं, बल्कि अपने मस्तिष्क का इस्तेमाल करना चाहिए। अपने मस्तिष्क को प्रशिक्षित करने के लिए आपको शब्दों की असली परिभाषाओं और अंकों के तंत्र की जानकारी होना चाहिए।

अब तक आप संपत्ति और दायित्व के अंतर को समझ गए होंगे और ''मॉर्टगेज'' शब्द की परिभाषा को भी, जो ''मृत्यु पर्यंत अनुबंध'' होता है और ''फ़ाइनैंस'' शब्द को भी, जिसका मतलब दंड होता है। अब आप ''रियल एस्टेट'' और लोकप्रिय वित्तीय साधन ''डेरिवेटिव्ज़'' शब्दों के उद्गम के बारे में भी जान लें। कई लोग सोचते हैं कि ''डेरिवेटिव्ज़'' कोई नई चीज़ है, परंतु वास्तविकता में वे सदियों पुराने हैं।

''डेरिवेटिव'' की आसान परिभाषा है ''कोई ऐसी चीज़, जो किसी दूसरी चीज़ से उत्पन्न होती है।'' ऑरेंज जूस डेरिवेटिव का एक उदाहरण है। ऑरेंज जूस ऑरेंज यानी नारंगी का डेरिवेटिव है।

मैं सोचता था कि रियल एस्टेट का अर्थ ''रियल'' यानी वास्तविक है अर्थात् एक मूर्त चीज़। मेरे अमीर डैडी ने मुझे समझाया कि इसका उद्गम दरअसल स्पेनिश शब्द ***रियल*** से हुआ है, जिसका अर्थ ''रॉयल'' यानी शाही होता है। अल कैमिनो रियल का अर्थ है शाही सड़क। रियल एस्टेट का अर्थ है शाही जायदाद।

जब 1500 के आसपास कृषि युग समाप्त हुआ और औद्योगिक युग की शुरुआत हुई, तो शक्ति भूमि और कृषि पर आधारित नहीं रह गई। सम्राटों ने महसूस किया कि उन्हें बदलना होगा, क्योंकि भूमि सुधार क़ानूनों की वजह से किसान भूमि के मालिक बन गए थे। तब सम्राटों ने डेरिवेटिव्ज़ की रचना की, जैसे भूमि के स्वामित्व पर टैक्स और ''मॉर्टगेज,'' जिन्हें चुकाकर आम जनता भूमि की स्वामी बन सकती थी। टैक्स और मॉर्टगेज डेरिवेटिव्ज़ हैं, क्योंकि वे भूमि से उत्पन्न हैं। आपका बैंकर मॉर्टगेज़ को डेरिवेटिव नहीं कहेगा। वह

कहेगा कि यह भूमि बैंक द्वारा ''सुरक्षित'' है... अलग-अलग शब्द, एक ही अर्थ। तो जब सम्राटों ने समझ लिया कि धन अब भूमि में नहीं, बल्कि भूमि द्वारा उत्पन्न ''डेरिवेटिव्ज़'' में है, तो सम्राटों ने बढ़े हुए बिज़नेस को सँभालने के लिए बैंकों की स्थापना की। भूमि को अब भी ''रियल एस्टेट'' कहा जाता है, क्योंकि चाहे आप इसके लिए कितना ही भुगतान कर दें, यह दरअसल आपकी होती ही नहीं है। आज भी यह ''सम्राटों'' की ही होती है।

आपकी ब्याज दर हक़ीक़त में कितनी है?

अमीर डैडी ने अपने चुकाए गए ब्याज के हर दशमलव अंक के लिए जमकर संघर्ष और भाव-ताव किया। उन्होंने मुझसे यह सवाल पूछा : ''जब कोई बैंकर तुमसे कहता है कि तुम्हारी ब्याज दर 8 प्रतिशत प्रति वर्ष है... तो हक़ीक़त में यह कितनी होती है?'' मैंने पाया कि अगर आप अंकों को पढ़ना सीख लेते हैं, तो मामला इतना सीधा नहीं होता।

मान लें आप एक लाख डॉलर का एक मकान ख़रीदते हैं, उस पर 20,000 डॉलर नक़द भुगतान करते हैं और बाक़ी बचे 80,000 डॉलर बैंक से 30 साल के लिए 8 प्रतिशत ब्याज पर लोन लेते हैं।

पाँच साल में आप बैंक को 35,220 डॉलर चुकाएँगे : 31,276 डॉलर ब्याज और 3,944 मूलधन की वापसी।

अगर आप पूरे 30 साल तक क़िस्तें चुकाते रहेंगे, तो आप कुल मिलाकर 211,323 डॉलर चुकाते हैं, जिसमें मूलधन और ब्याज शामिल हैं। अब इसमें से आप मूल रूप से लिए गए क़र्ज़ यानी 80,000 डॉलर को घटा दें। आपने जो कुल ब्याज चुकाया है, वह है 131,323 डॉलर।

एक बात और, इस 211,323 डॉलर में प्रॉपर्टी टैक्स और लोन का बीमा शामिल नहीं है।

अजीब बात यह है कि 131,323 डॉलर ब्याज का आँकड़ा 80,000 डॉलर पर 8 प्रतिशत की दर से थोड़ा ज़्यादा नज़र आता है। एक तरह से यह 30 वर्षों में 160 प्रतिशत से अधिक ब्याज लगता है। जैसा मैंने कहा, वे आपसे झूठ नहीं बोल रहे हैं... वे तो सिर्फ़ आपको पूरी सच्चाई नहीं बता रहे हैं। और अगर आप अंकों को नहीं पढ़ सकते, तो आप दरअसल कभी जान भी नहीं पाएँगे। वैसे अगर आप अपने मकान से ख़ुश हैं, तो आपको इसकी परवाह भी नहीं होगी। परंतु ज़ाहिर है, बैंकिंग उद्योग जानता है कि कुछ सालों में... आपके मन में एक नए मकान, एक बड़े घर, एक छोटे घर, एक वैकेशन हाउस या अपनी मॉर्टगेज को दुबारा फ़ाइनैंस करवाने की इच्छा जाग्रत होगी। वे यह बात जानते हैं और वे इस अनुमान के आधार पर ही अपनी योजनाएँ बनाते हैं।

उद्योग का औसत

बैंकिंग उद्योग में किसी मॉर्टगेज की जीवनआशा औसतन सात वर्ष मानी जाती है। यानी बैंक को यह आशा होती है कि औसत व्यक्ति हर सात साल में एक नया मकान ख़रीदेगा

या रिफ़ाइनैंस करवाएगा। और इस उदाहरण में इसका अर्थ है कि वे हर सात साल में अपने मूल 80,000 डॉलर की वापसी और 43,291 डॉलर ब्याज की आशा करते हैं।

और इसीलिए इसे ''मॉर्टगेज'' कहा जाता है, जो फ्रेंच शब्द ''मॉर्टिर'' यानी ''मृत्युपर्यंत अनुबंध'' से उत्पन्न हुआ है। सच्चाई यह है कि अधिकांश लोग कड़ी मेहनत करते रहेंगे, उनकी तनख़्वाहें बढ़ती रहेंगी और वे नए मकान ख़रीदते रहेंगे... नई मॉर्टगेज के साथ। इसके अलावा, सरकार ज़्यादा महँगे मकान ख़रीदने के लिए प्रोत्साहित करते हुए टैक्स में छूट भी देती है, जिसकी वजह से सरकार ज़्यादा प्रॉपर्टी टैक्स वसूल करती है। और हमें उस बीमा को भी नहीं भूलना चाहिए, जो हर मॉर्टगेज कंपनी आपसे वसूल करती है।

हर बार जब मैं टेलीविज़न देखता हूँ, तो मुझे ऐसे विज्ञापन दिख जाते हैं, जिनमें आकर्षक पेशेवर बेसबॉल और फुटबॉल खिलाड़ी मुस्कराते हुए आपको बताते हैं कि आप अपने क्रेडिट कार्ड के क़र्ज़ से मुक्त होने के लिए ''बिल कन्सॉलिडेशन लोन'' ले लें। इस तरह से आप अपने क्रेडिट कार्डों के क़र्ज़ से एक झटके में मुक्त हो सकते हैं और कम ब्याज दर पर एक नया लोन ले सकते हैं। इसके बाद वे बताते हैं कि ऐसा करना वित्तीय समझदारी क्यों है : ''बिल कन्सॉलिडेशन लोन आपके लिए एक स्मार्ट तरीक़ा है, क्योंकि सरकार आपको अपने मकान की मॉर्टगेज पर चुकाए गए ब्याज के भुगतान के लिए टैक्स में छूट देती है।''

दर्शकों को लगता है कि उन्हें आशा की किरण दिख गई है और वे दौड़कर अपनी फ़ाइनैंस कंपनी के पास जाते हैं, अपने घर को दुबारा फ़ाइनैंस करवाते हैं, अपने क्रेडिट कार्डों का क़र्ज़ चुकाते हैं और ख़ुद को समझदार मानने लगते हैं।

कुछ सप्ताह बाद वे फिर से ख़रीदारी में जुट जाते हैं : वे एक नई पोशाक देखते हैं, एक नया लॉन मोअर देखते हैं या महसूस करते हैं कि उनके बच्चे को नई साइकिल चाहिए या उन्हें छुट्टियाँ मनाने जाना चाहिए, क्योंकि वे थक गए हैं। अब उनके पास एक साफ़-सुथरा क्रेडिट कार्ड भी है... या उन्हें अचानक अपनी डाक में एक नया क्रेडिट कार्ड मिल जाता है, क्योंकि उन्होंने अपने पुराने क्रेडिट कार्ड का भुगतान कर दिया है। उनकी क्रेडिट या साख बहुत अच्छी है, वे अपने बिलों का भुगतान करते हैं, उनका छोटा सा दिल बल्लियों उछलने लगता है और वे ख़ुद से कहते हैं, ''चलो भी। मुझे यह सब मिलना चाहिए। मैं हर महीने थोड़ी सी रक़म देकर यह सब चुका सकता हूँ।''

भावनाएँ तर्क पर हावी हो जाती हैं और साफ़-सुथरा नया क्रेडिट कार्ड बाहर आ जाता है।

जैसा मैंने कहा, जब बैंकर कहते हैं कि आपका मकान संपत्ति है... तो वे झूठ नहीं बोल रहे हैं। जब सरकार क़र्ज़ में डूबने के लिए आपको टैक्स में छूट देती है, तो यह ऐसा इसलिए नहीं करती क्योंकि यह आपके वित्तीय भविष्य के लिए चिंतित है। सरकार तो अपने वित्तीय भविष्य के लिए चिंतित है। इसीलिए जब आपका बैंकर, अकाउंटेंट, वकील या स्कूल टीचर आपको बताता है कि आपका मकान संपत्ति है, तो वह सिर्फ़ यह कहना भूल जाता है कि यह किसकी संपत्ति है।

और बचत? क्या यह संपत्ति है?

आपकी बचत दरअसल आपकी संपत्ति है। यह एक अच्छी ख़बर है। परंतु एक बार फिर, फ़ाइनैंशियल स्टेटमेंट को पढ़ने के बाद ही आप पूरी तसवीर को देख सकते हैं। हालाँकि यह सच है कि आपकी बचत संपत्ति है, परंतु जब आप शहर के उस पार बैंक की बैलेंस शीट को देखते हैं, तो आपकी बचत वहाँ दायित्व के रूप में नज़र आती है। आपकी बचत और चेकबुक का बैलेंस आपकी संपत्ति के कॉलम में इस प्रकार दिखता है :

आपकी बैलेंस शीट

संपत्तियाँ	दायित्व
आपकी बचत	
आपकी चेकबुक का बैलेंस	

परंतु आपके बैंक की बैलेंस शीट में आपकी बचत और आपकी चेकबुक का बैलेंस इस प्रकार दिखता है।

बैंक की बैलेंस शीट

संपत्तियाँ	दायित्व
	आपकी बचत
	आपकी चेकबुक का बैलेंस

आपकी बचत और चेकबुक का बैलेंस बैंकों के लिए दायित्व क्यों है? इसलिए क्योंकि उन्हें आपके धन पर आपको ब्याज देना पड़ता है और इसकी सुरक्षा करने में भी धन की ज़रूरत होती है।

अगर आप इन ड्रॉइंग्स और शब्दों के महत्त्व को समझ लें, तो आप यह बेहतर समझ सकेंगे कि धन के खेल के बारे में आँखें क्या नहीं देख सकतीं।

धन बचाने के लिए आपको टैक्स में छूट क्यों नहीं मिलती?

अगर आप ध्यान दें, तो आपको मकान ख़रीदने और क़र्ज़ में डूबने के लिए तो टैक्स में छूट मिलती है... परंतु आपको पैसे की बचत करने के लिए टैक्स में छूट नहीं मिलती। क्या आपको कभी इस बात पर हैरानी हुई है कि ऐसा क्यों होता है।

मुझे इसका ठीक-ठीक जवाब तो नहीं मालूम, परंतु मैं अंदाज़ा लगा सकता हूँ। एक बड़ा कारण तो यह है कि आपकी बचत बैंकों के लिए दायित्व है। फिर वे सरकार से ऐसा क़ानून बनाने को क्यों कहेंगे, जो आपको बैंक में धन जमा करने के लिए प्रोत्साहित करे... वह धन, जो उनके लिए एक दायित्व होगा?

उन्हें आपकी बचत की ज़रूरत नहीं है

इसके अलावा, बैंकों को दरअसल आपकी बचत की ज़रूरत नहीं है। उन्हें अधिक डिपॉजिट्स की ज़रूरत नहीं है, क्योंकि वे धन को कम से कम दस गुना बढ़ा सकते हैं। अगर आप बैंक में एक डॉलर का नोट जमा करते हैं, तो क़ानूनन बैंक दस डॉलर उधार दे सकता है और केंद्रीय बैंक द्वारा निर्धारित रिज़र्व लिमिट के आधार पर शायद 20 डॉलर तक भी। इसका मतलब यह है कि आपका एक डॉलर का नोट अचानक 10 डॉलर या इससे अधिक का हो जाता है। यह जादू है! जब मेरे अमीर डैडी ने मुझे यह दिखाया, तो मुझे यह विचार बहुत पसंद आया। उस समय मैं जान गया कि मैं स्कूल जाकर बैंकर बनने के बजाय बैंक का मालिक बनना चाहता हूँ।

इसके अलावा, बैंक आपको उस 1 डॉलर पर सिर्फ़ 5 प्रतिशत ब्याज देता है। ग्राहक के रूप में आप सुरक्षित अनुभव करते हैं, क्योंकि बैंक आपके धन पर कुछ ब्याज तो दे रहा है। बैंक इसे अच्छे ग्राहक संबंध के रूप में देखता है, क्योंकि अगर आपने उनकी बैंक में बचत ख़ाता खोल रखा है, तो आपको जब उधार की ज़रूरत होगी, तो आप उन्हीं के पास आएँगे। वे चाहते हैं कि आप उनसे उधार लें क्योंकि वे तब उधार लिए गए धन पर आपसे 9 प्रतिशत या इससे ज़्यादा ब्याज ले सकते हैं। जहाँ आप अपने 1 डॉलर पर 5 प्रतिशत ब्याज कमाते हैं, वहीं बैंक आपके उस डॉलर द्वारा उत्पन्न 10 डॉलर के क़र्ज़ पर 9 प्रतिशत या इससे ज़्यादा ब्याज वसूलता है। हाल ही में मुझे एक नया क्रेडिट कार्ड मिला, जिसमें 8.9 प्रतिशत ब्याज का विज्ञापन दिया गया था... परंतु अगर आप बारीक अक्षरों में लिखी क़ानूनी शब्दावली को समझते हों, तो यह दरअसल 23 प्रतिशत था। कहने की ज़रूरत नहीं है कि मैंने उस क्रेडिट कार्ड के दो टुकड़े करके उसे वापस भिजवा दिया।

उन्हें आपकी बचत वैसे भी मिल जाती है

बचत के लिए टैक्स छूट न मिलने का एक और बहुत स्पष्ट कारण है। अगर आप अंकों को पढ़ सकते हैं और देख सकते हैं कि कैशफ़्लो किस तरफ़ हो रहा है, तो आप देखेंगे कि उन्हें आपकी बचत वैसे भी मिल जाएगी। अपनी संपत्ति वाले कॉलम में आप जो धन बचा सकते थे, वह आपके दायित्व वाले कॉलम से मॉर्टगेज पर ब्याज के रूप में जा रहा है और उनके संपत्ति वाले कॉलम को बढ़ा रहा है। यह कैशफ़्लो पैटर्न इस तरह दिखता है :

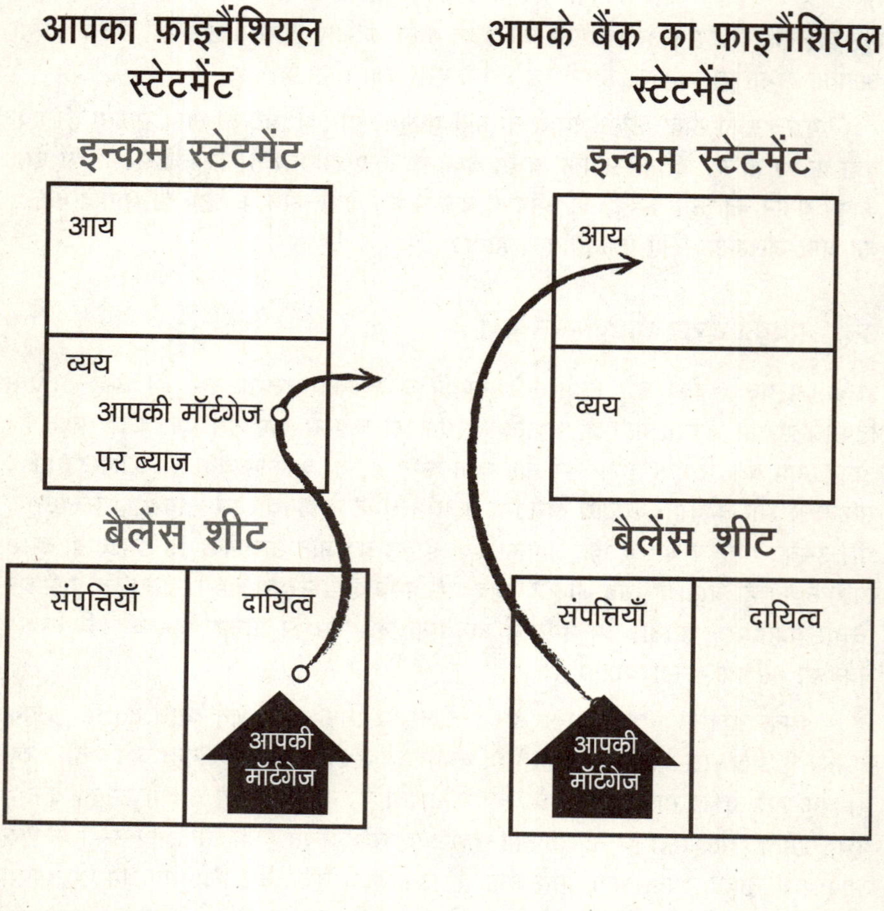

इसीलिए बैंक नहीं चाहते कि सरकार आपको बचत के लिए टैक्स में छूट दे। वे वैसे भी आपकी बचत ले लेंगे... क़र्ज़ पर ब्याज के भुगतान के रूप में।

राजनेता इस व्यवस्था के साथ छेड़छाड़ नहीं करते हैं, क्योंकि बैंक, बीमा कंपनियाँ, निर्माण उद्योग और ब्रोकरेज हाउसेस राजनीतिक चुनाव अभियानों में बहुत सा धन देते हैं... और राजनेता इस खेल का नाम अच्छी तरह जानते हैं।

खेल का नाम

1974 में मेरे अमीर डैडी इसलिए परेशान हो गए थे क्योंकि यह खेल मेरे ख़िलाफ़ खेला गया था और मैं यह बात नहीं जानता था। मैंने जब रियल एस्टेट ख़रीदने में निवेश किया था, तब मैं हारने वाली स्थिति में था... परंतु मुझे यह यक़ीन दिलाया गया था कि मैं जीतने वाली स्थिति में था।

अमीर डैडी ने कहा, ''मुझे ख़ुशी है कि तुम खेल के मैदान में दाख़िल हुए। परंतु चूँकि किसी ने भी तुम्हें कभी यह नहीं बताया कि खेल क्या है, इसलिए तुम हारने वाली टीम में शामिल हो गए।''

अमीर डैडी ने फिर इस खेल की मूलभूत बातें स्पष्ट कीं। ''पूँजीवाद के इस खेल का नाम है – कौन किसका क़र्ज़दार है?''

उन्होंने कहा कि अगर मैं इस खेल को समझ लूँ, तो मैं बेहतर खिलाड़ी बन जाऊँगा... बजाय ऐसे व्यक्ति के, जो इस खेल में बिलकुल अनाड़ी हो।

आप जितने ज़्यादा लोगों के क़र्ज़दार हैं, आप उतने ही ज़्यादा ग़रीब हैं

अमीर डैडी कहते थे, ''आप जितने ज़्यादा लोगों के क़र्ज़दार हैं, आप उतने ही ज़्यादा ग़रीब हैं। और जितने ज़्यादा लोग आपके क़र्ज़दार हैं, आप उतने ही ज़्यादा अमीर हैं। यही इस खेल का सार है।''

जैसा मैंने कहा, मैंने अपना दिमाग़ खुला रखने के लिए संघर्ष किया। इसलिए मैं ख़ामोश रहा और उन्हें समझाने दिया। वे ऐसा दुर्भावना से नहीं कर रहे थे। वे तो सिर्फ़ उस खेल को समझा रहे थे, जिसे वे अच्छी तरह से समझते थे।

''हम सब किसी न किसी के क़र्ज़दार होते हैं। समस्याएँ तब उत्पन्न होती हैं, जब क़र्ज़ संतुलन से बाहर चला जाता है। दुर्भाग्य से, इस दुनिया के ग़रीब लोगों को इस खेल में इधर-उधर दौड़ाया जाता है और वे अक्सर क़र्ज़ में बुरी तरह डूब जाते हैं। यही ग़रीब देशों के बारे में सही है। दुनिया ग़रीबों, कमज़ोरों, वित्तीय रूप से अज्ञानियों को निचोड़ लेती है। अगर आप पर बहुत ज़्यादा क़र्ज़ है, तो दुनिया आपका सब कुछ ले लेती है... आपका समय, आपका काम, आपका मकान, आपका जीवन, आपका आत्मविश्वास. और फिर अगर आप अनुमति देते हैं, तो यह आपकी गरिमा भी छीन लेती है। मैंने यह खेल नहीं बनाया, मैंने नियम भी नहीं बनाए, परंतु मैं इस खेल को समझता हूँ... और मैं इसे अच्छी तरह से खेलता हूँ। मैं तुम्हें इस खेल के बारे में समझाऊँगा। मैं चाहता हूँ कि तुम इसे अच्छी तरह से खेलना सीख लो। फिर जब तुम इस खेल में निपुण हो जाओ, तो यह तुम्हारे ऊपर है कि अपने ज्ञान का तुम किस प्रकार उपयोग करोगे।''

धन क़र्ज़ है

फिर अमीर डैडी ने समझाया कि हमारी मुद्रा इक्विटी का नहीं, बल्कि क़र्ज़ का साधन है। हर डॉलर नोट पर पहले सोने-चाँदी की गारंटी होती थी, परंतु अब यह एक आई.ओ.यू. है, जिसके भुगतान की गारंटी उस देश के करदाता देते हैं। जब तक बाक़ी दुनिया को यह विश्वास है कि अमेरिकी करदाता काम करेंगे और धन कहे जाने वाले इस आई.ओ.यू. के बदले में भुगतान करेंगे, तब तक दुनिया हमारे डॉलर पर विश्वास करेगी। अगर धन का प्रमुख तत्व यानी ''विश्वास'' अचानक ग़ायब हो जाए, तो अर्थव्यवस्था ताश के पत्तों की तरह ढह जाएगी... और इतिहास में ताश के पत्तों के महल कई बार ढह चुके हैं।

जर्मन वीमर सरकार की मुद्रा मार्क का उदाहरण लें, जिसका द्वितीय विश्वयुद्ध के ठीक पहले कोई मूल्य ही नहीं रह गया था। इस बारे में एक कहानी लोकप्रिय है। एक बूढ़ी महिला ब्रेड ख़रीदने के लिए जर्मनी की मुद्रा यानी मार्क से भरे हुए ठेले को धकेलकर ले जा रही थी। जब उसने पीठ घुमाई, तो किसी ने ठेला चुरा लिया और मूल्यरहित धन के ढेर को सड़क पर ही छोड़ गया।

इसीलिए अधिकांश धन आज ''आदेशित'' (fiat) धन है, यानी ऐसा धन जो किसी मूर्त चीज़ जैसे सोने या चाँदी में नहीं बदला जा सकता। धन तभी तक काम का है, जब तक लोगों को सरकार में विश्वास है, जो इसके भुगतान का आश्वासन देती है। ''फ़िएट'' की अन्य परिभाषा है, ''शक्तिसंपन्न आदेश, जो पूर्ण सत्तावान व्यक्ति या समूह द्वारा दिया जाता है।''

आज की अधिकांश वैश्विक अर्थव्यवस्था क़र्ज़ और विश्वास पर आधारित है। जब तक हम सब एक-दूसरे का हाथ थामे रहेंगे और कोई भी मानवीय श्रृंखला को नहीं तोड़ेगा, तब तक सब कुछ ठीक रहेगा... और मैं ठीक (fine) शब्द को असुरक्षित, न्यूरॉटिक और भावुक अनुभव करने का संक्षिप्त रूप मानता हूँ।

कौन किसका क़र्ज़दार है?

1974 में जब मैं यह सीख रहा था कि 56,000 डॉलर का कॉन्डो या मकान कैसे ख़रीदा जाए, तो मेरे अमीर डैडी ने मुझे यह महत्त्वपूर्ण सबक़ सिखाया कि सौदे के अनुबंध की शब्दावली कैसी हो।

अमीर डैडी ने कहा, ''इस खेल का नाम है 'कौन किसका क़र्ज़दार है?' और किसी ने तुम्हें क़र्ज़दार बना लिया है। यह तो उसी तरह है जैसे तुम दस दोस्तों के साथ डिनर के लिए जाओ, परंतु टॉयलेट से बाहर आने के बाद तुम देखो, तो टेबल पर बिल पड़ा हो और तुम्हारे सभी दस दोस्त चले गए हों। अगर तुम इस खेल को खेलना चाहते हो, तो बेहतर यह होगा कि तुम इस खेल को अच्छी तरह सीख लो, इसके नियमों को जान लो, इसकी भाषा बोलने लगो और यह भी जान लो कि तुम किसके साथ खेल रहे हो। अगर ऐसा नहीं है, तो तुम खेल को नहीं खेलोगे, बल्कि खेल तुम्हारे साथ खिलवाड़ करेगा।''

यह सिर्फ़ खेल है

पहले तो अमीर डैडी की बात सुनकर मुझे गुस्सा आया... परंतु मैं सुनता रहा और समझने की कोशिश करता रहा। आख़िरकार उन्होंने इसे ऐसी पृष्ठभूमि में रख दिया जिससे मुझे इसका मतलब अच्छी तरह समझ में आ जाए। उन्होंने पूछा, ''तुम्हें फुटबॉल पसंद है, है ना?''

मैंने अपना सिर हिलाया, ''हाँ, मैं इस खेल से प्रेम करता हूँ।''

अमीर डैडी बोले, ''धन मेरा खेल है। मैं धन के खेल से प्रेम करता हूँ।''

इस पर मैंने कहा, ''परंतु कई लोगों के लिए धन कोई खेल नहीं है।''

अमीर डैडी बोले, ''यह सही है। अधिकांश लोगों के लिए यह ज़िंदा रहने का ज़रिया है। अधिकांश लोगों के लिए धन एक ऐसा खेल है, जिसे खेलने के लिए उन्हें मजबूर किया जाता है। दुर्भाग्य से, हम जितने सभ्य होते जाते हैं, धन हमारे जीवन का उतना ही अनिवार्य हिस्सा बनता जाता है।''

अमीर डैडी ने *कैशफ़्लो क्वाड्रैंट* खींचा।

''इसे किसी टेनिस कोर्ट या फुटबॉल के मैदान की तरह देखो। धन के खेल को खेलते समय तुम किस टीम में रहना चाहते हो? 'ई, एस, बी या आई?' तुम मैदान के किस हिस्से में रहना चाहते हो – दाएँ हिस्से में या बाएँ हिस्से में?''

मैंने *क्वाड्रैंट* के दाएँ हिस्से की तरफ़ इशारा कर दिया।

अगर आप क़र्ज़ और जोखिम लेते हैं, तो आपको लाभ होना चाहिए

अमीर डैडी ने कहा, ''इसीलिए जब कोई आपसे कहता है कि 30 साल तक हर महीने 150 डॉलर का नुक़सान उठाना एक अच्छा सौदा है... क्योंकि सरकार आपको इस नुक़सान पर टैक्स में छूट देगी और उसे उम्मीद है कि रियल एस्टेट की क़ीमत बढ़ जाएगी, तो आप उस सेल्स एजेंट पर भरोसा नहीं करते हैं और खेल के मैदान में नहीं उतरते हैं। आप इस

मानसिकता से खेल को नहीं खेल सकते। हालाँकि ये विचार सही साबित हो सकते हैं, परंतु *क्वाड्रैंट* के दाएँ हिस्से में खेल इस तरह से नहीं खेला जाता। कोई आपसे यह कह रहा है कि आप क़र्ज़ में उतरें, हर तरह का जोखिम लें और इसके लिए नुक़सान भी उठाएँ। बाएँ हिस्से के लोग सोचते हैं कि यह एक अच्छा विचार है... परंतु दाएँ हिस्से के लोग ऐसा नहीं सोचते।''

मैं थोड़ा हिल गया था।

अमीर डैडी ने कहा, ''इसे मेरे नज़रिए से देखो। तुम आसमान में बने इस कॉन्डो को 56,000 डॉलर में ख़रीदना चाहते हो। तुम क़र्ज़ लेने के लिए हस्ताक्षर कर रहे हो और जोखिम ले रहे हो। किराएदार को वहाँ रहने के लिए जितना किराया देना चाहिए, वह उससे कम किराया देता है। इस तरह से देखा जाए, तो तुम उस व्यक्ति को वहाँ रहने के लिए सबसिडी दे रहे हो। क्या तुम्हें इसमें समझदारी दिखती है?''

मैंने सिर हिलाकर कहा, ''नहीं।''

अमीर डैडी बोले, ''खेल को खेलने का यह मेरा तरीक़ा है। आगे से, अगर तुम क़र्ज़ और जोखिम लेते हो, तो तुम्हें लाभ होना चाहिए। समझ गए?''

मैंने अपना सिर सहमति में हिलाया।

अमीर डैडी ने कहा, ''धन कमाना कॉमन सेन्स या सामान्य ज्ञान है। यह रॉकेट विज्ञान जितना मुश्किल नहीं है। परंतु दुर्भाग्य से जब धन कमाने की बात आती है, तो सामान्य ज्ञान सामान्य नहीं होता। बैंकर आपसे कहता है कि आप क़र्ज़ लें। वह आपसे कहता है कि सरकार आपको उस चीज़ के लिए टैक्स में छूट देगी, जो दरअसल मूलभूत आर्थिक समझदारी भी नहीं है। फिर एक रियल एस्टेट सेल्समैन आपसे सौदे पर हस्ताक्षर करने को कहता है क्योंकि वह एक ऐसा किराएदार खोज सकता है जो आपकी क़िस्त से भी कम भुगतान देगा, सिर्फ़ इसलिए क्योंकि उसकी राय में क़ीमतें बढ़ेंगी। इसमें तुम्हें समझदारी लग सकती है, परंतु तुम्हारा और मेरा सामान्य ज्ञान अलग-अलग है।''

मैं वहाँ खड़ा रहा। मैंने उनकी हर बात सुनी और मुझे मानना पड़ा कि सौदा अच्छा लगने के कारण मैं इतना रोमांचित हो गया था कि मेरी बुद्धि घास चरने चली गई थी। मैं सौदे का विश्लेषण नहीं कर पाया था। चूँकि सौदा अच्छा ''दिख'' रहा था, इसलिए मैं लोभ और रोमांच के कारण भावुक हो गया था। अंक और शब्द मुझे जो बताने की कोशिश कर रहे थे, वह मैं सुन ही नहीं पाया था।

तब अमीर डैडी ने मुझे एक महत्त्वपूर्ण नियम बताया, जिसका वे हमेशा प्रयोग करते थे, ''लाभ बेचते समय नहीं, बल्कि ख़रीदते समय होता है।''

अमीर डैडी जब कोई प्रॉपर्टी ख़रीदने के लिए क़र्ज़ या जोखिम लेते थे, तो वे यह सुनिश्चित कर लेते थे कि यह पहले दिन से ही समझदारीपूर्ण लगे, चाहे अर्थव्यवस्था की हालत बिगड़े या सुधरे। वे टैक्स की चालाकियों या जादुई दर्पण की भविष्यवाणियों के आधार पर कभी कुछ नहीं ख़रीदते थे। अच्छे और बुरे दोनों समय में सौदे में आर्थिक समझदारी दिखनी चाहिए।

मैं धन के खेल को समझने लगा और इसे उनके नज़रिए से देखने लगा। धन का खेल यह सुनिश्चित करना था कि दूसरे आपके क़र्ज़दार रहें और आप किसी के क़र्ज़दार बनने के बारे में सावधान रहें। मुझे उनके शब्द आज भी याद हैं : ''अगर आप क़र्ज़ और जोखिम लेते हैं, तो आपको लाभ होना चाहिए।''

अमीर डैडी भी क़र्ज़ लेते थे, परंतु वे क़र्ज़ लेते समय बहुत सावधान रहते थे। उनकी सलाह थी, ''जब भी क़र्ज़ लो, तब सावधान रहो, अगर तुम व्यक्तिगत क़र्ज़ लेते हो, तो यह सुनिश्चित करो कि यह छोटा क़र्ज़ हो। अगर तुम बड़ा क़र्ज़ लेते हो, तो यह सुनिश्चित करो कि कोई दूसरा इसे चुकाए।''

वे धन और क़र्ज़ के खेल को एक ऐसा खेल मानते थे, जो आपके साथ, मेरे साथ, हर एक के साथ खेला जा रहा था। यह हर बिज़नेस और देश में खेला जा रहा था। वे इसे सिर्फ़ खेल की तरह देखते थे, समस्या यह है कि अधिकांश लोगों के लिए धन कोई खेल नहीं है। कई लोगों के लिए धन ज़िंदा रहने का साधन है... अक्सर ज़िंदगी है। और चूँकि किसी ने उन्हें इस खेल के बारे में नहीं समझाया, इसलिए वे अब भी उन बैंकर्स पर विश्वास, करते हैं, जो कहते हैं कि मकान संपत्ति है।

तथ्यों बनाम राय का महत्त्व

अमीर डैडी ने अपने सबक़ को जारी रखा : ''अगर तुम धन के क्षेत्र में दाएँ हिस्से में सफल होना चाहते हो, तो तुम्हें तथ्यों और राय के बीच के फ़र्क़ को जानना होगा। तुम अंधों की तरह वित्तीय सलाह स्वीकार नहीं कर सकते, जिस तरह से बाएँ हिस्से में लोग करते हैं। तुम्हें अंक जानना चाहिए। तथ्य जानना चाहिए। और अंक तुम्हें तथ्य बता देते हैं। तुम्हारा वित्तीय बचाव किसी दोस्त या सलाहकार के शब्दों या राय पर नहीं, बल्कि तथ्यों पर निर्भर करता है।''

मैंने पूछा, ''मैं नहीं समझा। इससे क्या फ़र्क़ पड़ता है कि कोई चीज़ तथ्य है या राय? क्या एक चीज़ दूसरी से बेहतर है?''

''नहीं,'' अमीर डैडी ने जवाब दिया। ''सिर्फ़ यह जान लो कि कौन सी चीज़ कब तथ्य होती है और कब राय।''

चूँकि मुझे कुछ भी समझ नहीं आया था, इसलिए मैं अपने चेहरे पर दुविधा के भाव लेकर खड़ा रहा।

अमीर डैडी ने कहा, ''तुम्हारे परिवार के मकान का मूल्य क्या है?'' वे मेरी दुविधा को दूर करने के लिए उदाहरण दे रहे थे।

मैंने तत्काल जवाब दिया, ''मैं जानता हूँ। मेरे माता-पिता इसे बेचने के बारे में सोच रहे हैं, इसलिए हमने एक रियल एस्टेट एजेंट को बुलवाकर इसकी क़ीमत तय करवाई। उसके हिसाब से इस मकान का मूल्य 36,000 डॉलर है। इसका मतलब यह है कि इसकी वास्तविक क़ीमत में 16,000 डॉलर की वृद्धि हुई है क्योंकि डैडी ने इसे पाँच साल पहले सिर्फ़ 20,000 डॉलर में ख़रीदा था।''

''तो क़ीमत तय करवाना और इसकी वास्तविक क़ीमत तथ्य है या राय?'' अमीर डैडी ने पूछा।

मैंने इस बारे में कुछ देर सोचा और वह समझ गया, जो वे समझाने की कोशिश कर रहे थे। ''दोनों ही राय हैं, है ना?''

अमीर डैडी ने सहमति में सिर हिलाते हुए कहा, ''बहुत बढ़िया। अधिकांश लोग वित्तीय रूप से इसलिए संघर्ष करते हैं, क्योंकि वे अपने वित्तीय निर्णय लेते समय तथ्यों के बजाय राय का प्रयोग करते हुए ज़िंदगी गुज़ार देते हैं। इस तरह की राय जैसे, 'आपका मकान संपत्ति है।' 'रियल एस्टेट की क़ीमत हमेशा बढ़ती है।' 'ब्लू चिप स्टॉक्स आपका सर्वश्रेष्ठ निवेश हैं।' 'धन कमाने के लिए आपके पास धन होना चाहिए।' 'स्टॉक हमेशा रियल एस्टेट से ज़्यादा लाभकारी साबित होते हैं।' 'आपको अपने पोर्टफ़ोलियो को डाइवर्सिफ़ाई करना चाहिए।' 'अमीर बनने के लिए बेईमानी करनी पड़ती है।' 'निवेश करना जोखिम भरा काम है।' 'सुरक्षित रहकर काम करो।' ''

मैं गहराई से सोचता रहा और मुझे यह अहसास हुआ कि मैंने घर पर धन के बारे में जो भी सुना था, उसका अधिकांश हिस्सा दरअसल तथ्य नहीं है, बल्कि लोगों की राय थी।

''क्या स्वर्ण संपत्ति है?'' अमीर डैडी ने पूछा और मुझे मेरे दिवास्वप्न से बाहर खींच लिया।

''हाँ, ज़ाहिर है।'' मैंने जवाब दिया। ''यह इकलौता वास्तविक धन है, जो समय के इम्तहान में खरा उतरा है।''

''देखा तुमने फिर वही ग़लती कर दी।'' अमीर डैडी मुस्कराते हुए बोले। ''संपत्ति क्या है, इस बाबत तथ्यों की जाँच करने के बजाय तुम सिर्फ़ किसी दूसरे व्यक्ति की राय को दोहरा रहे हो।''

अमीर डैडी ने धीमे से कहा, ''मेरी परिभाषा के हिसाब से स्वर्ण सिर्फ़ तभी संपत्ति है, जब आप इसे जितनी क़ीमत में ख़रीदें, उससे ज़्यादा क़ीमत में बेचें। दूसरे शब्दों में, अगर आप इसे 100 डॉलर में ख़रीदते हैं और 200 डॉलर में बेचते हैं, तो यह एक संपत्ति है। परंतु अगर आपने एक औंस स्वर्ण 200 डॉलर में ख़रीदा और 100 डॉलर में बेचा तो इस सौदे में स्वर्ण एक दायित्व है। सौदे के वास्तविक वित्तीय आँकड़े अंततः आपको तथ्य बताते हैं। वास्तविकता में, सिर्फ़ आप ही संपत्ति या दायित्व हैं... क्योंकि अंततः सिर्फ़ आप ही स्वर्ण को संपत्ति बना सकते हैं और सिर्फ़ आप ही इसे दायित्व बना सकते हैं। इसीलिए वित्तीय शिक्षा इतनी महत्त्वपूर्ण है। मैंने बहुत से लोगों को बहुत अच्छा बिज़नेस या रियल एस्टेट लेते देखा है, परंतु बाद में उन्होंने उसे एक वित्तीय दुःस्वप्न में बदल दिया। कई लोग अपने व्यक्तिगत जीवन में भी यही करते हैं। वे मेहनत से कमाए गए धन को लेते हैं और उससे जीवन भर के दायित्व उत्पन्न कर लेते हैं।''

मैं और भी ज़्यादा दुविधा में पड़ गया था और अंदर से थोड़ा आहत भी महसूस कर रहा था, इसलिए मैं बहस करना चाहता था। अमीर डैडी मेरे दिमाग़ के साथ खेल रहे थे।

''बहुत से लोग सिर्फ़ इसलिए फँस गए क्योंकि वे तथ्य नहीं जानते थे। मैं हर दिन डरावनी कहानियाँ सुनता हूँ कि लोगों ने राय को तथ्य मानने के कारण अपना सारा धन

गँवा दिया। किसी वित्तीय निर्णय को लेते समय राय का प्रयोग करना ठीक है, परंतु आपको फ़र्क़ पता होना चाहिए। करोड़ों लोग अपने जीवन के निर्णय उस राय के आधार पर लेते हैं, जो पीढ़ी दर पीढ़ी हस्तांतरित होती है... और फिर वे हैरान होते हैं कि उन्हें वित्तीय रूप से संघर्ष क्यों करना पड़ा।''

मैंने पूछा, ''किस तरह की राय?''

अमीर डैडी जवाब देने से पहले मुस्कराए, ''देखो, मैं तुम्हें इसके कुछ उदाहरण देता हूँ।''

अमीर डैडी ने सूची गिनाई। यह बताते समय वे मुस्कराते जा रहे थे। ज़ाहिर था कि वे इंसान होने की स्थिति पर मुस्करा रहे थे। उस दिन उन्होंने ये उदाहरण दिए :

- ''तुम्हें उससे शादी करना चाहिए। वह एक अच्छा पति साबित होगा।''
- ''एक सुरक्षित नौकरी खोजो और पूरे जीवन वहीं डटे रहो।''
- ''डॉक्टर बहुत ज़्यादा कमाई करते हैं।''
- ''उनके पास एक बड़ा मकान है। वे अमीर होंगे।''
- ''उसकी मांसपेशियाँ उभरी हैं। वह स्वस्थ होगा।''
- ''यह बहुत अच्छी कार है; इसे सिर्फ़ नाटी बूढ़ी महिला चलाती है।''
- ''इतना पर्याप्त धन नहीं है कि हर व्यक्ति अमीर बन जाए।''
- ''पृथ्वी समतल है।''
- ''इंसान कभी नहीं उड़ पाएँगे।''
- ''वह अपनी बहन से ज़्यादा स्मार्ट है।''
- ''बॉन्ड स्टॉक से ज़्यादा सुरक्षित हैं।''
- ''जो लोग ग़लतियाँ करते हैं, वे मूर्ख होते हैं।''
- ''वह इतनी कम क़ीमत पर कभी नहीं बेचेगा।''
- ''वह मेरे साथ डेटिंग पर कभी बाहर नहीं जाएगी।''
- ''निवेश करना जोखिम भरा है।''
- ''मैं कभी अमीर नहीं बन पाऊँगा।''
- ''मैं कॉलेज नहीं जा पाया, इसलिए मैं जीवन की दौड़ में कभी आगे नहीं निकल पाऊँगा।''
- ''आपको अपने निवेश डाइवर्सिफ़ाई कर लेना चाहिए।''
- ''आपको अपने निवेश डाइवर्सिफ़ाई नहीं करना चाहिए।''

अमीर डैडी की सूची आगे बढ़ती चली गई, जब तक कि उन्होंने यह नहीं देख लिया कि मैं उनका उदाहरण सुनते-सुनते थक गया था।

''ठीक है!'' मैंने आख़िरकार कहा। ''मैंने पर्याप्त सुन लिया है। आप क्या कहना चाहते हैं?''

अमीर डैडी मुस्कराए, "मैं सोच रहा था कि तुम मुझे बीच में कभी नहीं रोकोगे। सबक़ यह है कि अधिकांश लोगों का जीवन तथ्यों के बजाय राय द्वारा निर्धारित होता है। अगर किसी व्यक्ति के जीवन को बदलना है, तो उसे पहले अपनी राय बदलने की आवश्यकता है... फिर तथ्यों की ओर देखने की आवश्यकता है। अगर आप फ़ाइनैंशियल स्टेटमेंट पढ़ सकते हैं, तो आप तथ्यों को देख सकेंगे, जो सिर्फ़ कंपनी की वित्तीय सफलता के बारे में ही नहीं होंगे... अगर आप फ़ाइनैंशियल स्टेटमेंट पढ़ सकते हैं, तो किसी की राय मानने के बजाय आप तत्काल जान सकते हैं कि सामना वाला व्यक्ति किस हाल में है। जैसा मैंने कहा, कोई भी चीज़ किसी दूसरी चीज़ से बेहतर नहीं है। जीवन में सफल होने के लिए, ख़ास तौर पर वित्तीय रूप से सफल होने के लिए, आपको फ़र्क़ जानना होगा। अगर आप किसी चीज़ को तथ्य के रूप में सत्यापित नहीं कर सकते, तो यह एक राय है। जब कोई व्यक्ति अंकों को नहीं पढ़ सकता... तब वह किसी दूसरे की राय लेता है। यह वित्तीय अंधापन है। वित्तीय पागलपन तब उत्पन्न होता है, जब राय का प्रयोग तथ्य के रूप में किया जाता है। अगर आप *क्वाड्रैंट* के दाएँ हिस्से में रहना चाहते हैं, तो आपको तथ्य और राय के बीच के फ़र्क़ को जानना होगा। बहुत कम सबक़ इस सबक़ से ज़्यादा महत्त्वपूर्ण हैं।"

मैं वहाँ पर बैठकर शांति से सुनता रहा और उनकी बात को समझने का सर्वश्रेष्ठ प्रयास करता रहा। यह स्पष्ट रूप से एक आसान अवधारणा थी, परंतु यह इतनी बड़ी थी कि मेरा मस्तिष्क उस पल उसे स्वीकार नहीं कर पा रहा था।

"क्या तुम जानते हो कि 'ड्यू डिलिजेन्स' क्या है?" अमीर डैडी ने पूछा।

मैंने अपना सिर इनकार में हिलाया।

"ड्यू डिलिजेन्स या उचित जाँच-पड़ताल का अर्थ सिर्फ़ यह पता लगाना है कि राय क्या है और तथ्य क्या हैं। जब धन की बात आती है, तो अधिकांश लोग या तो आलसी होते हैं या फिर वे शॉर्टकट की तलाश करते हैं, इसलिए वे कभी पर्याप्त ड्यू डिलिजेन्स नहीं कर पाते। ऐसे भी लोग होते हैं, जो ग़लतियाँ करने से इतना डरते हैं कि वे सिर्फ़ ड्यू डिलिजेन्स ही करते हैं और इसके अलावा कुछ नहीं करते। बहुत अधिक ड्यू डिलिजेन्स को 'विश्लेषण का लक़वा' भी कहा जाता है। सबक़ यह है कि आपको यह पता होना चाहिए कि तथ्य और राय के बीच फ़र्क़ कैसे किया जाए और इसके बाद निर्णय लिया जाए। जैसा मैंने कहा अधिकांश लोग आज वित्तीय कष्ट में इसलिए हैं क्योंकि उन्होंने बहुत अधिक शॉर्टकट अपनाए हैं और वे अपने जीवन के निर्णय तथ्यों के बजाय रायों के आधार पर ले रहे हैं, ख़ास तौर पर 'ई' या 'एस' की रायों के आधार पर। अगर आप 'बी' या 'आई' बनना चाहते हैं, तो आपको इस फ़र्क़ के बारे में बहुत ज़्यादा जागरूक रहना होगा।"

मैं उस दिन अमीर डैडी के सबक़ के महत्त्व को पूरी तरह हीं समझ पाया, परंतु आगे चलकर बहुत कम सबक़ इससे ज़्यादा लाभकारी साबित हुए। ख़ासकर जब अपने धन को सँभालने की बात आती है, तब तथ्य और राय के बीच के फ़र्क़ को जानना बेहद महत्त्वपूर्ण होता है।

बरसों बाद 1990 के दशक की शुरुआत में मेरे अमीर डैडी ने स्टॉक मार्केट को आसमान में उछलते देखा। उनकी एकमात्र टिप्पणी यह थी,

"यह तब होता है, जब ऊँची तनख़्वाह वाले कर्मचारी या सेल्फ़-एम्प्लॉयड लोग ब्याज में बहुत अधिक धन चुकाते हैं, बहुत अधिक क़र्ज़ लेते हैं और उनके पोर्टफ़ोलियो में सिर्फ़ पेपर एसेट्स होते हैं और वे निवेश की सलाह देना शुरू करते हैं। करोड़ों लोग उन लोगों की राय का अनुसरण करके कष्ट उठाएँगे, जिनके बारे में उन्हें लगता है कि वे तथ्य जानते हैं।"

अमेरिका के महानतम निवेशक वारेन बफ़े ने एक बार कहा था, "अगर आप पोकर का खेल खेल रहे हों और 20 मिनट बाद आप यह न जानते हों कि पेट्सी कौन है, तो आप ही पेट्सी हैं।"

लोग वित्तीय रूप से संघर्ष क्यों करते हैं

मैंने हाल ही में सुना कि अधिकांश लोग स्कूल छोड़ने के दिन से मृत्यु के दिन तक क़र्ज़ में रहेंगे।

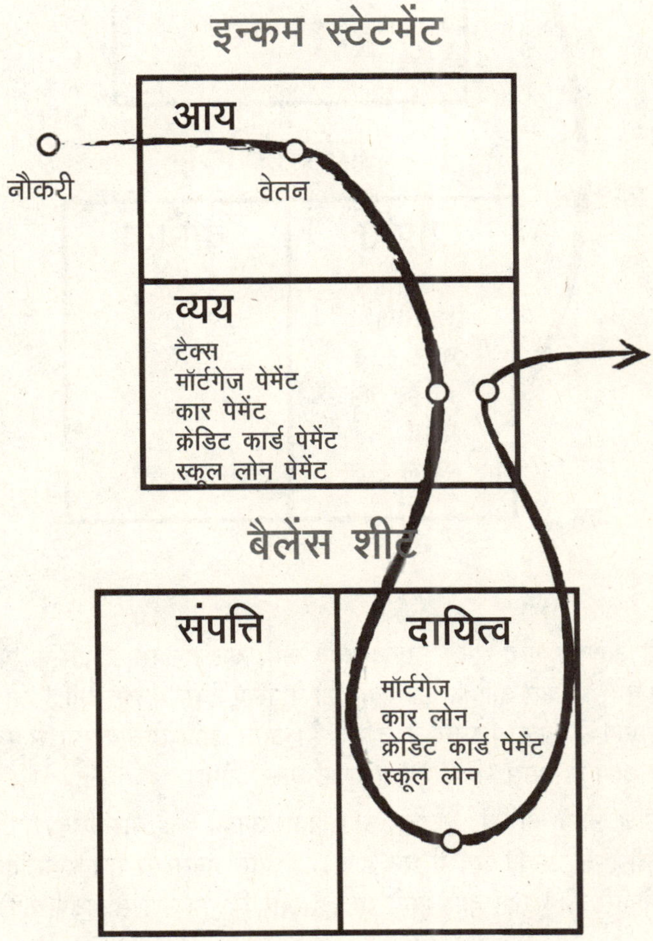

किसी दूसरे की बैलेंस शीट

अगर आप अब खेल को समझने लगे हैं, तो आपको यह अहसास हो गया होगा कि सूची में दिए गए दायित्व किसी दूसरे की बैलेंस शीट में इस तरह दिखेंगे।

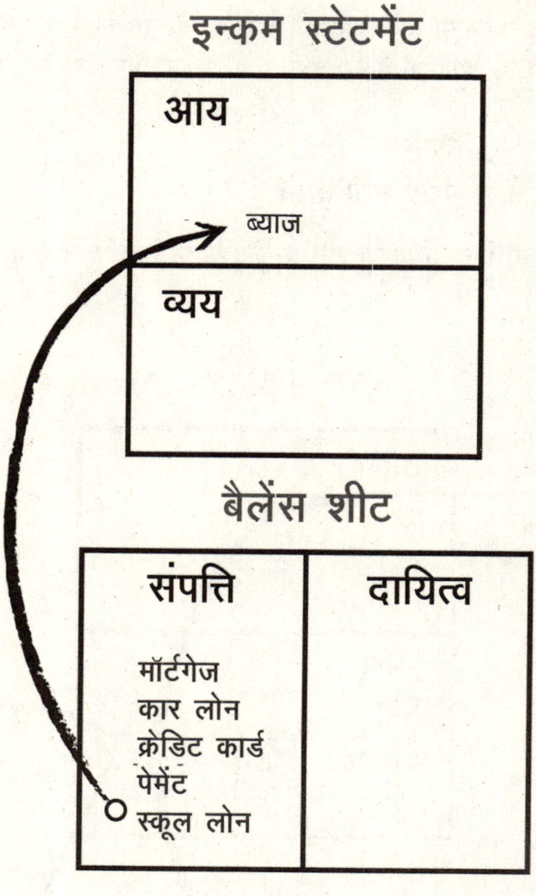

जब भी आप ये शब्द सुनें, ''नक़द बहुत कम, बाक़ी आसान मासिक क़िस्तों में,'' या ''चिंता न करें, सरकार आपको इन नुक़सानों के लिए टैक्स में छूट देगी,'' तो आप जान लें कि कोई आपको खेल में प्रलोभन दे रहा है। अगर आप वित्तीय रूप से स्वतंत्र होना चाहते हैं, तो आपको उससे थोड़ा ज़्यादा स्मार्ट बनना होगा।

अधिकांश लोगों का कोई क़र्ज़दार नहीं होता। उनकी कोई वास्तविक संपत्ति भी नहीं होती (ऐसी चीज़ें जो उनकी जेब में धन डालें)... और अक्सर वे सबके क़र्ज़दार होते हैं। इसीलिए वे नौकरी की सुरक्षा को जकड़े रहते हैं और वित्तीय रूप से संघर्ष करते हैं। अगर

उनकी नौकरी न रहे, तो वे पल भर में दिवालिया हो जाएँगे। यह कहा गया है कि औसत अमेरिकी व्यक्ति दिवालिएपन से तीन तनख़्वाह से भी कम दूर है, सिर्फ़ इसलिए क्योंकि वह बेहतर जीवन चाहता है और खेल में हार जाता है। आम लोगों के ख़िलाफ़ बहुत सी चीज़ें होती हैं। वे अब भी सोचते हैं कि उनका मकान, कार, गोल्फ़ क्लब्स, कपड़े, वैकेशन होम, और विलासिता के अन्य साधन संपत्ति हैं। वे दूसरों की सुनी-सुनाई बातों पर विश्वास करते हैं। उन्हें विश्वास करना ही पड़ता है क्योंकि वे वित्तीय अंक नहीं पढ़ सकते। वे तथ्य और राय में फ़र्क़ नहीं कर सकते। अधिकांश लोग स्कूल जाते हैं और खिलाड़ी बनना सीख लेते हैं, परंतु किसी ने भी उन्हें खेल के नियम स्पष्टता से नहीं समझाए हैं। किसी ने भी उन्हें यह नहीं बताया है कि इस खेल का नाम है ''कौन किसका क़र्ज़दार है?'' और चूँकि किसी ने उन्हें यह नहीं बताया है, इसलिए वे हर एक के क़र्ज़दार बन जाते हैं।

धन एक विचार है

मुझे आशा है कि अब आप *कैशफ़्लो क्वाड्रैंट* की मूलभूत बातों को समझ चुके हैं और यह जानते हैं कि धन दरअसल एक विचार है, जो आँखों के बजाय मस्तिष्क से ज़्यादा स्पष्ट दिखता है। धन के खेल और इसे खेलने के तरीक़े को सीखना वित्तीय स्वतंत्रता की आपकी यात्रा का एक महत्त्वपूर्ण हिस्सा है। हालाँकि इससे भी अधिक महत्त्वपूर्ण यह है कि *कैशफ़्लो क्वाड्रैंट* के दाएँ हिस्से में पहुँचने के लिए आपको क्या बनना चाहिए। इस पुस्तक का दूसरा खंड ''अपने भीतर के सर्वश्रेष्ठ स्वरूप को बाहर निकालना'' इसी बात पर ध्यान केंद्रित करेगा और नीचे दिए गए फ़ॉर्मूले का विश्लेषण करेगा :

बनो

करो

पाओ

खंड II

अपने भीतर के सर्वश्रेष्ठ स्वरूप को बाहर निकालना

अध्याय 7

वह बनें, जो आप हैं

असल मुद्दा यह है कि आप कौन से परिवर्तन करेंगे और इस प्रक्रिया में आप क्या बनेंगे।

मेरे अमीर डैडी ने कहा था, ''बेघर होना महत्त्वपूर्ण नहीं है, महत्त्वपूर्ण तो यह है कि आप कौन हैं। कोशिश करते रहेंगे, तो आप कुछ बन जाएँगे। कोशिश करना छोड़ देंगे, तब भी आप कुछ न कुछ तो बन ही जाएँगे... परंतु दोनों स्थितियों में फ़र्क़ होगा।''

आपमें जो परिवर्तन होते हैं

आपमें से जो लोग नौकरी की सुरक्षा से वित्तीय सुरक्षा की ओर जाने के बारे में विचार कर रहे हैं, उन्हें मैं सिर्फ़ प्रोत्साहित ही कर सकता हूँ। किम और मुझे बेघर तथा बुरी तरह परेशान होना पड़ा, तब कहीं जाकर हममें आगे बढ़ने की हिम्मत आई। यह हमारा मार्ग था, परंतु निश्चित रूप से यह आपका मार्ग नहीं होगा। जैसा मैंने पहले ही कहा है, आज ऐसे बने-बनाए सिस्टम मौज़ूद हैं, जो *क्वाड्रैंट* के दाएँ हिस्से तक बने पुल को पार करने में आपकी मदद कर सकते हैं।

असली मुद्दा है आपमें होने वाले आंतरिक परिवर्तन और प्रक्रिया के दौरान आपके मूल अस्तित्व में परिवर्तन। कुछ लोगों को प्रक्रिया आसान दिखती है, जबकि कुछ को यह यात्रा असंभव लगती है।

धन एक नशा है

अमीर डैडी माइक और मुझसे हमेशा कहते थे, ''धन एक नशा है।''

जब हम उनके लिए काम करते थे, तब उन्होंने हमें वेतन देने से इनकार कर दिया था। इसका प्रमुख कारण यह था कि वे यह नहीं चाहते थे कि हमें धन के लिए काम करने की लत लग जाए। अमीर डैडी कहते थे, ''अगर एक बार धन के नशे की लत लग जाती है, तो फिर इसे छोड़ना काफ़ी मुश्किल होता है।''

जब मैं बड़ा हो गया और मैंने आर्थिक मदद माँगने के लिए कैलिफ़ोर्निया से उन्हें फ़ोन किया, तब भी वे उस पैटर्न को तोड़ने के लिए तैयार नहीं थे, जो उन्होंने माइक और मेरे साथ 9 साल की उम्र में शुरू किया था। उन्होंने हमें बचपन में धन नहीं दिया था और वे अब भी यह सिलसिला शुरू नहीं कर रहे थे। इसके बजाय वे कठोर बने रहे और मुझे धन के लिए काम करने की लत से दूर रखा।

वे धन को नशा इसलिए कहते थे क्योंकि वे अक्सर देखते थे कि जब लोगों के पास धन होता है, तो वे ख़ुश होते हैं, परंतु जब उनके पास धन नहीं होता, तो वे दुखी या चिड़चिड़े हो जाते हैं। जिस तरह हेरोइन के आदी लोग जब नशे का इंजेक्शन ले लेते हैं, तो वे मौज में आ जाते हैं, परंतु जब उन्हें हेरोइन नहीं मिलती, तो वे चिड़चिड़े और हिंसक हो जाते हैं।

वे अक्सर कहते थे, ''धन के नशे की ताक़त के प्रति सावधान रहें। एक बार अगर आप इसे पाने के आदी हो जाते हैं, तो यह लत आपको अपने जाल से निकलने नहीं देगी और आप बार-बार उसी तरीक़े से इसे संतुष्ट करना चाहेंगे।''

दूसरी तरह से कहें तो आप कर्मचारी के रूप में धन कमाते हैं, तो आप इसी तरीक़े से धन कमाने के आदी बन जाते हैं। अगर आप सेल्फ़-एम्प्लॉयड बनकर धन कमाने के आदी हो जाते हैं, तो फिर इस आसक्ति को तोड़ना अक्सर मुश्किल होता है। और अगर आप सरकारी अनुदान के आदी हैं, तो इसे तोड़ना भी मुश्किल होता है।

अमीर डैडी कहते थे, ''बाएँ हिस्से से दाएँ हिस्से में जाने का सबसे मुश्किल भाग उस तरीक़े के प्रति लगाव है, जिससे आप धन कमा रहे हैं। यह आदत छोड़ने से भी ज़्यादा मुश्किल काम है। यह नशे की लत को छोड़ने जितना मुश्किल काम होता है।''

इसीलिए उन्होंने माइक और मुझे यह प्रबल चेतावनी दी कि हम कभी धन के लिए काम न करें। उन्होंने इस बात पर ज़ोर दिया कि हमारे लिए धन हासिल करने का सबसे बढ़िया तरीक़ा यह है कि हम अपने ख़ुद के सिस्टम बनाना सीखें।

पैटर्न्स

किम और मेरे लिए ''बी'' क्वाड्रैंट से आमदनी प्राप्त करने का सबसे मुश्किल हिस्सा यह था कि हमारे अतीत की सारी कंडीशनिंग हमें पीछे रोक रही थी। हम तब और भी परेशान हो जाते थे, जब हमारे मित्र हमसे कहते थे, ''तुम यह क्यों कर रहे हो? तुम कोई नौकरी क्यों नहीं कर लेते?''

यह हमारे लिए और भी ज़्यादा मुश्किल इसलिए था क्योंकि हमारा एक हिस्सा भी तनख़्वाह की सुरक्षा की ओर जाना चाहता था।

अमीर डैडी ने माइक और मुझे समझाया कि धन की दुनिया एक बड़े सिस्टम की तरह है। व्यक्तियों के रूप में हम सीखते हैं कि उस सिस्टम के भीतर हम निश्चित पैटर्न्स में कैसे काम करें। उदाहरण के लिए :

''ई'' सिस्टम के लिए काम करता है।

''एस'' सिस्टम है।

''बी'' सिस्टम बनाता है, उसका स्वामी होता है और उसे नियंत्रित करता है।

''आई'' सिस्टम में धन का निवेश करता है।

अमीर डैडी जिस पैटर्न के बारे में बात कर रहे थे, वह हमारे शरीर, मस्तिष्क और आत्मा का पैटर्न था, जिसके मूल में यह बात थी कि हम स्वाभाविक रूप से धन के विषय की ओर किस प्रकार खिंचे चले जाते हैं।

अमीर डैडी ने समझाया, ''जब कोई व्यक्ति धन की आवश्यकता अनुभव करता है, तो 'ई' नौकरी की तलाश करेगा, 'एस' अकेले कुछ करेगा, 'बी' धन उत्पन्न करने वाला सिस्टम बनाएगा या ख़रीदेगा और 'आई' किसी ऐसी संपत्ति में निवेश करने के अवसर तलाशेगा, जिससे धन में वृद्धि हो।''

पैटर्न बदलना मुश्किल क्यों है

अमीर डैडी कहते थे, ''पैटर्न को बदलना मुश्किल इसलिए होता है, क्योंकि आज जीवन के लिए धन अनिवार्य बन चुका है। कृषि युग में धन इतना महत्त्वपूर्ण नहीं था क्योंकि धन न होने पर भी भूमि से अन्न, आवास, ऊर्जा और पानी मिल जाता था। एक बार जब हम औद्योगिक युग में शहरों में आ गए, तो धन जीवन की अनिवार्य आवश्यकता बन गया, बल्कि एक तरह से जीवन का पर्याय भी बन गया। आज तो पानी तक के लिए भी पैसे देने पड़ते हैं।''

अमीर डैडी ने आगे समझाया कि जब आप ''ई'' क्वाड्रैंट से ''बी'' क्वाड्रैंट की ओर बढ़ते हैं, तो आपका वह हिस्सा जो ''ई'' की लत से ग्रस्त है या इस बात से डरता है कि जीवन का अंत हो जाएगा, पैर पटकता है और आपको रोकने के लिए अपनी पूरी ताक़त लगा देता है। यह उस डूबते आदमी की तरह है, जो हवा के लिए छटपटाता है या भूख से मर रहे उस आदमी की तरह है, जो ज़िंदा रहने के लिए कुछ भी खा लेगा।

अमीर डैडी ने मुझे फ़ोन पर समझाया, ''इस अंदरूनी युद्ध की वजह से यह काम इतना मुश्किल हो जाता है। समस्या इन दोनों के बीच का युद्ध है कि तुम आज क्या हो और कल क्या बनना चाहते हो। सुरक्षा चाहने वाला हिस्सा स्वतंत्रता चाहने वाले हिस्से के साथ युद्ध करने लगता है। सिर्फ़ तुम ही यह फ़ैसला कर सकते हो कि कौन जीतेगा। तुम या तो बिज़नेस बनाओगे या फिर हमेशा के लिए नौकरी खोजने का रास्ता अपनाओगे।''

अपनी प्रबल भावना को खोजो

अमीर डैडी ने पूछा ''क्या तुम सचमुच आगे बढ़ना चाहते हो?''

''हाँ!'' मैंने जल्दी से कहा।

''क्या तुम अपने लक्ष्य और इरादे को भूल गए हो? क्या तुम अपनी प्रबल भावना को भूल गए हो और यह भी कि तुम किस वजह से इस हाल में हो?'' अमीर डैडी ने पूछा।

''आह,'' मैंने जवाब दिया और थोड़ा चौंका। मैं भूल गया था। मैं टेलीफ़ोन बूथ पर खड़े होकर अपने दिमाग़ पर ज़ोर डालने लगा, ताकि याद कर सकूँ कि मैं इस झमेले में किस वजह से फँसा हूँ।

''मैं जानता था,'' अमीर डैडी ने फ़ोन पर गरजते हुए कहा। ''तुम अपने सपने को ज़िंदा रखने के बजाय अपने ज़िंदा रहने के बारे में ज़्यादा चिंतित हो। तुम्हारे डर ने तुम्हारी प्रबल भावना को दरकिनार कर दिया है। आगे बढ़ते रहने का सर्वश्रेष्ठ तरीक़ा यह है कि अपने दिल में लौ को हमेशा जलाए रखो। हमेशा याद रखो कि तुम्हारा लक्ष्य क्या है और तुमने किस इरादे से शुरू किया था। जब तुम ऐसा करोगे, तो तुम्हारी राह आसान हो जाएगी। परंतु अगर तुम अपने बारे में ज़्यादा चिंता करोगे, तो तुम्हारा डर तुम्हारी आत्मा को क़मजोर करने लगेगा। बिज़नेस डर से नहीं, प्रबल भावना से बनते हैं। तुम इतनी दूर तक आ गए हो। मंज़िल क़रीब ही है, इसलिए अब पीछे मुड़कर मत भागो। याद रखो कि तुम क्या करने का इरादा लेकर आए थे। उसे अपने दिल में बिठा लो और लौ को जलाए रखो। तुम कभी भी मैदान छोड़ सकते हो... तो फिर अभी मैदान क्यों छोड़ रहे हो?''

इस बात के साथ अमीर डैडी ने मुझे शुभकामना दी और फ़ोन रख दिया।

वे सही थे। मैं भूल गया था कि मैं इस यात्रा में क्या करने के इरादे से आया था। मैं अपने सपने को भूल गया था और मैंने डर को अपने दिलोदिमाग़ पर हावी होने की इजाज़त दे दी थी।

कुछ साल पहले एक फ़िल्म आई थी, जिसका नाम था, *फ़्लैश डांस।* इससे एक गीत का भाव था, ''अपनी प्रबल भावना के अनुरूप काम करो और इसे करके दिखा दो।''

मैं अपनी प्रबल भावना को भूल गया था। अब समय था कि या तो मैं इसे करके दिखा दूँ या फिर घर वापस लौटकर इसके बारे में सब कुछ भूल जाऊँ। मैं कुछ देर वहीं पर खड़ा रहा और फिर मैंने अपने अमीर डैडी के कहे अंतिम शब्दों को याद किया : ''तुम कभी भी मैदान छोड़ सकते हो... तो फिर अभी मैदान क्यों छोड़ रहे हो?''

मैंने फ़ैसला किया कि मैं तब तक मैदान नहीं छोड़ूँगा, जब तक कि अपनी मंज़िल को न पा लूँ।

एक शिक्षक बनना, जो सिस्टम का स्वामी हो

अमीर डैडी से फ़ोन पर बात ख़त्म होने के बाद भी मैं फ़ोन बूथ पर खड़ा रहा। मेरे डर तथा असफलता ने मुझे तोड़कर रख दिया था और मेरा सपना दरकिनार हो गया था – एक अलग तरह का स्कूल सिस्टम बनाने का सपना, उन लोगों को शिक्षा देने का सपना, जो उद्यमी और निवेशक बनना चाहते थे। वहाँ खड़े-खड़े मेरा मस्तिष्क हाई स्कूल के दिनों में पहुँच गया।

जब मैं 15 साल का था, तो हाई स्कूल की मार्गदर्शक सलाहकार ने मुझसे पूछा था, ''बड़े होकर तुम क्या बनना चाहते हो? क्या तुम अपने डैडी की तरह टीचर बनना चाहते हो?''

अपनी सलाहकार की आँखों में देखते हुए मैंने सीधा जवाब दिया, जो प्रबल विश्वास से भरा था, ''मैं कभी टीचर नहीं बनूँगा। टीचर बनना वह आख़िरी काम है, जो मैं करना चाहूँगा।''

मुझे स्कूल नापसंद नहीं था। दरअसल मैं इससे नफ़रत करता था। मैं इस बात से नफ़रत करता था कि मुझे वहाँ जबरन बैठने के लिए मजबूर किया जाता था और किसी ऐसे व्यक्ति की बात सुनने के लिए विवश किया जाता था, जिसे मैं ख़ास पसंद नहीं करता था या जिसका मैं सम्मान नहीं करता था। मैं इस बात से नफ़रत करता था कि मुझे महीनों तक उस व्यक्ति की बातें किसी ऐसे विषय पर सुनना पड़ती थीं, जिसमें मेरी कोई रुचि नहीं थी। मैं क्लास में बगलें झाँकता था, पहलू बदलता था, पीछे की बैंच पर समस्याएँ पैदा करता था और कभी-कभार क्लास में जाने के बजाय गोता भी मार लेता था।

इसलिए जब मेरी मार्गदर्शक सलाहकार ने मुझसे पूछा कि क्या मैं करियर में टीचर बनकर अपने पिता का अनुसरण करूँगा, तो मैं आपे से बाहर हो गया।

उस समय मैं यह नहीं जानता था कि प्रबल भावना प्रेम और नफ़रत का सम्मिश्रण होती है। मुझे सीखना बहुत पसंद था, परंतु मैं स्कूल से नफ़रत करता था। मुझे वहाँ बैठने से चिढ़ होती थी, क्योंकि वहाँ जो बनने की प्रोग्रामिंग की जाती थी, वह मैं नहीं बनना चाहता था। क्लास के कई और बच्चे भी मेरी ही तरह महसूस करते थे।

शिक्षा संबंधी उल्लेखनीय उद्धरण

विन्स्टन चर्चिल ने एक बार कहा था, ''मैं हमेशा सीखने के लिए तैयार हूँ, परंतु मैं हमेशा पढ़ाया जाना पसंद नहीं करता।''

जॉन अपडाइक ने कहा है, ''संस्थापक पूर्वजों ने समझदारीपूर्वक यह निर्णय लिया कि बच्चों के कारण माता-पिताओं पर अस्वाभाविक तनाव पड़ता है। इसलिए उन्होंने एक जेल बनाई और उसे स्कूल का नाम दे दिया, जहाँ पर शिक्षा नामक सज़ा दी जाती थी।''

नॉर्मन डगलस ने कहा था, ''शिक्षा गूँजों (echoes) की राज्य-नियंत्रित निर्माण कंपनी है।''

एच.एल. मेन्केन ने कहा था, ''मेरा मानना है कि मानवीय अस्तित्व के पूरे काल में स्कूल के दिन सबसे दुख भरे होते हैं। वे बोझिल व समझ में न आने वाले कामों, नए और अप्रिय आदेशों तथा सामान्य ज्ञान और आम शिष्टता की ज़बर्दस्त अवहेलना से भरे होते हैं।''

गैलिलियो ने कहा था, ''आप किसी व्यक्ति को कुछ नहीं सिखा सकते; आप सिर्फ़ उसे अपने भीतर वह चीज़ खोजने में उसकी मदद भर कर सकते हैं।''

मार्क ट्वेन ने कहा था, ''मैं कभी स्कूल को अपनी शिक्षा में हस्तक्षेप नहीं करने देता।''

अल्बर्ट आइंस्टीन ने कहा था, ''कुल मिलाकर बहुत ज़्यादा शिक्षा दी जाती है, ख़ासकर अमेरिकी स्कूलों में।''

मेरे शिक्षित डैडी का तोहफ़ा

मुझे ये उद्धरण मेरे उच्च शिक्षित परंतु ग़रीब डैडी ने बताए थे। वे भी स्कूल के सिस्टम से चिढ़ते थे... हालाँकि वे इसमें सफल हुए थे। वे टीचर इसलिए बने क्योंकि उनका सपना 300 वर्ष पुराने सिस्टम को बदलना था, परंतु इसके बजाय सिस्टम ने उन्हें कुचलकर रख दिया। उन्होंने अपनी प्रबल भावना के अनुरूप काम करते हुए सिस्टम को बदलने की कोशिश की, परंतु सामने चट्टान आ गई। यह एक ऐसा सिस्टम था, जिसमें बहुत से लोग पैसे कमा रहे थे और कोई भी इसे बदलना नहीं चाहता था... हालाँकि इसे बदलने की आवश्यकता के बारे में बातें बहुत होती थीं।

शायद मेरी मार्गदर्शक सलाहकार ने भविष्य का पूर्वानुमान लगा लिया था क्योंकि वर्षों बाद मैंने सचमुच अपने पिता का अनुसरण किया। मैं बस उनके सिस्टम में उनके पीछे नहीं गया। मैं उसी प्रबल भावना के अनुरूप काम कर रहा था और अपना ख़ुद का सिस्टम बना रहा था। इसीलिए मैं बेघर था। मेरी प्रबल भावना एक ऐसा शैक्षणिक सिस्टम बनाने की थी, जो लोगों को अलग तरह से सिखा सके।

जब मेरे शिक्षित डैडी को यह पता चला कि किम और मैं वित्तीय रूप से संघर्ष कर रहे हैं और अपने शैक्षणिक सिस्टम को बनाने का सर्वश्रेष्ठ प्रयास कर रहे हैं, तो उन्होंने हमें ये उद्धरण भेजे। उद्धरणों वाले पृष्ठ के ऊपर ये शब्द लिखे थे :

''आगे बढ़ते रहो। प्यार सहित, डैडी।''

उस समय तक मैं यह नहीं जानता था कि मेरे शिक्षित डैडी सिस्टम से कितनी नफ़रत करते थे और यह भी कि यह सिस्टम छोटे बच्चों के साथ क्या करता है। परंतु इस प्रोत्साहन के बाद मुझे चीज़ें समझ में आने लगीं। जो प्रबल भावना मुझे चला रही थी, वह वही भावना थी जिसने बरसों पहले मेरे डैडी को चलाया था। मैं अपने असली डैडी की तरह था और मैंने अनजाने में ही उनकी मशाल थाम ली थी। मैं मूल रूप से एक शिक्षक था... शायद इसीलिए मैं इस सिस्टम से इतनी नफ़रत करता था।

पीछे मुड़कर देखने पर मैं दोनों डैडियों की तरह बन गया हूँ। अपने अमीर डैडी से मैंने पूँजीपति बनने के रहस्य सीखे। अपने उच्च शिक्षित डैडी से मैंने शिक्षा के प्रति अनुराग पाया। और अब दोनों डैडियों के सम्मिश्रण से मैं शैक्षणिक सिस्टम के बारे में कुछ कर सकता था। वर्तमान सिस्टम को बदलने की न तो मेरी कोई इच्छा थी, न ही मुझमें इतनी क्षमता थी। परंतु मुझमें एक नए सिस्टम को बनाने का ज्ञान था।

वर्षों का प्रशिक्षण परिणाम देने लगा

वर्षों तक मेरे अमीर डैडी ने मुझे एक ऐसा व्यक्ति बनने का प्रशिक्षण दिया, जो बिज़नेस और बिज़नेस सिस्टम बना सके। 1977 में मैंने एक निर्माण कंपनी बनाई। यह उन पहली कंपनियों में से थी, जो नायलॉन और वेल्क्रो के चमकीले रंग के ''सर्फ़र वॉलेट्स'' बनाती थी। इसके बाद हमने ''शू पॉकेट'' बनाया, जो बहुत छोटा वॉलेट था। यह भी नायलॉन और वेल्क्रो से बना था तथा यह दौड़ने वाले जूतों के फ़ीतों के साथ जुड़ा था। 1978 में जॉगिंग का नया-नया फ़ैशन चला था और जॉगिंग करने वाले हमेशा अपने साथ अपनी चाबियाँ, पैसे या चोट लग जाने की स्थिति में परिचय पत्र रखने की जगह चाहते थे। इसीलिए मैंने ''शू पॉकेट'' की डिज़ाइन बनाई और दुनिया में इसकी मार्केटिंग की।

हमें तत्काल ज़बर्दस्त सफलता मिली, परंतु जल्दी ही इस प्रॉडक्ट लाइन और बिज़नेस के प्रति मेरी प्रबल भावना ख़त्म हो गई। जब मेरी छोटी सी कंपनी को विदेशी प्रतियोगिता के कारण दिक़्क़त आने लगी, तो यह कमज़ोर होने लगी। ताइवान, कोरिया और हांगकांग जैसे देशों की कंपनियाँ इससे मिलते-जुलते प्रॉडक्ट्स हमारे बाज़ार में उतार रही थीं और उन बाज़ारों पर क़ब्ज़ा कर रही थीं, जिन्हें हमने विकसित किया था। उनकी क़ीमतें इतनी कम थीं कि हम उनसे किसी तरह से प्रतियोगिता नहीं कर सकते थे। उन्हें बनाने में हमें जितनी लागत आती थी, उससे कम क़ीमत पर वे उसे बाज़ार में बेच रहे थे।

हमारी छोटी सी कंपनी के सामने दो विकल्प थे : उनसे संघर्ष करें या उनसे हाथ मिला लें। पार्टनरों को महसूस हुआ कि हम अपने प्रतियोगियों से संघर्ष नहीं कर सकते। जो कंपनियाँ बाज़ार में सस्ते सामान की बाढ़ ला रही थीं, वे बहुत सशक्त थीं। वोटिंग के बाद हमने उनसे हाथ मिलाने का फ़ैसला किया।

दुखद बात यह थी कि कंपनी को डूबने से बचाने के लिए हमें अपने निष्ठावान और मेहनती स्टाफ़ के अधिकांश लोगों को बाहर निकालना पड़ा। इससे मेरा दिल टूट गया। जब मैं इन फ़ैक्ट्रियों को देखने कोरिया और ताइवान गया, जिनके साथ हमने निर्माण का अनुबंध किया था, तो मेरी आत्मा थोड़ी और कमज़ोर हो गई। इन मज़दूरों को क्रूर और अमानवीय स्थितियों में काम करने के लिए विवश किया जाता था। मैंने देखा कि पाँच मज़दूर एक के ऊपर एक बैठे थे और जगह इतनी कम थी कि वहाँ पर सिर्फ़ एक ही मज़दूर बैठ सकता था। मेरी अंतरात्मा मुझे कचोटने लगी। न सिर्फ़ अमेरिका में नौकरी से निकाले गए कर्मचारियों के कारण, बल्कि दूसरे देशों में काम कर रहे मज़दूरों के कारण भी, जो अब हमारे लिए काम कर रहे थे।

हालाँकि हमने विदेशी प्रतियोगिता की समस्या सुलझा ली थी और हम एक बार फिर बहुत सा पैसा कमाने लगे थे, परंतु अब इस बिज़नेस में मेरा दिल नहीं लग रहा था... और फिर बिज़नेस डूबने लगा। इसकी आत्मा चली गई थी, क्योंकि मेरी आत्मा चली गई थी। अगर अमीर बनने का मतलब बहुत से कम वेतन वाले कर्मचारियों का शोषण करना था, तो मैं अब अमीर नहीं बनना चाहता था। मैं लोगों को कंपनी का कर्मचारी होने के बजाय कंपनी का मालिक बनने की शिक्षा देने के बारे में सोचने लगा। 32 साल की उम्र में मैं शिक्षक बनने लगा था, हालाँकि मुझे उस समय इस बात का अहसास नहीं था। बिज़नेस डूबने का कारण सिस्टम का अभाव नहीं, बल्कि उत्साह या प्रबल भावना का अभाव था। जब किम और मैं अपना नया अभियान शुरू कर रहे थे, तभी वॉलेट कंपनी डूब गई।

छँटनी आ गई

1983 में मुझे हवाई विश्वविद्यालय में एम.बी.ए. क्लास के सामने भाषण देने के लिए बुलाया गया। मैंने नौकरी की सुरक्षा के बारे में अपने विचार व्यक्त किए। वहाँ मेरी कही बातें लोगों को पसंद नहीं आईं : ''कुछ सालों में आपमें से बहुत से लोगों की नौकरियाँ चली जाएँगी या आप कम तनख़्वाह तथा कम सुरक्षा वाली नौकरी करने के लिए विवश होंगे।''

चूँकि अपने काम के सिलसिले में मुझे दुनिया भर में यात्रा करनी पड़ती थी, इसलिए मैंने अपनी आँखों से सस्ते श्रम और प्रौद्योगिकियों के नवीन आविष्कारों की सम्मिलित शक्ति देखी। मुझे यह अहसास होने लगा कि एशिया या यूरोप या रूस या दक्षिण अमेरिका का कर्मचारी दरअसल अमेरिका के कर्मचारियों के साथ प्रतियोगिता कर रहा था। मैं जानता था कि कर्मचारियों और मध्यम स्तर के मैनेजरों के लिए ऊँची तनख़्वाह और सुरक्षित नौकरी एक ऐसा विचार था, जिसका समय गुज़र चुका था। बड़ी कंपनियों को लोगों की संख्या और कर्मचारियों को दिए जाने वाले वेतन में जल्दी ही कटौती करनी पड़ेगी, ताकि वे विश्व बाज़ार में प्रतियोगिता करने में सक्षम हो सकें।

मुझे फिर कभी हवाई विश्वविद्यालय में नहीं बुलाया गया। कुछ सालों बाद ''छँटनी'' आम हो गई। जब भी किसी बड़ी कंपनी का विलय होता था या कर्मचारियों की संख्या ज़रूरत से ज़्यादा हो जाती थी, तो छँटनी हो जाती थी। जब भी मालिक अपने शेयरहोल्डरों को ख़ुश करना चाहते थे, तो छँटनी हो जाती थी। हर छँटनी के साथ मैंने ऊपर के लोगों को अमीर बनते और नीचे के लोगों को क़ीमत चुकाते देखा।

इसलिए जब मैं किसी को यह कहते सुनता था, ''मैं अपने बच्चे को अच्छे स्कूल में इसलिए भेज रहा हूँ, ताकि उसे एक अच्छी सुरक्षित नौकरी मिल सके,'' तो मैं सहम जाता था। नौकरी के लिए तैयार रहना अल्पकाल के लिए अच्छा विचार था, परंतु दीर्घकाल के लिए यह पर्याप्त नहीं था। धीमे-धीमे परंतु निश्चित रूप से मैं शिक्षक बन रहा था।

अपनी प्रबल भावना के आसपास सिस्टम बनाएँ

हालाँकि मेरी निर्माण कंपनी एक बार फिर उठ खड़ी हुई थी और अच्छा प्रदर्शन करने लगी थी, परंतु मेरी प्रबल भावना जा चुकी थी। मेरे अमीर डैडी ने मेरी कुंठा को सारांश में कहा, ''स्कूल के दिन ख़त्म हो चुके हैं। अब अपने दिल के आसपास सिस्टम बनाने का समय आ चुका है। अपनी प्रबल भावना के आसपास सिस्टम बनाओ। निर्माण कंपनी को जाने दो और वह बनाओ, जिसे तुम प्रबलता से बनाना चाहते हो। तुमने मुझसे अच्छी तरह सीखा है, परंतु तुम अब भी अपनी पिता के पुत्र हो। तुम और तुम्हारे डैडी आत्मा की गहराई में शिक्षक हो।''

किम और मैं नई शिक्षण विधियों को सीखने के लिए अपना बोरिया-बिस्तर लेकर कैलिफ़ोर्निया चले गए, ताकि हम उन विधियों के द्वारा एक बिज़नेस बना सकें। अपने बिज़नेस को शुरू करने से पहले ही हमारा पैसा ख़त्म हो गया और हम सड़क पर आ गए। मेरे अमीर डैडी की फ़ोन कॉल, पास में खड़ी मेरी पत्नी, ख़ुद पर गुस्सा और प्रबल भावना की लौ दुबारा भड़कना – इन सब कारणों से हम उस दलदल से बाहर निकले, जिसमें हम फँसे हुए थे।

जल्दी ही हम कंपनी बनाने लगे। शिक्षण विधियों का प्रयोग करके हमने जो शैक्षणिक कंपनी बनाई, वह पारंपरिक स्कूलों की तकनीक के बिलकुल विपरीत थी। विद्यार्थियों को चुपचाप बैठाकर रखने के बजाय हमने उन्हें सक्रिय होने के लिए प्रोत्साहित किया। लेक्चर के माध्यम से सिखाने के बजाय हमने खेल-खेल में सिखाया। हमने इस बात पर ज़ोर दिया कि हमारे शिक्षक उबाऊ होने के बजाय रोचक बनें। शिक्षकों के बजाय हमने ऐसे बिज़नेसमैनों को बुलाया, जिन्होंने दरअसल अपनी ख़ुद की कंपनियाँ शुरू की थीं और उन्होंने हमारे यहाँ आकर सिखाया। हमारे यहाँ शिक्षक विद्यार्थियों को ग्रेड नहीं देते थे, बल्कि विद्यार्थी शिक्षक को ग्रेड देते थे। अगर किसी शिक्षक को ख़राब ग्रेड मिलता था, तो या तो उसे गहन प्रशिक्षण कार्यक्रम से गुज़रना पड़ता था या फिर उसे निकाल दिया जाता था।

हमारी शैक्षणिक कंपनी में प्रवेश के मानदंड उम्र, शैक्षणिक पृष्ठभूमि, लिंग और धार्मिक विश्वास नहीं थे। हम सिर्फ़ यह चाहते थे कि सीखने और जल्दी सीखने की गंभीर इच्छा हो। अंततः हम साल भर की अकाउंटिंग एक दिन में सिखाने में सक्षम हो गए।

हालाँकि हमारे ज़्यादातर विद्यार्थी वयस्क थे, परंतु कई युवा भी थे। कुछ तो 16 साल के थे, जो 60 साल के उच्च-शिक्षित और ऊँची तनख़्वाह पाने वाले बिज़नेस एक्ज़ीक्यूटिव्ज़ के साथ बैठकर सीख रहे थे। परीक्षाओं के आधार पर प्रतियोगिता कराने के बजाय हमने उनसे टीम के रूप में सहयोग करने को कहा। फिर हमने उसी परीक्षा में भाग लेने वाली टीमों के बीच प्रतियोगिताएँ रखीं। ग्रेड के लिए प्रयास करने के बजाय हमने आर्थिक पुरस्कार रखा। वह आर्थिक पुरस्कार जीतने वाली टीम को मिलता था। प्रतियोगिता और टीम के रूप में अच्छा प्रदर्शन करने की लालसा बहुत प्रबल थी। शिक्षक को क्लास को प्रेरित करने की आवश्यकता ही नहीं थी। एक बार जब सीखने वाली प्रतियोगिता शुरू हो जाती थी, तो शिक्षक को बस रास्ते से दूर हटना पड़ता था। टेस्ट के समय शांति के बजाय आम तौर पर

चीख़ना-चिल्लाना सुनाई देता था तथा हँसी और आँसू दिखते थे। लोग सीखने के बारे में रोमांचित थे। उन्हें सीखने में ''मज़ा'' आ रहा था... तथा वे और अधिक सीखना चाहते थे।

हमने सिर्फ़ दो विषयों में शिक्षा देने पर ध्यान केंद्रित किया : उद्यमिता और निवेश यानी *क्वाड्रैंट* के ''बी'' और ''आई'' पहलू। जो लोग हमारी शिक्षण शैली में इन विषयों को सीखना चाहते थे, वे झुंड में चले आए। हमने कोई विज्ञापन नहीं दिया। हमारा प्रचार लोगों की प्रशंसा के माध्यम से हुआ। हमारे पास वे लोग आने लगे, जो नौकरियों की तलाश करने के बजाय नौकरियाँ देना चाहते थे।

एक बार जब मैंने टेलीफ़ोन बूथ पर मैदान नहीं छोड़ने का फ़ैसला कर लिया, तो चीज़ें आगे बढ़ने लगीं। पाँच साल से भी कम समय में हमने मल्टी-मिलियन डॉलर बिज़नेस बना लिया, जिसके दुनिया भर में 11 ऑफ़िस थे। हमने शिक्षण का एक नया सिस्टम बना लिया था और बाज़ार इसे पसंद करता था। यह हमारी प्रबल भावना के कारण संभव हुआ था, क्योंकि प्रबल भावना और अच्छा सिस्टम डर तथा अतीत की प्रोग्रामिंग को हरा सकते हैं।

शिक्षक अमीर हो सकता है

जब भी मैं शिक्षकों को यह कहते सुनता हूँ कि उन्हें पर्याप्त धन नहीं मिलता, तो मेरे मन में उनके प्रति सहानुभूति जागती है। विसंगति यह है कि वे अपने ही सिस्टम की प्रोग्रामिंग के शिकार हैं। वे शिक्षक बनने को ''बी'' या ''आई'' क्वाड्रैंट के दृष्टिकोण से देखने के बजाय ''ई'' क्वाड्रैंट के दृष्टिकोण से देखते हैं। याद रखें कि आप किसी भी क्वाड्रैंट में जो भी बनना चाहते हों, बन सकते हैं... शिक्षक भी।

हम जो बनना चाहते हैं, बन सकते हैं

हममें से अधिकांश में सभी क्वाड्रैंटों में सफल होने की क्षमता होती है। सब कुछ इस बात पर निर्भर करता है कि हम सफल होने के लिए कितने संकल्पवान हैं। जैसा मेरे अमीर डैडी ने कहा था, ''कंपनियाँ डर से नहीं, प्रबल भावना से बनती हैं।''

क्वाड्रैंटों को बदलने की समस्या अक्सर हमारे अतीत की कंडीशनिंग में पाई जाती है। हममें से कई लोग ऐसे परिवारों से आए हैं, जहाँ डर की भावना प्रमुख प्रेरक शक्ति थी, ताकि हम एक ख़ास तरह से सोचें और काम करें। उदाहरण के लिए :

''क्या तुमने अपना होमवर्क कर लिया? अगर तुम होमवर्क नहीं करोगे, तो तुम्हें स्कूल से निकाल दिया जाएगा और तुम्हारे दोस्त तुम पर हँसेंगे।''

''अगर तुम यूँ ही मुँह बनाते रहोगे, तो तुम्हारा मुँह इसी तरह टेढ़ा रह जाएगा।''

और सबसे शानदार, ''अगर तुम अच्छे नंबर नहीं लाओगे, तो तुम्हें सुरक्षित और ऊँची तनख़्वाह वाली नौकरी नहीं मिलेगी।''

आज बहुत से लोगों के पास अच्छे नंबर हैं, परंतु सुरक्षित और ऊँची तनख़्वाह वाली नौकरियाँ बहुत कम बची हैं, ख़ास तौर पर जिनमें रिटायरमेंट योजनाओं जैसे अतिरिक्त लाभ

हों। जिनके पास अच्छे नंबर हैं, उन्हें आज ''अपने बिज़नेस का ध्यान रखने'' की ज़रूरत है और ऐसी नौकरी खोजने की ज़रूरत नहीं है, जहाँ वे बाक़ी सबके बिज़नेस का ध्यान रखें।

बाएँ हिस्से में ख़तरा है

मैं कई मित्रों को जानता हूँ, जो अब भी किसी नौकरी या पद में सुरक्षा की तलाश करते हैं। विसंगति यह है कि प्रौद्योगिकी का काफ़िला बहुत तेज़ गति से बढ़ रहा है। नौकरियों के बाज़ार में बने रहने के लिए हर व्यक्ति को लगातार नवीनतम प्रौद्योगिकी में प्रशिक्षित होने की आवश्यकता होगी। अगर आपको पुन: शिक्षित होना ही है, तो क्यों न *क्वाड्रैंट* के दाएँ हिस्से में आवश्यक योग्यताओं को सीखने में कुछ समय लगाया जाए? अगर लोग वह देख सकें, जो मैं दुनिया भर में यात्रा करते हुए देखता हूँ, तो वे अधिक सुरक्षा की तलाश नहीं करेंगे। सुरक्षा एक मिथक है, एक भ्रम है। कुछ नया सीखो और इस साहसी नए संसार का सामना करो। इससे मुँह मत छुपाओ।

मेरी राय में यह सेल्फ़-एम्प्लॉयड लोगों के लिए भी जोखिम भरा है। अगर वे बीमार पड़ जाते हैं, घायल हो जाते हैं या मर जाते हैं, तो उनकी आय पर सीधा प्रभाव पड़ता है। उम्र बढ़ने के साथ मैं अपनी उम्र के ऐसे बहुत से सेल्फ़-एम्प्लॉयड लोगों से मिलता हूँ, जो कड़ी मेहनत के कारण शारीरिक, मानसिक और भावनात्मक रूप से थक चुके हैं। व्यक्ति जितना ज़्यादा थका होता है, वह उतना ही ज़्यादा असुरक्षित महसूस करता है और उसकी दुर्घटना का जोखिम उतना ही बढ़ जाता है।

दाएँ हिस्से में अधिक सुरक्षा है

विसंगति यह है कि *क्वाड्रैंट* का दायाँ हिस्सा दरअसल अधिक सुरक्षित है। उदाहरण के लिए, अगर आपके पास एक सुरक्षित सिस्टम है, जो कम से कम मेहनत के साथ अधिक से अधिक धन उत्पन्न करता है, तो आपको नौकरी की सचमुच ज़रूरत नहीं है। आपको अपनी नौकरी छूटने की चिंता करने की भी ज़रूरत नहीं है। आपको अपनी आय के भीतर जीवन जीने की भी ज़रूरत नहीं है। अपने संसाधनों से कम में जीने के बजाय अपने संसाधन बढ़ा लें। अधिक धन कमाने के लिए सिर्फ़ अपने सिस्टम का विस्तार करें और अधिक लोगों को नौकरी पर रख लें।

उच्च स्तरीय निवेशक बाज़ार के ऊपर या नीचे जाने के बारे में चिंतित नहीं होते, क्योंकि उनका ज्ञान दोनों ही स्थितियों में धन कमाने में उनकी मदद करेगा। अगर बाज़ार धराशायी हो जाता है और/या अगले तीस सालों में मंदी आ जाती है, तो कई बेबी बूमर्स दहशत में आ जाएँगे और रिटायरमेंट के लिए अलग रखा अपना अधिकांश धन गँवा देंगे। अगर यह उनके बुढ़ापे में होता है, तो रिटायरमेंट के बाद भी उन्हें मजबूरन काम करना पड़ेगा, जब तक कि वे ऐसा कर पाएँ।

जहाँ तक धन गँवाने के डर का सवाल है, प्रोफ़ेशनल निवेशक वे होते हैं, जो अपने धन का कम से कम जोखिम लेते हैं और इसके बावज़ूद अधिकतम लाभ प्राप्त करते हैं। मुसीबतों का सामना तो वे करते हैं, जो निवेश के बारे में बहुत कम जानते हैं, जो जोखिम लेते हैं और बदले में बहुत कम लाभ प्राप्त करते हैं। मेरे दृष्टिकोण से सारा जोखिम *क्वाड्रैंट* के बाएँ हिस्से में है।

बायाँ हिस्सा अधिक जोखिम भरा क्यों है

''अगर आप अंक नहीं पढ़ सकते, तो आपको हर एक की राय लेना चाहिए,'' अमीर डैडी ने कहा। ''मकान ख़रीदने के मामले में तुम्हारे डैडी अंधों की तरह अपने बैंकर की यह राय मान लेते हैं कि उनका मकान संपत्ति है।''

माइक और मैंने दोनों ने ही यह महसूस किया कि वे ''अंधों'' शब्द पर ज़ोर दे रहे थे।

''बाएँ हिस्से के अधिकांश लोगों को वित्तीय अंकों की कुशलता की उतनी ज़रूरत नहीं होती। परंतु अगर आप *क्वाड्रैंट* के दाएँ हिस्से में सफल होना चाहते हैं, तो अंक आपकी आँखें बन जाते हैं। आँकड़े आपको वह देखने में सक्षम बनाते हैं, जो अधिकांश लोग नहीं देख सकते,'' अमीर डैडी ने आगे कहा।

माइक ने कहा, ''आपका मतलब है सुपरमैन की एक्स-रे दृष्टि की तरह।''

अमीर डैडी मुस्कराए और सिर हिलाते हुए बोले, ''बिलकुल। आँकड़ों, वित्तीय सिस्टमों और बिज़नेस सिस्टमों को पढ़ने की योग्यता आपको वह दृष्टि देती है, जो सामान्य लोगों में नहीं होती।'' वे भी इस मूर्खता पर हँसे। ''वित्तीय दृष्टि होने पर जोखिम कम हो जाता है। वित्तीय अंधेपन से जोखिम बढ़ जाता है। परंतु आपको इस दृष्टि की ज़रूरत तभी होती है, जब आप *क्वाड्रैंट* के दाएँ हिस्से में काम करना चाहते हों। दरअसल, बाएँ हिस्से के लोग शब्दों में सोचते हैं, जबकि दाएँ हिस्से में सफल होने के लिए, ख़ासकर 'आई' क्वाड्रैंट में सफल होने के लिए, आपको शब्दों में नहीं... अंकों में सोचना चाहिए। सिर्फ़ शब्दों में सोचने की आदत हो, तो निवेशक बनने की कोशिश करना सचमुच जोखिम भरा है।''

मैंने पूछा, ''क्या आप यह कह रहे हैं कि *क्वाड्रैंट* के बाएँ हिस्से के लोगों को वित्तीय अंकों की जानकारी की ज़रूरत नहीं है?''

अमीर डैडी बोले, ''उनमें से अधिकांश लोगों को तो ज़रूरत नहीं है। जब तक वे 'ई' या 'एस' की सीमा के भीतर रहकर काम करने में ही संतुष्ट हैं, तब तक स्कूल में सीखे गए अंक ही पर्याप्त हैं। परंतु अगर वे दाएँ हिस्से में आगे बढ़ना चाहते हैं, तो वित्तीय अंकों और सिस्टमों को समझना बहुत ज़रूरी हो जाता है। अगर आप छोटा सा बिज़नेस बनाना चाहते हैं, तो आपको अंकों में महारत हासिल करने की आवश्यकता नहीं है। परंतु अगर आप कोई बड़ा विश्वव्यापी बिज़नेस बनाना चाहते हैं, तो शब्द नहीं, अंक ही सब कुछ बन जाते हैं। इसीलिए इतनी सारी बड़ी कंपनियाँ अक्सर बीन काउंटर्स द्वारा चलाई जाती हैं।''

अमीर डैडी ने अपने सबक़ को जारी रखते हुए कहा, ''अगर तुम धन के क्षेत्र में दाएँ हिस्से में सफल होना चाहते हो, तो तुम्हें तथ्य और राय के बीच का फ़र्क़ मालूम होना

चाहिए। तुम अंधों की तरह वित्तीय सलाह नहीं मान सकते, जैसा बाएँ हिस्से के लोग करते हैं। तुम्हें अंकों का ज्ञान होना चाहिए। तुम्हें तथ्यों का ज्ञान होना चाहिए। और अंक तुम्हें तथ्य बता देंगे।''

जोखिम लेने के लिए भुगतान कौन करता है?

अमीर डैडी ने पूछा, ''बायाँ हिस्सा अधिक जोखिम भरा तो है ही, उस हिस्से के लोग जोखिम लेने के लिए भुगतान भी करते हैं।''

''आप क्या कहना चाहते हैं?'' मैंने पूछा। ''क्या जोखिम लेने के लिए हर व्यक्ति भुगतान नहीं करता?''

अमीर डैडी बोले, ''नहीं, दाएँ हिस्से के लोग तो नहीं करते।''

''क्या आप यह कहना चाहते हैं कि बाएँ हिस्से के लोग जोखिम लेने के लिए भुगतान करते हैं और दाएँ हिस्से के लोग जोखिम लेने के लिए भुगतान लेते हैं?''

''मेरा बिलकुल यही मतलब है,'' अमीर डैडी ने मुस्कराते हुए कहा। ''यह बाएँ हिस्से और दाएँ हिस्से में सबसे बड़ा अंतर है। इसीलिए बायाँ हिस्सा दाएँ हिस्से से ज़्यादा जोखिम भरा है।''

मैंने पूछा, ''क्या आप मुझे कोई उदाहरण दे सकते हैं?''

''बिलकुल,'' अमीर डैडी बोले। ''अगर तुम किसी कंपनी के शेयर ख़रीदते हो, तो वित्तीय जोखिम कौन लेता है? तुम या कंपनी?''

''मुझे लगता है, मैं ही लेता हूँ,'' मैंने कहा। मैं अब भी दुविधा में था।

''और अगर मैं एक मेडिकल इंश्योरेंस कंपनी हूँ और मैं तुम्हारी सेहत का बीमा करता हूँ और तुम्हारे स्वास्थ्य का जोखिम लेता हूँ, तो क्या मैं तुम्हें भुगतान करता हूँ?''

''नहीं,'' मैंने कहा। ''अगर मेरी सेहत का बीमा होता है और बीमा कंपनी जोखिम लेती है, तो भुगतान मैं करता हूँ।''

''यह सही है,'' अमीर डैडी बोले। ''मुझे आज तक कोई ऐसी बीमा कंपनी नहीं मिली, जो तुम्हारी सेहत या दुर्घटना का जोखिम उठाने को तैयार हो और इस बात के लिए तुम्हें भुगतान करे दे। परंतु बाएँ हिस्से के लोग यही करते हैं।''

माइक बोला, ''यह थोड़ा उलझन भरा है। अब भी यह पूरी तरह समझ में नहीं आ रहा है।''

अमीर डैडी मुस्कराए, ''एक बार जब तुम दाएँ हिस्से को अच्छी तरह से समझ जाओगे, तो तुम्हें ज़्यादा स्पष्टता से अंतर दिखने लगेंगे। अधिकांश लोग यह नहीं जानते कि इसमें कोई अंतर है। वे बस यह मान लेते हैं कि हर चीज़ जोखिम भरी है... और वे इसके लिए भुगतान करते हैं। परंतु समय के साथ जब तुम *क्वाड्रैंट* के दाएँ हिस्से में अधिक अनुभवी और शिक्षित हो जाओगे, तो तुम्हारी दृष्टि ज़्यादा पैनी हो जाएगी और तुम वे चीज़ें देखने लगोगे, जो बाएँ हिस्से के लोग नहीं देख सकते। तुम अपनी ख़ुद की वित्तीय दृष्टि

विकसित कर लोगे। तब तुम्हें दूसरों की राय मानने की ज़रूरत नहीं होगी, भले ही वह तुम्हारी बैंकर, स्टॉकब्रोकर या अकाउंटेंट हो। तुम देखने में सक्षम हो जाओगे तथा वित्तीय तथ्य और वित्तीय राय के बीच के फ़र्क़ को जान लोगे।''

यह एक अच्छा दिन था। दरअसल जहाँ तक मुझे याद है, यह सबसे अच्छे सबक़ों में से एक था। इसने मेरा मस्तिष्क उन चीज़ों की तरफ़ खोल दिया, जिन्हें मेरी आँखें नहीं देख सकती थीं।

अंकों से जोखिम घटता है

मुझे नहीं लगता कि अपने अमीर डैडी के इन आसान सबक़ों के बिना मैं अपनी प्रबल भावना के अनुरूप काम कर पाता और अपने सपनों के शिक्षण तंत्र को बना पाता। मैं दावे से कह सकता हूँ कि वित्तीय साक्षरता और निपुणता पर अगर उन्होंने इतना ज़ोर नहीं दिया होता, तो मैं इतनी समझदारी से निवेश नहीं कर सकता था और बहुत कम पैसा लगाने के बावज़ूद इतना ज़्यादा लाभ नहीं कमा सकता था। मुझे यह बात हमेशा याद रही कि प्रोजेक्ट जितना बड़ा होगा और आप जितनी तेज़ी से सफल होना चाहते होंगे, आपको उतना ही ज़्यादा सटीक रहना होगा। अगर आप धीरे-धीरे अमीर बनना चाहते हैं या पूरे जीवन सिर्फ़ काम करते रहना चाहते हैं तथा किसी और को अपने धन का मैनेजमेंट सौंपना चाहते हैं, तो आपको उतना सटीक रहने की ज़रूरत नहीं है। आप जितनी तेज़ी से अमीर बनना चाहते हैं, आपको अंकों के मामले में उतना ही ज़्यादा सटीक बनना होगा।

अच्छी ख़बर यह है कि प्रौद्योगिकी की प्रगति और नए उत्पादों के कारण आज अपना ख़ुद का सिस्टम बनाने की आवश्यक योग्यताएँ सीखना और तेज़ी से वित्तीय साक्षरता प्राप्त करना बहुत आसान हो गया है।

आप तेज़ी से जा सकते हैं, परंतु शॉर्टकट पर न चलें

- ''अपने टैक्स को कम करने के लिए एक बड़ा मकान ख़रीद लें और अधिक गहरे क़र्ज़ में डूब जाएँ, ताकि आपको टैक्स में छूट मिल सके।''
- ''आपका मकान आपका सबसे बड़ा निवेश होना चाहिए।''
- ''बेहतर होगा कि आप अभी ख़रीद लें, क्योंकि क़ीमतें हमेशा बढ़ती हैं।''
- ''धीरे-धीरे अमीर बनें।''
- ''अपने संसाधनों से कम में गुज़ारा करें।''

अगर आप *क्वाड्रैंट* के दाएँ हिस्से के लिए आवश्यक विषयों का अध्ययन करने और उनके बारे में सीखने का समय निकालेंगे, तो इस तरह के वाक्यों में आपको समझदारी नहीं दिखेगी। ये *क्वाड्रैंट* के बाएँ हिस्से वाले व्यक्ति को तो समझदारीपूर्ण लग सकते हैं, परंतु दाएँ हिस्से वाले व्यक्ति को नहीं। आप जो चाहे कर सकते हैं, जितनी तेज़ी से चाहें जा सकते हैं, जितना ज़्यादा धन कमाना चाहें कमा सकते हैं, परंतु आपको क़ीमत चुकानी

होगी। आप तेज़ी से जा सकते हैं, परंतु याद रखें, लक्ष्य तक पहुँचने का कोई शॉर्टकट नहीं है।''

यह पुस्तक जवाबों के बारे में नहीं है। यह पुस्तक वित्तीय चुनौतियों और लक्ष्यों को एक अलग दृष्टिकोण से देखने के बारे में है। ऐसी बात नहीं है कि एक दृष्टिकोण दूसरे से बेहतर है; परंतु ज़्यादा स्मार्ट तरीक़ा यह है कि आपके पास एक से ज़्यादा दृष्टिकोण हों।

आगामी अध्याय पढ़ते समय आप वित्त, बिज़नेस और जीवन को एक अलग दृष्टिकोण से देखना शुरू कर सकते हैं।

अध्याय 8

मैं अमीर कैसे बनूँ?

अगर आप वह करते हैं जो हर कोई करता है, तो अंत में आपके पास भी वही होगा जो हर किसी के पास है।

जब मुझसे पूछा जाता है, ''आपने अमीर बनने का फ़ॉर्मूला कहाँ सीखा?'' तो मैं जवाब देता हूँ, ''बचपन में *मोनोपॉली* का खेल खेलकर।''

कुछ लोग सोचते हैं कि मैं मज़ाक़ कर रहा हूँ और बाक़ी यह उम्मीद करते हैं कि मैं इस चुटकुले को आगे बढ़ाऊँगा। बहरहाल यह कोई मज़ाक़ या चुटकुला नहीं है। *मोनोपॉली* में अमीर बनने का फ़ॉर्मूला बहुत ही आसान तरीक़े से बताया गया है। यह तरीक़ा खेल में जितनी अच्छी तरह काम करता है, उतनी ही अच्छी तरह से यह असली ज़िंदगी में भी काम करता है।

चार हरे घर... एक लाल होटल

अगर आपने मोनोपॉली नामक खेल खेला हो, तो आपको याद होगा कि इसमें दौलतमंद बनने का रहस्य आसान है। आपको सिर्फ़ चार हरे घर ख़रीदना है और फिर उनके एवज में एक बड़ा लाल होटल ख़रीदना है। अमीर बनने के लिए बस इतना ही करना होता है। मैं और मेरी पत्नी दौलत के इसी निवेश फ़ॉर्मूले का प्रयोग करते हैं।

जब रियल एस्टेट मार्केट बहुत बुरे दौर में था, तब हमने अपने सीमित धन से छोटे मकान ख़रीदे। हम जितने ज़्यादा मकान ख़रीद सकते थे, ख़रीदते रहे। बाद में जब मार्केट की हालत सुधर गई, तो हमने अपने चार हरे मकान बेचकर एक बड़ा लाल होटल ख़रीद लिया। आज हम वित्तीय रूप से स्वतंत्र हैं और हमें कभी काम करने की ज़रूरत नहीं है,

क्योंकि अपने बड़े लाल होटल, अपार्टमेंट हाउसेस और वेअरहाउसेस से हमें अपने ख़र्च के लिए पर्याप्त कैशफ़्लो मिल जाता है।

यह तरीक़ा हैमबर्गर्स के लिए भी काम करता है

अगर आप रियल एस्टेट को पसंद न करते हों, तो आपके लिए इससे भी आसान तरीक़ा मौज़ूद है। आप एक अच्छा सा हैमबर्गर बना लें और हैमबर्गर बिज़नेस शुरू करके उसकी फ़्रैंचाइज़ी बना लें। कुछ ही सालों में आपका कैशफ़्लो इतना बढ़ जाएगा और आपके पास इतना धन आने लगेगा कि आप उसे ख़र्च नहीं कर पाएँगे।

सच्चा तो यह है कि असाधारण दौलत पाने का मार्ग इतना ही आसान है। दूसरे शब्दों में कहा जाए तो इस हाई-टेक (high-tech) दुनिया में प्रचुर दौलत के सिद्धांत आसान और लो-टेक (low-tech) होते हैं। मैं तो यही कहूँगा कि अमीर बनने के लिए सिर्फ़ सामान्य ज्ञान (common sense) की ज़रूरत होती है, परंतु दुर्भाग्य से सामान्य ज्ञान सामान्य (common) नहीं हैं।

उदाहरण के लिए, मुझे इसमें कोई समझदारी नहीं दिखती कि पैसे का नुक़सान उठाने और क़र्ज़ भरी ज़िंदगी गुज़ारने के लिए लोगों को टैक्स में छूट दी जाती है। या फिर अपने मकान को संपत्ति कहने में, जबकि दरअसल यह एक ऐसा दायित्व है, जो हर दिन आपकी नक़द राशि को निगलता जाता है। या फिर एक ऐसी सरकार होने में, जो हर दिन जितना टैक्स वसूल करती है, उससे ज़्यादा ख़र्च कर देती है। इसके अलावा मुझे इस बात में भी समझदारी नहीं दिखती कि बच्चे को धन के बारे में सिखाने के बजाय उसे नौकरी पाने की प्रत्याशा में अध्ययन करने के लिए स्कूल भेजा जाए।

अमीर लोग जो करते हैं, उसे करना आसान है

अमीर लोग जो करते हैं, वह बहुत आसान है। बहुत से अमीर लोग ऐसे हैं, जिन्होंने स्कूल में अच्छा प्रदर्शन नहीं किया। इसका एक कारण यह है कि दौलतमंद बनने का ''करने वाला'' हिस्सा आसान है। अमीर बनने के लिए आपको स्कूल जाने की कोई ज़रूरत नहीं है। अमीर बनने का ''करने'' वाला हिस्सा निश्चित रूप से रॉकेट विज्ञान नहीं है, जिसे करना बहुत जटिल हो।

मैं एक बेहतरीन पुस्तक को पढ़ने की सलाह देता हूँ : नेपोलियन हिल की ***थिंक ऐंड ग्रो रिच (सोचिए और अमीर बनिए)***। मैंने अपनी किशोरावस्था में यह पुस्तक पढ़ी थी और इसने मेरे जीवन की दशा पर बहुत प्रभाव डाला। दरअसल, मेरे अमीर डैडी ने ही मुझे यह पुस्तक और इस जैसी अन्य पुस्तकें पढ़ने की सलाह दी थी।

इसका शीर्षक ***सोचिए और अमीर बनिए*** क्यों है? इसका शीर्षक कड़ी मेहनत करिए और अमीर बनिए क्यों नहीं है या फिर नौकरी करिए और अमीर बनिए क्यों नहीं है? इस शीर्षक के पीछे एक अच्छा कारण है। सच्चाई यह है कि जो लोग सबसे कड़ी मेहनत करते हैं, वे अमीर नहीं बनते। अगर आप अमीर बनना चाहते हैं, तो आपको ***''सोचने''*** की

ज़रूरत है। भीड़ के पीछे-पीछे चलने के बजाय स्वतंत्रता से सोचें। मेरी राय में अमीरों का एक बहुत बड़ा गुण यह होता है कि वे बाक़ी सब से अलग हटकर सोचते हैं। अगर आप सबकी तरह काम करते हैं, तो अंततः आपके पास भी वही होगा, जो सबके पास है। और अंत में अधिकांश लोगों के पास वर्षों की कड़ी मेहनत, अन्यायपूर्ण टैक्स और ज़िंदगी भर का क़र्ज़ ही बचता है।

जब कोई मुझसे पूछता है, ''*क्वाड्रैंट* के बाएँ हिस्से से दाएँ हिस्से में आने के लिए मुझे क्या करना है?'' तो इसका जवाब में मैं यह कहता हूँ, ''आपको अपने काम 'करने' के तरीक़े को बदलने की ज़रूरत नहीं है। सबसे पहले तो आपको अपने 'सोचने' के तरीक़े को बदलने की ज़रूरत है। दूसरे शब्दों में, जो किया जाना है, उसे 'करने' के लिए आपको 'होने' की ज़रूरत है।''

क्या आप इस तरह के व्यक्ति हैं, जो यह सोचता है कि चार हरे घर ख़रीदना और उन्हें एक लाल होटल में बदलना आसान है? या आप उस तरह के व्यक्ति हैं, जो यह सोचता है कि चार हरे घर ख़रीदना और उन्हें एक लाल होटल में बदलना मुश्किल है?

वर्षों पहले मैं लक्ष्य निर्धारित करने की एक कक्षा में था। यह 1970 के दशक के मध्य की बात थी और मुझे विश्वास नहीं हो रहा था कि मैं शनिवार और रविवार के सुंदर दिनों को बर्बाद करने के अलावा 150 डॉलर ख़र्च करके लक्ष्य निर्धारित करना सीख रहा था। बेहतर यह होता कि मैं सर्फ़िंग कर रहा होता। इसके बजाय, यहाँ मैं लक्ष्य बनाना सिखाने के लिए किसी को भुगतान कर रहा था। मेरा कई बार मन हुआ कि मैं अपने क़दम पीछे हटा लूँ, परंतु मैंने उस एक क्लास से जो सीखा, उसकी वजह से मुझे जीवन की मनचाही चीज़ों को हासिल करने में बहुत मदद मिली।

प्रशिक्षक ने बोर्ड पर यह तीन शब्द लिखे थे।

होना

करना

पाना

फिर उसने कहा, ''इन तीन शब्दों में 'पाना' वाला हिस्सा लक्ष्य है। लक्ष्य इस तरह के होते हैं जैसे सुंदर शरीर पाना, आदर्श संबंध पाना, लाखों डॉलर पाना, अच्छी सेहत पाना, या शोहरत पाना। एक बार जब अधिकांश लोग यह पता लगा लेते हैं कि वे क्या पाना चाहते हैं या उनका लक्ष्य क्या है, तो वे इस बात की सूची बनाने लगते हैं कि उन्हें क्या 'करना' है।''

सबसे पहले प्रशिक्षक ने आदर्श शरीर के लक्ष्य का प्रयोग किया। ''जब लोग आदर्श शरीर पाना चाहते हैं, तो अधिकांश लोग क्या करते हैं? वे डाइटिंग करने लगते हैं और जिम जाने लगते हैं। यह सिलसिला कुछ सप्ताह तक चलता है, परंतु इसके बाद उनमें से ज़्यादातर दोबारा फ़्रेंच फ़्राइज़ और पिज़्ज़ा की अपनी पुरानी डाइट पर लौट आते हैं और जिम जाने के बजाय टी.वी. पर बेसबॉल देखने लगते हैं यह 'होने' के बजाय 'करने' का उदाहरण है।''

''महत्त्वपूर्ण चीज़ डाइटिंग नहीं है; महत्त्वपूर्ण तो आप हैं, जिसे डाइट का अनुसरण करने के लिए कुछ होना पड़ता है। फिर भी, हर साल करोड़ों लोग दुबले होने के लिए आदर्श डाइट का अनुसरण करने की कोशिश करते हैं। वे इस बात पर ध्यान केंद्रित करते हैं कि उन्हें क्या करना है और इस बात पर बिलकुल ध्यान नहीं देते कि उन्हें क्या बनना या होना है। अगर आपके विचार नहीं बदलते हैं, तो सिर्फ़ आहार बदलने से कोई फ़ायदा नहीं होगा।''

फिर प्रशिक्षक ने गोल्फ़ का उदाहरण देकर समझाया : ''अधिकांश लोग अपने खेल को सुधारने की आशा में नए गोल्फ़ क्लब्स ख़रीद लेते हैं। वे यह भूल जाते हैं कि अगर वे प्रोफ़ेशनल गोल्फ़ खिलाड़ी के नज़रिए, मानसिकता और विश्वासों से शुरुआत करें, तो उनके सफलता की संभावना अधिक होगी। गोल्फ़ का ख़राब खिलाड़ी नए गोल्फ़ क्लब्स होने के बाद भी ख़राब खिलाड़ी ही रहेगा।''

फिर उसने निवेश के विषय में यह कहा, ''कई लोग सोचते हैं कि स्टॉक या मीच्युअल फ़ंड ख़रीदने से ही वे अमीर बन जाएँगे। परंतु सिर्फ़ स्टॉक, मीच्युअल फ़ंड, रियल एस्टेट और बॉन्ड ख़रीदने से ही आप अमीर नहीं बन जाते हैं। प्रोफ़ेशनल निवेशक जो करते हैं, वही करना वित्तीय सफलता की गारंटी नहीं है। चाहे आप कोई सा भी शेयर, बॉन्ड, रियल एस्टेट या मीच्युअल फ़ंड ख़रीद लें, जिसकी मानसिकता पराजितों वाली है, वह हमेशा पराजित ही होगा।''

इसके बाद उसने एक आदर्श रोमांटिक जीवनसाथी पाने का उदाहरण दिया : ''इतने सारे लोग अपने सपनों के आदर्श जीवनसाथी की तलाश में बार, ऑफ़िस या चर्च में जाते हैं, वे सही व्यक्ति की सलाश 'करते' हैं, परंतु वे सही व्यक्ति 'होने' पर मेहनत नहीं करते।''

यहाँ पर प्रशिक्षक ने एक उदाहरण देकर समझाया : ''वैवाहिक जीवन को बेहतर बनाने के लिए बहुत से लोग अपने जीवनसाथी को बदलने की कोशिश करते हैं। अक्सर जीवनसाथी को बदलने की कोशिश करने में विवाद छिड़ जाते हैं। उसे बदलने की कोशिश करने के बजाय पहले ख़ुद को बदलना बेहतर है। अपने जीवनसाथी को बदलने पर मेहनत करने के बजाय उसके बारे में अपने विचारों को बदलने पर मेहनत करें।''

जब प्रशिक्षण देने वाली महिला संबंधों के विषय में बोल रही थी, तो मुझे अपनी पहचान के ऐसे कई लोग याद आ गए, जो ''दुनिया को बदलने'' की कोशिश कर रहे थे, परंतु ज़रा भी सफल नहीं हो पा रहे थे। वे हर एक को बदलना चाहते थे, परंतु ख़ुद को नहीं बदलना चाहते थे।

धन के अपने उदाहरण में प्रशिक्षक ने कहा, ''और जब धन की बात आती है, तो कई लोग अमीरों जैसे काम 'करने' की कोशिश करते हैं और अमीरों जैसी चीज़ें 'पाना' चाहते हैं। इसलिए वे अमीरों की तरह दिखने वाला मकान या कार ख़रीद लेते हैं और अपने बच्चों को ऐसे स्कूलों में भेजते हैं, जहाँ अमीरों के बच्चे पढ़ते हैं। इसका परिणाम यह होता है कि ये लोग ज़्यादा कड़ी मेहनत 'करते' हैं और ज़्यादा क़र्ज़ 'पाते' हैं, जिस वजह से उन्हें और भी ज़्यादा मेहनत करना पड़ती है... जो सचमुच अमीर लोग नहीं करते हैं।''

मैं कमरे में पीछे बैठा सहमति में अपना सिर हिला रहा था। इस विषय को समझाते समय मेरे अमीर डैडी ने अलग शब्दों के प्रयोग किया था। वे अक्सर मुझसे कहा करते थे, ''लोग सोचते हैं कि धन के लिए कड़ी मेहनत करने से वे अमीर बन जाएँगे या फिर ऐसी चीज़ें ख़रीदने से, जिनसे वे अमीर दिख सकें। अधिकांश मामलों में ऐसा नहीं होता। इससे वे सिर्फ़ अधिक थक जाते हैं। लोग इसे 'अपने पड़ोसियों की बराबरी करना' कहते हैं और अगर आप ध्यान से अपने पड़ोसियों की तरफ़ देखें, तो वे थक चुके हैं।''

वीकएंड की उस कक्षा के दौरान मुझे अपने अमीर डैडी की बातों में समझदारी नज़र आने लगी। वर्षों तक उन्होंने बहुत संयमित जीवन जिया। उन्होंने अपने बिल चुकाने के लिए कड़ी मेहनत नहीं की, बल्कि संपत्तियाँ बनाने के लिए मेहनत की। वे हमेशा एक आम आदमी की तरह नज़र आते थे। वे महँगी कार चलाने के बजाय पिकअप ट्रक चलाते थे। 40 साल की उम्र में जाकर वे वित्तीय पॉवर हाउस के रूप में उभरे। जब उन्होंने हवाई में रियल एस्टेट की एक बड़ी जायदाद ख़रीदी, तब जाकर लोगों ने उन पर ध्यान दिया। जब उनका नाम अख़बार में उछला, तब जाकर लोगों को अहसास हुआ कि यह साधारण सा दिखने वाला आदमी कई कंपनियों और रियल एस्टेट की बहुत सी बेशक़ीमती जायदादों का मालिक है। जब अमीर डैडी बोलते थे, तो उनके बैंकर्स सुनते थे। बहुत कम लोगों ने इस छोटे से घर को देखा था, जिसमें वे रहते थे। जब उनके पास काफ़ी धन और संपत्तियों से कैशफ़्लो आने लगा, तब उन्होंने अपने परिवार के लिए एक बड़ा मकान ख़रीदा। उन्होंने क़र्ज़ नहीं लिया। उन्होंने नक़द भुगतान किया।

लक्ष्य निर्धारण पर उस कक्षा के बाद मैंने महसूस किया कि कई लोग अमीरों जैसे काम ''करने'' की कोशिश करते हैं और वह ''पाने'' की कोशिश करते हैं, जो अमीर लोग पाने की कोशिश करते हैं। वे अक्सर बड़े मकान ख़रीदते हैं और शेयर बाज़ार में निवेश करते हैं, क्योंकि उनके विचार से अमीर लोग यही करते हैं। बहरहाल, मेरे अमीर डैडी मुझे यह समझाने की कोशिश कर रहे थे कि अगर अमीरों की तरह काम करने के बावजूद उन लोगों के विचार और विश्वास ग़रीब या मध्य वर्गीय व्यक्तियों की तरह होंगे, तो अंत में वे वही पाएँगे, जो ग़रीब और मध्य वर्ग पाता है। ''होना-करना-पाना'' अंततः समझ में आने लगा था।

कैशफ़्लो क्वाड्रैंट होने के बारे में है... करने के बारे में नहीं है

क्वाड्रैंट के बाएँ हिस्से से दाएँ हिस्से में क़दम बढ़ाना ''करने'' के बारे में नहीं, बल्कि ''होने'' के बारे में है।

''बी'' और ''आई'' क्या करते हैं, उससे ज़्यादा फ़र्क़ नहीं पड़ता। फ़र्क़ तो इस बात से पड़ता है कि वे किस तरह ''सोचते'' हैं। उनके ''होने'' या ''अस्तित्व'' के केंद्र में क्या है?

अच्छी ख़बर यह है कि आपको अपनी सोच बदलने के लिए ज़्यादा ख़र्च करने की ज़रूरत नहीं है। दरअसल यह काम मुफ़्त में ही हो सकता है। बुरी ख़बर यह है कि कई

बार धन के बारे में उन केंद्रीय विचारों को बदलना मुश्किल होता है, जो पीढ़ी दर पीढ़ी हस्तांतरित होते आ रहे हैं या जिन विचारों को आपने दोस्तों, ऑफ़िसों या स्कूल से सीखा है। बहरहाल यह काम किया जा सकता है और यह पुस्तक मुख्य रूप से इसी बारे में है। यह वित्तीय स्वतंत्रता की ''कैसे करें'' या ''क्या करें'' की पुस्तक नहीं है। यह पुस्तक यह नहीं बताती कि कौन से स्टॉक ख़रीदे जाएँ या कौन से मीच्युअल फ़ंड सबसे सुरक्षित हैं। यह पुस्तक मूलत: आपके विचारों (होने) को सुदृढ़ करने के बारे में है, ताकि आप ऐसे कार्य (क़रने) कर सकें, जो आपको वित्तीय रूप से स्वतंत्रता प्राप्त करने (पाने) में सक्षम बनाए।

''ई'' के लिए महत्त्वपूर्ण मुद्दा सुरक्षा है

धन के विषय में ''ई'' क्वाड्रैंट के लोग अक्सर सुरक्षा को बहुत ज़्यादा महत्त्व देते हैं। उनके लिए धन उतना महत्त्वपूर्ण नहीं होता, जितना कि सुरक्षा। वे जीवन के अन्य क्षेत्रों में बड़े जोखिम ले सकते हैं, जैसे वे पैराशूटिंग कर सकते हैं, परंतु वे धन के मामले में कभी जोखिम नहीं ले सकते।

''एस'' के लिए महत्त्वपूर्ण मुद्दा पूर्णता है

बाएँ क्वाड्रैंट से दाएँ क्वाड्रैंट में पहुँचने की कोशिश करने वाले ''एस'' क्वाड्रैंट के लोगों में मैंने यह पाया है कि उनमें अपने काम ''ख़ुद करने'' की मानसिकता होती है। वे ''ख़ुद करना'' पसंद करते हैं, क्योंकि अक्सर वे यह सुनिश्चित कर लेना चाहते हैं कि काम ''सही'' तरीक़े से हो। और चूँकि उन्हें ''सही'' तरीक़े से काम करने वाला व्यक्ति खोजने में बहुत मुश्किल आती है, इसलिए वे उस काम को ख़ुद ही करते हैं।

कई ''एस'' लोगों के लिए असली मुद्दा ''नियंत्रण'' है। वे नियंत्रण में रहना चाहते हैं। वे ग़लतियों से चिढ़ते हैं। इससे भी ज़्यादा चिढ़ उन्हें इस बात से होती है कि कोई दूसरा

ग़लतियाँ करके उनकी छवि को धूमिल कर दे। इसी वजह से वे उत्कृष्ट ''एस'' होते हैं और इसीलिए आप उनकी सेवाएँ लेते हैं। आप यह चाहेंगे कि आपका दाँतों का डॉक्टर, वकील, ब्रेन सर्जन, आर्किटेक्ट पूर्णतावादी हो। इसी बात के लिए आप उन्हें फ़ीस देते हैं। यह उनकी शक्ति है। परंतु यह उनकी कमज़ोरी भी है।

भावनात्मक बुद्धि

इंसान होने का मतलब है भावनाएँ होना। हम सबमें एक जैसी भावनाएँ होती हैं। हम सब डर, दुख, क्रोध, प्रेम, घृणा, निराशा, सुख, ख़ुशी और अन्य भावनाओं को महसूस करते हैं। इन भावनाओं के प्रबंधन करने का तरीक़ा हमें औरों से अलग बनाता है।

जब धन का जोखिम लेने की बात आती है, तो हम सब डरते हैं... यहाँ तक कि अमीर व्यक्ति भी। फ़र्क़ यह है कि हम उस डर का सामना किस तरह करते हैं। कई लोगों के मन में यह विचार उत्पन्न होता है, ''सुरक्षित तरीक़े से खेलो। जोखिम मत लो।''

दूसरों के मन में, ख़ास तौर पर दाएँ हिस्से के लोगों के मन में, धन का जोखिम लेते समय यह विचार उत्पन्न हो सकता है, ''स्मार्ट तरीक़े से खेलो। जोखिम का प्रबंधन करना सीखो।''

वही भाव, अलग विचार... अलग होना... अलग करना... अलग पाना।

धन गँवाने का डर

मेरी राय में इंसान के वित्तीय संघर्ष की सबसे बड़ी वजह धन गँवाने का डर है। और इस डर के कारण लोग अक्सर बहुत ज़्यादा सुरक्षित तरीक़े से काम करते हैं, स्वयं पर बहुत ज़्यादा नियंत्रण कर लेते हैं या अपना धन किसी ऐसे व्यक्ति को दे देते हैं जिसे वे विशेषज्ञ मानते हैं। इसके बाद वे यह उम्मीद तथा प्रार्थना करते हैं कि ज़रूरत पड़ने पर उनका धन उन्हें सही-सलामत मिल जाए।

अगर डर की वजह से आप किसी वित्तीय क्वाड्रैंट में क़ैद हों, तो मैं आपको सलाह देता हूँ कि आप डेनियल गोलमैन की ***इमोशनल इंटेलिजेंस*** पढ़ लें। अपनी पुस्तक में गोलमैन सदियों पुरानी पहेली को स्पष्ट करते हैं कि स्कूल में बहुत अच्छा शैक्षणिक प्रदर्शन करने वाले बच्चे असली दुनिया में वित्तीय रूप से उतना अच्छा प्रदर्शन क्यों नहीं कर पाते। इसका जवाब देते हुए वे बताते हैं कि भावनात्मक आई.क्यू. शैक्षणिक आई.क्यू. से ज़्यादा शक्तिशाली होता है। इसीलिए जो लोग जोखिम लेते हैं, ग़लतियाँ करते हैं और सँभल जाते हैं, वे अक्सर उन लोगों से बेहतर साबित होते हैं जो जोखिम से घबराकर ग़लतियाँ ही नहीं करते हैं। बहुत सारे लोग कॉलेज से पास होकर तो निकलते हैं, परंतु जोखिम लेने के लिए भावनात्मक रूप से तैयार नहीं होते... ख़ासकर वित्तीय जोखिम। ज़्यादातर शिक्षक इसलिए अमीर नहीं बन पाते हैं क्योंकि वे एक ऐसे माहौल में काम करते हैं, ''जो लोगों को ग़लतियाँ करने के लिए सज़ा देता है।'' इसके अलावा अक्सर वे ख़ुद भी ग़लतियाँ करने से डरते हैं।

वित्तीय रूप से स्वतंत्र होने के लिए उन्हें यह सीखने की ज़रूरत है कि ग़लतियाँ कैसे की जाएँ और जोखिम का प्रबंधन कैसे किया जाए।

अगर लोग धन गँवाने और भीड़ से अलग हटकर काम करने से डरते हुए अपनी ज़िंदगी गुज़ारते हैं, तो उनके लिए अमीर बनना लगभग असंभव है, भले ही यह काम चार हरे मकान ख़रीदने और उनके बदले में एक बड़ा लाल होटल लेने जितना आसान हो।

भावनात्मक आई.क्यू. अधिक प्रबल होता है

गोलमैन की पुस्तक पढ़ने के बाद मुझे अहसास हुआ कि वित्तीय आई.क्यू. 90 प्रतिशत भावनात्मक है और सिर्फ़ 10 प्रतिशत वित्तीय या धन संबंधी तकनीकी ज्ञान है। गोलमैन 16वीं सदी के मानवतावादी इरैस्मस ऑफ़ रॉटरडैम का उद्धरण देते हैं, जिन्होंने तर्क और भावना के बीच के सतत तनाव के बारे में व्यंग्यात्मक रूप से लिखा है। उन्होंने भावनात्मक मस्तिष्क और तार्किक मस्तिष्क की तुलना करते हुए 24:1 अनुपात का प्रयोग किया है। दूसरे शब्दों में जब भावनाएँ उग्र होती हैं, तो वे तार्किक मस्तिष्क की तुलना में 24 गुना ज़्यादा शक्तिशाली होती हैं। मैं यह तो नहीं जानता कि यह अनुपात कितना प्रामाणिक है, परंतु भावनात्मक चिंतन बनाम तार्किक चिंतन की शक्ति के संदर्भ में यह जानना काफ़ी उपयोगी है।

24 : 1

भावनात्मक मस्तिष्क : तार्किक मस्तिष्क

हम सब इंसान हैं, इसलिए हमारे जीवन में ऐसी घटनाएँ होती हैं, जब हमारी भावनाएँ हमारे तार्किक विचारों पर हावी हो जाती हैं। मुझे विश्वास है कि हममें से अधिकांश ने यह किया होगा :

- ग़लती से कुछ ऐसा कह दिया होगा, जिसके बारे में बाद में हमने सोचा होगा कि काश! यह नहीं कहा होता, तो अच्छा होता।
- किसी ऐसे व्यक्ति के प्रति यह जानते-बूझते हुए आकर्षित हुए होंगे कि वह हमारे लिए अच्छा नहीं है... इसके बावज़ूद हम उसके साथ प्रेम संबंध बढ़ाते गए और इससे भी बुरा यह कि उससे शादी कर ली।
- किसी प्रियजन के निधन पर ख़ुद रोए होंगे या किसी दूसरे को अनियंत्रित रूप से रोते देखा होगा।
- स्वयं आहत होने के बाद जान-बूझकर किसी प्रियजन को आहत करने की कोशिश की होगी।
- हमारा दिल टूट गया होगा और हम उस सदमे से लंबे समय तक नहीं उबर पाए होंगे।

तार्किक विचारों की तुलना में भावनाओं के अधिक प्रबल होने के ये सिर्फ़ कुछ उदाहरण हैं।

ऐसे भी समय आते हैं जब भावनाएँ 24:1 के अनुपात से भी ज़्यादा शक्तिशाली होती हैं, जैसे इन प्रकरणों में :

- लत, जैसे खाने, धूम्रपान, सेक्स, शॉपिंग, नशे की ज़बर्दस्त लालसा।
- डर, जैसे साँप, ऊँचा, सँकरी जगह, अँधेरे, अजनबियों का डर।

ये और अन्य व्यवहार अक्सर शत-प्रतिशत भावना-संचालित होते हैं। जब लतों और डरों जितनी प्रबल चीज़ें शामिल हों, तो तार्किक विचार भावना की तुलना में बहुत कमज़ोर होता है।

साँपों का डर

फ़्लाइट स्कूल में मेरा एक दोस्त था, जो साँपों से बहुत डरता था। एक क्लास के दौरान जब हमें बताया जा रहा था कि अगर दुश्मन हमारे हवाई जहाज़ को गिरा दें और हमें जंगल में रहना पड़े, तो वहाँ किस तरह ज़िंदा रहें। टीचर हमारी क्लास में बगीचे का एक हानिरहित साँप लेकर हमें यह दिखाने आए कि इसे कैसे खाया जा सकता है। मेरा मित्र उछला, चीख़ा और कमरे के बाहर दौड़ पड़ा। वह ख़ुद को नियंत्रित नहीं कर पाया। न सिर्फ़ साँपों का उसका डर प्रबल था, बल्कि साँप को खाने का विचार उसे इतना भयानक लगा कि उसकी भावनाएँ इसे बर्दाश्त नहीं कर पाईं।

धन का डर

धन का जोखिम लेने के विषय में भी मैंने लोगों को अक्सर यही करते देखा है। निवेश के बारे में पता लगाने के बजाय वे उछलते हैं, चीख़ते हैं और कमरे के बाहर दौड़ पड़ते हैं।

धन के क्षेत्र में लोगों के मन में बहुत से गहरे भावनात्मक डर होते हैं... ये डर इतने ज़्यादा हैं कि उनकी सूची देना संभव नहीं है। ये डर मुझमें हैं, आपमें हैं। हम सबमें हैं। क्यों? क्योंकि हम इस बात को पसंद करें या न करें, धन एक भावनात्मक विषय है। और चूँकि यह एक भावनात्मक विषय है, इसलिए ज़्यादातर लोग धन के बारे में तार्किक रूप से नहीं सोच सकते। अगर आपको इस बात पर यक़ीन नहीं है कि धन एक भावनात्मक विषय है, तो सिर्फ़ स्टॉक मार्केट पर एक नज़र डाल लें। अधिकांश बाज़ारों में कोई तर्क नहीं होता... सिर्फ़ लोभ और डर की भावनाएँ होती हैं। या फिर आप लोगों को न कार में चढ़ते देख लें और नए चमड़े की गंध लेने दें। इस वक़्त सेल्समैन अगर उनके कान में ये जादुई शब्द कह देता है, ''नक़द बहुत कम देना पड़ेगा, आसान मासिक क़िस्तें,'' तो उनका सारा तर्क खिड़की से बाहर चला जाता है।

भावनात्मक विचार तार्किक लगते हैं

भावनात्मक विचारों के साथ मूल समस्या यह है कि वे तार्किक लगते हैं। ''ई'' क्वाड्रैंट के व्यक्ति के मन में जब डर की भावना पैदा होती है, तो वह इस तार्किक विचार का सहारा लेता है : ''इसे सुरक्षित खेलो, जोखिम मत लो।'' बहरहाल ''आई'' क्वाड्रैंट के व्यक्ति को यह विचार तार्किक नहीं लगता।

''एस'' क्वाड्रैंट के लोगों के सामने जब दूसरे लोगों की कार्यक्षमता पर विश्वास करने का मुद्दा आता है, तो उनका तार्किक विचार होता है : ''मैं इसे ख़ुद कर लूँगा।''

यह एक प्रमुख कारण है, जिसकी वजह से ज़्यादातर ''एस'' प्रकार के बिज़नेस अक्सर पारिवारिक बिज़नेस होते हैं। परिवार में विश्वास का अहसास ज़्यादा होता है। उनके लिए ''ख़ून निश्चित रूप से पानी से ज़्यादा गाढ़ा होता है।''

अलग क्वाड्रैंट... अलग तर्क... अलग विचार... अलग कार्य... अलग लक्ष्य... परंतु भावनाएँ वही। भावनाएँ हमें इंसान बनाती हैं और अपनी भावनाओं से परिचित होना इंसान होने का एक बड़ा हिस्सा है।

हम क्या करते हैं यह इस बात से निर्धारित होता है कि हम व्यक्तिगत रूप से इन भावनाओं पर किस तरह प्रतिक्रिया करते हैं।

मैं यह नहीं करना चाहता

आप तार्किक रूप से सोच रहे हैं या भावनात्मक रूप से, यह जानने का एक तरीक़ा यह है कि क्या हम अपनी चर्चा में ''चाहता'' शब्द का प्रयोग कर रहे हैं। उदाहरण के लिए, जो लोग भावनाओं द्वारा संचालित होते हैं, वे इस तरह की बातें कहेंगे : ''मैं आज व्यायाम नहीं करना चाहता।'' हालाँकि तार्किक रूप से वे जानते हैं कि उन्हें व्यायाम करना चाहिए।

जो लोग वित्तीय रूप से संघर्ष करते हैं, वे यह नहीं समझ पाते कि वे क्या चाहते हैं या फिर वे अपनी चाहत को अपने विचारों पर हावी हो जाने देते हैं। मैं उन्हें यह कहते सुनता हूँ :

''मैं निवेश के बारे में नहीं सीखना चाहता। इसमें बहुत झंझट है।''

''निवेश करना मुझे ठीक नहीं लगता। मैं यह नहीं करना चाहता।''

''मैं अपने मित्रों को अपने बिज़नेस के बारे में नहीं बताना चाहता।''

''मैं अस्वीकृति की भावना से नफ़रत करता हूँ। मैं नहीं चाहता कि लोग मुझे अस्वीकार करें।''

अभिभावक या बच्चे

ये विचार तर्कों के बजाय भावनाओं से उत्पन्न होते हैं। लोकप्रिय मनोविज्ञान की भाषा में कहा जाए तो यह अभिभावक और बच्चे के बीच का युद्ध है। अभिभावक आम तौर पर

''चाहिए'' में बातें करता है। उदाहरण के लिए, अभिभावक कह सकता है, ''तुम्हें अपना होमवर्क करना चाहिए,'' जबकि बच्चा ''चाहने'' के बारे में बातें करता है। होमवर्क करने की बात पर प्रतिक्रिया करते हुए बच्चा कहेगा, ''परंतु मैं इसे नहीं करना चाहता।''

वित्तीय रूप से, आपके भीतर का अभिभावक ख़ामोशी से कह सकता है, ''तुम्हें अधिक धन बचाना चाहिए।'' परंतु आपके भीतर का बच्चा जवाब देगा, ''परंतु मैं छुट्टियाँ मनाने जाना चाहता हूँ। इसमें जो ख़र्च होगा, उसे मैं क्रेडिट कार्ड से उधार ले सकता हूँ।''

आप वयस्क कब होते हैं?

बाएँ क्वाड्रैंट से दाएँ क्वाड्रैंट में जाने के लिए हमें वयस्क होने की ज़रूरत है। हम सबको वित्तीय रूप से बड़े होने की ज़रूरत है। अभिभावक या बच्चे होने के बजाय हमें धन, काम और निवेश को वयस्कों की तरह देखने की ज़रूरत है। और वयस्क होने का अर्थ यह जानना है कि आपको क्या करना है और फिर उस काम को सही तरीक़े से पूरा करना है, भले ही आप उसे न करना चाहते हों।

आपके भीतर की चर्चाएँ

एक क्वाड्रैंट को पार करके दूसरे क्वाड्रैंट में जाने के बारे में विचार कर रहे लोगों के लिए प्रक्रिया का एक महत्त्वपूर्ण हिस्सा अपने आंतरिक संवाद... या अपने भीतर होने वाली चर्चाओं के बारे में जागरूक रहना है। ***सोचिए और अमीर बनिए*** पुस्तक के महत्त्व को हमेशा याद रखें। इस प्रक्रिया का एक महत्त्वपूर्ण हिस्सा अपने ख़ामोश विचारों तथा अपने आंतरिक संवाद के बारे में सतत सावधान रहना है और हमेशा याद रखना है कि जो एक क्वाड्रैंट में तार्किक लगता है, वह दूसरे क्वाड्रैंट में मूर्खतापूर्ण होता है। नौकरी या वित्तीय सुरक्षा से वित्तीय स्वतंत्रता की ओर जाने की प्रक्रिया मूलत: अपनी सोच को बदलने की प्रक्रिया है। इस प्रक्रिया में आप यह जानने का सर्वश्रेष्ठ प्रयास करते हैं कि कौन से विचार भावना पर आधारित हैं और कौन से तर्क पर। अगर आप अपनी भावनाओं को नियंत्रित कर सकते हैं और वह कार्य करना चाहते हैं, जिसे आप तार्किक मानते हैं, तो यह यात्रा करने का एक अच्छा अवसर हैं भले ही बाहर से कोई कुछ भी कहे, सबसे महत्त्वपूर्ण चर्चा वह है जो अपने मन में आप ख़ुद से करते हैं।

जब किम और मैं कुछ समय के लिए बेघर और वित्तीय रूप से अस्थिर थे, तो हमारी भावनाएँ बेक़ाबू हो गई थीं। कई बार तो हमें जो बात तर्कपूर्ण लगती थी, वह दरअसल विशुद्ध भावनाओं पर आधारित होती थी। हमारी भावनाएँ हमसे वही कहती थीं, जो हमारे मित्र कह रहे थे, ''सुरक्षित खेलो, सुरक्षित नौकरी खोजो और ज़िंदगी के मज़े लो।''

परंतु तार्किक रूप से हम दोनों सहमत थे कि सुरक्षा के बजाय स्वतंत्रता हासिल करना ज़्यादा समझदारीपूर्ण विचार है। जब हम वित्तीय रूप से स्वतंत्र बनने की कोशिश कर रहे थे, तो हम जानते थे कि इसके बाद हमें ऐसी सुरक्षा मिल जाएगी, जो नौकरी में कभी नहीं मिल सकती। इसमें हमें समझदारी दिखती थी। हमारी राह में बाधा सिर्फ़ एक थी : हमारी

भावनाओं द्वारा उत्पन्न विचार। ये विचार तार्किक नज़र आते थे, परंतु दीर्घकालीन दृष्टि से उनमें समझदारी नहीं दिखती थी। अच्छी बात यह थी कि जब हम इन विचारों के पार निकल गए, तो वे लौटकर नहीं आए और जिन नए विचारों को हम चाहते थे, वे हमारा यथार्थ बन गए... यानी ''बी'' और ''आई'' क्वाड्रैंट के विचार।

इसी वजह से आज जब कोई व्यक्ति नीचे लिखी बातें कहता है, तो मैं उसकी भावनाओं को समझ सकता हूँ :

''मैं जोखिम नहीं ले सकता। मुझे अपने परिवार के बारे में सोचना है। मुझे एक सुरक्षित नौकरी करनी ही होगी।''

या ''धन कमाने के लिए धन होना चाहिए। इसलिए मैं निवेश नहीं कर सकता।''

या ''मैं इसे ख़ुद करूँगा।''

मैं उनके विचारों को महसूस करता हूँ, क्योंकि कभी मेरे मन में भी यही विचार थे। परंतु *क्वाड्रैंट* को देखने पर और ''बी'' तथा ''आई'' क्वाड्रैंटों से वित्तीय स्वतंत्रता हासिल करने के बाद मैं निष्ठापूर्वक कह सकता हूँ कि वित्तीय स्वतंत्रता चिंतन का अधिक शांतिपूर्ण और सुरक्षित तरीक़ा है।

''ई'' और ''बी'' के बीच अंतर

केंद्रीय भावनात्मक जीवनमूल्यों की भिन्नता से अलग-अलग दृष्टिकोण उत्पन्न होते हैं। बिज़नेस के मालिकों और कर्मचारियों के बीच संप्रेषण का संघर्ष अक्सर इसलिए होता है क्योंकि दोनों के भावनात्मक जीवनमूल्यों में अंतर होता है। ''ई'' और ''बी'' के बीच हमेशा संघर्ष होता है क्योंकि एक अधिक तनख़्वाह चाहता है, जबकि दूसरा अधिक काम चाहता है। इसीलिए हम अक्सर सुनते हैं, ''मैं बहुत ज़्यादा काम करता हूँ, परंतु मेरी तनख़्वाह बहुत कम है।''

और दूसरे हिस्से से हम अक्सर सुनते हैं, ''हम उन्हें प्रेरित करने के लिए क्या कर सकते हैं, ताकि कम तनख़्वाह में ही वे ज़्यादा मेहनत करें और ज़्यादा निष्ठावान बनें।''

''बी'' और ''आई'' के बीच अंतर

बिज़नेस चलाने वालों (''बी'') और बिज़नेस के निवेशकों यानी शेयरहोल्डर्स (''आई'') के बीच भी हमेशा तनाव बना रहता है। एक कंपनी के कामकाज को बढ़ाने के लिए ज़्यादा धन चाहता है, जबकि दूसरा ज़्यादा डिविडेन्ड चाहता है।

शेयरहोल्डरों की मीटिंग में इस तरह की चर्चा हो सकती है :

कंपनी मैनेजर्स : ''हमें एक्ज़ीक्यूटिव्ज़ के लिए एक प्राइवेट जेट की आवश्यकता है, ताकि वे अपनी मीटिंगों में जल्दी से पहुँच सकें।''

निवेशक : ''हमें एक्ज़ीक्यूटिव्ज़ कम करने की आवश्यकता है। फिर हमें प्राइवेट जेट की आवश्यकता नहीं पड़ेगी।''

''एस'' और ''बी'' के बीच अंतर

बिज़नेस सौदों में मैंने अक्सर देखा है कि कोई प्रतिभाशाली ''एस'' (जैसे कोई वकील) किसी ''बी'' या बिज़नेस मालिक के लिए लाखों-करोड़ों डॉलर का कोई सौदा करता है। जब सौदा पूरा हो जाता है, तो वकील मन ही मन विचलित हो जाता है क्योंकि ''बी'' ने लाखों कमाए हैं, जबकि ''एस'' को सिर्फ़ प्रति घंटे की दर से भुगतान हुआ है।

उनके शब्द इस तरह लग सकते हैं :

वकील : ''सारा काम मैंने किया और सारा पैसा उसने कमाया।''

''बी'' : ''उन लोगों ने कितने घंटों का बिल भिजवाया? जितना पैसा उन्होंने माँगा है, उतने में तो हम उनकी पूरी क़ानूनी फ़र्म ख़रीद सकते थे।''

''ई'' और ''आई'' के बीच अंतर

एक और उदाहरण एक बैंक मैनेजर का है, जो किसी निवेशक को रियल एस्टेट ख़रीदने के लिए क़र्ज़ देता है। निवेशक लाखों डॉलर कमाता है, जो कर मुक्त होता है, जबकि बैंकर को सिर्फ़ तनख़्वाह मिलती है जिस पर भारी टैक्स लगता है। यह ''ई'' और ''आई'' के बीच का एक उदाहरण है, जिसकी वजह से अक्सर छुटपुट भावनात्मक प्रतिक्रिया देखने में आ सकती है।

''ई'' कह सकता है : ''मैंने उसे क़र्ज़ दिया और उसने 'धन्यवाद' तक नहीं दिया। शायद वह यह नहीं जानता कि हम उसके लिए कितनी कड़ी मेहनत करते हैं।''

''आई'' कह सकता है : ''वे लोग बहुत शक करते हैं। सिर्फ़ एक छोटा सा लोन लेने के लिए हमें कितनी सारी फ़ालतू की काग़ज़ी कार्यवाही करनी पड़ती है।''

भावनात्मक रूप से अस्थिर विवाह

मैंने एक ऐसा वैवाहिक संबंध देखा है, जो मेरी राय में भावनात्मक दृष्टि से सबसे ज़्यादा अस्थिर था। पत्नी पक्की ''ई'' थी। वह नौकरी और वित्तीय सुरक्षा में विश्वास करती थी। दूसरी ओर, पति ख़ुद को हवा में उड़ने वाला ''आई'' मानता था। वह सोचता था कि वह कुछ समय बाद वारेन बफ़े जितना बड़ा निवेशक बन जाएगा। हक़ीक़त तो यह थी कि वह ''एस'' यानी सेल्समैन था और कमीशन के आधार पर काम करता था। बहरहाल, अंदर से वह दीर्घकालीन जुआरी था। वह हमेशा ऐसे निवेशों की तलाश में रहता था, जो उसे ''फटाफट अमीर'' बना दें। वह किसी भी नए स्टॉक की ख़बर या समुद्र पार निवेश की योजना के बारे नें उतावला रहता था, जो बहुत ऊँचे लाभ का वादा करती हो या किसी ऐसे रियल एस्टेट सौदे के बारे में जानना चाहता था, जिस पर वह ऑप्शन लगा सके। ये

पति-पत्नी अब भी साथ रह रहे हैं, परंतु वे साथ क्यों रह रहे हैं, यह मैं नहीं जानता। वे एक-दूसरे को पागल कर देते हैं। उनमें से एक जोखिम से प्रेम करता है; दूसरा जोखिम से नफ़रत करता है। अलग-अलग क्वाड्रैंट, अलग-अलग केंद्रीय जीवनमूल्य।

अगर आप विवाहित हैं या पार्टनर हैं

अगर आप विवाहित हैं या पार्टनर हैं, तो उस क्वाड्रैंट पर निशान लगा लें, जहाँ से आपको अधिकांश आमदनी होती है। इसके बाद उस क्वाड्रैंट पर निशान लगा लें, जहाँ से आपके जीवनसाथी या आपके पार्टनर को अधिकांश आमदनी होती है।

ऐसा करने की सलाह देने के पीछे एक कारण है। अगर आप यह नहीं जानते कि आपका पार्टनर किस क्वाड्रैंट का है, तो चर्चा करना अक्सर मुश्किल हो जाता है।

अमीरों और शिक्षित लोगों के बीच का युद्ध

मैंने एक और युद्ध देखा है। यह अमीरों और शिक्षित लोगों के दृष्टिकोणों के बीच की भिन्नता है।

विभिन्न क्वाड्रैंटों के बीच के अंतरों पर मैंने कई वर्षों तक शोध किया है। इस दौरान मैंने अक्सर बैंकरों, वकीलों, अकाउंटेटों और अन्य लोगों को भुनभुनाते हुए सुना है कि वे शिक्षित होने के बावज़ूद कम कमा रहे हैं, जबकि तथाकथित कम शिक्षित व्यक्ति ''जमकर कमाई कर रहा'' है। इसे मैं अमीरों और शिक्षित लोगों के बीच का युद्ध कहता हूँ, जो अक्सर *क्वाड्रैंट* के बाएँ हिस्से और *क्वाड्रैंट* के दाएँ हिस्से में रहने वाले लोगों के बीच होता है... यानी ''ई-एस'' बनाम ''बी-आई'' के बीच। ऐसा नहीं है कि ''बी'' और ''आई'' क्वाड्रैंट के लोग अशिक्षित होते हैं... उनमें से कई तो बहुत उच्च शिक्षित होते हैं; फ़र्क़ सिर्फ़ इतना है कि कई ''बी'' और ''आई'' पढ़ाई-लिखाई में बहुत प्रतिभाशाली नहीं थे... और उन्होंने वकीलों, अकाउंटेटों व एम.बी.ए. करने वालों की तरह कॉलेजों में प्रशिक्षण नहीं लिया।

आपमें से जिन लोगों ने मेरी पुस्तक ***रिच डैड पुअर डैड*** पढ़ी है, वे जानते हैं कि यह शिक्षित लोगों और अमीरों के बीच के संघर्ष के बारे में है। मेरे उच्च शिक्षित परंतु ग़रीब डैडी को इस बात पर बहुत गर्व था कि उन्होंने स्टैनफ़ोर्ड युनिवर्सिटी और शिकागो यूनिवर्सिटी जैसी प्रतिष्ठित संस्थाओं में उच्च शिक्षा प्राप्त की थी। दूसरी तरफ़ मेरे अमीर डैडी ने अपने पिता की मृत्यु के बाद पारिवारिक बिज़नेस सँभालने के कारण स्कूल छोड़ दिया था... वे हाई स्कूल की पढ़ाई भी पूरी नहीं कर पाए, इसके बावज़ूद वे बहुत अमीर बन गए।

जब मैं थोड़ा बड़ा हुआ और अपने अमीर परंतु अशिक्षित डैडी से अधिक प्रभावित होने लगा, तो मेरे शिक्षित डैडी कभी-कभार जीवन में अपनी हैसियत के बारे में रक्षात्मक हो गए। जब मैं लगभग 16 साल का था, तो मेरे शिक्षित डैडी ने एक दिन मुझसे कहा,

''मेरे पास प्रतिष्ठित कॉलेजों की ऊँची-ऊँची डिग्रियाँ हैं। तुम्हारे दोस्त के डैडी के पास क्या है?''

मैं ठहरा और धीमे से बोला, ''पैसा और ख़ाली समय।''

सिर्फ़ एक मानसिक परिवर्तन से अधिक

जैसा मैंने पहले बताया है, ''बी'' या ''आई'' क्वाड्रैंट में सफलता पाने के लिए सिर्फ़ शैक्षणिक या तकनीकी ज्ञान ही काफ़ी नहीं है। इसके लिए इससे अधिक की ज़रूरत होती है। इसमें अक्सर केंद्रीय भावनात्मक सोच, भावनाओं, विश्वास और नज़रिए के परिवर्तन की ज़रूरत होती है। आपको नीचे लिखे तीन शब्द याद होंगे :

होना

करना

पाना

अमीर लोग जो करते हैं वह तुलनात्मक रूप से आसान है। ''होना'' ही दोनों को अलग करता है। अंतर उनके विचारों में होता है। अधिक स्पष्ट रूप से कहा जाए तो अंतर उनके भीतर चल रहे आंतरिक संवाद में होता है। इसीलिए मेरे अमीर डैडी ने मुझसे कहा था कि मैं ये बातें न कहूँ :

- ''मैं इसका ख़र्च नहीं उठा सकता।''
- ''मैं यह नहीं कर सकता।''
- ''सुरक्षित खेलो।''
- ''धन मत गँवाओ।''
- ''क्या होगा अगर आप असफल हो जाएँ और कभी उबर ही न पाएँ?''

उन्होंने मुझे ये शब्द कहने से मना कर दिया क्योंकि उन्हें पूरा विश्वास था कि शब्द इंसान के सबसे शक्तिशाली औज़ार होते हैं। व्यक्ति जो कहता और सोचता है, वह सच हो जाता है।

हालाँकि वे बहुत ज़्यादा धार्मिक नहीं थे, परंतु वे अक्सर बाइबल की पंक्तियों का प्रयोग करते थे, ''और शब्द सजीव हो गया और हमारे बीच रहने लगा।''

अमीर डैडी का दृढ़ विश्वास था कि हम मन ही मन अपने बारे में जो कहते हैं, वह सच हो जाता है। इसीलिए मैं महसूस करता हूँ कि वित्तीय रूप से संघर्ष करने वाले लोगों की भावनाएँ अक्सर आंतरिक चर्चा करती हैं और उनके जीवन को चलाती हैं। अगर व्यक्ति इन भावनाओं द्वारा संचालित विचारों के पार जाना नहीं सीखता, तो शब्द सजीव हो जाते हैं। इस तरह के शब्द :

- ''मैं कभी अमीर नहीं बन पाऊँगा।''
- ''यह विचार कभी सफल नहीं होगा।''
- ''यह बहुत महँगा है।''

अगर ये विचार भावनाओं पर आधारित हैं, तो ये शक्तिशाली हैं। अच्छी ख़बर यह है कि इन विचारों को नए दोस्तों, नए विचारों और थोड़े से समय के निवेश के सहारे बदला जा सकता है।

जो लोग धन गँवाने के डर को नियंत्रित नहीं कर सकते, उन्हें अपने दम पर कभी निवेश नहीं करना चाहिए। उन्हें सबसे ज़्यादा फ़ायदा तब होगा, जब वे इस काम को किसी प्रोफ़ेशनल व्यक्ति के हवाले कर दें और उसके काम में दख़ल न दें।

यहाँ पर मैं आपको एक रोचक बात बताना चाहता हूँ। मैं कई ऐसे प्रोफ़ेशनल लोगों से मिला हूँ, जो दूसरों के धन का निवेश करते समय निडर होते हैं और बहुत सा धन कमाते हैं। परंतु जब ख़ुद के धन का जोखिम लेने या निवेश करने की बात आती है, तो नुक़सान होने का डर इतना प्रबल होता है कि वे अंततः अपना धन गँवा देते हैं। तर्क के बजाय उनकी भावनाएँ सोचने लगती हैं।

मैं ऐसे लोगों से भी मिला हूँ, जो अपने धन का निवेश करके तो लगातार लाभ कमाते हैं, परंतु अगर कोई उनसे दूसरे के लिए धन का निवेश करने को कहे, तो उनकी मानसिक शांति ख़त्म हो जाती है।

धन कमाना और गँवाना एक भावनात्मक विषय है। इसलिए मेरे अमीर डैडी ने मुझे इन भावनाओं पर नियंत्रण करने का रहस्य समझाया था। अमीर डैडी हमेशा कहा करते थे, ''निवेशक या बिज़नेस मालिक के रूप में सफल होने के लिए आपको जीत और हार के प्रति भावनात्मक रूप से उदासीन रहना होगा। जीतना और हारना सिर्फ़ खेल के हिस्से हैं।''

अपनी सुरक्षित नौकरी छोड़ना

मेरे मित्र माइक को एक बना-बनाया सिस्टम मिला था। इसे उसके पिता ने बनाया था। मैं इतना ख़ुशक़िस्मत नहीं था। मैं जानता था कि किसी दिन मुझे घोंसले के आराम व सुरक्षा को छोड़ना होगा और अपना ख़ुद का घोंसला बनाना होगा।

1978 में मैंने ज़ेरॉक्स में अपनी सुरक्षित नौकरी छोड़ दी। मैंने जो कठोर क़दम उठाया था, उसमें किसी तरह की कोई सुरक्षा नहीं थी। मेरे दिमाग़ में डर और शंका भरी थी। जब मैंने अपना इस्तीफ़े पर हस्ताक्षर किए, अपनी आख़िरी तनख़्वाह ली और दरवाज़े से बाहर आया, तो डर के मारे जैसे मुझे लक़वा मार गया था। मेरे भीतर आत्म-विनाशक विचारों और भावनाओं का ऑर्केस्ट्रा चल रहा था। मैं अपने बारे में बुरी बातें सोच रहा था और मुझे उन पर इतना विश्वास था कि मैं कुछ और नहीं सुन सकता था। यह एक अच्छी चीज़ थी, क्योंकि मैं जिन लोगों के साथ काम करता था, उनमें से कई कह रहे थे, ''वह वापस लौटेगा। वह कभी सफल नहीं होगा।''

समस्या यह थी कि मैं भी ख़ुद से यही कह रहा था। आत्म-शंका के ये भावनात्मक शब्द मुझे बरसों तक सताते रहे, जब तक कि मेरी पत्नी और मैं ''बी'' तथा ''आई'' क्वाड्रैंटों में सफल नहीं हो गए। मैं अब भी अपने भीतर उठ रहे इन शब्दों को सुनता हूँ, परंतु अब उनकी शक्ति कम हो चुकी है। अपनी आत्म-शंका पर विजय पाने की प्रक्रिया में मैंने दूसरी तरह के शब्दों का प्रयोग करना सीख लिया है। अब मैं व्यक्तिगत प्रोत्साहन के इस तरह के शब्दों का प्रयोग करता हूँ :

''शांत रहो, स्पष्टता से सोचो, दिमाग़ खुला रखो, आगे बढ़ते रहो, उस व्यक्ति से मार्गदर्शन लो जो पहले इस राह पर गया हो, विश्वास रखो और किसी उच्च सत्ता में आस्था रखो कि वह आपके लिए सर्वश्रेष्ठ चाहती है।''

हालाँकि मेरे मन का एक हिस्सा बुरी तरह डरा हुआ था, परंतु मैंने प्रोत्साहन के इन शब्दों का आंतरिक प्रयोग करना सीखा।

मैं जानता था कि मुझे पहली बार में सफलता मिलने की संभावना बहुत कम थी। बहरहाल, सकारात्मक मानवीय भावनाओं जैसे विश्वास, आस्था, साहस और अच्छे मित्रों ने मुझे आगे बढ़ाया। मैं जानता था कि मुझे जोखिम लेना है। मैं जानता था कि जोखिम लेने में ग़लतियाँ होती हैं और ग़लतियों से बुद्धि तथा ज्ञान मिलता है, जिनकी मुझमें कमी थी। मेरे लिए सच्ची असफलता तब होती, जब मैं डर को जीत जाने देता। इसलिए हालाँकि किसी तरह की कोई गारंटी नहीं थी, फिर भी मैं आगे बढ़ने का इच्छुक था। मेरे अमीर डैडी ने मन में यह विचार रोप दिया था कि ''असफलता सफलता की प्रकिया का एक हिस्सा है।''

आंतरिक यात्रा

एक क्वाड्रैंट से दूसरे क्वाड्रैंट तक पहुँचना एक आंतरिक यात्रा है। यह एक तरह के मूलभूत विश्वासों और तकनीकी योग्यताओं से दूसरी तरह के मूलभूत विश्वासों और तकनीकी योग्यताओं तक पहुँचने की यात्रा है। यह प्रक्रिया लगभग साइकिल चलाना सीखने की तरह है। पहले तो आप कई बार गिरते हैं। अक्सर यह कुंठाजनक और शर्मनाक होता है, ख़ासकर तब जब आपके मित्र आपको देख रहे हों। परंतु कुछ समय बाद गिरने का सिलसिला बंद हो जाता है और साइकिल चलाने की आदत पड़ जाती है। अगर आप सीखने के बाद गिरते हैं, तो इससे बहुत ज़्यादा फ़र्क़ नहीं पड़ता, क्योंकि अब आप जानते हैं कि आप उठकर खड़े हो सकते हैं और दुबारा साइकिल चला सकते हैं। जब आप नौकरी की सुरक्षा की भावनात्मक मानसिकता से वित्तीय स्वतंत्रता की भावनात्मक मानसिकता की ओर बढ़ते हैं, तब भी यही प्रक्रिया होती है। एक बार जब मैंने और मेरी पत्नी ने इसे पार कर लिया, तो हमारी असफलता का डर कम हो गया। अब हमें विश्वास था कि हममें दुबारा उठकर खड़े होने की क्षमता है।

दो कथनों ने मुझे व्यक्तिगत रूप से आगे बढ़ाया। इनमें से एक मेरे अमीर डैडी की सलाह थी, जो उन्होंने मुझे तब दी थी, जब मैं मैदान छोड़ने और पीछे मुड़ने की कगार पर था : ''तुम कभी भी छोड़ सकते हो... तो फिर अभी क्यों छोड़ना?''

इस सलाह ने मुझे हौसला बँधाया और मेरी भावनाओं को शांत किया। इस सलाह ने मुझे याद दिलाया कि मैं आधी दूर तक तो आ ही चुका था... इसलिए पीछे क्यों मुड़ूँ क्योंकि घर लौटने तक की दूरी भी उतनी ही थी, जितनी कि दूसरी ओर के क्वाड्रैंट तक पहुँचने की दूरी। यह तो वैसा ही होता, जैसे कोलंबस अटलांटिक की आधी दूरी से ही मैदान छोड़कर वापस लौट आया होता। दोनों ही तरफ़ दूरी समान थी।

यहाँ पर मैं आपको सचेत कर देना चाहता हूँ। यह जानने में भी समझदारी है कि मैदान कब छोड़ा जाए। अक्सर मैं ऐसे लोगों से मिलता हूँ, जो बहुत ज़िद्दी होते हैं। वे ऐसे प्रोजेक्ट में भी लगातार आगे बढ़ते रहते हैं, जिसकी सफलता की कोई संभावना ही नहीं होती। कब मैदान छोड़ा जाए और कब आगे बढ़ते रहा जाए, यह जानने की समस्या सदियों पुरानी है, जिसका सामना हर जोखिम लेने वाले व्यक्ति को करना पड़ता है। ''आगे बढ़ा जाए या छोड़ा जाए'' की इस समस्या को सुलझाने का एक तरीक़ा तो ऐसे मार्गदर्शक खोजकर उनकी सलाह लेना है, जो उस यात्रा को सफलतापूर्वक पूरा कर चुके हों। जो व्यक्ति पहले से ही दूसरी तरफ़ है, वह आपका सर्वश्रेष्ठ मार्गदर्शन कर सकता है। परंतु किसी ऐसे व्यक्ति से सलाह लेने के बारे में सावधान रहें, जिसने सिर्फ़ इस यात्रा के बारे में पुस्तकें पढ़ी हैं या जिसे सिर्फ़ इस विषय पर लेक्चर देने के लिए पैसे मिलते हैं।

दूसरा कथन, जिसने अक्सर मुझे आगे बढ़ने के लिए प्रेरित किया, यह था :

''दिग्गज अक्सर लड़खड़ाते और गिरते हैं।
परंतु कीड़े नहीं गिरते, क्योंकि
वे बस खोदते और रेंगते हैं।''

वह प्रमुख कारण जिसकी वजह से इतने सारे लोग वित्तीय रूप से संघर्ष करते हैं यह नहीं है कि उन्हें अच्छी शिक्षा नहीं मिली या वे मेहनती नहीं हैं। ऐसा इसलिए है क्योंकि वे धन गँवाने से डरते हैं। अगर धन गँवाने का डर उन्हें रोक देता है, तो यह मान लेना चाहिए कि वे शुरू करने से पहले ही धन गँवा चुके हैं।

हारने वाले लोग जीतने वाले घोड़े को छोड़ देते हैं और हारने वाले घोड़े पर सवारी करते हैं

पराजित ''होने'' का डर विचित्र तरीक़ों से इस बात को प्रभावित करता है कि लोग क्या ''करते'' हैं। मैंने ऐसे लोगों को देखा है जो किसी शेयर को 20 डॉलर में ख़रीदते हैं और जब यह 30 डॉलर पर पहुँच जाता है तो वे उसे बेच देते है, क्योंकि उन्हें उस रक़म को गँवाने का डर होता है। मज़ेदार बात यह होती है कि बाद में वे यह देखते हैं कि उस शेयर का भाव बढ़कर 100 डॉलर तक हो गया और फिर हर शेयर विभाजित होकर दो शेयरों में बदल गया और दोनों शेयरों का कुल मूल्य 200 डॉलर हो गया।

आइए अब देखें कि यही व्यक्ति शेयर के भाव नीचे गिरते समय क्या करता है। मान लें कि 20 डॉलर का यह शेयर 3 डॉलर तक गिरता है। इसके बावजूद वह इसे पकड़े रहता

है, क्योंकि उसे आशा होती है कि इसका भाव दुबारा बढ़ेगा... और फिर यह भी हो सकता है कि वह उस 3 डॉलर के शेयर को 20 साल तक पकड़े रहे। यह उस व्यक्ति का उदाहरण है जिसे धन गँवाने का या यह स्वीकार करने का डर "होता" है कि वह हार चुका है। अंतत: वह इसी वजह से हार जाता है।

जीतने वाले लोग हारने वाले घोड़े को छोड़ देते हैं और जीतने वाले घोड़े पर सवारी करते हैं

जीतने वाले लगभग बिलकुल विपरीत काम "करते" हैं। अक्सर ऐसा होता है कि जिस पल उन्हें लगता है कि वे धन गँवाने की स्थिति में आ गए हैं, यानी शेयर की क़ीमत बढ़ने के बजाय घटने लगी है, तो वे तत्काल बेच देते हैं और नुक़सान उठा लेते हैं। अधिकांश को यह कहने में शर्म नहीं आती कि उन्हें नुक़सान हो गया है, क्योंकि जीतने वाले जानते हैं कि हारना भी जीतना की प्रक्रिया का ही एक हिस्सा है।

जब उन्हें कोई विजेता मिल जाता है, वे जितनी देर तक इस पर सवारी कर सकते हैं, करते हैं। जिस पल उन्हें अहसास होता है कि मुफ़्त की सवारी ख़त्म हो चुकी है और क़ीमत अपने शिखर पर पहुँच चुकी है, तो वे उस घोड़े की छोड़ देते हैं और बेच देते हैं।

महान निवेशक बनने की कुंजी जीतने और हारने के प्रति उदासीन रहना है। फिर डर और लोभ जैसे भावना-संचालित विचार आपके लिए सोचना छोड़ देंगे।

हारने वाले लोग जीवन में वही काम करते रहते हैं

जो लोग पराजित होने से डरते हैं वे असली जीवन में वही काम करते रहते हैं। हम सब उन लोगों को जानते हैं :

- जो एक ऐसे वैवाहिक जीवन को ढोते रहते हैं, जिसमें प्रेम ख़त्म हो चुका है।
- जो ऐसी नौकरियाँ करते रहते हैं, जहाँ प्रगति की संभावना नहीं है।
- जो पुराने कपड़ों और सामान को जकड़े रहते हैं, जिनका वे कभी इस्तेमाल नहीं करेंगे।
- जो ऐसे शहरों में रहते हैं, जहाँ उनका भविष्य सुखद नहीं है।
- जो उन लोगों के साथ दोस्ती क़ायम रखते हैं, जो उन्हें पीछे रोके हुए हैं।

भावनात्मक बुद्धि को नियंत्रित किया जा सकता है

वित्तीय बुद्धि भावनात्मक बुद्धि से क़रीबी रूप से जुड़ी हुई है। मेरी राय में अधिकांश लोग आर्थिक कष्ट इसलिए उठाते हैं क्योंकि उनकी भावनाएँ उनके विचारों को नियंत्रित करती हैं। इंसान के रूप में हम सबके पास समान भावनाएँ होती हैं। इन भावनाओं का हम किस तरह प्रबंधन करते हैं, उसी से मूलत: यह निर्धारित होता है कि हम क्या ''करते हैं'' और हम क्या ''पाते हैं।''

उदाहरण के लिए, डर की भावना हममें से कुछ को डरपोक बना सकती है, जबकि डर की यही भावना बाक़ी लोगों को साहसी बना सकती है। दुर्भाग्य से जब पैसे की बात आती है, तो हमारे समाज के अधिकांश लोगों को वित्तीय रूप से डरपोक बनने के लिए प्रशिक्षित किया गया है। जब पैसे गँवाने का डर सामने आता है, तो अधिकांश लोगों के दिमाग़ अपने आप ये शब्द बुदबुदाने लगते हैं :

- ''स्वतंत्रता'' के बजाय ''सुरक्षा।''
- ''जोखिम का प्रबंधन करना सीखने'' के बजाय ''जोखिम से बचो।''
- ''स्मार्ट तरीक़े से खेलने'' के बजाय ''सुरक्षित तरीक़े से खेलो।''
- ''मैं इसे किस तरह ख़रीद सकता हूँ,'' के बजाय ''मैं इसे नहीं ख़रीद सकता।''
- ''लंबे समय में इसका मूल्य क्या होगा'' के बजाय ''यह बहुत महँगी है।''
- ''केंद्रित करो'' के बजाय ''बिखेर लो।''
- ''मैं क्या सोचता हूँ'' के बजाय ''मेरे मित्र क्या सोचेंगे?''

जोखिम की बुद्धिमानी

जोखिम लेने का, खासकर वित्तीय जोखिम लेने का, एक विज्ञान है। मैंने धन और जोखिम के प्रबंधन के विषय पर जो सर्वश्रेष्ठ पुस्तकें पढ़ी हैं, उनमें से एक है डॉ. अलैक्ज़ेंडर एल्डर की ***ट्रेडिंग फ़ॉर ए लिविंग***।

हालाँकि यह उन लोगों के लिए लिखी गई है, जिनका व्यवसाय स्टॉक्स और ऑप्शन्स ख़रीदना-बेचना है, परंतु जोखिम और जोखिम के प्रबंधन की समझदारी धन, धन प्रबंधन, व्यक्तिगत मनोविज्ञान तथा निवेश के सभी क्षेत्रों में लागू होती है। कई सफल ''बी'' यानी बिज़नेसमैन ''आई'' यानी निवेशक जितने सफल नहीं होते। इसका एक कारण यह है कि वे धन के विशुद्ध जोखिम के पीछे के मनोविज्ञान को पूरी तरह से नहीं समझ पाते। हालाँकि ''बी'' बिज़नेस सिस्टम्स और कर्मचारियों से संबंधित जोखिम को तो समझते हैं, परंतु यह ज़रूरी नहीं है कि उन्हें पैसे से पैसा कमाने के सिस्टम का ज्ञान हो।

यह तकनीकी कम, भावनात्मक ज़्यादा है

संक्षेप में बाईं ओर के क्वाड्रैंटों से दाईं ओर के क्वाड्रैंटों तक पहुँचना तकनीकी कम, भावनात्मक ज़्यादा है। अगर लोग अपने भावनात्मक विचारों को नियंत्रित नहीं कर सकते, तो मैं उन्हें यह सलाह दूँगा कि वे यह यात्रा न करें।

क्वाड्रैंट के बाईं ओर के लोगों को *क्वाड्रैंट* के दाएँ हिस्से में इतना जोखिम इसलिए दिखता है क्योंकि डर की भावना उनके चिंतन को प्रभावित करती है। बाएँ हिस्से के लोग सोचते हैं कि ''सुरक्षित खेलो'' एक तार्किक विचार है। जबकि यह तार्किक नहीं होता। यह एक भावनात्मक विचार है। और भावनात्मक विचारों के कारण ही लोग एक या दूसरे क्वाड्रैंट में फँसे रहते हैं।

दाएँ हिस्से के लोग जो ''करते'' हैं, वह करना उतना मुश्किल नहीं है। मैं गंभीरता से कह सकता हूँ कि यह कम क़ीमत पर चार हरे मकान ख़रीदने, बाज़ार सुधरने का इंतज़ार करने, फिर उन्हें बेच देने और एक बड़े लाल होटल को ख़रीदने जितना आसान है।

क्वाड्रैंट के दाएँ हिस्से के लोगों के लिए ज़िंदगी दरअसल *मोनोपॉली* का खेल है। निश्चित रूप से जीत भी होगी और हार भी, परंतु यह खेल का हिस्सा है। जीतना और हारना ज़िंदगी के दो हिस्से हैं। *क्वाड्रैंट* के दाएँ हिस्से में सफल होने के लिए आपको इस खेल से प्रेम करने वाला व्यक्ति ''होना'' पड़ेगा। टाइगर वुड्स जितनी बार जीतते हैं, उससे ज़्यादा बार हारते हैं, परंतु फिर भी वे खेल से प्रेम करते हैं। डोनाल्ड ट्रम्प दिवालिया हो गए, परंतु उसके बाद फिर संघर्ष करके उठ खड़े हुए। उन्होंने हारने के कारण मैदान नहीं छोड़ा, बल्कि हारने के बाद वे ज़्यादा स्मार्ट और संकल्पवान बने। कई अमीर लोग अमीर बनने से पहले दिवालिया हो गए थे। यह खेल का हिस्सा है।

अगर किसी व्यक्ति की भावनाएँ उसके लिए सोचने का काम कर रही हैं, तो ये भावनात्मक विचार उसे अंधा बना देते हैं और वह दूसरे किसी पहलू को देख ही नहीं पाता। भावनात्मक विचारों के कारण लोग सोचते नहीं हैं, बल्कि प्रतिक्रिया करते हैं। इन्हीं के कारण अलग-अलग क्वाड्रैंटों के लोग बहस करते हैं। ये विवाद उन लोगों के बीच होते हैं, जिनके भावनात्मक दृष्टिकोण समान नहीं होते। इस भावनात्मक प्रतिक्रिया के कारण व्यक्ति यह देख नहीं पाता कि *क्वाड्रैंट* के दाएँ हिस्से की चीज़ें कितनी आसान और प्राय: जोखिम रहित होती हैं। अगर कोई व्यक्ति अपने भावनात्मक विचारों के नियंत्रित नहीं कर सकता (और कई लोग ऐसा नहीं कर सकते हैं), तो उन्हें उस पार जाने की कोशिश नहीं करनी चाहिए।

जो लोग उस पार जाना चाहते हैं, मैं उन्हें प्रोत्साहित करता हूँ। साथ ही मैं चाहता हूँ कि आप यह सुनिश्चित कर लें कि आपके पास कोई दीर्घकालीन सकारात्मक समर्थन समूह हो। इसके अलावा आपके पास एक मार्गदर्शक भी होना चाहिए, जो समय-समय पर आपका मार्गदर्शन करे। मेरे हिसाब से मेरी पत्नी और मैंने जो संघर्ष किया है, वह सचमुच करने योग्य था। हमारे लिए क्वाड्रैंट के बाएँ हिस्से से दाएँ हिस्से तक जाने की यात्रा की सबसे महत्त्वपूर्ण चीज़ यह नहीं थी कि हमें क्या ''करना'' था, बल्कि यह थी कि इस प्रक्रिया में हम क्या ''हो'' गए। मेरे लिए यह अनुभव अनमोल है।

अध्याय 9

बैंकर नहीं, बैंक बनें

अमीर लोग धन का सृजन करते हैं।

मैंने ''**होना-करना-पाना**'' फ़ॉर्मूले के ''**होने**'' वाले हिस्से पर ध्यान केंद्रित किया है, क्योंकि उचित मानसिकता और नज़रिए के बिना आप उन विराट आर्थिक परिवर्तनों के लिए तैयार नहीं हो सकते, जो आज हमारे सामने हैं। क्वाड्रैंट के दाएँ हिस्से की योग्यताओं और मानसिकता वाला व्यक्ति ''होने'' से आप इन परिवर्तनों से उत्पन्न होने वाले अवसरों को पहचानने के लिए तैयार रहेंगे। इसके साथ ही आप इस तरह कार्य ''**करने**'' के लिए भी तैयार रहेंगे, जिससे आप वित्तीय सफलता ''**पा**'' लें।

मुझे याद है, मेरे अमीर डैडी ने 1986 के अंत में मुझे फ़ोन किया था।

उन्होंने मुझसे पूछा था, ''तुम रियल एस्टेट मार्केट में हो या स्टॉक मार्केट में?''

''किसी में भी नहीं,'' मैंने जवाब दिया। ''मेरे पास जो भी था, वह सब मैंने अपने बिज़नेस को बनाने में लगा दिया है।''

वे बोले, ''यह बहुत अच्छी बात है। स्टॉक मार्केट और रियल एस्टेट मार्केट से दूर ही रहना। अपना बिज़नेस बनाते रहो। मुझे लगता है कोई बड़ी घटना होने वाली है।''

उसी साल अमेरिकी संसद ने 1986 का टैक्स सुधार अधिनियम पारित कर दिया। 43 दिनों में ही संसद ने कई टैक्स लूपहोल्स हटा लिए, जिनके सहारे लोग अपना टैक्स बचाते थे। जो लोग ''निष्क्रिय नुक़सानों'' को अपनी आय से कम करके टैक्स, बचा रहे थे, अचानक ऐसा हुआ कि उनके पास नुक़सान तो रहे, परंतु सरकार ने उन्हें टैक्स में छूट देना बंद कर दिया। अमेरिका में रियल एस्टेट की क़ीमतें रसातल में पहुँच गईं। जायदाद की क़ीमतें गिरने लगीं। कुछ मामलों में तो ये 70 प्रतिशत तक कम हो गईं। ज़मीन अचानक

मॉर्टगेज़ की रक़म से भी बहुत कम क़ीमत की हो गई। पूरे प्रॉपर्टी मार्केट में दहशत फैल गई। बचत, लोन और बैंक हिल गए, कई तो डूब भी गए। लोग बैंकों से अपना पैसा नहीं निकाल सकते थे और फिर अक्टूबर 1987 में वॉल स्ट्रीट में स्टॉक मार्केट धराशायी हो गया। दुनिया वित्तीय संकट में डूब गई।

मूलतः देखा जाए, तो 1986 के टैक्स सुधार अधिनियम ने कई ऐसे लूपहोल्स हटा दिए, जिन पर *क्वाड्रैंट* के बाएँ हिस्से वाले उच्च-आय वाले "ई" और "एस" निर्भर करते थे। उनमें से कइयों ने रियल एस्टेट की प्रॉपर्टी या लिमिटेड पार्टनरशिप में निवेश किया था, ताकि वे इन नुक़सानों को "ई" या "एस" क्वाड्रैंटों में होने वाली आमदनी से बराबर कर सकें। हालाँकि स्टॉक मार्केट के धराशायी होने और मंदी आने से *क्वाड्रैंट* के दाएँ हिस्से वाले "बी" और "आई" व्यक्ति भी प्रभावित हुए, परंतु उनके पास टैक्स बचाने के कई तरीक़े अब भी बचे थे, जिन्हें छुआ नहीं गया था।

इस युग में "ई" यानी कर्मचारियों को एक नए शब्द का अर्थ समझ में आया। यह शब्द था "छँटनी।" उन्हें जल्दी ही अहसास हो गया कि जब किसी कंपनी में बड़े पैमाने पर छँटनी की घोषणा होती है, तो उस कंपनी के शेयर की क़ीमतें बढ़ जाती हैं। दुखद बात यह है कि अधिकांश कर्मचारी यह नहीं समझ पाए कि ऐसा क्यों होता है। बहुत से "एस" भी मंदी से मुक़ाबला करने के लिए संघर्ष कर रहे थे, क्योंकि बिज़नेस और बीमा की दरों में कमी आ गई थी तथा रियल एस्टेट व शेयर बाज़ार में भी उन्हें नुक़सान हुआ था। परिणाम यह हुआ कि जो लोग मूलतः *क्वाड्रैंट* के बाएँ हिस्से में थे, वे 1986 के टैक्स सुधार अधिनियम से वित्तीय रूप से बुरी तरह आहत और परेशान हुए।

दौलत का हस्तांतरण

हालाँकि बाएँ हिस्से के लोग कष्ट उठा रहे थे, परंतु *क्वाड्रैंट* के "बी" और "आई" हिस्से में काम कर रहे लोग अमीर बन रहे थे, क्योंकि सरकार अधिकांश लोगों से लेकर कुछ लोगों को दे रही थी।

टैक्स क़ानून बदलकर निवेश के क्षेत्र में "टैक्स की चालाकी" के ऐसे उपाय ख़त्म कर दिए गए थे, जिनके द्वारा लोग सिर्फ़ नुक़सान दिखाने के लिए रियल एस्टेट ख़रीद रहे थे। कई तो उच्च आय वाले कर्मचारियों या डॉक्टरों, वकीलों, अकाउंटेंट और छोटे बिज़नेस मालिकों जैसे प्रोफ़ेशनल लोग थे। इस युग से पहले उन्हें इतनी अधिक आमदनी होती थी कि उनके सलाहकारों ने उन्हें यह सलाह दी कि वे नुक़सान दिखाने के लिए रियल एस्टेट ख़रीदें और अगर अतिरिक्त धन हो, तो उसे स्टॉक मार्केट में निवेश कर दें। जब सरकार ने टैक्स सुधार अधिनियम से उस लूपहोल को हटा दिया... तो दौलत का एक बहुत बड़ा हस्तांतरण शुरू हुआ। मेरी राय में *क्वाड्रैंट* के "ई" और "एस" वाले हिस्से से बहुत सी दौलत ले ली गई तथा उसे "बी" और "आई" वाले हिस्से में रख दिया गया।

जब बचत और बुरे क़र्ज़ देने वाली संस्थाएँ असफल हो गईं, तो डिपॉज़िट किए गए अरबों डॉलर ख़तरे में पड़ गए। उस धन को वापस चुकाना था। परंतु बचत और रियल एस्टेट फ़ोरक्लोज़र्स में गँवाए गए बिलियनों डॉलर चुकाने के लिए कौन बचा था? ज़ाहिर

है करदाता। और उनकी हालत पहले से ही बहुत ख़राब थी। टैक्स क़ानून में परिवर्तन के कारण करदाता कई बिलियन डॉलर के भुगतान में उलझ गए।

आपमें से कुछ को शायद उस सरकारी संस्था की याद होगी, जिसे रिज़ॉल्युशन ट्रस्ट कॉरपोरेशन या आर.टी.सी. कहा जाता था। आर.टी.सी. नामक यह संस्था रियल एस्टेट के धराशायी होने से उत्पन्न फ़ोरक्लोज़र्स लेने के लिए उत्तरदायी थी। यह संस्था इन्हें लेकर उन लोगों को सौंप देती थी, जो रियल एस्टेट को सँभालना जानते थे, मेरे कई मित्रों और मेरे लिए यह वित्तीय क्षेत्र में ईश्वर के वरदान की तरह था।

जैसा आपको याद होगा, मैंने कहा था धन को आँखों से नहीं, बल्कि मस्तिष्क से देखा जाता है। इस दौर में भावनाएँ बहुत तेज़ी से भड़क रही थीं और लोगों की नज़रें धुँधली हो गई थीं। लोगों ने वही देखा, जो देखने के लिए उन्हें प्रशिक्षित किया गया था। *क्वाड्रैंट* के बाएँ हिस्से के लोगों के साथ तीन चीज़ें हुईं।

1. हर तरफ़ दहशत फैली हुई थी। जब भावनाएँ उफान पर होती हैं, तो वित्तीय बुद्धि अक्सर ग़ायब हो जाती है। लोग अपनी नौकरियों के जाने, अपनी प्रॉपर्टी की क़ीमत घटने, स्टॉक मार्केट के धराशायी होने और बिज़नेस कम होने के कारण इतने चिंतित थे कि वे अपने सामने मौज़ूद शानदार अवसरों को नहीं देख पाए। उनके भावनात्मक विचारों ने उन्हें अंधा कर दिया था। आगे बढ़ने और चुनौतियों का सामना करने के बजाय अधिकांश लोग अपने सुरक्षित स्थानों में जाकर छुप गए।
2. उनमें *क्वाड्रैंट* के दाएँ हिस्से में अपेक्षित तकनीकी योग्यताओं की कमी थी। जिस तरह डॉक्टर के लिए कई वर्षों का अध्ययन और फिर कार्य-अनुभव जैसी तकनीकी योग्यताएँ अपेक्षित हैं, उसी तरह "बी" और "आई" क्वाड्रैंट के लोगों में भी उच्च विशेषज्ञता वाली तकनीकी योग्यताएँ अपेक्षित हैं। इन तकनीकी योग्यताओं में वित्तीय साक्षरता शामिल है। वित्तीय साक्षरता का मतलब है वित्तीय क्षेत्र की शब्दावली जानना। इसका मतलब यह जानना है कि क़र्ज़ को पुनर्गठित कैसे किया जाए या वित्तीय प्रस्ताव किस तरह बनाया जाए। आपमें कई सीखी जा सकने वाली योग्यताएँ होनी चाहिए जैसे यह कि आपका बाज़ार कौन सा है और पूँजी कैसे उगाही जाती है।

   जब आर.टी.सी. ने कहा, "हम बैंकर का पिटारा बेचना चाहते हैं। इसमें वह जायदाद है, जिसका मूल्य कभी 2 करोड़ डॉलर था... परंतु आज आप इसे 40 लाख डॉलर में ले सकते हैं," तो *क्वाड्रैंट* के बाएँ हिस्से के अधिकांश लोगों को यह पल्ले नहीं पड़ रहा था कि ईश्वर के इस वित्तीय तोहफ़े को ख़रीदने के लिए 40 लाख डॉलर कैसे इकट्ठे करेंगे। या फिर शायद उन्हें यह पता नहीं था कि बुरे और अच्छे सौदों के बीच के फ़र्क़ को कैसे समझा जाए।
3. उनके पास नक़दी देने वाली मशीन नहीं थी। इस दौरान अधिकांश लोगों को ज़िंदा बचे रहने के लिए बहुत मेहनत करना पड़ रही थी। चूँकि मैं "बी" के रूप में काम कर रहा था, इसलिए मेरा बिज़नेस मेरे बहुत कम परिश्रम के बावज़ूद

फल-फूल रहा था। 1990 तक मेरा बिज़नेस दुनिया भर में फैल चुका था और हमारे 11 ऑफ़िस थे। बिज़नेस जितना बढ़ता गया, मुझे उतना ही कम शारीरिक श्रम करना पड़ा और मेरे पास उतना ही अधिक धन आता गया। मैंने जो सिस्टम बनाया था, वह और उससे जुड़े लोग कड़ी मेहनत कर रहे थे। अतिरिक्त धन और ख़ाली समय की बदौलत मैं और मेरी पत्नी ''सौदों'' की तलाश करने में अपना बहुत सा समय दे पाए... क्योंकि उस दौरान वहाँ पर बहुत से लाभदायक सौदे मौज़ूद थे।

यह बहुत अच्छा समय था... यह बहुत बुरा समय था

एक कहावत है, ''किसी के जीवन में क्या होता है यह महत्त्वपूर्ण नहीं है, महत्त्वपूर्ण तो यह है कि व्यक्ति उस घटना का कैसा अर्थ लगाता है।''

1986 से 1996 तक का दौर कुछ लोगों के लिए उनके जीवन का सबसे बुरा समय था। परंतु कुछ लोगों के लिए यह उनके जीवन का बहुत अच्छा समय था। जब 1986 में मेरे पास अपने अमीर डैडी का फ़ोन आया, तो मैंने यह भाँप लिया कि इस आर्थिक परिवर्तन की बदौलत मेरे सामने एक अद्‌भुत अवसर आने वाला है। हालाँकि उस वक़्त मेरे पास अतिरिक्त धन ज़्यादा नहीं था, परंतु ''बी'' और ''आई'' के रूप में अपनी योग्यताओं का इस्तेमाल करके मैं संपत्तियाँ बना सकता था। मैं इसी अध्याय में बाद में विस्तार से बताऊँगा कि मैंने किस तरह ऐसी संपत्तियाँ बनाईं, जिन्होंने मुझे वित्तीय स्वतंत्रता प्रदान की।

सफल और सुखी जीवन की एक कुंजी इतना लचीला होना है कि हमारे रास्ते में जो भी परिवर्तन आए, हम उस पर उचित प्रतिक्रिया कर सकें। इसका मतलब यह है कि हम किसी भी स्थिति पर प्रतिक्रिया करके उसे अच्छा बनाने में समर्थ हों। दुर्भाग्य से अधिकांश लोग उस युग में तेज़ी से हो रहे आर्थिक परिवर्तनों के मुक़ाबला करने को तैयार नहीं थे। ये परिवर्तन लगातार हो रहे हैं। इंसानों को यह वरदान मिला है : वे आम तौर पर आशावादी होते हैं और उनमें भूलने की क्षमता होती है। 10 या 12 साल बाद वे पुरानी घटनाएँ भूल जाते हैं... और इसके बाद स्थितियाँ एक बार फिर बदल जाती हैं।

इतिहास ख़ुद को दोहराता है

आज लोग कमोबेश 1986 के टैक्स सुधार अधिनियम को भूल गए हैं। ''ई'' और ''एस'' पहले से भी ज़्यादा मेहनत कर रहे हैं। क्यों? क्योंकि उनके टैक्स लूपहोल्स बंद हो गए हैं। उन्हें जो नुक़सान हुआ था, उसकी भरपाई के लिए उन्होंने पहले से ज़्यादा मेहनत की। इसकी बदौलत अर्थव्यवस्था सुधर गई, उनकी आमदनी बढ़ गई और उनका टैक्स अकाउंटेंट दुबारा वही समझदारी भरी सलाह देने लगा :

''एक बड़ा मकान ख़रीदो। क़र्ज़ पर आप जो ब्याज देते हैं, वह कर में मिलने वाली सबसे अच्छी छूट है। और इसका अलावा आपका मकान आपकी संपत्ति है। यह आपका सबसे बड़ा निवेश होना चाहिए।''

इसलिए वे ''आसान मासिक क़िस्तों'' को देखते हैं और एक बार फिर क़र्ज़ में गहराई तक डूब जाते हैं।

मकान उद्योग आसमान छू रहा है। लोगों के पास आमदनी ज़्यादा है और ब्याज की दरें कम हैं। लोग ज़्यादा बड़े मकान ख़रीद रहे हैं, उत्साहित हैं और स्टॉक मार्केट में पैसा डाल रहे हैं, क्योंकि वे फटाफट अमीर बनना चाहते हैं। उन्हें यह अहसास हो चुका है कि उन्हें रिटायरमेंट के लिए निवेश करने की ज़रूरत है।

मेरी राय में दौलत का एक बड़ा हस्तांतरण एक बार फिर होने वाला है। हो सकता है यह इस साल न हो, परंतु यह होना तय है। बहरहाल यह ठीक उसी तरह से नहीं होगा, जिस तरह से पहले हुआ था, बल्कि कुछ अलग होगा। इसीलिए मेरे अमीर डैडी ने मुझे आर्थिक इतिहास से संबंधित पुस्तकें पढ़वाई थीं। अर्थव्यवस्थाएँ बदलती हैं, परंतु इतिहास ख़ुद को दोहराता है। बहरहाल, परिस्थितियाँ ठीक वैसी ही नहीं होती हैं।

धन लगातार *क्वाड्रैंट* के बाएँ हिस्से से दाएँ हिस्से में बह रहा है। यह हमेशा इसी दिशा में बहता है। कई लोग तो क़र्ज़ में बुरी तरह डूबे हुए हैं, परंतु इसके बावज़ूद वे अब तक के सबसे बड़े स्टॉक मार्केट उछाल में धन डाल रहे हैं। *क्वाड्रैंट* के दाएँ हिस्से के लोग उस समय बेचेंगे, जब बाज़ार शिखर पर होगा। रोचक बात यह है कि उसी समय क्वाड्रैंट के सबसे बाएँ हिस्से वाले अति सावधान लोग अपने डर छोड़कर बाज़ार में कूदेंगे। फिर कोई घटना होगी और बाज़ार धराशायी हो जाएगा। जब धूल छँटेगी, तो सच्चे निवेशक एक बार फिर मैदान में आ जाएँगे। जिन शेयरों को उन्होंने कुछ समय पहले बेचा था, अब वे उन्हें एक बार फिर ख़रीद लेंगे। एक बार फिर क्वाड्रैंट के बाएँ हिस्से से दाएँ हिस्से की ओर दौलत का बड़ा हस्तांतरण होने वाला है।

जो लोग धन गँवाते हैं, उनके भावनात्मक घाव भरने में कम से कम 12 साल का समय लगता है... परंतु घाव भर जाते हैं, जब शेयर बाज़ार दुबारा आसमान छू लेता है।

उस समय लोग न्यू यॉर्क यान्कीज़ के महान बेसबॉल खिलाड़ी योगी बेरा के इस कथन को दोहराते हैं, ''एक बार फिर उत्साह की लहर फैली हुई है।''

क्या यह कोई षड्यंत्र है?

ख़ास तौर पर *क्वाड्रैंट* के बाएँ हिस्से को लोगों से मैंने कई बार सुना है कि यह एक तरह का विश्वव्यापी षड्यंत्र है, जिसे बैंकों को नियंत्रित करने वाले कुछ अति-संपन्न परिवार रचते हैं। बैंकिंग षड्यंत्रों को लेकर बरसों से अफ़वाहें उड़ रही हैं।

क्या सचमुच कोई षड्यंत्र है? मुझे नहीं मालूम। क्या कोई षड्यंत्र हो सकता है? कुछ भी संभव है। मैं जानता हूँ कि कुछ शक्तिशाली परिवारों के पास अपार संपत्ति है। परंतु क्या मुट्ठी भर लोग पूरी दुनिया को नियंत्रित करते हैं? मुझे ऐसा नहीं लगता।

मैं इसे अलग तरह से देखता हूँ। मेरे ख़याल से दुनिया दो हिस्सों में बँटी हुई है। एक तरफ़ दाएँ *क्वाड्रैंट* के लोग हैं, जिनकी मानसिकता समान है। दूसरी तरफ़ बाएँ *क्वाड्रैंट* के लोग हैं, जो एक जैसा सोचते हैं। दोनों ही क्वाड्रैंटों के लोग धन नाम का बड़ा खेल खेल

रहे हैं, परंतु उनके दृष्टिकोण अलग-अलग हैं और वे अलग-अलग नियमों के अनुसार खेल रहे हैं।

बड़ी समस्या यह है कि बाएँ क्वाड्रैंट के लोग यह नहीं देख पाते हैं कि दाएँ क्वाड्रैंट के लोग क्या कर रहे हैं, जबकि दाएँ क्वाड्रैंट के लोग जानते हैं कि बाएँ क्वाड्रैंट के लोग क्या कर रहे हैं।

डायन की तलाश करना

क्वाड्रैंट के बाएँ हिस्से के कई लोग यह पता लगाने की मेहनत नहीं करते हैं कि दाएँ हिस्से वाले लोगों के पास ऐसा कौन सा ज्ञान है, जो उनके पास नहीं है। इसके बजाय वे डायन की तलाश करने में जुट जाते हैं। कुछ सदियों पहले तक हमारे यहाँ एक बहुत बुरी परंपरा यह थी कि प्लेग या ऐसी ही कोई महामारी फैलने पर लोग ''डायन की तलाश'' करते थे। अपनी दुर्दशा के लिए उन्हें किसी न किसी को तो दोष देना ही था। जब तक विज्ञान ने माइक्रोस्कोप नहीं खोज लिया और लोगों को यह पता नहीं लगा कि उनकी बीमारियों के लिए विषाणु ज़िम्मेदार हैं, तब तक वे अपनी बीमारियों के लिए दूसरे लोगों को दोषी मानते थे। वे अपनी समस्याओं को सुलझाने के लिए कुछ महिलाओं को डायन घोषित करके उन्हें सरेआम जला देते थे। उन्हें यह मालूम नहीं था कि लोगों को होने वाली इस बीमारी का सबसे बड़ा कारण कचरा और सीवेज हैं। उन्हें यह मालूम नहीं था कि डायनों ने नहीं, बल्कि अपनी गंदी आदतों और माहौल द्वारा उन्होंने ये समस्याएँ स्वयं उत्पन्न की थीं।

डायनों की तलाश आज भी होती है। कई लोग अपनी वित्तीय दुर्दशा के लिए दोषी ठहराने के लिए किसी न किसी को खोज ही लेते हैं। ये लोग अक्सर अपनी व्यक्तिगत वित्तीय समस्याओं के लिए अमीरों को दोष देना चाहते हैं। वे यह समझना ही नहीं चाहते हैं कि उनकी दुर्दशा का प्रमुख कारण धन संबंधी ज्ञान की कमी है।

हीरो खलनायक बन जाते हैं

हर कुछ सालों में एक नया वित्तीय गुरु प्रकट होता है। लोगों को लगता है कि इस गुरु के पास दौलत का नया जादुई फ़ॉर्मूला है। 1970 के दशक के अंत में हंट बंधुओं ने चाँदी बाज़ार पर धाक जमाने की कोशिश की। दुनिया उनकी प्रतिभा की सराहना करने लगी। परंतु जब उनकी सलाह पर अमल करने के कारण बहुत से लोगों को नुक़सान हुआ, तो रातोंरात उन्हें अपराधी मान लिया गया। इसी तरह 1980 के दशक के अंत में माइकल मिल्कन जंक-बॉन्ड किंग बन गए। कुछ समय तक लोग उनकी वित्तीय प्रतिभा के गुण गाते रहे। परंतु जब बाज़ार धराशायी हुआ, तो उन्हें पकड़कर जेल में डाल दिया गया। इंसान बदलते रहते हैं, परंतु इतिहास ख़ुद को दोहराता है।

आज हमारे पास नए निवेश हीरो हैं। वे टेलीविज़न पर आते हैं, उनके नाम अख़बारों में छपते हैं, वे नई हस्तियाँ हैं। उनमें से एक एलन ग्रीनस्पैन हैं, जो फ़ेडरल रिज़र्व बोर्ड के चेयरमैन हैं। आज वे भगवान का दर्जा पा चुके हैं। लोग सोचते हैं कि हमारी अद्भुत

अर्थव्यवस्था का श्रेय उन्हीं को दिया जाना चाहिए। वारेन बफ़े को भी दैवीय दर्जा मिल चुका है। जब वे कुछ ख़रीदते हैं, तो हर व्यक्ति दौड़ लगाता है और बफ़े का ख़रीदा हुआ शेयर ख़रीद लेता है। और जब बफ़े बेचते हैं, तो क़ीमतें रसातल छूने लगती हैं। बिल गेट्स पर भी पैनी निगाह रखी जाती है। धन उनके पीछे-पीछे दौड़ता है। अगर निकट भविष्य में बाज़ार बुरी तरह से गिर जाए, तो क्या आज के इन वित्तीय हीरोज़ से कल हम नफ़रत करने लगेंगे। सिर्फ़ समय ही बताएगा।

अर्थव्यवस्था के हर ''चढ़ाव'' में हीरो बनते हैं और हर ''उतार'' में खलनायक बनते हैं। इतिहास की समीक्षा करने पर हम पाते हैं कि लोग खलनायक भी उन्हीं को मानते हैं, जिन्हें उन्होंने कभी हीरो माना था। चूँकि लोग वित्तीय रूप से अंधे होते हैं, इसलिए दोष देने के लिए उन्हें हमेशा डायनों को जलाने या षड्यंत्रों का ढोल पीटने की ज़रूरत पड़ेगी। इतिहास ख़ुद को दोहराएगा... और एक बार फिर दौलत का बड़ा हस्तांतरण होगा। जब यह हस्तांतरण होगा, तो उस समय आप किस तरफ़ रहेंगे। बाएँ हिस्से में या दाएँ हिस्से में?

मेरी राय में लोग यह नहीं जानते है कि वे एक बड़े वैश्विक खेल में शामिल हैं... यह खेल लगभग आसमान में बने कैसिनो में खेला जा रहा है। बहरहाल, किसी ने भी उन्हें यह नहीं बताया कि वे इस खेल में एक महत्त्वपूर्ण खिलाड़ी हैं। इस खेल का नाम है ''कौन किसका क़र्ज़दार है?''

बैंकर नहीं, बैंक बनें

जब मेरी उम्र लगग 25 साल थी, तब जाकर मुझे यह समझ में आया कि इस खेल में सफल होने के लिए मुझे बैंक बनना होगा। बहरहाल, इसका मतलब यह नहीं था कि मैं बैंकर के रूप में नौकरी करूँ। मेरी उच्च शिक्षा शुरू होने ही वाली थी। इस दौरान मेरे अमीर डैडी ने मुझे सलाह दी कि ''मॉर्टगेज़,'' ''रियल एस्टेट'' और ''वित्त'' जैसे शब्दों का अर्थ समझ लूँ। मैं अपने मस्तिष्क को वह देखने के लिए प्रशिक्षित कर रहा था, जो मेरी आँखें नहीं देख सकती थीं।

उन्होंने मुझे खेल सीखने और उसे समझने के लिए प्रोत्साहित किया। उन्होंने कहा कि इस खेल को सीखने के बाद मैं अपने ज्ञान का मनचाहा प्रयोग कर सकता हूँ। मैंने यह फ़ैसला किया कि मैं अपने ज्ञान से इस विषय में रुचि रखने वाले लोगों को लाभ पहुँचाऊँगा।

उन्होंने मुझे पूँजीवाद के महान लीडर्स पर पुस्तकें पढ़ने की सलाह भी दी। जैसे जॉन डी. रॉकफ़ेलर, जे.पी. मॉर्गन, हेनरी फ़ोर्ड। मैंने रॉबर्ट हीलब्रोनर की ***द वर्ल्डली फ़िलॉसफ़र्स*** नामक एक महत्त्वपूर्ण पुस्तक ज़रूर पढ़ना चाहिए, क्योंकि यह हर युग के महानतम अर्थशास्त्रियों के बारे में विस्तार से बताती है। यह पुस्तक ***द वेल्थ ऑफ़ नेशन्स*** लिखने वाले अर्थशास्त्री एडम स्मिथ से शुरू होती है। हमारे सबसे महत्त्वपूर्ण अर्थशास्त्रियों के मस्तिष्क में झाँकना मंत्रमुग्ध करने वाला अनुभव था। इन लोगों ने आधुनिक पूँजीवाद के संक्षिप्त इतिहास के विकास की समीक्षा की। अगर आप *क्वाड्रैंट* के दाएँ हिस्से में लीडर

बनना चाहते हैं, तो मेरी राय में आर्थिक इतिहास का ऐतिहासिक दृष्टिकोण हमारे इतिहास और भविष्य दोनों को समझने के लिए महत्त्वपूर्ण है।

द वर्ल्डली फ़िलॉसफ़र्स के बाद मैं पॉल जेन पिल्ज़र की ***अनलिमिटेड वैल्थ,*** जेम्स डेल डेविडसन की ***द सॉवरेन इनडिविज़्युल,*** रॉबर्ट प्रेक्टर की ***द क्रेस्ट ऑफ़ द वेव*** और हैरी डेन्ट के ***द ग्रेट बूम अहेड*** पुस्तकें पढ़ने की सलाह देता हूँ। हीलब्रोनर की पुस्तक यह ज्ञान देती है कि हमने अपनी आर्थिक यात्रा कहाँ से शुरू की है और बाक़ी लेखक यह बताते हैं कि हम किस दिशा में जा रहे हैं। उनके विरोधी दृष्टिकोण महत्त्वपूर्ण हैं, क्योंकि उनकी बदौलत मैं वह देख सकता हूँ, जो मेरी आँखें नहीं देख सकतीं... वह चीज़ जिसे भविष्य कहा जाता है। इस तरह की पुस्तकें पढ़ने से मुझे अर्थव्यवस्था के उतार-चढ़ाव के चक्र और प्रवृत्तियों का ज्ञान मिला। इन सब पुस्तकों में एक आम विषयवस्तु यह है कि एक बहुत बड़ा परिवर्तन अगले मोड़ पर खड़ा हुआ है।

बैंक कैसे बनें

1986 के टैक्स सुधार अधिनियम के बाद अवसर हर तरफ़ मौजूद थे। रियल एस्टेट, स्टॉक्स और कंपनियाँ बहुत कम क़ीमतों पर मिल रहे थे। हालाँकि *क्वाड्रैंट* के बाएँ हिस्से के कई लोगों के लिए यह स्थिति विनाशकारी थी, परंतु मेरे लिए यही स्थिति अद्‌भुत थी, क्योंकि इस दौरान मैं अपने चारों तरफ़ मौज़ूद अवसरों का लाभ उठाने के लिए ''बी'' और ''आई'' क्वाड्रैंटों की अपनी योग्यताओं का प्रयोग कर सकता था। लोभी बनने और हर लाभदायक दिखने वाले सौदे की तरफ़ भागने के बजाय मैंने रियल एस्टेट पर ध्यान केंद्रित करने का फ़ैसला किया। रियल एस्टेट ही क्यों? यहाँ पाँच आसान कारण दिए गए हैं :

1. क़ीमत

रियल एस्टेट की क़ीमतें इतनी कम हो गई थीं कि अधिकांश प्रॉपर्टीज़ की मॉर्टगेज़ की क़िस्त अच्छे समय में चुकाए जाने वाले किराए से काफ़ी कम थी। इन प्रॉपर्टीज़ को ख़रीदने में आर्थिक समझदारी दिख रही थी... जिसका मतलब यह था कि जोखिम बहुत कम था। यह ठीक उसी तरह था, जैसे हम किसी डिपार्टमेंट स्टोर में लगी सेल में जाएँ, जहाँ हर चीज़ पर 50 प्रतिशत छूट मिल रही हो।

2. फ़ाइनैंसिंग

बैंक मुझे शेयर ख़रीदने के लिए तो लोन नहीं देता, परंतु वह मुझे रियल एस्टेट पर लोन देने के लिए तैयार था। चूँकि मैं मार्केट की मंदी के दौरान अपनी अधिकतम ख़रीदी करना चाहता था, इसलिए मैंने रियल एस्टेट ख़रीदी, ताकि बैंकों की फ़ाइनैंसिंग का लाभ ले सकूँ।

उदाहरण के लिए : हम यह मान लेते हैं कि मेरे पास निवेश के लिए 10,000

डॉलर की बचत थी। इससे मैं 10,000 डॉलर मूल्य के शेयर ख़रीद सकता था। मैं मार्जिन पर भी शेयर ख़रीद सकता था (जब आप मार्जिन पर शेयर ख़रीदते हैं, तो आप कुल लागत का सिर्फ़ एक हिस्सा देते हैं और बाक़ी बचा हिस्सा ब्रोकर कंपनी क़र्ज़ के रूप में दे देती है), परंतु मैं वित्तीय रूप से इतना सुदृढ़ नहीं था कि बाज़ार के और नीचे गिर जाने का जोखिम लूँ।

परंतु रियल एस्टेट में 10,000 डॉलर की बचत के साथ 90,000 डॉलर का लोन लेकर मैं एक लाख डॉलर की प्रॉपर्टी ख़रीद सकता था।

हम यह मान लेते हैं कि कुछ समय बाद शेयर बाज़ार और रियल एस्टेट दोनों की ही क़ीमतें 10 प्रतिशत बढ़ जाती हैं। इस स्थिति में मुझे रियल एस्टेट से 10,000 डॉलर का लाभ होगा, जबकि शेयरों से सिर्फ़ 1,000 डॉलर का लाभ होगा।

3. टैक्स

अगर मैं शेयरों से 10 लाख डॉलर कमाता, तो मुझे अपने लाभ पर लगभग 30 प्रतिशत कैपिटल गेन्स टैक्स देना पड़ता। बहरहाल, रियल एस्टेट में मैं 10 लाख डॉलर की कमाई पर टैक्स बचा सकता था, क्योंकि मैं उसे अगले रियल एस्टेट सौदे में डाल सकता था। इससे भी बड़ी बात यह है कि मैं अधिक टैक्स लाभ लेने के लिए अपनी प्रॉपर्टी का डिप्रिसिएशन भी कर सकता था।

महत्त्वपूर्ण टिप्पणी : मैं निवेश करने से पहले टैक्स के लाभ नहीं देखता हूँ। मुझे जब किसी निवेश में आर्थिक समझदारी नज़र आती है, उसके बाद ही मैं टैक्स के लाभों पर ग़ौर करता हूँ। टैक्स का लाभ उस निवेश को थोड़ा ज़्यादा आकर्षक बना देता है।

4. कैशफ़्लो

हालाँकि रियल एस्टेट की क़ीमतें कम हो गई थीं, परंतु किराया कम नहीं हुआ था। इससे मेरी जेब में काफ़ी धन आया, इससे क़र्ज़ की क़िस्तों का भुगतान भी हुआ और सबसे महत्त्वपूर्ण बात यह थी कि इससे मुझे बाज़ार सुधरने का इंतज़ार करने का ''समय'' मिला। मकान किराए ने मुझे तब तक इंतज़ार करने में समर्थ बनाया, जब तक कि रियल एस्टेट की क़ीमतें दुबारा बढ़ नहीं गईं। जब क़ीमतें बढ़ गईं, तो मैं उन्हें बेचने की स्थिति में आ गया। हालाँकि ख़राब समय में मुझ पर काफ़ी क़र्ज़ था, परंतु इससे मुझे कभी दिक़्क़त नहीं हुई क्योंकि लोन की क़िस्त किराए से बहुत कम थी।

5. बैंक बनने का अवसर

रियल एस्टेट ने मुझे बैंक बनने का अवसर दिया, जो मैं 1974 से करना चाहता था।

अमीर बनाते हैं धन

रिच डैड पुअर डैड में मैंने इस बारे में लिखा है कि किस तरह अमीर लोग धन का निर्माण करते हैं और अक्सर बैंकर की भूमिका निभाते हैं। नीचे एक आसान उदाहरण दिया गया है, जिसे हर व्यक्ति समझ सकता है।

मान लीजिए, मुझे एक मकान मिलता है जिसका मूल्य 1,00,000 डॉलर है। सौदेबाज़ी करके मैं इसे सिर्फ़ 80,000 डॉलर में ख़रीद लेता हूँ (10,000 नक़द और 70,000 का लोन)।

फिर मैं अख़बार में इसे बेचने का विज्ञापन देता हूँ, जिसमें मैं इन जादुई शब्दों का प्रयोग करता हूँ : ''मकान बेचना है। मकान-मालिक इसे जल्दी बेचना चाहता है। बैंक लोन की आवश्यकता नहीं है। नक़द भुगतान बहुत कम, आसान मासिक क़िस्तें।''

फ़ोन की घंटी धड़ाधड़ बजने लगती है। मकान को 'रैप'' या ''लीज़ परचेज़ कॉन्ट्रैक्ट'' पर बेचा जाता है, जो इस बात पर निर्भर करता है कि आप किस देश में रहते हैं। आसान शब्दों में, मैं उस मकान को 1,00,000 के आई.ओ.यू. में बेच देता हूँ। यह सौदा इस तरह दिखता है :

मेरी बैलेंस शीट

संपत्तियाँ	दायित्व
1,00,000 डॉलर आई.ओ.यू.	70,000 डॉलर मॉर्टगेज

ख़रीदार की बैलेंस शीट

संपत्तियाँ	दायित्व
	1,00,000 डॉलर आई.ओ.यू.

यह सौदा टाइटल और एस्क्रो ऑफ़िस में रजिस्टर किया जाता है, जो अक्सर भुगतानों को देखता है। अगर वह व्यक्ति 1,00,000 डॉलर का भुगतान नहीं करता है, तो मैं सिर्फ़ इसे फ़ोरक्लोज़ कर देता हूँ और वह प्रॉपर्टी अगले व्यक्ति को बेच देता हूँ, जो ''कम नक़द भुगतान और आसान क़िस्तों वाले'' मकान में रहना चाहता है। इन शर्तों पर मकान ख़रीदने के लिए लोग लाइन लगा देते हैं।

इसका कुल प्रभाव यह होता है कि मैंने अपनी संपत्ति वाले कॉलम में 30,000 डॉलर बना लिए, जिसके लिए मुझे ब्याज मिलता है, ठीक उसी तरह जिस तरह बैंक जो लोन देती है, उसके लिए उसे ब्याज मिलता है।

मैं बैंक बनना शुरू कर रहा था और मुझे यह बहुत अच्छा लग रहा था। आपको पिछले अध्याय में मेरे अमीर डैडी द्वारा कहे शब्द याद होंगे, ''जब भी क़र्ज़ लो, तब सावधान रहो। अगर तुम व्यक्तिगत क़र्ज़ लेते हो, तो यह सुनिश्चित करो कि क़र्ज़ छोटा हो। अगर तुम बड़ा क़र्ज़ लेते हो, तो यह सुनिश्चित करो कि कोई दूसरा इसे चुकाए।''

क्वाड्रैंट के दाएँ हिस्से की भाषा में मैंने अपने जोखिम को ख़त्म (lay off) कर लिया था या उसे किसी दूसरे ख़रीदार पर डाल दिया (hedging) था। यह वित्त की दुनिया का खेल है।

इस तरह के सौदे दुनिया भर में होते हैं, परंतु मैं जहाँ भी जाता हूँ, लोग मेरे पास आकर ये जादुई शब्द कहते हैं, ''आप इसे यहाँ नहीं कर सकते।''

अधिकांश छोटे निवेशकों को यह अहसास ही नहीं होता कि कई बड़ी व्यावसायिक इमारतें ठीक उसी तरह से बेची और ख़रीदी जाती हैं, जैसा ऊपर बताया गया है। कई बार यह बैंकों के माध्यम से भी होता है, परंतु अधिकांश मामलों में ऐसा नहीं होता।

यह बिना बचत किए 30,000 डॉलर बचाने की तरह है

अगर आपको पुराना अध्याय याद हो, तो मैंने लिखा है कि सरकार धन की बचत के लिए लोगों को टैक्स में छूट नहीं देती है। मुझे नहीं लगता कि बैंक कभी सरकार से ऐसा करने का आग्रह करेंगे, क्योंकि आपकी बचत उनका दायित्व है। अमेरिका की बचत की दर इसीलिए कम है क्योंकि बैंकों को अच्छा प्रदर्शन करने के लिए आपके धन या आपकी बचत की ज़रूरत नहीं है। इसलिए यह उदाहरण बैंक बनने का एक तरीक़ा है, जिसमें आप बिना अधिक प्रयास किए अपनी बचत को बढ़ा सकते हैं। इस 30,000 डॉलर के लिए कैशफ़्लो का डायग्राम इस तरह होगा :

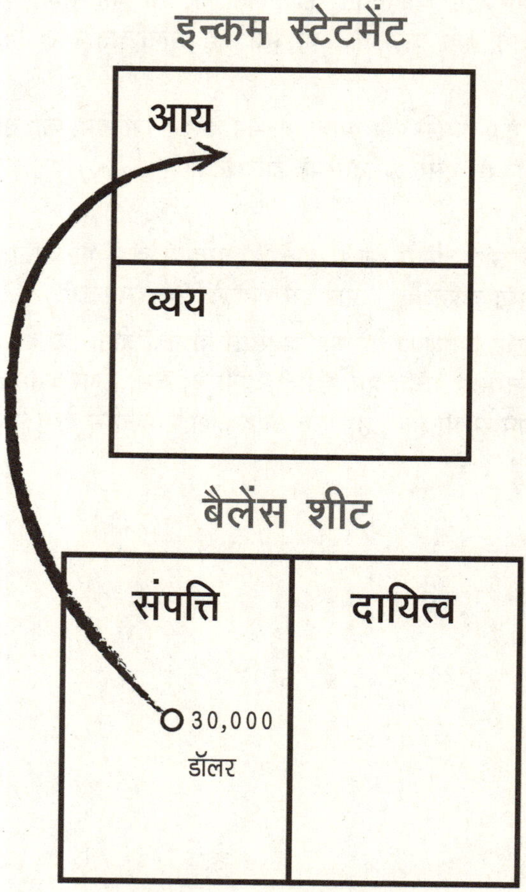

इस डायग्राम में कई रोचक बातें हैं :

1. मैं अपने 30,000 डॉलर पर ब्याज दर तय करता हूँ। अक्सर यह 10 प्रतिशत होती है। अधिकांश बैंक आजकल आपको बचत पर 5 प्रतिशत से अधिक ब्याज नहीं देते हैं। इसलिए अगर मैं अपनी बचत के 10,000 डॉलर का प्रयोग भी नक़द भुगतान में करूँ (हालाँकि मैं ऐसा करने की कोशिश नहीं करता हूँ), तो भी इस पर मिलने वाला ब्याज बैंक से मिलने वाले ब्याज से अधिक होता है।
2. यह एक तरह से 20,000 डॉलर का निर्माण करने की तरह है (30,000 डॉलर - 10,000 डॉलर का नक़द भुगतान), जिनका पहले कहीं कोई अस्तित्व नहीं था। ठीक उसी तरह जिस तरह बैंक करता है... यह एक संपत्ति का निर्माण करता है और फिर उस पर ब्याज वसूलता है।
3. यह 20,000 डॉलर कर मुक्त आय है। ''ई'' क्वाड्रैंट के औसत व्यक्ति को 20,000 डॉलर की करमुक्त आय कमाने के लिए लगभग 40,000 डॉलर की तनख़्वाह की आवश्यकता होगी। कर्मचारी द्वारा कमाई गई आय 50-50 का सौदा है, क्योंकि आपको तनख़्वाह मिलने से पहले ही सरकार इसका 50 प्रतिशत हिस्सा काट लेती है।
4. प्रॉपर्टी टैक्स, रखरखाव और मैनेजमेंट फीस ख़रीदार की ज़िम्मेदारी हैं, क्योंकि मैंने अब प्रॉपर्टी ख़रीदार को बेच दी है।
5. इसके अलावा भी कई और फ़ायदे हैं। *क्वाड्रैंट* के दाएँ हिस्से में कई रचनात्मक चीज़ें की जा सकती हैं, जिनसे शून्य से धन उत्पन्न किया जा सकता है। इसमें सिर्फ़ बैंक की भूमिका निभाने की ज़रूरत पड़ती है।

इस तरह के सौदे को पूरा करने में कुल मिलाकर एक सप्ताह से लेकर एक महीने तक का समय लग सकता है। सवाल यह है कि अधिकांश लोगों को अतिरिक्त 40,000 डॉलर कमाने में कितना समय लगता है, जिससे वे उस आमदनी पर टैक्स और अन्य ख़र्च कम करके 20,000 डॉलर बचा सकें।

आय संरक्षण

रिच डैड पुअर डैड में मैंने संक्षेप में यह बताया है कि अमीर लोग कॉरपोरेशनों का प्रयोग क्यों करते हैं :

1. संपत्ति संरक्षण के लिए

अगर आप अमीर हैं, तो लोग मुकदमे के द्वारा आपकी संपत्ति आपसे छीनना चाहेंगे। इसे दूसरे शब्दों में ''किसी बड़ी जेब वाले व्यक्ति की तलाश करो'' भी कहा जा सकता है। अमीर लोगों की संपत्तियाँ उनके नाम में नहीं होती हैं। उनकी संपत्तियाँ सुरक्षा की ख़ातिर ट्रस्टों और कॉरपोरेशनों में रखी जाती हैं।

2. आय संरक्षण के लिए

चूँकि आमदनी कॉरपोरेशन की संपत्तियों से होती है, इसलिए सरकार उस पर उतना ज़्यादा टैक्स नहीं वसूल पाती है, जितना यह व्यक्तियों से वसूल लेती है।

कठोर सत्य : अगर आप कर्मचारी हैं, तो श्रंखला इस तरह चलती है :

कमाओ

⬇

टैक्स दो

⬇

ख़र्च करो

कर्मचारी के रूप में आपकी कमाई पर टैक्स लगता है और आपको तनख़्वाह मिलने से पहले ही यह टैक्स कट जाता है। इसलिए अगर किसी कर्मचारी को 30,000 डॉलर प्रति वर्ष का भुगतान होता है, तो सरकार के दख़ल के बाद यह सिर्फ़ 15,000 डॉलर ही बचा रहता है। इस 15,000 डॉलर से आपको अपने हाउस लोन की क़िस्त देना है। (परंतु कम से कम आपको अपने हाउस लोन पर चुकाए गए ब्याज पर टैक्स में छूट मिलती है... बैंक यही तर्क देकर आपको एक बड़ा मकान ख़रीदने के लिए तैयार करता है।)

अगर आप कॉरपोरेशन के माध्यम से आमदनी प्राप्त करते हैं, तो श्रंखला इस तरह होगी :

कमाओ

⬇

ख़र्च करो

⬇

टैक्स दो

कॉरपोरेशन के माध्यम से हुई 30,000 डॉलर की आमदनी का अधिकांश हिस्सा आप "ख़र्च" कर देते हैं, तब कहीं जाकर सरकार को इस पर टैक्स वसूलने का मौक़ा मिलता है। अगर आप कॉरपोरेशन के स्वामी हैं, तो नियम आप बनाते हैं... जब तक कि आपके बनाए नियम टैक्स क़ानून के अनुरूप हों।

उदाहरण के लिए, आप अपनी कंपनी के उपनियम में लिख सकते हैं कि बच्चे की देखभाल आपके रोज़गार पैकेज का हिस्सा है। इस तरह से कंपनी चाइल्ड केअर के लिए

टैक्स चुकाने से पहले 400 डॉलर प्रति माह का भुगतान कर सकती है। अगर आप टैक्स चुकाने के बाद यह भुगतान करेंगे, तो आपको चाइल्ड केअर के लिए लगभग 800 डॉलर कमाने होंगे। सूची लंबी है और यह स्पष्ट रूप से बताया गया है कि कॉरपोरेशन का मालिक किन मदों में पहले ख़र्च कर सकता है, जो एक कर्मचारी नहीं कर सकता। यात्रा व्यय पर भी कर में छूट मिलती है, जब तक कि आप यह रिकॉर्ड रखें कि आपने उस यात्रा में बिज़नेस संबंधी काम किया (उदाहरण के लिए आपकी बोर्ड मीटिंग थी)। यह सुनिश्चित कर लें कि आप नियमों का पालन करें। यहाँ तक कि कई मामलों में मालिकों और कर्मचारियों के रिटायरमेंट प्लान भी अलग-अलग होते हैं। इतना कह देने के बाद मैं इस बात पर ज़ोर देना चाहता हूँ कि आपको उन नियमों का पालन करना चाहिए, जिनके तहत आप इन ख़र्चों पर टैक्स में छूट लेते हैं। मैं टैक्स क़ानूनों के तहत वैध तरीक़ों से टैक्स छूट लेने में विश्वास करता हूँ, परंतु मैं क़ानून तोड़ने की सलाह नहीं देता हूँ।

एक बार फिर, इन प्रावधानों में से कुछ का लाभ लेने से पहले यह महत्त्वपूर्ण सवाल पूछा जाएगा कि आप अपनी आमदनी किस क्वाड्रैंट से कमाते हैं। अगर आपकी सारी आमदनी कंपनी के कर्मचारी के रूप में होती है और आप इसके स्वामी या नियंत्रक नहीं हैं, तो आपके लिए आय या संपत्ति संरक्षण के बहुत कम अवसर उपलब्ध हैं।

इसीलिए मेरा सुझाव यह है कि अगर आप कर्मचारी हैं, तो अपनी नौकरी करने के साथ-साथ आप ''बी'' और ''आई'' क्वाड्रैंटों में भी जगह बनाना शुरू कर दें। वित्तीय स्वतंत्रता तक तीव्र गति से पहुँचने का रास्ता इन दोनों क्वाड्रैंटों से होकर ही गुज़रता है। वित्तीय रूप से अधिक सुरक्षित महसूस करने का रहस्य यह है कि आप एक से अधिक क्वाड्रैंटों में काम करें।

मुफ़्त में मिली ज़मीन

कुछ साल पहले मैं और मेरी पत्नी शोरगुल से दूर जायदाद ख़रीदना चाहते थे। हम यह चाहते थे कि कुछ एकड़ ज़मीन ख़रीद लें, जहाँ बलूत (oak) के ऊँचे वृक्ष हों, जिनके बीच से जलधारा प्रवाहित हो रही हो। हम एकांत भी चाहते थे।

हमें 20 एकड़ भूमि मिल गई, जिसकी क़ीमत 75,000 डॉलर थी। बेचने वाला 10 प्रतिशत नक़द चाहता था और बाक़ी को वह 10 प्रतिशत ब्याज दर पर क़र्ज़ में देने के लिए तैयार था। सौदा अच्छा था। समस्या यह थी कि यह क़र्ज़ के उस नियम के ख़िलाफ़ था, जो मेरे अमीर डैडी ने मुझे सिखाया था। वह नियम यह था : ''जब भी क़र्ज़ लो, तब सावधान रहो। अगर तुम व्यक्तिगत क़र्ज़ लेते हो, तो यह सुनिश्चित करो कि यह छोटा क़र्ज़ हो। अगर तुम बड़ा क़र्ज़ लेते हो, तो यह सुनिश्चित करो कि कोई दूसरा इसे चुकाए।''

मैंने और मेरी पत्नी ने 75,000 डॉलर की वह ज़मीन छोड़ दी और किसी ऐसी ज़मीन की तलाश की, जिसमें अधिक समझदारी हो। मेरे लिए 75,000 डॉलर बहुत बड़ी रक़म थी, क्योंकि हमारा कैशफ़्लो इस तरह दिखता :

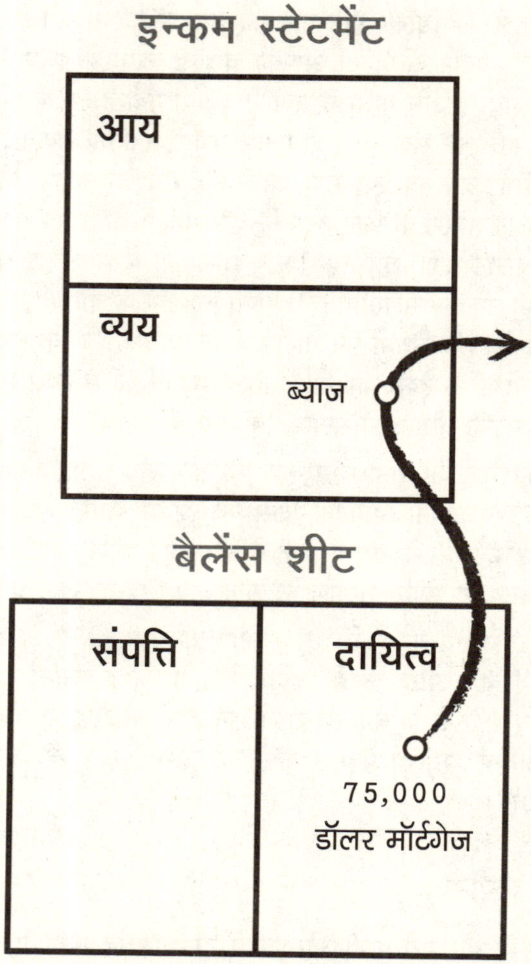

और मेरे अमीर डैडी के नियम को याद रखें :

"अगर आप क़र्ज़ और जोखिम लेते हैं, तो आपको भुगतान मिलना चाहिए।"

इस सौदे में मैं क़र्ज़ और जोखिम ले रहा था, परंतु मुझे भुगतान मिलने के बजाय भुगतान मैं कर रहा होता।

एक महीने बाद हमें एक ज़मीन का टुकड़ा मिला, जो पहले वाली प्रॉपर्टी से भी ज़्यादा सुंदर था। यह 87 एकड़ का था। इसमें बलूत के ऊँचे वृक्ष भी थे और एक जलधारा भी बह रही थी। इस पर एक घर भी बना था, जिसका मूल्य 1, 15,000 डॉलर का था। मैंने बेचने वाले को पूरी क़ीमत देने का प्रस्ताव रखा, बशर्ते यह मेरी शर्तों पर इसे बेचने को तैयार हो जाए... और उसने ऐसा ही किया। संक्षेप में कहा जाए, तो हमने मकान की मरम्मत में कुछ पैसे ख़र्च किए। इसके बाद हमने "कम नक़द भुगतान, आसान मासिक क़िस्त" के फ़ॉर्मूले का प्रयोग करते हुए मकान और 30 एकड़ भूमि 2,15,000 डॉलर में बेच दी। इस प्रक्रिया में हमने 57 एकड़ ज़मीन अपने लिए बचा ली।

बैलेंस शीट

संपत्तियाँ	दायित्व
215,000 डॉलर	115,000 डॉलर

नया मालिक रोमांचित था क्योंकि मकान सुंदर था, जिसे वह नक़द भुगतान दिए बिना ख़रीद रहा था। मैं आपको यह बता दूँ कि उसने भी यह मकान अपनी कंपनी के माध्यम से ख़रीदा। वह चाहता था कि इस मकान का इस्तेमाल उसके कर्मचारियों के लिए कॉरपोरेट रिट्रीट की तरह हो, ताकि वह कंपनी की संपत्ति की तरह इसका डिप्रिसिएशन कर सके और रख-रखाव की लागत को भी कम कर सके। इसके अलावा वह ब्याज को करयोग्य आय में से घटा भी सकता था। वह मुझे जो ब्याज देता था, उससे मैं अपने ब्याज का भुगतान बड़ी आसानी से कर देता था। कुछ साल बाद उसने अपनी कंपनी के कुछ शेयर बेच दिए और मेरा पूरा लोन पटा दिया। लोन मिलते ही मैंने भी अपने लोन का भुगतान कर दिया। अब वह भी क़र्ज़मुक्त था और मैं भी।

मैंने जो 1,00,000 डॉलर का लाभ कमाया, उससे मैंने ज़मीन और मकान में होने वाले लाभ पर टैक्स चुका दिया।

कुल परिणाम यह निकला कि क़र्ज़ बिलकुल नहीं बचा था, मुझे इस सौदे में टैक्स के बाद 15,000 डॉलर का लाभ हुआ था और मैं 57 एकड़ बेहतरीन ज़मीन का मालिक बन गया था। यह तो वैसी ही बात हो गई, जैसे आपकी मनचाही चीज़ के लिए कोई आपको पैसे दे।

आज मेरी बैलेंस शीट उस एक सौदे से इस तरह दिखती है :

बैलेंस शीट

संपत्तियाँ	दायित्व
57 एकड़ भूमि 15,000 डॉलर नक़द	

आई.पी.ओ.

आई.पी.ओ. या किसी निजी कंपनी के शेयर ख़रीदना भी इन्हीं सिद्धांतों पर आधारित है। हालाँकि शब्द, बाज़ार और खिलाड़ी अलग हैं, परंतु सिद्धांत वही हैं। जब मेरा संगठन कोई कंपनी बनाता है, जिसे हम सार्वजनिक करने वाले होते हैं, तो हम अक्सर उसका मूल्य ख़ुद तय करते हैं, हालाँकि हम इसे उचित बाज़ार मूल्य की सटीक राय पर आधारित करने की कोशिश करते हैं। इसके बाद हम अपनी कंपनी के शेयर बाज़ार में लाते हैं और एक व्यक्ति के बजाय बहुत से लोगों को बेच देते हैं।

अनुभव का महत्त्व

एक और कारण से मैं ''आई'' क्वाड्रैंट में उतरने से पहले लोगों को ''बी'' क्वाड्रैंट से शुरुआत करने की सलाह देता हूँ। चाहे निवेश रियल एस्टेट में हो या बिज़नेस, शेयर या बॉन्ड में, एक अंतर्निहित ''व्यापक व्यावसायिक समझदारी'' होती है, जो दीर्घकालीन निवेशक में होना ही चाहिए। कुछ लोगों में यह व्यापक समझदारी होती है, कइयों में नहीं होती। ऐसा मूलत: इसलिए होता है, क्योंकि कॉलेज हमें उच्च विशेषज्ञ होने के लिए प्रशिक्षित करते हैं... व्यापकता से प्रशिक्षित नहीं करते हैं।

यहाँ मैं एक और बात कहना चाहूँगा। जो लोग ''बी'' या ''आई'' क्वाड्रैंट में जाने के बारे में सोच रहे हैं, उन्हें मैं छोटी शुरुआत करने की सलाह दूँगा... और समय लेने की भी। जब आपका आत्मविश्वास और अनुभव बढ़ जाए, तब बड़े सौदे करें। याद रखें कि 80,000 डॉलर और 8,00,000 डॉलर के सौदों में इकलौता अंतर सिर्फ़ एक शून्य का है। छोटे सौदे में भी गुज़रने की प्रक्रिया वही रहती है, जो करोड़ों डॉलर की बहुत बड़ी पब्लिक ऑफ़रिंग में होती है। यह सिर्फ़ अधिक लोगों, अधिक शून्यों और अधिक आनंद की बात है।

जब किसी व्यक्ति को अनुभव और प्रतिष्ठा मिल जाती है, तो बड़े निवेशों का निर्माण करने में कम धन लगता है। कई बार तो बहुत सा धन कमाने में पैसा लगता ही नहीं है। क्यों? अनुभव मूल्यवान है। जैसा पहले कहा गया है, अगर आप जानते हैं कि पैसे से पैसा कैसे कमाया जाता है, तो लोग और पैसा दोनों ही आपकी ओर खिंचे चले आएँगे। छोटी शुरुआत करें और समय लें। अनुभव धन से ज़्यादा महत्त्वपूर्ण है।

यह आसान है

सिद्धांतत: क्वाड्रैंट के दाएँ हिस्से के अंक और सौदे इतने ही आसान होते हैं, चाहे हम स्टॉक के बारे में बात करें या बॉन्ड, रियल एस्टेट या कंपनियों के बारे में। वित्तीय रूप से समृद्ध होने का मतलब है अलग तरह से सोचने में समर्थ होना। इसके अलावा आपके पास अलग तरीक़े से काम करने का साहस भी होना चाहिए। मेरे हिसाब से जो व्यक्ति इस नए प्रकार के चिंतन के हिसाब से काम करता है, उसे एक बहुत मुश्किल चीज़ का सामना करना पड़ता है। उसे उन असंख्य लोगों का सामना करना पड़ता है, जो कहते हैं : ''आप यह नहीं कर सकते।''

अगर आप इस तरह के सीमित चिंतन को परास्त कर सकते हैं और इस तरह की बात कहने वाले लोगों को खोज सकते हैं, ''हाँ, मैं जानता हूँ कि ऐसा कैसे किया जाता है। आपको यह सिखाने में मुझे ख़ुशी होगी,'' तो आपका जीवन आसान बन जाएगा।

क़ानून

मैंने इस अध्याय की शुरुआत 1986 के टैक्स सुधार अधिनियम से की थी। हालाँकि यह एक महत्त्वपूर्ण नियम परिवर्तन था, परंतु यह आख़िरी नियम परिवर्तन नहीं था। मैं 1986 के अधिनियम का प्रयोग सिर्फ़ एक उदाहरण के तौर पर कर रहा हूँ। इसके द्वारा मैं यह बताना चाहता हूँ कि कुछ क़ानून और नियम कितने सशक्त हो सकते हैं। अगर किसी व्यक्ति को *क्वाड्रैंट* के ''बी'' या ''आई'' वाले हिस्से में सफल बनना है, तो उसे बाज़ार की शक्तियों के बारे में जागरूक रहने की आवश्यकता तो है ही, उसे क़ानून के ऐसे परिवर्तनों के बारे में भी जागरूक रहना चाहिए, जो बाज़ार की शक्तियों को प्रभावित करते हैं।

अमेरिका में आज टैक्स क़ानून में 1,00,000 से अधिक पृष्ठ हैं। मैं सिर्फ़ आई.आर.एस. की बात कर रहा हूँ। संघीय क़ानून में 12 लाख से अधिक पृष्ठ हैं। औसत पाठक को अमेरिका का पूरा क़ानून पढ़ने में 23,000 साल लगेंगे। हर साल बहुत से क़ानून बनाए जाते हैं, विलोपित किए जाते हैं और बदले जाते हैं। इन परिवर्तनों की जानकारी रखना एक आदमी के बूते की बात नहीं है।

जब भी कोई कहता है, ''यह क़ानून के ख़िलाफ़ है,'' तो मैं जवाब में उससे पूछता हूँ कि क्या उसने अमेरिका के क़ानून की हर पंक्ति पढ़ ली है। अगर वह ''हाँ'' कहता है, तो मैं धीरे-धीरे पीछे हटता हूँ और दरवाज़े से बाहर निकल जाता हूँ। कभी भी ऐसे व्यक्ति की तरफ़ पीठ न फेरें, जिसे यह लगता है कि उसे हर क़ानून की जानकारी है।

क्वाड्रैंट के दाएँ हिस्से में सफल होने के लिए आपको आँखों से 5 प्रतिशत और मस्तिष्क से 95 प्रतिशत देखने की ज़रूरत है। क़ानूनों और बाज़ार की शक्तियों को समझना वित्तीय सफलता के लिए अनिवार्य है। दौलत के प्रचुर हस्तांतरण अक्सर तब घटित होते हैं, जब क़ानून और बाज़ार बदलते हैं। इसलिए अगर आप इन परिवर्तनों का इस्तेमाल अपने नुक़सान के बजाय अपने लाभ के लिए करना चाहते हैं, तो इनकी ओर ध्यान देना महत्त्वपूर्ण है।

सरकार को आपके धन की आवश्यकता है

मैं टैक्स चुकाने में विश्वास करता हूँ। मैं जानता हूँ कि सरकार कई ऐसी महत्त्वपूर्ण और अनिवार्य सेवाएँ चलाती है, जो अच्छी तरह चल रही सभ्यता के लिए अनिवार्य है। मेरी राय में दुर्भाग्य से सरकार कुप्रबंधन की शिकार है, इसका आकार ज़रूरत से ज़्यादा बड़ा है और इसने बहुत से ऐसे वादे कर लिए हैं, जिन्हें यह पूरा नहीं कर सकती। परंतु यह उन राजनेताओं और क़ानूनविदों की ग़लती नहीं है, जो आज सत्ता में हैं। इसका कारण यह है कि जिन वित्तीय समस्याओं का हम आज सामना कर रहे हैं, उनमें से अधिकांश को

60 साल पहले के राजनेताओं ने पैदा किया था। आज के क़ानून बनाने वाले समस्या को सुलझाने और उसका समाधान खोजने की कोशिश कर रहे हैं। दुर्भाग्य से, अगर क़ानून बनाने वालों को सत्ता में बने रहना है, तो वे जनता को सच्चाई नहीं बता सकते। अगर उन्होंने सच्चाई बता दी, तो उन्हें सत्ता से बाहर कर दिया जाएगा... क्योंकि जनता अब भी सरकार पर विश्वास करती है कि यह उनकी वित्तीय और चिकित्सा संबंधी समस्याओं को सुलझा देगी। सरकार ऐसा नहीं कर सकती। सरकार छोटी होती जा रही है और समस्याएँ बड़ी होती जा रही हैं।

अब सरकार को और ज़्यादा टैक्स लगाना पड़ेंगे... भले ही राजनेता ऐसा न करने का वादा करते रहें। इसीलिए संसद ने 1986 का टैक्स सुधार अधिनियम पारित किया। इसका मक़सद अधिक टैक्स वसूल करने के लिए एक टैक्स लूपहोल बंद करना था। अगले कुछ वर्षों में हमारी कई पश्चिमी सरकारों को अधिक टैक्स वसूल करना पड़ेगा, ताकि बहुत पुराने वादों को पूरा किया जा सके। मेडीकेअर, सोशल सिक्युरिटी और पेंशन के ये वादे लाखों-करोड़ों संघीय कर्मचारियों से किए गए थे। हालाँकि जनता को अभी इस बात का पूरा अहसास नहीं है, परंतु समस्या की गंभीरता 2010 तक स्पष्ट दिखने लगेगी। दुनिया को यह अहसास हो जाएगा कि अमेरिका क़र्ज़ लेकर इन समस्याओं से मुक्ति नहीं पा सकता।

फ़ोर्ब्स पत्रिका ने बढ़ते अमेरिकी क़र्ज़ के बारे में यह अनुमान लगाया है :

''अगर आप ध्यान दें, तो यह क़र्ज़ 2010 तक कम होकर तेज़ी से बढ़ने लगेगा। यह तब बढ़ेगा, जब अमेरिका के इतिहास में सबसे अधिक लोग रिटायर होंगे। 2010 तक बेबी बूमर्स की पहली खेप 65 साल की हो जाएगी। सन् 2010 तक बेबी बूमर्स शेयर बाज़ार में पैसा लगाने के बजाय उसमें से पैसा निकालने लगेंगे... उनमें से कई तो यह काम पहले ही कर लेंगे। सन् 2010 तक 7.5 करोड़ बेबी बूमर्स इस निर्णय पर पहुँचेंगे कि उनकी सबसे बड़ी संपत्ति यानी उनका मकान ज़रूरत से ज़्यादा बड़ा है क्योंकि बच्चे दूर चले गए हैं। फिर वे अपने बड़े मकान बेचना शुरू कर देंगे, ताकि वे देश के अधिक अपराध-मुक्त इलाक़ों यानी छोटे क़स्बों में रहने जा सकें।''

अचानक वर्तमान रिटायरमेंट साधन, जिन्हें अमेरिका में 401 (k) और कई कॉमनवेल्थ देशों में सुपरएन्युएशन फ़ंड्स कहा जाता है, सिकुड़ने लगेंगे। वे इसलिए सिकुड़ेंगे क्योंकि वे बाज़ार के उतार-चढ़ाव से प्रभावित होते हैं... जिसका मतलब यह है कि वे बाज़ार के साथ ऊपर जाते हैं और बाज़ार के साथ ही नीचे आते हैं। मीच्युअल फ़ंड्स अपने शेयर बेचने लगेंगे क्योंकि रिटायरमेंट की ज़रूरतों को पूरा करने के लिए बेबी बूमर्स शेयर बेचने का आदेश दे देंगे। बेबी बूमर्स को अचानक काफ़ी कैपिटल गेन्स टैक्स देना पड़ेगा क्योंकि इन मीच्युअल फ़ंड्स से प्राप्त होने वाले लाभ पर टैक्स लगेगा। इन शेयरों को ऊँची क़ीमतों पर बेचने से जो लाभ होगा, उसे फ़ंड अपने सदस्यों को सौंप देंगे। कई बेबी बूमर्स तो ऐसे कैपिटल गेन्स के लिए भी टैक्स चुकाएँगे, जो उन्हें मिले ही नहीं हैं। याद रखें, टैक्स वसूलने वाले को सबसे पहले पैसा मिलता है।

इसके साथ ही, लाखों ग़रीब बेबी बूमर्स की सेहत ख़राब होने लगेगी क्योंकि इतिहास बताता है कि अमीरों की तुलना में ग़रीबों की सेहत कम अच्छी होती है। मेडीकेअर

दिवालिया हो जाएगी और पूरे अमेरिका में शासकीय सहायता के लिए हड़कंप मचने लगेगा।

इसमें यह भी जोड़ दें कि उस समय अमेरिका के बजाय चीन का जी.एन.पी. सबसे ज़्यादा होगा और इसके साथ ही यूरोपियन मोनेटरी यूनियन का उदय होगा। मुझे लगता है कि तनख़्वाह और सामान की क़ीमतें दोनों ही कम होंगी... और/या उत्पादकता को आसमान छूना पड़ेगा, ताकि इन दो बड़ी आर्थिक चुनौतियों का सामना किया जा सके।

दौलत का अगला महान हस्तांतरण षड्यंत्र नहीं, बल्कि अज्ञान द्वारा होगा। हम औद्योगिक युग के बड़ी सरकार और बड़ी कंपनियों की अधिकारवादी मानसिकता के आख़िरी दौर में हैं और हम आधिकारिक रूप से सूचना युग में प्रवेश कर रहे हैं। 1989 में बर्लिन की दीवार गिर गई। मेरी राय में यह वर्ष 1492 जितना ही महत्त्वपूर्ण था, जब कोलंबस एशिया की खोज करते हुए अमेरिका पहुँचा था। कुछ क्षेत्रों में औद्योगिक युग की आधिकारिक शुरुआत 1492 में हुई थी। इसका अंत 1989 में हुआ। अब नियम बदल गए हैं।

इतिहास एक मार्गदर्शक है

मेरे अमीर डैडी ने मुझे अच्छी तरह से खेल सीखने के लिए प्रोत्साहित किया। इसे अच्छी तरह सीखने के बाद मैं क्या करना चाहता था, उसके लिए मैं स्वतंत्र था। मैं लेखन कार्य करता हूँ और चिंतातुर होकर सिखाता हूँ क्योंकि मुझे लगता है कि बहुत से लोगों को यह जानने की ज़रूरत है कि वित्तीय रूप से ख़ुद की देखभाल कैसे की जाए... और अच्छी तरह से जीवन जीने के लिए सरकार या कंपनी पर निर्भर न रहा जाए।

मैं आशा करता हूँ कि मैं आर्थिक राह पर जिन चीज़ों को आते देख रहा हूँ, वे कभी आएँ ही नहीं और मेरा अनुमान ग़लत साबित हो। शायद सरकारें लोगों की देखभाल के अपने वादों को पूरा कर सकें। शायद वे टैक्स बढ़ाती रहें और अधिक गहरे क़र्ज़ में उतरती रहें। शायद स्टॉक मार्केट हमेशा ऊपर जाता रहे और कभी नीचे न आए... और शायद रियल एस्टेट की क़ीमतें हमेशा ऊपर जाती रहें और आपका मकान आपका सर्वश्रेष्ठ निवेश बन जाए। और शायद करोड़ों लोगों को न्यूनतम आमदनी में सुख मिले तथा वे अपने परिवार को अच्छा जीवन देने में समर्थ हो सकें। शायद यह सब हो सकता है। परंतु मुझे ऐसा नहीं लगता। अगर इतिहास अच्छा मार्गदर्शक है, तो ऐसा नहीं होगा।

ऐतिहासिक दृष्टि से, अगर कोई 75 साल की उम्र तक ज़िंदा रहता है, तो उसे दो रेसेशन और एक मंदी से होकर गुज़रना पड़ता है। बेबी बूमर्स दो रेसेशन से तो गुज़र चुके हैं, परंतु अभी उन्होंने मंदी को नहीं झेला है। शायद कभी मंदी होगी ही नहीं। परंतु इतिहास ऐसा नहीं कहता। मेरे अमीर डैडी ने मुझे महान पूँजीपतियों और अर्थशास्त्रियों पर पुस्तकें इसलिए पढ़वाई थीं, ताकि मुझे ज़्यादा लंबा और बेहतर दृष्टिकोण मिल सके कि हम कहाँ से आए हैं और हम कहाँ जा रहे हैं।

जिस तरह समुद्र में लहरें होती हैं, उसी तरह बाज़ार में भी बड़ी लहरें होती हैं। समुद्र की लहरें हवा और सूर्य द्वारा चलती हैं, जबकि वित्तीय बाज़ारों की लहरें दो मानवीय भावों लोभ और भय द्वारा चलती हैं। मैं नहीं सोचता कि मंदी (depression) अतीत की वस्तु है,

क्योंकि हम सब इंसान हैं और हम सबमें हमेशा लोभ और भय की भावनाएँ होती हैं। जब लोभ तथा भय टकराते हैं और व्यक्ति हार जाता है, तो अगला मानवीय भाव डिप्रेशन या विषाद है। विषाद दो मानवीय भावों क्रोध और दुख से बना है। ख़ुद पर क्रोध और नुक़सान पर दुख। आर्थिक विषाद भावनात्मक विषाद है। लोग नुक़सान उठाते हैं और डिप्रेशन का शिकार हो जाते हैं।

हालाँकि कुल मिलाकर अर्थव्यवस्था बहुत अच्छी हालत में दिख सकती है, परंतु इसके बावज़ूद करोड़ों लोग विषाद की विभिन्न अवस्थाओं में रहेंगे। हो सकता है वे नौकरी कर रहे हों, परंतु मन में वे जानते हैं कि वे वित्तीय प्रगति नहीं कर रहे हैं। वे ख़ुद पर नाराज़ होते हैं और अपने समय के नुक़सान पर दुखी होते हैं। अधिकांश यह बात नहीं जानते हैं कि वे औद्योगिक युग के इस विचार में जकड़े हुए हैं, ''सुरक्षित नौकरी खोजो और भविष्य के बारे में चिंता मत करो।''

एक बड़ा परिवर्तन मतलब अवसर

हम ज़बर्दस्त परिवर्तन और अवसर के युग में प्रवेश कर रहे हैं। कुछ लोगों के लिए यह बहुत अच्छा समय रहेगा, जबकि कुछ लोगों के लिए यह बहुत बुरा समय रहेगा।

राष्ट्रपति जॉन कैनेडी ने कहा था : ''एक बड़ा परिवर्तन आने वाला है।''

कैनेडी एक ऐसे व्यक्ति थे, जो क्वाड्रैंट के ''बी-आई'' वाले हिस्से से आए थे। उन्होंने नीचे गिरे लोगों के जीवन को ऊपर उठाने के लिए बहुत प्रयास किए। दुर्भाग्य से आज भी करोड़ों लोग नीचे गिरे हुए हैं और उनके दिमाग़ में वही विचार भरे हैं, जिन्हें सदियों से बचपन में सिखाया जा रहा है। इस तरह के विचार जैसे ''स्कूल जाओ ताकि तुम्हें सुरक्षित नौकरी मिल सके।'' शिक्षा आज पहले से ज़्यादा महत्त्वपूर्ण है, परंतु हमें लोगों को यह सिखाना चाहिए कि वे सिर्फ़ सुरक्षित नौकरी खोजने और कंपनी या सरकार से रिटायरमेंट के बाद देखभाल करने से आगे की बात सोचें। यह औद्योगिक युग का विचार है... और अब हम उस युग में नहीं हैं।

कोई नहीं कहता कि यह निष्पक्ष है... क्योंकि यह एक निष्पक्ष देश नहीं है। यह एक स्वतंत्र देश है। कुछ लोग बाक़ी लोगों से अधिक मेहनत करते हैं, अधिक स्मार्ट हैं, सफलता की अधिक चाहत रखते हैं, अधिक गुणी हैं या अच्छे जीवन के अधिक इच्छुक हैं। अगर हममें दृढ़ संकल्प है, तो हम इन महत्त्वाकांक्षाओं का पीछा करने के लिए स्वतंत्र हैं। परंतु जब भी कोई व्यक्ति अच्छा प्रदर्शन करता है, तो कुछ लोग हमेशा कहते हैं कि यह पक्षपातपूर्ण है। यही लोग सोचते हैं कि सच्ची निष्पक्षता तो यह है कि अमीर लोग अपनी दौलत ग़रीबों में बराबरी से बाँट लें। परंतु कोई भी यह नहीं कहता कि यह निष्पक्ष है। हम चीज़ों को जितना अधिक निष्पक्ष बनाने की कोशिश करते हैं, हम उतने ही कम स्वतंत्र हो जाते हैं।

जब कोई मुझसे कहता है कि जातीय भेदभाव है, तो मैं उससे सहमत हो जाता हूँ। मैं जानता हूँ कि ऐसी चीज़ों का अस्तित्व है। मैं व्यक्तिगत रूप से किसी भी तरह के भेदभाव से चिढ़ता हूँ। जापानी मूल का होने के कारण मैंने इस भेदभाव को व्यक्तिगत रूप से

भोगा है। *क्वाड्रैंट* के बाएँ हिस्से में भेदभाव होता है, ख़ासकर कंपनियों में। आपका चेहरा, आपका स्कूल, आप श्वेत हैं या अश्वेत, या भूरे या पीले, या आप पुरुष हैं या महिला... ये सब चीज़ें *क्वाड्रैंट* के बाएँ हिस्से में महत्त्वपूर्ण बन जाती हैं। परंतु *क्वाड्रैंट* के दाएँ हिस्से में इनका कोई महत्त्व नहीं होता। दायाँ हिस्सा निष्पक्षता या सुरक्षा के बारे में चिंतित नहीं होता, बल्कि स्वतंत्रता और खेल के प्रेम के बारे में चिंतित होता है। अगर आप दाएँ हिस्से में खेलना चाहते हैं, तो खिलाड़ी आपका स्वागत करेंगे। अगर आप जीत जाते हैं, तो बहुत अच्छा। वे आपका पहले से ज़्यादा स्वागत करेंगे और आपके रहस्य पूछेंगे। अगर आप हार जाते हैं, तो वे ख़ुशी-ख़ुशी आपका सारा धन ले लेंगे। बहरहाल, कभी शिकायत न करें या अपनी असफलताओं के लिए किसी दूसरे को दोष न दें। *क्वाड्रैंट* के दाएँ हिस्से में खेल इस तरह से नहीं खेला जाता। यह निष्पक्ष है ही नहीं। निष्पक्ष होना इस खेल के स्वभाव में ही नहीं है।

सरकार ''बी-आई'' वाले हिस्से को क्यों छोड़ देती है?

वास्तविकता यह है कि सरकारें ''बी-आई'' वाले हिस्से को नहीं छोड़ती हैं। इस हिस्से के बचने का अधिक बड़ा कारण यह है कि ''बी-आई'' वाले हिस्से में दौलत बचाने और छुपाने के ज़्यादा तरीक़े होते हैं। ***रिच डैड पुअर डैड*** में मैंने कॉरपोरेशन्स की शक्ति के बारे में बताया था। अमीर लोग अपनी अधिकांश दौलत इसलिए रख पाते हैं क्योंकि वे व्यक्ति के रूप में नहीं, बल्कि कॉरपोरेशन के रूप में काम करते हैं। व्यक्ति को एक देश से दूसरे देश में जाने के लिए पासपोर्ट की ज़रूरत पड़ती है, कॉरपोरेशन को नहीं पड़ती। कॉरपोरेशन दुनिया में स्वतंत्रता से यात्रा करता है और अक्सर स्वतंत्रता से काम कर सकता है। व्यक्ति को सरकार में रजिस्ट्रेशन करवाना पड़ता है और अमेरिका में काम करने के लिए उसे ''ग्रीन कार्ड'' की ज़रूरत पड़ती है, परंतु कॉरपोरेशन को नहीं पड़ती है।

हालाँकि सरकारें कॉरपोरेशन्स से अधिक धन लेना पसंद करेंगी, परंतु वे जानती हैं कि अगर उन्होंने बुरे टैक्स क़ानून पारित किए, तो कॉरपोरेशन्स अपने धन और नौकरियों दोनों को ही किसी दूसरे देश में ले जाएँगे। औद्योगिक युग में लोग ''ऑफ़-शोर'' का नाम किसी देश की तरह लेते थे। अमीरों ने हमेशा टैक्स बंदरगाह पसंद किए हैं, जहाँ उनके धन के साथ दयालुता का व्यवहार किया जाए। आज ''ऑफ़-शोर'' कोई देश नहीं है; यह साइबरस्पेस है। धन चूँकि एक विचार है और अदृश्य है, इसलिए अब यह अदृश्य में छुप सकता है या कम से कम मानवीय आँखों से ओझल हो सकता है। जल्दी ही लोग अंतरिक्ष में घूमने वाले उपग्रह के माध्यम से बैंकिंग करेंगे... जिसमें बंधन नहीं होगा। या फिर वे किसी ऐसे देश में बिज़नेस करने का फ़ैसला करेंगे, जिसके क़ानून अमीरों का अधिक समर्थन करते हों।

रिच डैड पुअर डैड में मैंने लिखा है कि कॉरपोरेशन्स औद्योगिक युग की शुरुआत में लोकप्रिय बने... कोलंबस द्वारा संपन्नता से भरी नई दुनिया को खोजने के ठीक बाद। जब भी अमीर लोग समुद्र में जहाज़ भेजते थे, तो वे जोखिम लेते थे क्योंकि अगर जहाज़ डूब जाए, तो अमीर लोग दुर्घटना में मरने वाले जहाज़ियों के परिवारों के क़र्ज़दार नहीं होना चाहते थे। इसलिए कॉरपोरेशन्स बनाए गए, ताकि क़ानूनी संरक्षण मिल सके और जोखिम

सिर्फ़ लगाए गए धन तक ही सीमित रहे, उससे अधिक न हो। इस तरह अमीरों ने अपने धन का जोखिम लिया और जहाज़ियों ने अपने जीवन का। तब से अब तक ज़्यादा कुछ नहीं बदला है।

दुनिया में मैं जिन लोगों के साथ सौदा करता हूँ वे मूलत: इसी तरीक़े से सौदा करते हैं... अपने ख़ुद के कॉरपोरेशन्स के कर्मचारियों के रूप में। सिद्धांत में, वे किसी चीज़ के मालिक नहीं होते। दरअसल निजी नागरिक के रूप में भी उनका अस्तित्व नहीं होता। अपने अमीर कॉरपोरेशन्स के अफ़सरों के रूप में उनका अस्तित्व होता है, परंतु निजी नागरिकों के रूप में वे किसी चीज़ के स्वामी नहीं होते। और दुनिया में मैं जहाँ भी जाता हूँ, वहाँ लोग मुझे कहते हैं, ''आप इस देश में ऐसा नहीं कर सकते। यह क़ानून के ख़िलाफ़ है।''

अधिकांश लोगों को बहुत कम अहसास होता है कि पश्चिमी जगत के अधिकांश नियम और क़ानून समान हैं। हो सकता है वे समान चीज़ों के वर्णन के लिए अलग-अलग शब्दों का प्रयोग करते हों, परंतु सिद्धांतत: उनके क़ानून काफ़ी हद तक समान हैं।

मेरी सलाह है कि अगर संभव हो तो आपको कम से कम अपने ही कॉरपोरेशन का कर्मचारी होने के बारे में विचार करना चाहिए। यह उच्च आय वाले ''एस'' और ''बी'' के लिए ख़ास तौर पर उचित है, भले ही वे फ़्रैंचाइज़ी मालिक हों या वे नेटवर्क मार्केटिंग से धन कमाते हों। सुयोग्य वित्तीय सलाहकारों की सलाह लें। वे आपकी विशिष्ट स्थिति के लिए सर्वश्रेष्ठ तरीक़ा चुनने और उस पर अमल करने में आपकी मदद कर सकते हैं।

दो तरह के क़ानून हैं

सतही तौर पर ऐसा लग सकता है कि अमीरों के लिए अलग तरह के क़ानून होते हैं और बाक़ी लोगों के लिए अलग तरह के। परंतु वास्तव में क़ानून सबके लिए एक जैसे हैं। फ़र्क़ सिर्फ़ इतना है कि अमीर लोग क़ानूनों का इस्तेमाल अपने लाभ के लिए करते हैं, जबकि ग़रीब और मध्यवर्ग ऐसा नहीं कर पाता। यह मूलभूत अंतर है। क़ानून वही हैं... वे हर एक के लिए बनाए गए हैं... और मैं प्रबलता से सुझाव देता हूँ कि आप स्मार्ट सलाहकार रखें तथा क़ानूनों का पालन करें। क़ानून तोड़कर जेल पहुँचने के बजाय क़ानूनी रूप से धन कमाना बहुत आसान है। इसके अलावा, आपके क़ानूनी सलाहकार आपको आने वाले क़ानूनी परिवर्तनों के बारे में पहले से चेतावनी भी दे देंगे... जो बहुत महत्त्वपूर्ण है, क्योंकि जब क़ानून बदलते हैं, तो दौलत का हस्तांतरण होता है।

दो विकल्प

मुक्त समाज में रहने का एक लाभ यह है कि हमारे पास विकल्प चुनने की स्वतंत्रता होती है। मेरी राय में दो बड़े विकल्प होते हैं... सुरक्षा और स्वतंत्रता। अगर आप सुरक्षा का विकल्प चुनते हैं, तो आपको अत्यधिक टैक्स और सज़ा की तरह लगने वाले ब्याज भुगतानों के रूप में इसकी बहुत बड़ी क़ीमत चुकानी पड़ती है। अगर आप स्वतंत्रता का विकल्प चुनते

हैं, तो आपको पूरा खेल सीखने की ज़रूरत होगी और फिर उस खेल को खेलना होगा। यह आपका चुनाव है कि आप इस खेल को किस क्वाड्रैंट से खेलना चाहते हैं।

इस पुस्तक का खंड 1 *कैशफ़्लो क्वाड्रैंट* की विशिष्ट बातों को परिभाषित करता है, जबकि खंड 2 उस व्यक्ति की मानसिकता और नज़रिए पर ध्यान केंद्रित करता है, जो *क्वाड्रैंट* के दाएँ हिस्से का विकल्प चुनता है। इसलिए अब आपको यह जान लेना चाहिए कि आप वर्तमान में *क्वाड्रैंट* में कहाँ हैं और आपके मन में यह विचार भी होना चाहिए कि आप कहाँ जाना चाहते हैं। आपके पास उस मानसिक प्रक्रिया और मानसिकता की बेहतर समझ भी होना चाहिए, जो *क्वाड्रैंट* के दाएँ हिस्से में आवश्यक है।

चूँकि मैं आपको *क्वाड्रैंट* के बाएँ हिस्से से दाएँ हिस्से तक पहुँचने के तरीक़े बता चुका हूँ, इसलिए अब मैं आपको अधिक स्पष्ट जानकारी देना चाहूँगा। इस पुस्तक के खंड 3 में मैं वे 7 क़दम बताऊँगा, जिनके द्वारा आप अपने तीव्र वित्तीय मार्ग को खोज सकेंगे, जिसे मैं *क्वाड्रैंट* के दाएँ हिस्से तक पहुँचने के लिए अनिवार्य मानता हूँ।

बिज़नेस खड़ा करें और रियल एस्टेट ख़रीदें

1943 में अमेरिका ने अपने सभी कर्मचारियों की तनख़्वाह पर टैक्स लगाना शुरू कर दिया। दूसरे शब्दों मे, ''ई'' क्वाड्रैंट के लोगों को तनख़्वाह मिलने से पहले ही सरकार उसमें से टैक्स काट लेती थी। जो सिर्फ़ ''ई'' था, उसके पास सरकार से बचने के बहुत कम रास्ते थे। 16वें संशोधन से यह आशा थी कि सिर्फ़ अमीरों पर टैक्स लगाया जाना चाहिए। इसके बजाय अब मामला यह था कि *क्वाड्रैंट* के बाएँ हिस्से के हर व्यक्ति पर टैक्स लगता था, भले ही वह अमीर हो या ग़रीब। जैसा पहले बताया जा चुका है, अमेरिका में सबसे कम तनख़्वाह वाला कर्मचारी अमीर और मध्यवर्ग की तुलना में कुल आय का अधिक प्रतिशत कर चुकाता है।

1986 में टैक्स सुधार अधिनियम ने ''एस'' क्वाड्रैंट के उच्च भुगतान वाले प्रोफ़ेशनलों को अपने क़ाबू में किया। इस अधिनियम ने ख़ास तौर पर डॉक्टरों, वकीलों, आर्किटेक्ट्स, दंतचिकित्सकों, इंजीनियरों और अन्य व्यवसायों की सूची बनाई। इस तरह इस अधिनियम ने इन लोगों के लिए यह बहुत मुश्किल बना दिया कि वे अपनी आमदनी की सुरक्षा ''बी'' और ''आई'' क्वाड्रैंट के अमीरों की तरह कर सकें।

इन प्रोफ़ेशनलों को अपने बिज़नेस सी कॉरपोरेशन के बजाय एस कॉरपोरेशन के द्वारा चलाने के लिए विवश किया गया। ऐसा न करने पर टैक्स में ज़ुर्माने का प्रावधान था। अमीर लोग यह ज़ुर्माना नहीं देते। इन उच्च आय वाले प्रोफ़ेशनलों की आमदनी एस कॉरपोरेशन के माध्यम से गुज़रती है और इस पर अधिकतम व्यक्तिगत टैक्स दर से टैक्स लगता है। उनके पास आय संरक्षण के लिए कटौतियाँ करने का अवसर नहीं होता, जो सी कॉरपोरेशन के पास होता है। इसके साथ ही क़ानून ने सभी एस कॉरपोरेशन्स को कैलेंडर वर्ष में अपना वर्ष समाप्त करने के लिए विवश कर दिया। इससे वे पूरी आमदनी पर अधिकतम दर से टैक्स देने के लिए मजबूर हो गए।

जब मैं हाल ही में अपना व्यक्तिगत सी.पी.ए. के साथ इन परिवर्तनों पर चर्चा कर रहा था, तो उसने मुझे याद दिलाया कि नए सेल्फ़-एम्प्लॉयड लोगों को आम तौर पर सबसे बड़ा झटका बिज़नेस के पहले साल के अंतर में लगता है, जब उन्हें यह अहसास होता है कि जिस सबसे बड़ा टैक्स का भुगतान वे कर रहे हैं, वह है ''सेल्फ़-एम्प्लॉयमेंट'' टैक्स। यह टैक्स ''ई'' या कर्मचारियों पर जितना लगता है, ''एस'' या सेल्फ़-एम्प्लॉयड लोगों पर यह उससे दुगना लगता है। और यह सकल आय पर लगता है यानी इसमें से कटौतियाँ या व्यक्तिगत छूटें कम नहीं की जाती हैं, बल्कि पूरी आमदनी पर कर की गणना की जाती है। दूसरी तरफ़ कॉरपोरेशन्स को सेल्फ़-एम्प्लॉयमेंट टैक्स नहीं चुकाना पड़ता है।

1986 के टैक्स सुधार अधिनियम ने अमेरिका के ''ई'' और ''एस'' को रियल एस्टेट में निवेश करने या शेयर बाज़ार और मीच्युअल फ़ंड जैसी काग़ज़ी संपत्तियों में निवेश करने से प्रभावकारी तरीक़े से पीछे धकेल दिया। एक बार जब छँटनी शुरू हो गई, तो करोड़ों लोग न सिर्फ़ अपनी नौकरियों के बारे में कम सुरक्षित महसूस करने लगे, बल्कि वे अपने रिटायरमेंट के बारे में भी कम सुरक्षित महसूस करने लगे, क्योंकि वे अपने भावी वित्तीय कल्याण को काग़ज़ी संपत्तियों पर आधारित कर रहे थे, जो बाज़ार के उतार-चढ़ाव से नियंत्रित होते हैं।

1986 के टैक्स सुधार क़ानून का यह इरादा भी नज़र आता है कि यह अमेरिका के छोटे-छोटे सामुदायिक बैंकों को बंद करना चाहता है और समूची बैंकिंग को बड़े राष्ट्रीय बैंकों तक सीमित करना चाहता है। मुझे लगता है ऐसा इसलिए किया गया, ताकि अमेरिका जर्मनी और जापान के बड़े बैंकों से टक्कर ले सके। अगर इरादा यही था, तो यह सफल रहा है। आज अमेरिका में बैंकिंग कम व्यक्तिगत है और विशुद्ध रूप से यह अंकों का मामला है। इसका परिणाम यह हुआ है कि कुछ वर्ग के लोगों के लिए अब होम लोन लेना संभव नहीं रहा है। छोटे क़स्बे का बैंकर आपको व्यक्तिगत रूप से जानता था, इसलिए वह लोन दे देता था। परंतु अगर आज आप कम्प्यूटर की अपेक्षित आवश्यकताओं को पूरा नहीं कर पाते हैं, तो वह आपका नाम बाहर फेंक देता है।

1986 के टैक्स सुधार अधिनियम के बाद अमीर अधिक कमाई करते रहे, कम काम करते रहे, कम टैक्स चुकाते रहे और अधिक संपत्ति संरक्षण पाते रहे। उन्होंने यह उस फ़ॉर्मूले के प्रयोग द्वारा किया, जो मुझे मेरे अमीर डैडी ने 40 साल पहले सिखाया था, ''बिज़नेस बनाओ और रियल एस्टेट ख़रीदो।'' सी कॉरपोरेशन्स से बहुत सा पैसा कमाओ और अपनी आमदनी को रियल एस्टेट के द्वारा सुरक्षित रखो। करोड़ों अमेरिकावासी काम करते हैं, बहुत सा टैक्स चुकाते हैं और हर महीने मीच्युअल फ़ंड्स में बिलियनों डॉलर डालते हैं। दूसरी ओर, अमीर लोग चुपचाप अपने सी कॉरपोरेशन्स के शेयर बेच रहे हैं, ख़ुद को ज़्यादा अमीर बना रहे हैं और फिर रियल एस्टेट में बिलियनों डॉलर का निवेश कर रहे हैं। सी कॉरपोरेशन के एक शेयर से ख़रीदार को कंपनी के स्वामित्व के जोखिम में हिस्सा मिल जाता है। बहरहाल, कंपनी के शेयर होने से शेयरहोल्डर को वे लाभ नहीं मिलते, जो सी कॉरपोरेशन का स्वामी बनने और रियल एस्टेट में निवेश करने से मिलते हैं।

मेरे अमीर डैडी ने सी कॉरपोरेशन्स में बिज़नेस बनाने और फिर रियल एस्टेट ख़रीदने की सलाह क्यों दी? क्योंकि टैक्स क़ानून इस तरह से काम करने वाले लोगों को पुरस्कार देते हैं... परंतु यह इस पुस्तक के विषय से अलग चर्चा है। सिर्फ़ मैकडोनल्ड्स के संस्थापक रे क्रॉक जैसे बहुत अमीर लोगों के शब्दों को याद रखें :

''मेरा बिज़नेस हैमबर्गर नहीं है। मेरा बिज़नेस रियल एस्टेट है।''

मेरे अमीर डैडी के शब्दों को भी याद रखें, जिन्होंने मेरे दिमाग़ में लगातार यह भरा,

''बिज़नेस बनाओ और रियल एस्टेट ख़रीदो।''

दूसरे शब्दों में, टैक्स क़ानूनों का पूरा लाभ लेने के लिए *कैशफ़्लो क्वाड्रैंट* के दाएँ हिस्से में दौलत की तलाश करें।

1990 में राष्ट्रपति जॉर्ज बुश ने यह वादा करने के बाद भी टैक्स बढ़ा दिए, ''मेरे होंठ देखिए। कोई नया टैक्स नहीं।'' 1992 में राष्ट्रपति क्लिंटन ने टैक्स में बहुत भारी बढ़ोतरी कर दी। टैक्स बढ़ने की वजह से ''ई'' और ''एस'' तो प्रभावित हुए, परंतु अधिकांश मामलों में ''बी'' और ''आई'' प्रभावित नहीं हुए।

जैसे-जैसे हम औद्योगिक युग से दूर होते जाएँगे और सूचना युग में आगे बढ़ते जाएँगे, हमें विभिन्न क्वाड्रैंटों से जानकारी इकट्ठी करने की आवश्यकता है। सूचना युग में गुणवत्ता भरी जानकारी हमारी सबसे महत्त्वपूर्ण संपत्ति है। जैसा एरिक हॉफ़र ने एक बार कहा था, ''परिवर्तन के समय में...सीखने वाले धरती के स्वामी बनते हैं। हालाँकि ज्ञानी ख़ुद को उस दुनिया में बेहतर परिणाम देने के लिए पूरी तरह से तैयार पाते हैं, जो अब अस्तित्व में नहीं है।''

याद रखें

हर व्यक्ति की वित्तीय स्थिति भिन्न है। इसीलिए मैं हमेशा सुझाव देता हूँ :

1. सर्वश्रेष्ठ प्रोफ़ेशनल और वित्तीय सलाह लें। उदाहरण के लिए हालाँकि सी कॉरपोरेशन कुछ मामलों में अच्छी तरह काम कर सकता है, परंतु यह सभी मामलों में अच्छी तरह से काम नहीं कर सकता। *क्वाड्रैंट* के दाएँ हिस्से में भी कभी-कभार एस कॉरपोरेशन बनाना उचित होता है।
2. याद रखें, अमीरों, ग़रीबों और मध्य वर्ग के लिए अलग-अलग सलाहकार होते हैं, ठीक उसी तरह जिस तरह दाएँ हिस्से और बाएँ हिस्से के लोगों के लिए अलग-अलग सलाहकार होते हैं। इस पर भी विचार करें कि आप उन्हीं लोगों से सलाह लें, जो पहले से ही वहाँ हैं, जहाँ आप जाना चाहते हैं।
3. टैक्स में छूट के लालच में कभी बिज़नेस या निवेश न करें। टैक्स में छूट एक अतिरिक्त बोनस है ताकि आप उसी तरीक़े से काम करें, जिस तरीक़े से सरकार आपसे काम करवाना चाहती है। यह कारण नहीं, बल्कि बोनस होना चाहिए।

अगर आप अमेरिकी नागरिक नहीं हैं, तब भी सलाह यही है। हमारे क़ानून अलग हो सकते हैं, परंतु सुयोग्य सलाह खोजने के सिद्धांत वही रहते हैं। दाएँ हिस्से के लोग पूरी दुनिया में लगभग एक ही तरीक़े से काम करते हैं।

खंड III

सफल "बी" और "आई" कैसे बनें

अध्याय 10

छोटे क़दम उठाएँ

दौड़ने से पहले आपको चलना सीखना होगा।

हममें से ज़्यादातर लोगों ने यह कहावत सुनी है, ''हज़ार मील लंबी यात्रा एक क़दम से ही शुरू होती है।'' मैं इस कहावत को थोड़ा सा बदलना चाहूँगा। इसके बजाय मैं यह कहना चाहूँगा, ''हज़ार मील लंबी यात्रा एक छोटे क़दम से ही शुरू होती है।''

मैं इस बात पर ज़ोर इसलिए देता हूँ क्योंकि मैंने देखा है कि बहुत से लोग छोटे क़दम उठाने के बजाय ''बड़ी छलाँग'' लगाने की कोशिश करते हैं। हम सभी ने उन बहुत मोटे लोगों को देखा है, जो अचानक 20 पौंड वज़न कम करके दुबले होने का फ़ैसला करते हैं। वे क्रैश डाइट पर रहते हैं, दो घंटे जिम जाते हैं, फिर 10 मील तक जॉगिंग करते हैं। यह सिलसिला शायद एक सप्ताह तक चलता है। वे कुछ पौंड वज़न कम भी कर लेते हैं। परंतु इसके बाद दर्द, बोरियत और भूख की वजह से उनकी इच्छाशक्ति डगमगा जाती है और उनका संकल्प डिग जाता है। लगभग दो सप्ताह बाद उनकी पुरानी आदतें एक बार फिर उन पर हावी हो जाती हैं और वे ज़्यादा खाने लगते हैं, व्यायाम करना छोड़ देते हैं और टी.वी. के सामने बैठे रहते हैं।

''बड़ी छलाँग'' लगाने के बजाय मैं एक छोटा क़दम आगे बढ़ाने की प्रबल सलाह देता हूँ। दीर्घकालीन वित्तीय सफलता का पैमाना यह नहीं है कि आपने कितना बड़ा क़दम उठाया है। दीर्घकालीन वित्तीय सफलता का पैमाना यह है कि आपके क़दमों की संख्या कितनी है, आप किस दिशा में बढ़ रहे हैं और कितने वर्षों से बढ़ रहे हैं। वास्तव में यह किसी भी प्रयास में सफलता या असफलता का फ़ॉर्मूला है। धन के संबंध में मैंने यह देखा है कि बहुत से लोग अचानक बहुत थोड़े से धन को बहुत ज़्यादा बढ़ाने की कोशिश करते हैं। इन लोगों में मैं भी शामिल हूँ। ऐसे लोग हवा में छलाँग लगा देते हैं... परंतु ज़मीन पर

आ जाते हैं और निढाल हो जाते हैं। अगर आपने अपने लिए क़र्ज़ का गड्ढा खोद रखा है, तो उससे बाहर निकलने के लिए आपको पहले एक सीढ़ी की ज़रूरत होती है और इस स्थिति में आगे की तरफ़ छोटा क़दम बढ़ाना मुश्किल होता है।

आप हाथी को किस तरह से खाते हैं?

पुस्तक के इस खंड में उन 7 क़दमों का वर्णन है, जो *क्वाड्रैंट* के दाएँ हिस्से की दिशा में आपका मार्गदर्शन करते हैं। मेरे अमीर डैडी के मार्गदर्शन की बदौलत मैंने 9 साल की उम्र से इन सात क़दमों का अनुसरण करना शुरू कर दिया था। मैं जीवन भर इनका अनुसरण करता रहूँगा। परंतु इन 7 क़दमों को पढ़ने से पहले मैं आपको एक चेतावनी देना चाहता हूँ। अगर आप इस काम को एक ही सप्ताह में करने की कोशिश करेंगे, तो आपको यह बहुत मुश्किल लग सकता है। उस स्थिति में यह काम बहुत मुश्किल होगा, यह बात तय है। इसलिए छोटे क़दमों से शुरू करें।

हम सभी ने यह कहावत सुनी है, ''रोम एक दिन में नहीं बना था।'' बहरहाल जब मैं इस बात से घबरा जाता हूँ कि मुझे कितना कुछ सीखना है, तो मैं एक और कहावत का प्रयोग करता हूँ, ''आप हाथी को किस तरह से खाते हैं?'' जवाब है, ''एक बार में एक कौर।'' और इसी तरह मैं आपको आगे बढ़ने की सलाह देता हूँ। अगर आप इस बात से चकरा जाते हैं कि आपको ''ई'' और ''एस'' क्वाड्रैंट वाले हिस्से से ''बी'' और ''आई'' क्वाड्रैंट वाले हिस्से की यात्रा करने के लिए कितना कुछ सीखना है, तो इस कहावत को याद कर लें। ख़ुद के प्रति दयालु रहें और यह समझ लें कि इस बदलाव में आपको सिर्फ़ मानसिक रूप से ही नहीं सीखना है। इस प्रक्रिया में भावनात्मक रूप से सीखना भी शामिल है। जब आप छह महीने से लेकर एक साल तक छोटे क़दम उठा लेंगे, तो आप अगली कहावत के लिए तैयार हैं, ''दौड़ने से पहले आपको चलना होगा।'' दूसरे शब्दों में, आप पहले छोटे क़दम उठाते हैं, फिर चलते हैं और फिर दौड़ते हैं। मैं इसी मार्ग की अनुशंसा करता हूँ। अगर आप इस मार्ग को पसंद नहीं करते, तो आप वह कर सकते हैं, जो करोड़ों लोग करते हैं। इस दुनिया में करोड़ों लोग तीव्र और आसान रास्ते पर चलकर फटाफट अमीर बनना चाहते हैं, इसलिए वे लॉटरी के टिकट ख़रीदते हैं। कौन जाने? हो सकता है आज का दिन आपका सौभाग्यशाली दिन हो।

सक्रियता निष्क्रियता को हरा देती है

मेरा यह मानना है कि ''ई'' और ''एस'' को ''बी'' और ''आई'' वाले हिस्से में आगे बढ़ने में जो मुश्किलें आती हैं, उनका मूल कारण यह है कि वे ग़लतियाँ करने से बहुत डरते हैं। वे अक्सर कहते हैं, ''मुझे असफल होने का डर है।'' या वे कहते हैं, ''मुझे अधिक जानकारी की ज़रूरत है या क्या आप एक और पुस्तक की सलाह दे सकते हैं?'' उनका डर या आत्मशंका ही उन्हें उनके क्वाड्रैंट में जकड़े रखती है। कृपया 7 क़दमों को पढ़ने का समय निकालें और हर क़दम के अंत में दिए गए कार्य-क़दमों को पूरा करें। ''बी''

और ''आई'' वाले हिस्से की दिशा में आगे बढ़ने के लिए अधिकांश लोगों के लिए यह छोटा सा क़दम उठाना ही काफ़ी होगा। सिर्फ़ इन 7 कार्य-क़दमों को पूरा करने से आपके सामने संभावना और परिवर्तन के नए संसार के द्वार खुल जाएँगे। फिर बस छोटे क़दम उठाते रहें।

इस बात को सबसे अच्छे ढंग से नाइकी के विज्ञापन में कहा गया है, ''बस इसे कर दो।'' दुर्भाग्य से हमें स्कूल में यह सिखाया जाता है ''ग़लतियाँ मत करो।'' करोड़ों उच्च शिक्षित व्यक्ति क़दम तो उठाना चाहते हैं, परंतु ग़लतियाँ करने के भावनात्मक डर के कारण उन्हें लक़वा मार जाता है। शिक्षक के रूप में मैंने एक बहुत महत्त्वपूर्ण सबक़ यह सीखा है कि सचमुच कुछ सीखने के लिए मानसिक, भावनात्मक और शारीरिक रूप से सीखने की आवश्यकता होती है। इसीलिए सक्रियता निष्क्रियता को हमेशा हरा देती है। अगर आप काम करते हैं और ग़लती करते हैं, तो कम से कम आप मानसिक, भावनात्मक और/या शारीरिक रूप से कुछ सीखते हैं। जो व्यक्ति लगातार ''सही'' जवाब की तलाश करता है, वह अक्सर उस रोग का शिकार होता है जिसे ''विश्लेषण का लक़वा'' कहते हैं। बहुत से उच्च-शिक्षित व्यक्ति इस रोग का शिकार होते हैं। सच तो यह है कि हम ग़लतियाँ करके ही सीखते हैं। हमने ग़लतियाँ करके ही पैदल चलना और साइकिल चलाना सीखा है। जो लोग सिर्फ़ ग़लतियों के डर से कोई काम करने से डरते हैं, वे मानसिक रूप से स्मार्ट होने के बावज़ूद भावनात्मक और शारीरिक रूप से अपाहिज होते हैं।

कुछ साल पहले दुनिया भर के अमीरों और ग़रीबों पर एक शोध हुआ। इस शोध का उद्देश्य यह पता लगाना था कि ग़रीब घर में जन्मे लोग अंतत: अमीर कैसे बन जाते हैं। इस अध्ययन में पता चला कि ये लोग चाहे किसी भी देश के निवासी हों, इनमें तीन प्रमुख गुण थे :

1. उनके पास दीर्घकालीन दृष्टि और योजना थी।
2. वे देर से संतुष्टि प्राप्त करने में विश्वास करते थे।
3. वे चक्रवृद्धि की शक्ति का लाभ उठाते थे।

इस अध्ययन में पाया गया कि ये लोग दूर तक सोचते थे और योजना बनाते थे। वे जानते थे कि अगर वे लगातार अपने सपने को देखते रहें, तो अंतत: वे वित्तीय सफलता हासिल कर सकते हैं। वे दीर्घकालीन सफलता हासिल करने के लिए अल्पकालीन त्याग करने के इच्छुक रहते थे और देर से संतुष्टि प्राप्त करने के आधार पर काम करते थे। अल्बर्ट आइंस्टीन हैरान थे कि सिर्फ़ चक्रवृद्धि की शक्ति के द्वारा धन बहुत तीव्रता से बढ़कर कई गुना हो सकता है। वे धन के चक्रवृद्धि होने को इंसान की सबसे अद्भुत खोजों में से एक मानते थे। यह अध्ययन चक्रवृद्धि को धन से परे एक अन्य स्तर पर भी ले गया। इस अध्ययन ने छोटे क़दमों के विचार को सही ठहराया... क्योंकि सीखने की दिशा में उठाया गया हर छोटा क़दम कई सालों तक चक्रवृद्धि होता गया। जिन लोगों ने एक भी क़दम नहीं उठाया, उनके पास ज्ञान और अनुभव की विस्तृत वृद्धि की वह शक्ति नहीं है, जो चक्रवृद्धि से आती है।

इस अध्ययन में यह शोध भी किया गया कि लोग अमीर से ग़रीब क्यों बनते हैं। ऐसे कई अमीर परिवार थे, जिन्होंने अपनी अधिकांश दौलत सिर्फ़ तीन पीढ़ियों बाद ही गँवा दी। इसमें हैरानी की कोई बात नहीं थी क्योंकि अध्ययन में यह पाया गया कि इन लोगों में ये तीन दोष थे :

1. उनकी दृष्टि अल्पकालीन थी।
2. उनमें तत्काल संतुष्टि प्राप्त करने की इच्छा थी।
3. वे चक्रवृद्धि की शक्ति की अवहेलना करते थे।

आज मैं ऐसे लोगों से मिलता हूँ, जो मुझसे कुंठित हो जाते हैं, क्योंकि वे चाहते हैं कि मैं उन्हें यह बता दूँ कि तत्काल अधिक धन कैसे कमाया जाता है। लंबी दूर तक सोचने का विचार उन्हें पसंद नहीं आता। कई तो बहुत ही अल्पकालीन जवाब खोज रहे हैं क्योंकि उनके पास धन संबंधी ऐसी समस्याएँ हैं, जिन्हें आज ही सुलझाया जाना ज़रूरी है... जैसे उपभोक्ता ऋण और नगण्य निवेश, जो तत्काल संतुष्ट होने की उनकी अनियंत्रित इच्छाओं के कारण उत्पन्न समस्याएँ हैं। वे इस प्रकार सोचते हैं, ''जब तक जवानी है, तब तक खाओ, पियो और मौज करो।'' यह चक्रवृद्धि की शक्ति की अवहेलना है और इससे दीर्घकालीन दौलत के बजाय दीर्घकालीन क़र्ज़ ही प्राप्त होता है।

वे फटाफट जवाब चाहते हैं। वे चाहते हैं कि मैं उन्हें बता दूँ कि ''क्या करना चाहिए।'' वे यह नहीं सुनना चाहते कि दौलतमंद बनने के लिए उन्हें क्या बनना या होना चाहिए। इसके बजाय वे दीर्घकालीन समस्या के अल्पकालीन समाधान चाहते हैं। दूसरे शब्दों में बहुत सारे लोगों ने ''फटाफट अमीर बनो'' के जीवन-दर्शन पर ध्यान केंद्रित कर रखा है। मैं दुआ करता हूँ कि उनकी क़िस्मत अच्छी हो, क्योंकि उन्हें सिर्फ़ अच्छी क़िस्मत की ही ज़रूरत है।

एक कारगर युक्ति

हममें से अधिकांश ने सुना है कि जो लोग अपने लक्ष्य लिख लेते हैं, वे लक्ष्य न लिखने वालों की तुलना में ज़्यादा सफल होते हैं। कनाडा के ऑन्टेरियो में रेमंड आरोन नामक शिक्षक हैं। सेल्स, लक्ष्य निर्धारण, अपनी आय दुगनी करने और बेहतर नेटवर्कर बनने जैसे विषयों पर उनके कई टेप और सेमिनार हैं। हालाँकि कई प्रशिक्षक ये विषय सिखाते हैं, परंतु मैं उनकी अनुशंसा सिर्फ़ इसलिए करता हूँ क्योंकि इन महत्त्वपूर्ण विषयों पर उनके पास रोचक ज्ञान है। ऐसा ज्ञान, जो बिज़नेस और निवेश की दुनिया में लक्ष्य हासिल करने में आपकी मदद करेगा।

लक्ष्य निर्धारण के विषय में वे सुझाव देते हैं कि बड़ी छलाँग लगाने के बजाय छोटे क़दम उठाना बेहतर है। वे बड़े दीर्घकालीन सपनों और इच्छाओं का सुझाव देते हैं। बहरहाल, जब लक्ष्य निर्धारण की बात आती है, तो वे यह सलाह देते हैं कि अधिक

हासिल करने के बजाय कम हासिल करने की योजना बनाई जानी चाहिए। दूसरे शब्दों में, छोटे क़दम उठाएँ। उदाहरण के लिए, अगर आप छरहरा शरीर चाहते हैं, तो बड़ी छलाँग लगाने के बजाय छोटा क़दम उठाएँ। जिम में एक घंटे व्यायाम करने के बजाय सिर्फ़ 20 मिनट तक व्यायाम करने का संकल्प लें। दूसरे शब्दों में, छोटा लक्ष्य बनाएँ और फिर इसकी प्राप्ति के लिए नियमित प्रयास करें। परिणाम यह होगा कि आप पर कम दबाव होगा। मैंने पाया है कि दबाव कम होने पर मैं जिम जाना या कोई भी अन्य काम करना पसंद करता हूँ, जिसे मुझे करन या बदलना होता है। अजीब बात यह है कि मैं छोटे लक्ष्य बनाकर अपनी मंज़िल तक पहुँच जाता हूँ, बजाय इसके कि मैं बड़े लक्ष्य निर्धारित कर लूँ और ख़ुद की जान लेने की कोशिश करूँ। संक्षेप में, बड़े और साहसी सपने देखें, परंतु हर दिन छोटा सा क़दम उठाएँ। चट्टान के पार लंबी छलाँग लगाने के बजाय छोटे क़दम उठाएँ। हर दिन पाए जा सकने वाले लक्ष्य निर्धारित करें, जिन्हें हासिल करने से बड़े लक्ष्य के मार्ग पर चलते रहने का प्रोत्साहन मिल सके।

मैं छोटे लक्ष्य हासिल करने के तरीक़े का एक उदाहरण देना चाहूँगा। मैं हर सप्ताह दो ऑडियो कैसेट टेप सुनने का लिखित लक्ष्य निर्धारित करता हूँ। अगर टेप अच्छा हो, तो मैं एक ही टेप को दो-तीन बार सुन सकता हूँ... परंतु फिर भी यह एक सप्ताह में दो कैसेटों की गिनती में ही आता है। मेरी पत्नी और मैंने यह लिखित लक्ष्य बनाया है कि हम ''बी'' और ''आई'' क्वाड्रैंटों के विषय पर होने वाले सेमिनारों में भाग लेंगे। हम हर साल कम से कम ऐसे दो सेमिनारों में भाग लेते हैं। हम ''बी'' और ''आई'' क्वाड्रैंटों के विशेषज्ञों के साथ छुट्टियाँ मनाने जाते हैं। इस दौरान भी हम मौज-मस्ती, आराम, डिनर करते हुए काफ़ी कुछ सीखते हैं। छोटे लक्ष्य बनाकर बड़े और साहसी सपनों की तरफ़ आगे बढ़ने के ये कुछ तरीक़े हैं। मैं रेमंड आरोन और लक्ष्य निर्धारण पर उनके टेप को धन्यवाद देता हूँ, जिसकी बदौलत मैं बहुत कम तनाव के साथ बहुत कुछ हासिल कर पाया।

अब आप आगे पढ़ें और याद रखें कि आपको बड़े सपने देखना है, दीर्घकालीन चिंतन करना है, हर दिन थोड़ा सा हासिल करना है और छोटे क़दम उठाना है। यह दीर्घकालीन सफलता पाने की कुंजी है। यही *कैशफ़्लो क्वाड्रैंट* के बाएँ हिस्से से दाएँ हिस्से तक पहुँचने की भी कुंजी है।

अगर आप अमीर बनना चाहते हैं, तो आपको अपने नियम बदलने होंगे

लोग अक्सर मेरा हवाला देते हुए कहते हैं, ''नियम बदल गए हैं।'' इन शब्दों पर श्रोता सहमति में अपना सिर हिलाते है और कहते हैं, ''हाँ, नियम बदल गए हैं। अब तो पहले जैसा कुछ भी नहीं बचा।'' परंतु इसके बाद वे बाहर निकलते हैं और वही पुराने काम करने लग जाते हैं।

औद्योगिक युग के फ़ाइनैंशियल स्टेटमेंट

जब मैं ''अपने वित्तीय जीवन को व्यवस्थित करें'' विषय को कक्षाओं में पढ़ाता हूँ, तो मैं इसकी शुरुआत में एक अलग काम करवाता हूँ। मैं विद्यार्थियों से उनका व्यक्तिगत फ़ाइनैंशियल स्टेटमेंट करवाता हूँ। यह अक्सर जीवन बदलने वाला अनुभव साबित होता है। फ़ाइनैंशियल स्टेटमेंट काफ़ी हद तक एक्सरे की तरह होते हैं। फ़ाइनैंशियल स्टेटमेंट और एक्सरे आपको वह दिखाते हैं, जो साधारण आँखों से नहीं दिखता। जब क्लास के सदस्य अपने-अपने स्टेटमेंट भर लेते हैं, तो यह आसानी से दिख जाता है कि किसे ''वित्तीय कैन्सर'' है और कौन वित्तीय रूप से स्वस्थ है। आम तौर पर जिन व्यक्तियों को वित्तीय कैन्सर होता है, उनके विचार औद्योगिक युग के होते हैं।

मैं ऐसा क्यों कहता हूँ? क्योंकि औद्योगिक युग में लोग ''आने वाले कल के बारे में नहीं सोचते थे।'' उनके नियम थे, ''कड़ी मेहनत करोगे, तो आपको नौकरी देने वाली संस्था या सरकार आपके आने वाले कल का ख़याल रखेगी।'' इसीलिए मेरे इतने सारे मित्र और परिवार वाले अक्सर कहते थे, ''कोई सरकारी नौकरी कर लो। उसमें बहुत लाभ मिलते हैं।'' या फिर वे यह कहते थे, ''किसी ऐसी कंपनी में काम करो, जिसका रिटायरमेंट प्लान बहुत अच्छा हो।'' या : ''किसी ऐसी कंपनी में काम करो, जिसकी यूनियन बहुत शक्तिशाली हो।'' ये सारी सलाहें औद्योगिक युग के नियमों पर आधारित हैं, जिसे मैं, ''एनटाइटलमेंट'' या लाभ के हक़ की मानसिकता कहता हूँ। हालाँकि नियम बदल चुके हैं, परंतु बहुत से लोगों ने अपने व्यक्तिगत नियम... ख़ास तौर पर अपने वित्तीय नियम अब भी नहीं बदले हैं। वे अब भी इस तरह से ख़र्च करते हैं, जैसे उन्हें आने वाले कल की योजना बनाने की कोई ज़रूरत ही नहीं है। जब मैं किसी का फ़ाइनैंशियल स्टेटमेंट पढ़ता हूँ, तो मैं इसी चीज़ की तलाश करता हूँ – कि उसके पास कोई भविष्य है या नहीं।

क्या आपके पास भविष्य है?

मैं आपको आसान शब्दों में बता दूँ कि मैं व्यक्तिगत फ़ाइनैंशियल स्टेटमेंट में आगे लिखी बातों पर ध्यान देता हूँ।

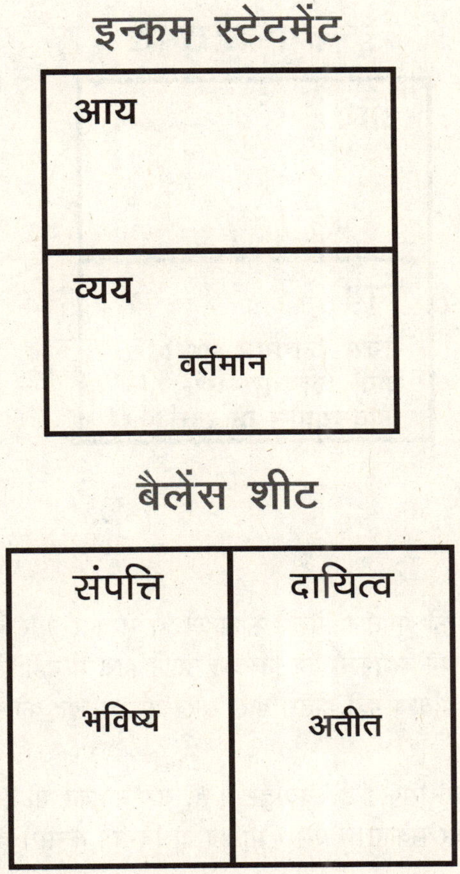

जिन लोगों के पास कैशफ़्लो देने वाली संपत्तियाँ नहीं हैं, उनका कोई भविष्य नहीं है। जिन लोगों के पास कोई संपत्तियाँ नहीं हैं, वे आम तौर पर कड़ी मेहनत करते हैं और अपने ख़र्च पूरे करने के लिए तनख़्वाह पर आश्रित होते हैं। अगर आप अधिकांश लोगों के ''व्यय कॉलम'' को देखें, तो उसमें दो सबसे बड़े मासिक व्यय होते हैं टैक्स और दीर्घकालीन क़र्ज़ की क़िस्तें। इन्कम स्टेटमेंट का यह कॉलम इस तरह दिखता है :

इन्कम स्टेटमेंट

आय
व्यय **टैक्स (लगभग 50%)** **क़र्ज़ (लगभग 35%)** **जीवनयापन के ख़र्च**

दूसरे शब्दों में लोगों को भुगतान मिलने से पहले ही सरकार और बैंक को भुगतान मिल जाता है। जो लोग अपने कैशफ़्लो का नियंत्रण अपने हाथ में नहीं ले सकते, उनका आम तौर पर कोई वित्तीय भविष्य नहीं होता। कुछ साल बाद वे ख़ुद को गंभीर समस्या में फँसा पाएँगे।

क्यों? जो व्यक्ति सिर्फ़ ''ई'' क्वाड्रैंट में है, वह चाहकर भी टैक्स और क़र्ज़ के बारे में ज़्यादा कुछ नहीं कर सकता। ''एस'' भी इन दो वित्तीय कैन्सरों के बारे में थोड़ा-बहुत ही कर सकता है।

अगर आपको इसमें समझदारी नहीं लगती हो, तो मैं आपको ***रिच डैड पुअर डैड*** पढ़ने की सलाह दूँगा, ताकि आप इस अध्याय और आगे आने वाले अध्यायों को आसानी से समझ सकें।

तीन कैशफ़्लो पैटर्न

जैसा ***रिच डैड पुअर डैड*** में बताया गया है, मूलभूत रूप से तीन कैशफ़्लो पैटर्न्स होते हैं : एक अमीरों के लिए, एक ग़रीबों के लिए और एक मध्य वर्ग के लिए। यह ग़रीबों का कैशफ़्लो पैटर्न है :

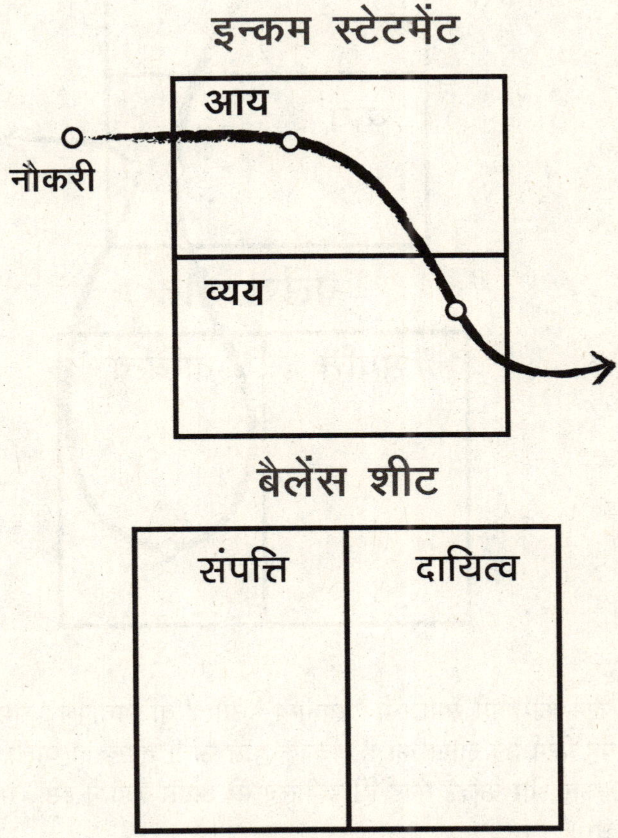

यह मध्य वर्ग का कैशफ़्लो पैटर्न है।

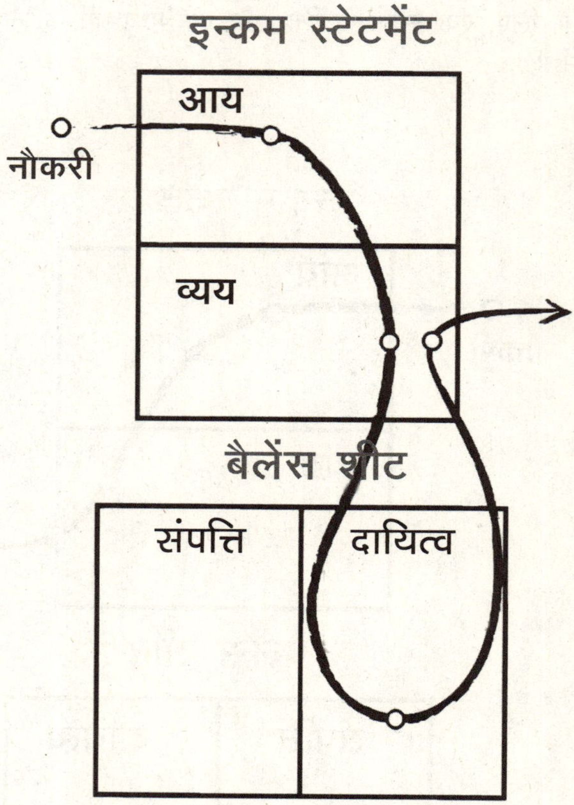

इस कैशफ़्लो पैटर्न को हमारे समाज में ''सामान्य'' और ''बुद्धिमत्तापूर्ण'' समझा जाता है। आख़िरकार, यह पैटर्न उन लोगों का है, जिनके पास ऊँची तनख़्वाह वाली नौकरियाँ हैं, अच्छे मकान, कार और क्रेडिट कार्ड हैं। इसीलिए मेरे अमीर डैडी ने इसे ''मज़दूर वर्ग का सपना'' कहा था।

जब मैं वयस्कों के साथ अपना शैक्षणिक बोर्ड गेम *कैशफ़्लो* खेलता हूँ, तो वे आम तौर पर मानसिक रूप से संघर्ष करते हैं। क्यों? क्योंकि उन्हें वित्तीय साक्षरता यानी धन के अंकों और शब्दों से परिचित करवाया जा रहा है। इस खेल को खेलने में कई घंटे लगते हैं, इसलिए नहीं क्योंकि यह खेल लंबा है, बल्कि इसलिए क्योंकि खेलने वाले एक बिलकुल नया विषय सीख रहे हैं। यह किसी विदेशी भाषा को सीखने की तरह है। परंतु अच्छी ख़बर यह है कि वित्तीय साक्षरता जल्दी ही सीखी जा सकती है और फिर खेल में गति आ जाती है। खेल की गति इसलिए बढ़ जाती है क्योंकि अब खिलाड़ी ज़्यादा स्मार्ट हो जाते हैं... और वे इस खेल को जितना ज़्यादा खेलते हैं, वे उतने ही ज़्यादा स्मार्ट और तेज़ होते जाते हैं। इसके अलावा, यह खेल खेलने में उन्हें मज़ा भी आता है।

कुछ और भी होता है। चूँकि अब वे वित्तीय रूप से साक्षर हो रहे हैं, इसलिए उनमें से कइयों को यह अहसास होने लगता है कि वे व्यक्तिगत रूप से कष्ट में हैं, हालाँकि समाज उन्हें ''वित्तीय रूप से सामान्य'' मानता है। एक बात जान लीजिए, मध्य वर्ग का कैशफ़्लो पैटर्न औद्योगिक युग में सामान्य था, परंतु सूचना युग में यह विनाशकारी हो सकता है।

जब लोग खेल को सफलतापूर्वक सीख और समझ लेते हैं, तो वे नए जवाब खोजने लगते हैं। यह उनके व्यक्तिगत वित्तीय स्वास्थ्य की अलार्म घड़ी बन जाता है। यह लगभग वैसा ही होता है, जैसे हल्का सा हार्ट अटैक शारीरिक स्वास्थ्य के बारे में जागरूक बना देता है।

समझ के उस पल में कई लोग मेहनतकश मध्यवर्गीय व्यक्ति के बजाय अमीर व्यक्ति की तरह सोचना शुरू कर देते हैं। *कैशफ़्लो* को कई बार खेलने के बाद कुछ लोग अपने सोचने के तरीक़े को बदलकर अमीरों की तरह सोचने लगते हैं और वे इस तरह दिखने वाला कैशफ़्लो पैटर्न चाहते हैं।

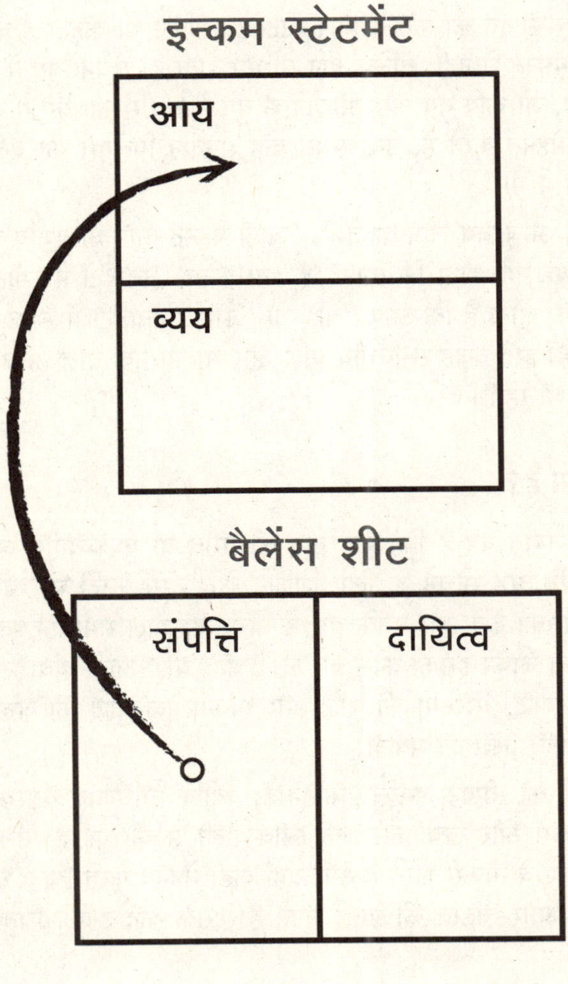

मानसिक विचार का यही पैटर्न अमीर डैडी अपने पुत्र और मुझे बचपन से सिखाना चाहते थे, इसलिए उन्होंने हमें तनख़्वाह नहीं दी। वे नहीं चाहते थे कि हमें ऊँची तनख़्वाह वाली नौकरी के विचार की लत पड़ जाए। वे चाहते थे कि हम विचारों का ऐसा पैटर्न विकसित करें, जो सिर्फ़ संपत्तियों और आय के बारे में सोचे, जो कैपिटल गेन्स, डिविडेन्ड्स, किराए की आमदनी, बिज़नेस की अतिरिक्त आय और रॉयल्टीज़ के बारे में सोचे।

जो लोग सूचना युग में सफल होना चाहते हैं, उन्हें अपनी वित्तीय बुद्धि और भावनात्मक बुद्धि को इस तरीक़े से सोचने में लगाना होगा। जितनी जल्दी वे ऐसा कर लेंगे, उतनी ही जल्दी वे वित्तीय रूप से सुरक्षित महसूस करेंगे और वित्तीय स्वतंत्रता प्राप्त करेंगे। आज की दुनिया में नौकरी की सुरक्षा कम होती जा रही है, इसलिए कैशफ़्लो का यह पैटर्न मुझे अधिकाधिक समझदारीपूर्ण लगने लगा है। इस पैटर्न को आत्मसात करने के लिए व्यक्ति को ''ई'' और ''एस'' क्वाड्रैंटों के बजाय दुनिया को ''बी'' और ''आई'' क्वाड्रैंटों से देखने की ज़रूरत है।

मैं इसे सूचना युग का फ़ाइनैंशियल स्टेटमेंट इसलिए भी कहता हूँ क्योंकि आजकल आमदनी कड़ी मेहनत से नहीं, बल्कि ज्ञान से प्राप्त होती है। सूचना युग में कड़ी मेहनत का अर्थ वह नहीं है, जो कृषि युग और औद्योगिक युग में था। सूचना युग में जो शारीरिक रूप से सबसे कड़ी मेहनत करते हैं, उन्हें सबसे कम भुगतान मिलेगा। यह वर्तमान में भी सच है और इतिहास में भी।

बहरहाल, आज जब लोग कहते हैं, ''कड़ी मेहनत करने के बजाय स्मार्ट बनो,'' तो उनका मतलब यह नहीं होता कि आप ''ई'' या ''एस'' क्वाड्रैंटों में स्मार्ट बनें। दरअसल उनका मतलब यह होता है कि आप ''बी'' या ''आई'' क्वाड्रैंटों में स्मार्ट बनें। यह सूचना युग का चिंतन है। इसी वजह से वित्तीय बुद्धि और भावनात्मक बुद्धि आज भी अनिवार्य हैं और भविष्य में भी रहेंगी।

तो जवाब क्या है?

ज़ाहिर है, मेरा जवाब यह है कि आप ख़ुद को ग़रीब या मध्य वर्गीय व्यक्ति के बजाय अमीर व्यक्ति की तरह सोचने के लिए शिक्षित करें। दूसरे शब्दों में ''बी'' या ''आई'' क्वाड्रैंट से दुनिया को देखें और उसके बारे में सोचें। बहरहाल समाधान इतना आसान नहीं है कि आप स्कूल जाकर इसका कोर्स कर लें। ''बी'' या ''आई'' क्वाड्रैंट में सफल बनने के लिए वित्तीय बुद्धि, सिस्टमों की बुद्धि और भावनात्मक बुद्धि की ज़रूरत होती है। ये चीज़ें स्कूल में नहीं सीखी जा सकतीं।

इन बुद्धियों को सीखना इसलिए कठिन है, क्योंकि अधिकांश वयस्कों की प्रोग्रामिंग ''कड़ी मेहनत करो और ख़र्च करो'' की जीवनशैली से की गई है। उन्हें वित्तीय चिंता सताती है, इसलिए वे नौकरी करते हैं और वहाँ कड़ी मेहनत करते हैं। वे घर आते हैं और स्टॉक मार्केट में उतार-चढ़ाव की ख़बरें सुनते हैं। इसके बाद उनकी चिंता बढ़ जाती है।

फिर अपना ध्यान दूसरी तरफ़ ले जाने के लिए वे नए मकान या कार की शॉपिंग करने चले जाते हैं या फिर तनाव कम करने के लिए गोल्फ़ खेलने लगते हैं।

समस्या यह है कि चिंता सोमवार की सुबह दुबारा लौट आती है।

आप अमीर व्यक्ति की तरह सोचना कैसे शुरू करते हैं?

लोग अक्सर मुझसे पूछते हैं कि अमीर व्यक्ति की तरह सोचना कैसे शुरू किया जाए। मैं हमेशा छोटी शुरुआत करने और शिक्षित होने की सलाह देता हूँ, बजाय इसके कि आप दौड़कर जाएँ और सिर्फ़ कोई मीच्युअल फ़ंड या किराए की जायदाद ख़रीद लें। अगर लोग अमीर डैडी की तरह सोचना चाहते हैं और वे सीखने तथा प्रशिक्षण प्राप्त करने के बारे में सचमुच गंभीर हैं, तो मैं उन्हें बोर्डगेम *कैशफ़्लो* खेलने का सुझाव देता हूँ।

मैंने यह खेल इसलिए बनाया है, ताकि लोगों को अपनी वित्तीय बुद्धि सुधारने में मदद मिल सके। इससे लोगों को वह आवश्यक मानसिक, शारीरिक और भावनात्मक प्रशिक्षण मिलता है, ताकि वे ग़रीब या मध्य वर्गीय व्यक्ति के बजाय अमीर व्यक्ति की तरह सोचने की ओर क्रमशः परिवर्तन कर सकें। इससे लोग यह सीख जाते हैं कि सिर्फ़ मोटी तनख़्वाह या बड़ा घर सबसे महत्त्वपूर्ण नहीं होता... कोई और चीज़ सबसे महत्त्वपूर्ण होती है।

धन नहीं, बल्कि कैशफ़्लो चिंता को दूर करता है

दरअसल वित्तीय चिंता उत्पन्न करने वाली समस्याएँ वित्तीय संघर्ष और ग़रीबी हैं। ये ऐसे मानसिक और भावनात्मक छिद्र हैं, जो लोगों को "चूहा दौड़" में फँसाए रहते हैं। जब तक इन मानसिक और भावनात्मक बंधनों को नहीं तोड़ा जाता, तब तक पैटर्न नहीं बदल पाता है।

मैंने कुछ महीने पहले वित्तीय संघर्ष के पैटर्न को तोड़ने में एक बैंकर की मदद की। मैं कोई चिकित्सक नहीं हूँ, परंतु मुझे इसका अनुभव है। मैं अपने परिवार से सीखी गई वित्तीय आदतों के पैटर्न को सफलतापूर्वक तोड़ चुका हूँ।

यह बैंकर साल में 1,20,000 डॉलर से अधिक कमाता है, परंतु वह हमेशा किसी न किसी तरह के वित्तीय संकट में फँसा रहता है। उसके पास एक सुंदर परिवार, तीन कारें, एक बड़ा मकान और एक वैकेशन होम है तथा वह समृद्ध नज़र आता है। जब मैंने उसके फ़ाइनैंशियल स्टेटमेंट पर नज़र डाली, तो मुझे तत्काल समझ में आ गया कि उसे वित्तीय कैन्सर हो गया है। अगर उसने अपनी आदतें नहीं बदलीं, तो कुछ साल बाद यह कैन्सर घातक हो जाएगा।

पहली बार जब उसने और उसकी पत्नी ने हमारे साथ *कैशफ़्लो* खेला, तो उसने संघर्ष किया और वह कुछ समय तक छटपटाता रहा। उसका मस्तिष्क भटक रहा था। ऐसा लग रहा था, जैसे उसे खेल समझ में नहीं आ रहा था। चार घंटे खेलने के बाद भी वह फँसा हुआ था। बाक़ी सब अपना खेल पूरा कर चुके थे, परंतु वह अब भी "चूहा दौड़" में फँसा था।

इसलिए खेल समेटते समय मैंने उससे पूछा कि उसे कैसा लगा। उसने जवाब दिया कि यह खेल बहुत कठिन, बहुत धीमा और बहुत उबाऊ था। इस पर मैंने उसे वह बात याद दिलाई, जो मैंने उससे खेल शुरू करने से पहले कही थी, ''सभी खेल खिलाड़ियों के प्रतिबिंब होते हैं।'' दूसरे शब्दों में, खेल एक आईने की तरह होता है, जो आपको अपना चेहरा दिखाता है।

उसे यह बात बुरी लग गई, इसलिए मैंने बात को आगे नहीं बढ़ाया। मैंने उससे पूछा कि क्या इस कटु अनुभव के बाद भी वह अपने वित्तीय जीवन को व्यवस्थित करवाने के लिए संकल्पवान है। उसने हाँ में जवाब दिया। यह सुनकर मैंने उसकी पत्नी की तरफ़ देखा। उसे खेल पसंद आया था। फिर मैंने उन दोनों को वह खेल दुबारा खेलने का आमंत्रण दिया। मैं एक निवेश समूह को प्रशिक्षण दे रहा था, जिनके साथ मैं यह खेल खेलने वाला था।

एक सप्ताह बाद वह अनिच्छा से आया। इस बार उसके दिमाग़ की कुछ बत्तियाँ जल चुकी थीं। बैंकर होने के कारण उसके लिए अकाउंटिंग वाला हिस्सा आसान था। इस वजह से अंकों के मामले में वह बहुत साफ़-सुथरा था, जो अच्छा खेलने के लिए महत्त्वपूर्ण है। परंतु अब वह बिज़नेस और निवेश की दुनिया को समझने लगा था। अब वह अपने मस्तिष्क से अपने जीवन के पैटर्न को ''देख'' सकता था। अब वह यह भी देख सकता था कि वह अपने ही कार्यों की वजह से वित्तीय संघर्ष कर रहा है। इस बार भी वह खेल को चार घंटे में पूरा नहीं कर पाया, परंतु अब वह सीख रहा था। इस बार जाते समय उसने ख़ुद कहा कि वह इस खेल को एक बार फिर खेलना चाहता है।

तीसरी बार खेलते समय तक वह एक नया इंसान बन चुका था। अब खेल, अकाउंटिंग और निवेशों पर उसका नियंत्रण था। उसका आत्मविश्वास बढ़ चुका था और इस बार वह सफलतापूर्वक ''चूहा दौड़'' से बाहर निकलकर ''तीव्र मार्ग'' पर पहुँच गया। इस बार जाते समय उसने खेल ख़रीद लिया और कहा, ''मैं इसे अपने बच्चों को सिखाऊँगा।''

अगली मुलाक़ात में उसने मुझे बताया कि उसने अपने व्यक्तिगत ख़र्च कम कर दिए हैं, ख़र्च की आदतें बदल ली हैं और कई क्रेडिट कार्ड ख़त्म कर लिए हैं। अब वह निवेश करना सीख रहा है। अब उसकी सक्रिय रुचि अपनी संपत्ति वाले कॉलम को बनाने में है। उसका चिंतन अब उसे सूचना युग का चिंतक बनने वाले मार्ग पर ले जा रहा था।

पाँचवीं मुलाक़ात में उसने *कैशफ़्लो 202* का परीक्षण किया, जो उन लोगों के लिए बनाया गया है, जिन्होंने मूल *कैशफ़्लो (101)* में निपुणता हासिल कर ली है। वह अब उस तीव्र और जोखिम भरे खेल को खेलने के लिए तैयार तथा उत्सुक था, जिसे सच्चे ''बी'' और ''आई'' खेलते हैं। सबसे अच्छी ख़बर यह थी कि उसने अपने वित्तीय भविष्य का नियंत्रण अपने हाथ में ले लिया था। अब वह इंसान नहीं था, जिसने इस खेल को पहली बार खेलने के बाद यह कहा था कि खेल ज़्यादा आसान होना चाहिए। मैंने उससे कहा था कि अगर वह इससे ज़्यादा आसान खेल खेलना चाहता है, तो जाकर *मोनोपॉली* खेले, जो एक उत्कृष्ट शिक्षण खेल है। कुछ सप्ताह बाद ही वह ज़्यादा आसान खेल के बजाय

ज़्यादा चुनौतीपूर्ण खेल की तलाश कर रहा था और अपने वित्तीय भविष्य के बारे में आशावादी था।

महत्त्वपूर्ण बात यह थी कि उसने न सिर्फ़ ख़ुद को मानसिक रूप से, बल्कि भावनात्मक रूप से भी शिक्षित कर लिया था। और यह उसे दोहराने वाली शिक्षण प्रक्रिया की शक्ति है, जो इस खेल को खेलने से मिलती है। मेरा मानना है कि खेलों के माध्यम से सबसे अच्छी तरह शिक्षा दी जा सकती है। इसका कारण यह है कि खेल में खिलाड़ी शिक्षण प्रक्रिया में पूरी तरह डूब जाता है और उसे आनंद भी आता है। खेल सर्वश्रेष्ठ प्रशिक्षण है, क्योंकि इसमें व्यक्ति मानसिक, भावनात्मक और शारीरिक रूप से जुड़ता है।

आपके तीव्र वित्तीय मार्ग को खोजने के 7 क़दम

अध्याय 11

पहला क़दम : यह ख़ुद के बिज़नेस का ध्यान रखने का समय है

हमारी प्रोग्रामिंग इस तरह की जाती है, ताकि हम हर एक के बिज़नेस का ध्यान रखें और अपने ख़ुद के बिज़नेस को नज़रअंदाज़ कर दें।

क्या आप कड़ी मेहनत कर रहे हैं परंतु अपने सिवाय बाक़ी सबको अमीर बना रहे हैं? बचपन से ही ज़्यादातर लोगों की प्रोग्रामिंग इस तरह कर दी जाती है कि वे दूसरों के बिज़नेस का ध्यान रखते हैं और दूसरों को अमीर बनाते हैं। यह सिलसिला मासूम तरीक़े से शुरू होता है, जब सलाह में इस तरह के शब्द सुनने को मिलते हैं :

- ''स्कूल जाओ और अच्छे नंबर लाओ, ताकि तुम्हें एक सुरक्षित नौकरी मिल सके, जिसमें अच्छी तनख़्वाह और अन्य लाभ हों।''
- ''कड़ी मेहनत करो, ताकि तुम अपने सपनों का घर ख़रीद सको। आख़िरकार, मकान एक संपत्ति है और यह तुम्हारा सबसे महत्त्वपूर्ण निवेश है।''
- ''क़र्ज़ जितने लंबे समय तक चले, उतना ही अच्छा है, क्योंकि सरकार उसके ब्याज पर टैक्स में छूट देती है।''
- ''अभी ख़रीदो, बाद में पैसे दो,'' या ''नाम मात्र का नक़द दें, बाक़ी आसान मासिक क़िस्तों में।'' या ''अंदर आइए और पैसे बचाइए।''

जो लोग इन सलाहों का अंधानुकरण करते हैं, वे अक्सर यह बन जाते हैं :

1. कर्मचारी, जो अपने बॉस और मालिक को अमीर बनाते हैं।

2. क़र्ज़दार, जो बैंकों और क़र्ज़ देने वालों को अमीर बनाते हैं।
3. करदाता, जो सरकार को अमीर बनाते हैं।
4. ग्राहक, जो बहुत सी कंपनियों को अमीर बनाते हैं।

अपने तीव्र वित्तीय मार्ग को खोजने के बजाय वे हर एक को उसके तीव्र वित्तीय मार्ग पर पहुँचाने में मदद करते हैं। अपने बिज़नेस का ध्यान रखने के बजाय वे बाक़ी सबके बिज़नेस का ध्यान रखने में ज़िंदगी भर मेहनत करते हैं।

इन्कम स्टेटमेंट और बैलेंस शीट को देखकर आप आसानी से यह देख सकते हैं कि बचपन से हमारी प्रोग्रामिंग इस तरह कर दी जाती है, ताकि हम हर एक के बिज़नेस का ध्यान रखें और अपने बिज़नेस को नज़रअंदाज़ कर दें।

इन्कम स्टेटमेंट

आय
आप अपने बॉस के बिज़नेस का ध्यान रखते हैं।
व्यय
आप टैक्स के माध्यम से सरकार के बिज़नेस का ध्यान रखते हैं। हर वस्तु ख़रीदकर आप दूसरों के बिज़नेस का ध्यान रखते हैं।

बैलेंस शीट

संपत्ति	दायित्व
यह आपका बिज़नेस है।	आप अपने बैंकर के बिज़नेस का ध्यान रखते हैं।

काम करें

अपनी कक्षाओं में मैं अक्सर लोगों से कहता हूँ कि वे अपने फ़ाइनैंशियल स्टेटमेंट तैयार करें। बहुत से लोगों को अपने फ़ाइनैंशियल स्टेटमेंट में सुखद तसवीर नज़र नहीं आती है। ऐसा सिर्फ़ इसलिए है क्योंकि उन्हें गुमराह करके अपने बिज़नेस का ध्यान रखने के बजाय बाक़ी सबके बिज़नेस का ध्यान रखने की सलाह दी गई है।

1. अपना व्यक्तिगत फ़ाइनैंशियल स्टेटमेंट भरें।

जहाँ आप जाना चाहते हैं, वहाँ पहुँचने के लिए आपको यह जानने की ज़रूरत है कि आप कहाँ हैं। अपने जीवन का नियंत्रण लेने और अपने ख़ुद के बिज़नेस का ध्यान रखने में समय लगाने की दिशा में यह आपका पहला क़दम है। मैंने एक सैंपल इन्कम स्टेटमेंट और बैलेंस शीट दी है, जैसा कि *कैशफ़्लो* गेम में दिखाया गया है।

2. वित्तीय लक्ष्य बनाएँ।

दीर्घकालीन वित्तीय लक्ष्य बनाएँ कि आप पाँच साल में कहाँ पहुँचना चाहते हैं। एक छोटा और कम अवधि वाला वित्तीय लक्ष्य भी बना लें कि आप एक साल में कहाँ पहुँचना चाहते हैं। (अधिक छोटा वित्तीय लक्ष्य आपके पाँच साल के लक्ष्य की राह में एक पायदान है)। ऐसे लक्ष्य बनाएँ, जो यथार्थवादी हों और हासिल किए जा सकें।

क. अगले बारह महीनों में :

1. मैं अपने क़र्ज़ को ____________________ डॉलर तक कम करना चाहता हूँ।
2. मैं अपनी संपत्ति या निष्क्रिय आय से प्राप्त कैशफ़्लो को ______________ डॉलर प्रति माह तक बढ़ाना चाहता हूँ (निष्क्रिय आय वह आय है, जो आप बिना मेहनत किए कमाते हैं)।

ख. मेरे पाँच साल के वित्तीय लक्ष्य हैं :

1. अपनी संपत्ति से होने वाले कैशफ़्लो को ________________ डॉलर प्रति माह तक बढ़ाना।
2. अपनी संपत्ति वाले कॉलम में इन निवेश साधनों को रखना (जैसे रियल एस्टेट, स्टॉक, बिज़नेस इत्यादि) ______________

   ____

   ____

ग. आज से पाँच साल बाद के इन्कम स्टेटमेंट और बैलेंस शीट को बनाने के लिए अपने पाँच साल के लक्ष्यों का प्रयोग करें।

अब आप जान चुके हैं कि वित्तीय रूप से आप आज कहाँ हैं। अब आपने अपने लक्ष्य भी बना लिए हैं। अब आपको सिर्फ़ अपने कैशफ़्लो का नियंत्रण अपने हाथ में लेने की आवश्यकता है, ताकि आप इन लक्ष्यों को हासिल कर सकें।

Profession ______________ **Player** ______________

Goal : To get out of the Rat Race and onto the Fast Track by building up your Passive Income to be greater than your Total Expenses

INCOME STATEMENT

Income	
Description	Cash Flow
Salary :	
Interest /Dividends :	
Real Estate/Businesses	

Auditor

Person on your right

Passive Income = $ ______________
(Cash Flow from)
(Interest/Dividends +
Real Estate/Business)

Total Income $ ______________

Expenses	
Taxes :	
Home Mortgage Payment	
School Loan Payment	
Car Loan Payment	
Credit Card Payment	
Retail Payment	
Other Expenses	
Child Expenses	
Loan Payment :	

Number of Children : ______________
(Begin game with 0 Children)

Per Child Expenses $ ______________

Total Expenses : $ ______________

Monthly Cash Flow (Pay Check) **:$** ______________
(Total Income . Total Expenses

Balance Sheet

Assets			Liabilities	
Savings :			Home Mortgage :	
Stocks/Mutual's/CD's	No. of Shares :	Cost/Share :	School Loans :	
			Car Loans :	
			Credit Cards :	
Real Estate :	Down Pay :	Cost :	Retail Debt :	
			Real Estate/ Business	Mortgage/Liability
			Loan :	

अध्याय 12

दूसरा क़दम : अपने कैशफ़्लो का नियंत्रण अपने हाथ में लें

जो लोग अपने कैशफ़्लो को नियंत्रित नहीं कर सकते, वे उन लोगों की नौकरी करते हैं, जो इसे नियंत्रित कर सकते हैं।

कई लोगों को यह विश्वास होता है कि ज़्यादा धन कमाने से उनकी धन संबंधी समस्याएँ सुलझ जाएँगी। बहरहाल, ऐसा होने पर अधिकांश मामलों में धन संबंधी समस्याएँ बढ़ जाती हैं।

ज़्यादातर लोग धन संबंधी समस्याओं का सामना इसलिए करते हैं, क्योंकि उनके पास कैशफ़्लो प्रबंधन नामक विज्ञान का प्रशिक्षण नहीं होता है। उन्हें यह तो सिखाया गया है कि पढ़ा कैसे जाता है, लिखा कैसे जाता है, कार कैसे चलाई जाती है, तैरा कैसे जाता है, परंतु उन्हें यह भी नहीं सिखाया गया कि कैशफ़्लो का प्रबंधन कैसे किया जाता है। चूँकि उनके पास यह प्रशिक्षण नहीं होता है, इसलिए उनके सामने धन संबंधी समस्याएँ आ जाती हैं। इन समस्याओं के आने पर वे कड़ी मेहनत में जुट जाते हैं, क्योंकि उन्हें यह विश्वास होता है कि अधिक धन आने से उनकी समस्याएँ सुलझ जाएँगी।

जैसा मेरे अमीर डैडी अक्सर कहते थे, ''अगर समस्या कैशफ़्लो का प्रबंधन है, तो अधिक धन से समस्या नहीं सुलझेगी।''

सबसे महत्त्वपूर्ण योग्यता

सबसे पहले तो आप अपने बिज़नेस का ध्यान रखें। साथ ही यह भी न भूलें कि आप अपने जीवन के बिज़नेस के सी.ई.ओ. हैं। इस हैसियत से आपका अगला क़दम यह होना चाहिए

कि अपने कैशफ़्लो का नियंत्रण आप अपने हाथ में ले लें। अगर आप ऐसा नहीं करते हैं, तो अधिक धन कमाने से भी आप अमीर नहीं बन पाएँगे... दरअसल अधिक धन ज़्यादातर लोगों को और ज़्यादा ग़रीब बना देता है क्योंकि जब भी लोगों की तनख़्वाह बढ़ती है, तो वे हर बार ज़्यादा गहरे क़र्ज़ में डूब जाते हैं।

कौन ज़्यादा स्मार्ट है – आप या आपका बैंकर?

ज़्यादातर लोग व्यक्तिगत फ़ाइनैंशियल स्टेटमेंट तैयार नहीं करते हैं। ज़्यादा से ज़्यादा वे हर महीने अपनी चेकबुक का बैलेंस मिला लेते हैं। इसलिए ख़ुद को बधाई दें, क्योंकि अब आप अपने ज़्यादातर सहयोगियों से आगे निकल चुके हैं। अब आप अपना फ़ाइनैंशियल स्टेटमेंट तैयार कर रहे हैं और ख़ुद के लिए लक्ष्य निर्धारित कर रहे हैं।

अपने जीवन के सी.ई.ओ. होने के नाते आप ज़्यादातर लोगों से अधिक स्मार्ट बनना सीख सकते हैं, अपने बैंकर से भी।

अधिकांश लोग कहेंगे कि ''दो वित्तीय रिकॉर्ड'' रखना ग़ैर-क़ानूनी है। और कई मामलों में यह सच है। परंतु अगर आप वित्तीय जगत को सचमुच समझते हैं, तो आपको यह पता चल जाएगा कि दो वित्तीय रिकॉर्ड हमेशा रहेंगे। यह अहसास होने के बाद आप अपने बैंकर जितने ही स्मार्ट हो जाएँगे या शायद उससे भी ज़्यादा। नीचे एक उदाहरण दिया गया है, जिसमें क़ानूनी रूप से वैध ''दो वित्तीय रिकॉर्ड'' हैं – एक आपका, दूसरा आपके बैंकर का।

अपने जीवन के सी.ई.ओ. होने के नाते हमेशा इन आसान शब्दों और डायग्राम्स को याद रखें, जो मेरे अमीर डैडी ने सिखाए हैं। यह भी न भूलें कि अमीर डैडी अक्सर कहते है, ''आपका हर दायित्व किसी दूसरे की संपत्ति है।''

इसके बाद वे यह आसान डायग्राम खींचते थे।

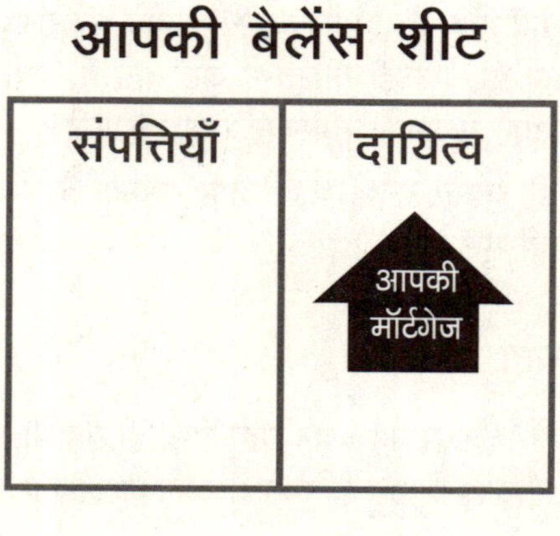

बैंक की बैलेंस शीट

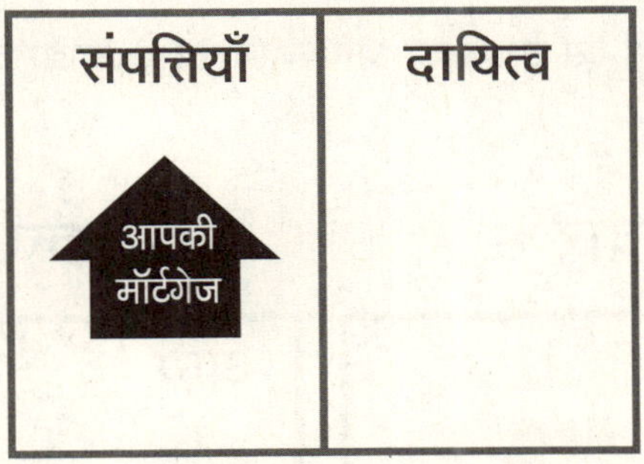

अपने जीवन के सी.ई.ओ. के रूप में आपको हमेशा याद रखना चाहिए कि आपका प्रत्येक दायित्व या क़र्ज़ किसी दूसरे की संपत्ति है। यह दो वित्तीय रिकॉर्डों की वास्तविक अकाउंटिंग है। हर दायित्व जैसे मॉर्टगेज, कार लोन, स्कूल लोन, और क्रेडिट कार्ड के लिए आप उन लोगों के कर्मचारी हैं, जो आपको धन उधार देते हैं। आप किसी दूसरे को अमीर बनाने के लिए कड़ी मेहनत कर रहे हैं।

अच्छा क़र्ज़ और बुरा क़र्ज़

अमीर डैडी अक्सर मुझे ''अच्छे क़र्ज़ और बुरे क़र्ज़'' के बारे में चेतावनी देते थे। वे अक्सर कहते थे, ''जब भी आप किसी से क़र्ज़ लेते हैं, तो आप उसके धन के कर्मचारी बन जाते हैं। अगर आप 30 साल का लोन लेते हैं, तो आप 30 साल तक कर्मचारी बन जाते हैं। आख़िरकार जब क़र्ज़ चुकता यानी रिटायर हो जाता है, तो वे आपको विदाई समारोह में सोने की घड़ी तक नहीं देते हैं।''

अमीर डैडी ने भी धन उधार लिया था, परंतु उनकी हमेशा यही कोशिश रहती थी कि वह क़र्ज़ वे नहीं, बल्कि कोई दूसरा चुकाए। वे अपने पुत्र और मुझे बताते थे कि अच्छा क़र्ज़ वह होता है जिसकी क़िस्तें आपके बजाय कोई दूसरा व्यक्ति चुकाता है और बुरा क़र्ज़ वह होता है, जिसकी क़िस्तें आप अपने ख़ून-पसीने की कमाई से चुकाते हैं। इसीलिए किराए के मकान उन्हें बहुत प्रिय थे। वे मुझे किराए पर उठने वाली जायदाद ख़रीदने के लिए प्रोत्साहित करते थे क्योंकि ''बैंक क़र्ज़ आपको देता है, परंतु इसकी क़िस्तें आपका किराएदार चुकाता है।''

आय और व्यय

दो वित्तीय रिकॉर्ड न सिर्फ़ संपत्ति और दायित्व के क्षेत्र में काम आते हैं, बल्कि वे आय और व्यय के क्षेत्र में भी लागू होते हैं। मेरे अमीर डैडी का एक सबक़ यह था : ''अधिकांश मामलों में हर संपत्ति के दूसरी ओर एक दायित्व होता है, परंतु वे एक ही फ़ाइनैंशियल

स्टेटमेंट में नज़र नहीं आते हैं। हर व्यय के दूसरी ओर आय भी होती है, परंतु एक बार फिर वे एक ही फ़ाइनैंशियल स्टेटमेंट में नज़र नहीं आते हैं।''

यह आसान ड्राइंग इस सबक़ को अधिक स्पष्टता से समझा देगी :

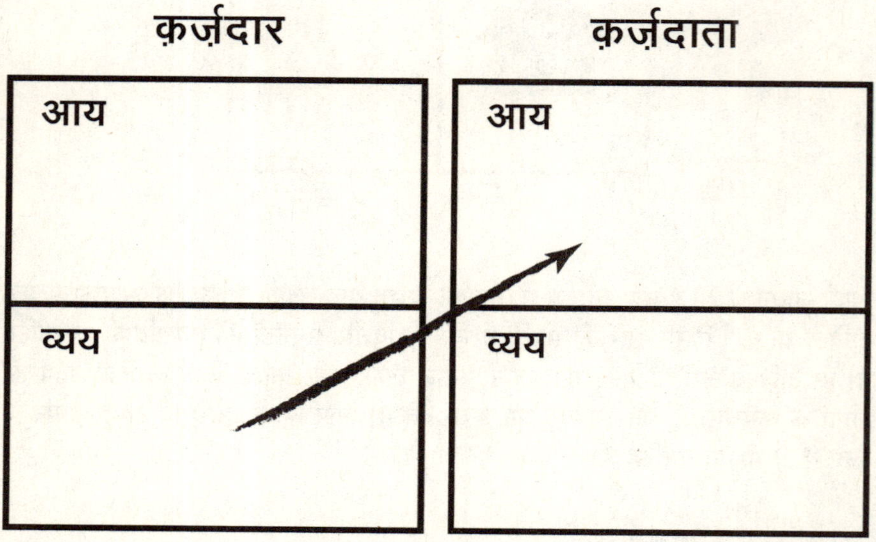

अधिकांश लोग वित्तीय रूप से आगे नहीं बढ़ पाते, क्योंकि हर महीने उन्हें बहुत से बिल चुकाने पड़ते हैं। उन्हें फ़ोन बिल, टैक्स बिल, बिजली के बिल, पेट्रोल के बिल, क्रेडिट कार्ड बिल, भोजन के बिल आदि का भुगतान करना पड़ता है। हर महीने अधिकांश लोग बाक़ी सबका भुगतान पहले करते हैं और अगर महीने के अंत में कुछ बचता है, तो उससे वे सबसे अंत में अपना भुगतान करते हैं। इसका मतलब यह है कि अधिकांश लोग व्यक्तिगत वित्त के इस स्वर्णिम नियम की अवहेलना करते हैं, ''सबसे पहले ख़ुद को भुगतान करें।''

इसीलिए अमीर डैडी कैशफ़्लो प्रबंधन और मूलभूत वित्तीय साक्षरता के महत्त्व पर ज़ोर देते थे। अमीर डैडी अक्सर कहते थे, ''जो लोग अपने कैशफ़्लो को नियंत्रित नहीं कर सकते, वे उन लोगों के लिए काम करते हैं, जो ऐसा कर सकते हैं।''

तीव्र वित्तीय मार्ग और चूहा दौड़

''दो वित्तीय रिकॉर्डों'' की अवधारणा का प्रयोग आपको '' तीव्र वित्तीय मार्ग'' और चूहा दौड़ दिखाने के लिए भी किया जा सकता है। तीव्र वित्तीय मार्ग कई प्रकार के होते हैं। आगे दिया गया डायग्राम आम है। यह क़र्ज़ देने वाले और क़र्ज़ लेने वाले के बीच का डायग्राम है।

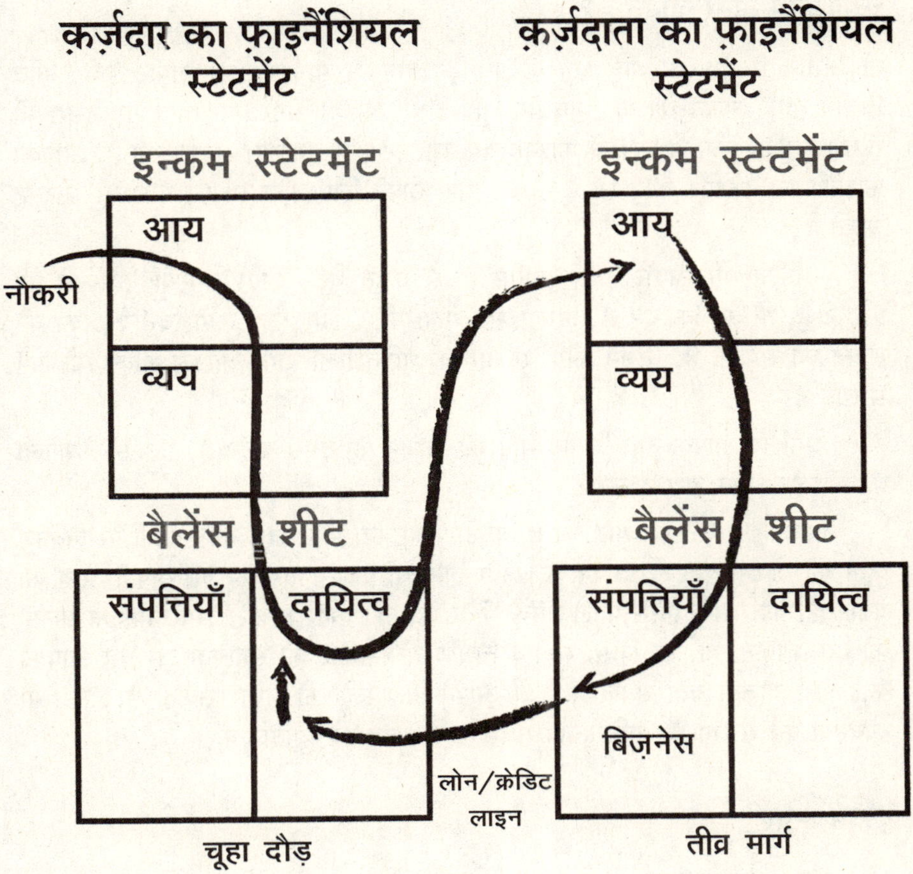

इसे बहुत ज़्यादा आसान बनाकर दिखाया गया है, बहरहाल अगर आप इसका अध्ययन करने के लिए समय निकालें, तो आपका मस्तिष्क वह देखने लगेगा, जो ज़्यादातर लोगों की आँखें नहीं देख सकतीं। इसका अध्ययन करने के बाद आप अमीरों और ग़रीबों, क़र्ज़दारों और क़र्ज़दाताओं, नौकरी देने वालों और नौकरी करने वालों के बीच के संबंध को देख पाएँगे।

इस बिंदु पर क़र्ज़दाता कहेगा, ''आपकी अच्छी साख के कारण हम आपको बिल कन्सॉलिडेशन लोन का प्रस्ताव देना चाहेंगे।'' या ''क्या आप क़र्ज़ लेना पसंद करेंगे, ताकि अगर आपको भविष्य में अतिरिक्त धन की आवश्यकता हो, तो आप इसका प्रयोग कर सकें?''

क्या आप अंतर जानते हैं?

दो वित्तीय रिकॉर्डों के बीच धन के प्रवाहित होने के मार्ग को मेरे अमीर डैडी ''तीव्र वित्तीय मार्ग'' कहते थे। यह ''वित्तीय चूहा दौड़'' भी है। अगर एक रहेगा, तो दूसरा भी रहेगा। इसलिए कम से कम दो फ़ाइनैंशियल स्टेटमेंट होना चाहिए। सवाल यह है, आपका फ़ाइनैंशियल स्टेटमेंट कौन सा है? और आप अपने लिए कौन सा फ़ाइनैंशियल स्टेटमेंट चाहते हैं?

इसीलिए मेरे अमीर डैडी लगातार मुझसे कहते थे, ''अगर समस्या कैशफ़्लो का प्रबंधन है, तो अधिक धन से समस्या नहीं सुलझेगी,'' और ''जो लोग वित्तीय अंकों की शक्ति को समझते हैं, वे उन लोगों से अधिक शक्तिशाली होंगे, जो इस शक्ति को नहीं समझते हैं।''

इसीलिए आपके तीव्र वित्तीय मार्ग को खोजने का दूसरा क़दम है, ''अपने कैशफ़्लो का नियंत्रण अपने हाथ में लेना।''

आपको ज़रूरत इस बात की है कि आप बैठकर अपने ख़र्च की आदतों पर नियंत्रण करने की योजना बना लें। अपने क़र्ज़ और दायित्वों को न्यूनतम कर लें। अपनी आय को बढ़ाने की कोशिश करने से पहले उसके भीतर रहने की कोशिश करें। अगर आपको सलाह की आवश्यकता हो, तो किसी सुयोग्य वित्तीय योजनाकार की सहायता लें। वह आपको कोई ऐसी योजना बता सकता है, जो आपके कैशफ़्लो को सुधार सकती है और ऐसी व्यवस्था कर सकता है, ताकि आप सबसे पहले स्वयं को भुगतान करें।

क़दम उठाएँ

1. **पहले वाले अध्याय से अपने फ़ाइनैंशियल स्टेटमेंट्स की समीक्षा करें।**
2. **यह निर्धारित करें कि आपकी वर्तमान आय *कैशफ़्लो क्वाड्रैंट* के किस क्वाड्रैंट से होती है। ____________________**
3. **यह निर्धारित करें कि आज से पाँच साल बाद आप अपनी आमदनी का अधिकांश हिस्सा किस क्वाड्रैंट से प्राप्त करना चाहते हैं। ____________________**
4. **अपनी कैशफ़्लो प्रबंधन योजना शुरू करें :**

क. सबसे पहले ख़ुद को भुगतान करें।

अपनी हर तनख़्वाह या अन्य स्रोतों से होने वाली आय का एक निश्चित प्रतिशत अलग रख दें। उस धन को एक निवेश बचत ख़ाते में जमा कर दें। एक बार उस ख़ाते में धन जाने के बाद उसे कभी बाहर न निकालें, जब तक कि आप उसके निवेश के लिए तैयार न हों।

बधाई! आपने अभी-अभी अपने कैशफ़्लो का प्रबंधन करना शुरू कर दिया है।

ख. अपने व्यक्तिगत क़र्ज़ को कम करने पर ध्यान केंद्रित करें।

आगे कुछ आसान और अमल में लाने लायक़ तरीक़े दिए गए हैं, जिनसे आप अपने व्यक्तिगत क़र्ज़ को कम कर सकते हैं, यहाँ तक कि ख़त्म भी कर सकते हैं :

सलाह #1 : अगर आपके पास क्रेडिट कार्ड हैं, जिनमें बैलेंस है...

1. एक या दो को छोड़कर अपने सभी क्रेडिट कार्ड ख़त्म कर दें।
2. इन एक या दो कार्डों से आप जितना ख़रीदें, उनका भुगतान हर महीने करें। भविष्य में कोई भी दीर्घकालीन क़र्ज़ न लें।

सलाह #2 : हर महीने 150 या 200 डॉलर अतिरिक्त बचाएँ। अब जब आप वित्तीय रूप से साक्षर बन रहे हैं, तो ऐसा करना आपके लिए तुलनात्मक रूप से आसान होगा। अगर आप प्रति माह अतिरिक्त 150 या 200 डॉलर नहीं बचा सकते, तो वित्तीय स्वतंत्रता सिर्फ़ एक सपना बनकर रह जाएगी।

सलाह #3 : 150-200 डॉलर की इस रक़म का इस्तेमाल अपने सिर्फ़ एक क्रेडिट कार्ड के मासिक भुगतान के लिए करें। अब आप उस एक क्रेडिट कार्ड पर न्यूनतम राशि तो दे ही रहे हैं, साथ ही अतिरिक्त 150-200 डॉलर से क़र्ज़ का भुगतान भी कर रहे हैं।

बाक़ी सभी क्रेडिट कार्डों पर न्यूनतम राशि का ही भुगतान करें। अक्सर लोग हर महीने अपने सभी कार्डों पर थोड़ा अतिरिक्त भुगतान करने की कोशिश करते हैं, परंतु आश्चर्यजनक रूप से उनका क़र्ज़ कभी ख़त्म नहीं होता है।

सलाह #4 : जब पहले कार्ड का पूरा क़र्ज़ उतर जाए, तो आप पहले क्रेडिट कार्ड का क़र्ज़ उतारने के लिए जिस राशि का इस्तेमाल कर रहे थे, उसका इस्तेमाल अगले क्रेडिट कार्ड का क़र्ज़ उतारने के लिए करें। अब आप दूसरे कार्ड पर न्यूनतम राशि का भुगतान करने के साथ ही उस पूरी मासिक राशि का भी भुगतान करते हैं, जिससे आप पहले क्रेडिट कार्ड का भुगतान कर रहे थे।

इस प्रक्रिया को अपने सभी क्रेडिट कार्डों के साथ करते रहें। इसके बाद उपभोक्ता ऋण के साथ भी ऐसा ही करें। जब एक क़र्ज़ उतर जाए, तो जिस राशि से आप उस क़र्ज़ का भुगतान कर रहे थे, उससे अपने अगले क़र्ज़ का भुगतान करें। इस तरह आप अपने अगले क़र्ज़ को भी उतार सकते हैं।

सलाह #5 : जब आपके क्रेडिट कार्ड और अन्य उपभोक्ता ऋण ख़त्म हो जाएँ, तो आप इस प्रक्रिया को कार और मकान के क़र्ज़ के लिए जारी रखें।

अगर आप इस तरीक़े पर अमल करेंगे, तो आपको आश्चर्य होगा कि आप कितने कम समय में पूरी तरह क़र्ज़-मुक्त हो गए हैं। अधिकांश लोग 5 से 7 साल में क़र्ज़ से मुक्त हो सकते हैं।

सलाह #6 : अब जब आप पूरी तरह क़र्ज़-मुक्त हो गए हैं, तो पिछले क़र्ज़ को चुकाने के लिए प्रयुक्त हो रही राशि का निवेश करें। इस राशि का प्रयोग अपनी संपत्ति वाले कॉलम को बनाने में करें।

यह काम इतना ही आसान है।

अध्याय **13**

तीसरा क़दम : जोखिम और जोखिम भरे काम में फ़र्क़ पहचानें

व्यवसाय और निवेश ख़तरनाक नहीं हैं,
कम ज्ञान ख़तरनाक है।

सही कैशफ़्लो मैनेजमेंट क्या है?

सही कैशफ़्लो मैनेजमेंट तब शुरू होता है, जब आप संपत्ति और दायित्व के बीच के फ़र्क़ को जान लेते हैं... यह उस परिभाषा से शुरू नहीं होता, जो आपका बैंकर आपको बताता है। आगे दिया गया डायग्राम 45 वर्षीय एक ऐसे व्यक्ति की तसवीर है, जिसने अपने कैशफ़्लो का सही प्रबंधन किया है।

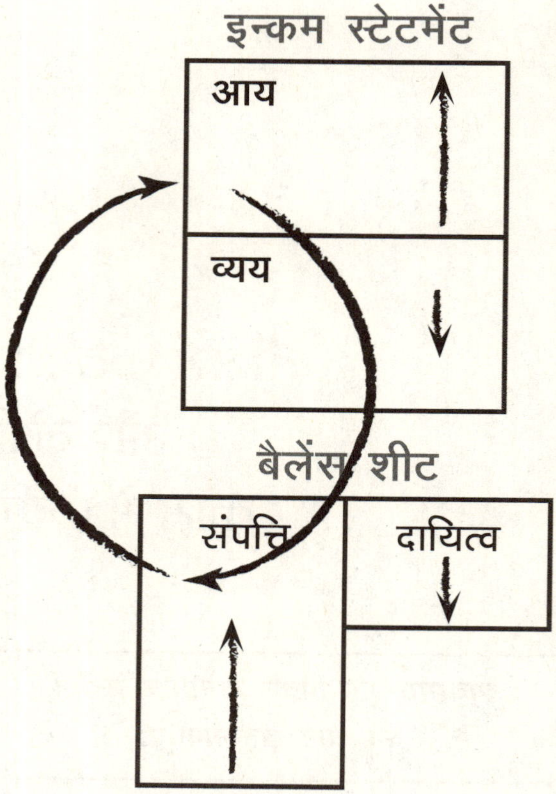

मैंने 45 वर्ष की उम्र का उदाहरण इसलिए लिया है, क्योंकि यह 25 वर्ष और 65 वर्ष के बीच का बिंदु है। अधिकांश लोग 25 वर्ष की उम्र में नौकरी करना शुरू करते हैं और 65 वर्ष की उम्र में रिटायर होने की योजना बनाते हैं। अगर लोग अपने कैशफ़्लो का उचित प्रबंधन करते हैं, तो 45 वर्ष की उम्र तक उनकी संपत्ति वाला कॉलम उनके दायित्व वाले कॉलम से ज़्यादा लंबा होना चाहिए।

यह उन लोगों की वित्तीय तसवीर है, जो जोखिम तो लेते हैं, परंतु जोखिम भरे काम नहीं करते हैं। ऐसे लोग जनसंख्या के ऊपरी 10 प्रतिशत में भी होते हैं। परंतु निचले स्तर की 90 प्रतिशत जनसंख्या में आने वाले लोग अगर अपने कैशफ़्लो का सही प्रबंधन नहीं करते हैं और संपत्ति व दायित्व के फ़र्क़ को नहीं जानते हैं, तो 45 वर्ष की उम्र में उनकी वित्तीय तसवीर इस प्रकार दिखती है :

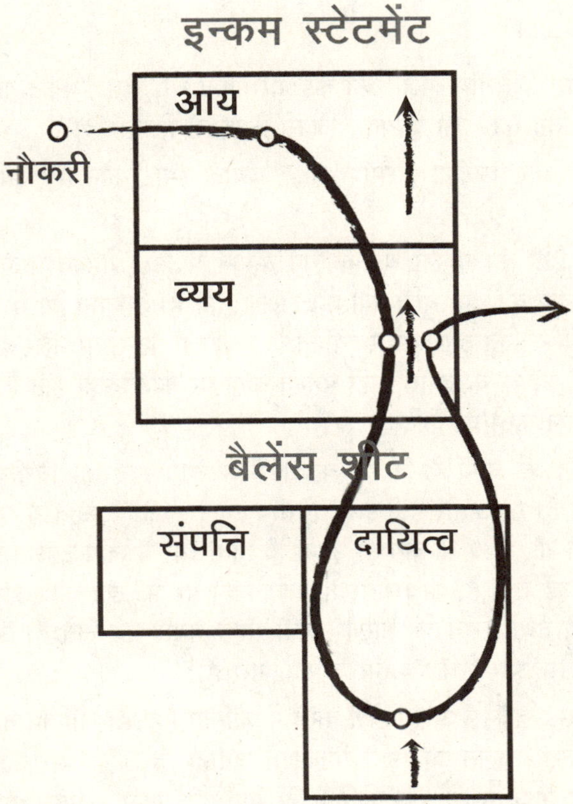

ऐसे लोग अक्सर कहते हैं, "निवेश करने में जोखिम है।" उनके मामले में यह बात सच है – इसलिए नहीं, क्योंकि निवेश में जोखिम है। बल्कि इसलिए क्योंकि औपचारिक वित्तीय प्रशिक्षण और ज्ञान की उनकी कमी में जोखिम है।

वित्तीय साक्षरता

रिच डैड पुअर डैड में मैंने यह बताया है कि मेरे अमीर डैडी ने किस तरह मुझे वित्तीय रूप से साक्षर बनने की सलाह दी थी।

वित्तीय साक्षरता का मतलब है अपनी आँखों से अंकों को देखना। इसमें आपका प्रशिक्षित मस्तिष्क आपको यह भी बताता है कि आपका धन किस तरफ़ प्रवाहित हो रहा है। अमीर डैडी अक्सर कहते थे, "कैशफ़्लो की दिशा ही सब कुछ है।"

मकान संपत्ति भी हो सकता है और दायित्व भी। सब कुछ इस बात पर निर्भर करता है कि कैशफ़्लो की दिशा क्या है। अगर धन आपकी जेब में आता है, तो मकान संपत्ति है। अगर धन आपकी जेब से बाहर जाता है, तो मकान दायित्व है।

वित्तीय बुद्धि

अमीर डैडी के पास "वित्तीय बुद्धि" की कई परिभाषाएँ थीं, जैसे "नक़द या श्रम को ऐसी संपत्तियों में परिवर्तित करने की योग्यता, जिनसे कैशफ़्लो मिलता है।"

उनकी एक और पसंदीदा परिभाषा थी, "ज़्यादा स्मार्ट कौन है? आप या आपका धन?"

मेरे अमीर डैडी का मानना था कि धन कमाने में कड़ी मेहनत करना और कमाते ही उसे तेज़ी से ख़र्च कर देना बुद्धिमानी का लक्षण नहीं है। अध्याय 10 में दिए गए ग़रीब व्यक्ति, मध्यवर्गीय व्यक्ति और अमीर व्यक्ति के कैशफ़्लो पैटर्न्स पर नज़र डालें। यह कभी न भूलें कि अमीर व्यक्ति के प्रयास कड़ी मेहनत करने पर केंद्रित नहीं होते हैं। उसके प्रयास तो संपत्तियाँ हासिल करने पर केंद्रित होते हैं।

वित्तीय बुद्धि की कमी के कारण कई शिक्षित लोग ख़ुद को वित्तीय जोखिम की स्थिति में ले आते हैं। मेरे अमीर डैडी इसे "वित्तीय लाल लकीर" कहते थे, यानी हर महीने जितनी आय होती थी, व्यय भी लगभग उतना ही होता था। ये लोग दहशत के मारे नौकरी की सुरक्षा को पकड़े रहते हैं, अर्थव्यवस्था बदल जाने पर भी ख़ुद को नहीं बदल पाते हैं और अक्सर चिंता तथा तनाव के कारण अपनी सेहत बर्बाद कर लेते हैं। और यही लोग कहते हैं : "बिज़नेस और निवेश करना जोखिम भरा है।"

मेरे विचार से, बिज़नेस और निवेश करने में जोखिम नहीं है। जोखिम तो कम शिक्षित होने में है। इसी तरह, ग़लत जानकारी मिलने में जोखिम है और "सुरक्षित नौकरी" पर विश्वास करना तो आज सबसे बड़ा जोखिम है। संपत्ति ख़रीदना जोखिम भरा नहीं है। उन दायित्वों को ख़रीदना जोखिम है, जिन्हें हम संपत्ति मानकर ख़रीदते हैं। अपने बिज़नेस का ध्यान रखने में जोखिम नहीं है। दूसरों के बिज़नेस का ध्यान रखने और सबसे पहले उन्हें भुगतान करने में जोखिम है।

इसलिए तीसरा क़दम जोखिम और जोखिम भरा काम के फ़र्क़ को पहचानना है।

क़दम उठाना

1. अपने शब्दों में जोखिम को परिभाषित कीजिए।

(क) क्या तनख़्वाह के भरोसे रहना आपके लिए जोखिम भरा काम है?

(ख) क्या हर महीने क़र्ज़ चुकाना आपके लिए जोखिम भरा काम है?

(ग) क्या ऐसी संपत्ति का स्वामी होना आपके लिए जोखिम भरा काम है, जो हर महीने आपको धन प्रदान करती हो?

(घ) क्या वित्तीय शिक्षा प्राप्त करने में समय देना आपके लिए जोखिम भरा काम है?

(ङ) क्या निवेश के विभिन्न प्रकारों के बारे में सीखने के लिए समय देना आपके लिए जोखिम भरा काम है?

2. हर सप्ताह 5 घंटे का समय नीचे दिए गए कामों में से एक या अधिक को करने में लगाएँ :

(क) अपने अख़बार का बिज़नेस पेज और *वॉल स्ट्रीट जरनल* पढ़ें।

(ख) टी.वी. या रेडियो पर वित्तीय समाचार सुनें।

(ग) वित्तीय वेबसाइट देखें, पत्रिकाएँ और न्यूज़लेटर पढ़ें।

(घ) *कैशफ़्लो* गेम खेलें और स्थानीय कैशफ़्लो क्लब जाएँ।

(ङ) निवेश और वित्तीय शिक्षा संबंधी शैक्षणिक सेमिनारों में जाएँ।

(च) वित्तीय स्वतंत्रता पाने के लिए कोच की मदद लेने पर विचार करें।

अध्याय 14

चौथा क़दम : यह निर्णय करें कि आप किस प्रकार के निवेशक बनना चाहते हैं

छोटी शुरुआत करें और समस्याओं को सुलझाना सीखें।

क्या आपने कभी सोचा है कि कुछ निवेशक दूसरों से बहुत कम जोखिम लेने के बावज़ूद बहुत ज़्यादा धन कैसे कमा लेते हैं?

ज़्यादातर लोग वित्तीय रूप से इसलिए संघर्ष करते हैं, क्योंकि वे वित्तीय समस्याओं से बचते हैं। मेरे अमीर डैडी ने मुझे एक बहुत बड़ा रहस्य सिखाया था, ''अगर तुम जल्दी ही बहुत सी दौलत हासिल करना चाहते हो, तो बड़ी वित्तीय समस्याओं का सामना करो।''

इस पुस्तक के पहले खंड में मैंने निवेशकों के पाँच स्तर बताए हैं। मैं एक और विभाजक परिभाषा जोड़ना चाहूँगा, जिसके द्वारा तीन प्रकार के निवेशकों को परिभाषित किया जा सकता है :

- टाइप ए : ऐसे निवेशक, जो समस्याओं को खोजते हैं।
- टाइप बी : ऐसे निवेशक, जो समाधान खोजते हैं।
- टाइप सी : सार्जेंट शुल्ट्ज़ जैसे निवेशक : ''मैं कुछ भी नहीं जानता।''

टाइप सी निवेशक

सार्जेंट शुल्ट्ज़ टी.वी. सीरियल ***हॉगन्स हीरोज़*** का प्रिय पात्र है। सार्जेंट शुल्ट्ज़ जर्मनी के युद्धबंदियों के कैंप का पहरेदार है। वह जानता है कि युद्धबंदी भागने और जर्मनी के युद्ध

प्रयास में बाधा डालने की कोशिश कर रहे हैं।

जब भी शुल्ट्ज़ को पता चलता है कि कुछ ग़लत हो रहा है, तो वह यही कहता है, ''मैं कुछ नहीं जानता।'' जब निवेश की बात आती है, तो अधिकांश लोग यही नज़रिया अपनाते हैं।

क्या सार्जेंट शुल्ट्ज़ जैसे निवेशक इस तरह के नज़रिए के बावज़ूद बहुत सी दौलत हासिल करते हैं? जवाब है हाँ। वे सरकारी नौकरी पा सकते हैं, किसी अमीर महिला से शादी कर सकते हैं या लॉटरी जीत सकते हैं।

टाइप बी निवेशक

टाइप बी निवेशक अक्सर इस तरह के सवाल पूछते हैं :

- ''मैं किसमें निवेश करूँ? आपकी सलाह क्या है?''
- ''क्या आपको लगता है कि मुझे रियल एस्टेट ख़रीदना चाहिए?''
- ''मेरे लिए कौनसे मीच्युअल फ़ंड अच्छे हैं?''
- ''मैंने अपने ब्रोकर से बात की। उसने मुझे यह सलाह दी कि मैं डाइवर्सिफ़ाई करूँ।''
- ''मेरे माता-पिता ने मुझे कुछ शेयर दिए हैं। क्या मुझे उन्हें बेच देना चाहिए?''

टाइप बी निवेशकों को तत्काल कई वित्तीय योजनाकारों से परामर्श लेकर किसी एक को चुन लेना चाहिए और फिर उसी की सलाह मानना चाहिए। अच्छे वित्तीय योजनाकार उत्कृष्ट तकनीकी ज्ञान दे सकते हैं और ज़िंदगी भर के लिए वित्तीय योजना बनाने में आपकी मदद कर सकते हैं।

मैं अपनी पुस्तकों में विशिष्ट वित्तीय सलाह इसलिए नहीं देता हूँ, क्योंकि हर व्यक्ति की वित्तीय स्थिति अलग होती है। वित्तीय योजनाकार सर्वश्रेष्ठ तरीक़े से यह पता लगा सकता है कि आप आज कहाँ हैं और फिर आपको बता सकता है कि चौथे स्तर का निवेशक कैसे बना जा सकता है।

एक रोचक टिप्पणी – मैं अक्सर पाता हूँ कि बहुत से उच्च आय वाले ''ई'' और ''एस'' टाइप के लोग बी निवेशक की श्रेणी में आते हैं, क्योंकि वे निवेश के अवसरों की तलाश में बहुत कम समय लगाते हैं। चूँकि वे बहुत व्यस्त रहते हैं, इसलिए उनके पास *क्वाड्रैंट* के दाएँ हिस्से के बारे में सीखने का समय ही नहीं होता। इसलिए वे ज्ञान के बजाय जवाब की तलाश करते हैं। इसलिए यह समूह अक्सर वे निवेश ख़रीदता है, जिन्हें टाइप ए के निवेशक ''रिटेल निवेश'' कहते हैं यानी ऐसे निवेश जिन्हें जनता को बेचने के लिए तैयार किया जाता है।

टाइप ए निवेशक

टाइप ए निवेशक समस्याओं की तलाश करते हैं। ख़ास तौर पर वे वित्तीय संकट में फँसे लोगों द्वारा उत्पन्न की गई समस्याओं की तलाश करते हैं। जो निवेशक समस्याओं को सुलझाने में निपुण होते हैं, उन्हें उनके लगाए धन पर 25 प्रतिशत से लेकर अनंत लाभ प्राप्त हो सकता है। वे आम तौर पर पाँचवें और छठवें स्तर के निवेशक होते हैं, जिनकी वित्तीय नींव सुदृढ़ होती है। उनमें बिज़नेस मालिकों और निवेशकों के रूप में सफल होने की आवश्यक योग्यताएँ होती हैं। वे इन योग्यताओं का प्रयोग उन लोगों द्वारा उत्पन्न समस्याओं को सुलझाने में करते हैं, जिनके पास ये योग्यताएँ नहीं हैं।

उदाहरण के तौर पर, जब मैंने निवेश करना शुरू किया, तो मैंने सिर्फ़ छोटे कॉन्डोमिनियम्स और मकानों की तलाश की, जो फ़ोरक्लोज़र में थे। मैंने 18,000 डॉलर से शुरू किया और उन निवेशकों द्वारा उत्पन्न समस्याओं को खोजा, जिन्होंने अपने कैशफ़्लो का सही प्रबंधन नहीं किया था और दिवालिया हो गए थे।

कुछ साल बाद भी मैं समस्याओं की तलाश कर रहा था, परंतु अब रक़म बड़ी हो गई थी। तीन साल पहले मैं पेरू में 30 मिलियन डॉलर की माइनिंग कंपनी हासिल करने की कोशिश कर रहा था। हालाँकि समस्या और रक़म बढ़ गई थी, परंतु प्रक्रिया वही थी।

तीव्र मार्ग पर ज़्यादा तेज़ी से कैसे पहुँचें

छोटी शुरुआत करें और समस्याओं को सुलझाना सीखें। जब आप समस्याओं को सुलझाने में निपुण हो जाएँगे, तो अंततः आप ढेर सारी दौलत हासिल कर सकेंगे।

जो लोग तेज़ी से दौलत कमाना चाहते हैं, उन्हें मैं ज़ोर देकर यह सलाह देना चाहता हूँ कि पहले उन्हें *क्वाड्रैंट* के ''बी'' और ''आई'' हिस्से की योग्यताओं को सीखना चाहिए। उन्हें यह सीख लेना चाहिए कि बिज़नेस कैसे बनाया जाता है, क्योंकि बिज़नेस अनिवार्य शैक्षणिक अनुभव प्रदान करता है, व्यक्तिगत योग्यताओं को सुधारता है, बाज़ार के उतार-चढ़ाव से होने वाले नुक़सान को कम करने के लिए कैशफ़्लो प्रदान करता है और ख़ाली समय भी देता है। मेरे बिज़नेस से मुझे जो कैशफ़्लो मिल रहा था, उसी की वजह से मुझे ख़ाली समय मिल पाया। इस ख़ाली समय में मैंने ऐसी वित्तीय समस्याओं की तलाश शुरू की, जिन्हें मैं सुलझा सकूँ।

क्या आप तीनों प्रकार के निवेशक हो सकते हैं?

दरअसल मैं तीनों प्रकार के निवेशक के रूप में काम करता हूँ। जब मीच्युअल फ़ंड या स्टॉक चुनने की बात आती है, तो मैं सार्जेंट शुल्ट्ज़ या टाइप सी निवेशक बन जाता हूँ। जब कोई मुझसे पूछता है, ''आप किन मीच्युअल फ़ंडों की सलाह देते हैं?'' या ''आप कौन से स्टॉक ख़रीद रहे हैं?'' तो मैं सार्जेंट शुल्ट्ज़ की तरह जवाब देता हूँ, ''मैं कुछ नहीं जानता।''

मेरे पास थोड़े-बहुत मीच्युअल फ़ंड हैं, परंतु मैं उनके अध्ययन में ज़्यादा समय नहीं लगाता। मीच्युअल फ़ंड के बजाय मैं अपने अपार्टमेंट हाउसेस से बेहतर परिणाम हासिल कर सकता हूँ। टाइप बी निवेशक के रूप में मैं अपनी वित्तीय समस्याओं के व्यावसायिक जवाब खोजता हूँ। मैं वित्तीय योजनाकारों स्टॉक ब्रोकर्स, बैंकर्स और रियल एस्टेट ब्रोकर्स की सलाह से जवाब खोजता हूँ। योग्य प्रोफ़ेशनल्स इतनी ज़्यादा जानकारी प्रदान करते हैं, जिसे मैं व्यक्तिगत रूप से अपने सीमित समय में हासिल नहीं कर सकता। वे बाज़ार के ज़्यादा क़रीब भी होते हैं, और मैं मानता हूँ कि क़ानूनों और बाज़ारों में होने वाले परिवर्तनों के बारे में उन्हें नवीनतम जानकारी भी होती है।

मेरी वित्तीय योजनाकार की सलाह मेरे लिए अनमोल है क्योंकि ट्रस्ट, वसीयत और बीमे के बारे में उसके पास मुझसे ज़्यादा ज्ञान है। हर एक के पास एक योजना होना चाहिए, इसीलिए वित्तीय नियोजन सेवा का प्रावधान है। सिर्फ़ ख़रीदने और बेचने के अलावा भी निवेश करने में बहुत कुछ होता है।

मैं अन्य निवेशकों को भी धन देता हूँ, ताकि वे मेरे लिए इसका निवेश कर सकें। दूसरे शब्दों में मैं कई ऐसे उच्च स्तर के निवेशकों को जानता हूँ, जो पार्टनर की तलाश में होते हैं। मैं उन्हें व्यक्तिगत रूप से जानता हूँ और उन पर मुझे विश्वास है। अगर वे किसी ऐसे क्षेत्र में निवेश करते हैं, जिसके बारे में मैं कुछ नहीं जानता, जैसे सस्ते मकान या ऑफ़िस की बड़ी बिल्डिंग, तब भी मैं उन्हें धन दे सकता हूँ। मैं ऐसा इसलिए करता हूँ, क्योंकि मैं जानता हूँ कि वे अपने काम में निपुण हैं और मुझे उनके ज्ञान पर भरोसा होता है।

आपको जल्दी शुरुआत क्यों कर देना चाहिए

मैं लोगों को सलाह देता हूँ कि वे अपने तीव्र वित्तीय मार्ग को जल्दी से खोजने और अमीर बनने को गंभीरता से लें। इसका एक प्रमुख कारण यह है कि अमेरिका और विश्व के अधिकांश देशों में दो तरह के नियम होते हैं : अमीरों के लिए अलग और बाक़ी सब लोगों के लिए अलग। जो लोग वित्तीय चूहादौड़ में फँसे हुए हैं, उनके ख़िलाफ़ कई क़ानून बनाए जाते हैं। मैं बिज़नेस और निवेश की दुनिया को बहुत अच्छे तरीक़े से जानता हूँ। मुझे इस दुनिया में यह देखकर धक्का लगता है कि मध्य वर्ग को यह पता ही नहीं होता कि उसने टैक्स में जो रक़म चुकाई है, वह आख़िर जा कहाँ रही है। हालाँकि मध्य वर्ग द्वारा दी गई टैक्स की धनराशि कई अच्छे कामों में भी लग रही है, परंतु अधिकांशत: बड़ी टैक्स छूटें, प्रोत्साहन और भुगतान अमीरों के पास जा रहे हैं।

उदाहरण के तौर पर, कम आय का गृह-निर्माण अमेरिका की एक बड़ी समस्या और राजनीतिक मुद्दा है। इस समस्या को सुलझाने के लिए शहर, राज्य और संघ की सरकारें कम आय का गृह-निर्माण करने वालों और उसमें धन लगाने वालों को बहुत अधिक टैक्स क़र्ज़, टैक्स छूट और किराए में सबसिडी देती हैं। सिर्फ़ क़ानून जानने की वजह से फ़ाइनैंसर्स और भवन-निर्माता ज़्यादा अमीर बन जाते हैं, क्योंकि करदाताओं द्वारा चुकाया गया टैक्स कम आय के गृह-निर्माण को सबसिडी देने में लग जाता है।

यह भेदभावपूर्ण क्यों है

कैशफ़्लो क्वाड्रैंट के बाएँ हिस्से के अधिकांश लोग व्यक्तिगत आयकर तो अधिक देते ही हैं, साथ ही वे अक्सर टैक्स में छूट प्राप्त करने वाले निवेशों में भागीदारी नहीं कर सकते हैं। ''अमीर और अमीर बनते जाते हैं'' कहावत का यह एक स्रोत हो सकता है।

मैं जानता हूँ कि यह भेदभावपूर्ण है और मैं कहानी के दोनों पहलुओं को समझता हूँ। मैं ऐसे लोगों से मिला हूँ, जो इसका विरोध करते हैं और किसी अख़बार के संपादक को पत्र लिखते हैं। कुछ लोग राजनीति में कोई पद हासिल करके इस तंत्र को बदलने की कोशिश करते हैं। मेरे विचार से इससे ज़्यादा आसान तो यह है कि आप अपने बिज़नेस का ख़याल रखें, अपने कैशफ़्लो का नियंत्रण अपने हाथ में लें, अपने तीव्र वित्तीय मार्ग को खोजें और अमीर बन जाएँ। मेरा दावा है कि राजनीतिक तंत्र को बदलने के बजाय ख़ुद को बदलना ज़्यादा आसान है।

समस्याएँ अवसरों की ओर ले जाती हैं

बरसों पहले मेरे अमीर डैडी ने मुझे प्रोत्साहित किया कि मैं बिज़नेस मालिक और निवेशक के रूप में अपनी योग्यताओं को विकसित करूँ। वे यह भी कहते थे, ''फिर समस्याओं को सुलझाने का अभ्यास करो।''

बरसों तक मैंने यही किया। मैं बिज़नेस और निवेश की समस्याओं को सुलझाता हूँ। कुछ लोग उन्हें चुनौतियाँ कहना पसंद करते हैं, परंतु मैं उन्हें समस्याएँ कहना पसंद करता हूँ क्योंकि ज़्यादातर मामलों में वे समस्याएँ ही होती हैं।

मैं सोचता हूँ कि लोग ''समस्याओं'' के बजाय ''चुनौतियों'' शब्द को ज़्यादा पसंद इसलिए करते हैं, क्योंकि उन्हें लगता है कि यह ज़्यादा सकारात्मक शब्द है। बहरहाल मेरे लिए ''समस्या'' शब्द का अर्थ सकारात्मक है। मैं जानता हूँ कि हर समस्या के भीतर एक ''अवसर'' छुपा रहता है। और सच्चे निवेशक अवसरों की तलाश में रहते हैं। मैं जिस वित्तीय या बिज़नेस समस्या को सुलझाने की कोशिश करता हूँ, उससे मैं कुछ न कुछ सीख लेता हूँ, भले ही मैं उसे सुलझा पाऊँ या नहीं। मैं वित्तीय मामलों, मार्केटिंग, लोगों या क़ानूनी मामलों के संबंध में कुछ नया सीख सकता हूँ। मैं अक्सर नए लोगों से मिलता हूँ, जो बाद में अन्य प्रोजेक्ट्स में बहुमूल्य सहयोगी बन जाते हैं। कई तो आजीवन मित्र बन जाते हैं, जो एक अनमोल बोनस होता है।

अपने तीव्र मार्ग को खोजें

आपमें से जो लोग अपने तीव्र वित्तीय मार्ग को खोजना चाहते हैं, वे इन बातों से शुरू करें :

1. अपने ख़ुद के बिज़नेस का ध्यान रखें।
2. अपने कैशफ़्लो का नियंत्रण अपने हाथ में लें।

3. जोखिम और जोखिम भरे काम के बीच के फ़र्क़ को जानें।
4. टाइप ए, टाइप बी और टाइप सी निवेशकों के फ़र्क़ को जानें और एक साथ तीनों बनने का विकल्प चुनें।

तीव्र वित्तीय मार्ग पर चलने के लिए किसी ख़ास तरह की समस्या को सुलझाने के विशेषज्ञ बनें। ''डाइवर्सिफ़ाई'' नहीं करें, जिसकी सलाह ''बी'' निवेशकों को दी जाती है। किसी विशिष्ट प्रकार की समस्या को सुलझाने के विशेषज्ञ बनें। इसके बाद लोग आपके पास अपना धन लेकर आएँगे और आपसे उसका निवेश करने का आग्रह करेंगे। अगर आप अच्छे और विश्वसनीय हैं, तो आप अपने तीव्र वित्तीय मार्ग तक बहुत जल्दी पहुँच जाएँगे। यहाँ कुछ उदाहरण दिए जा रहे हैं :

बिल गेट्स सॉफ़्टवेअर मार्केटिंग की समस्याओं को सुलझाने के विशेषज्ञ हैं। वे इस काम में इतने निपुण हैं कि संघीय सरकार उनके पीछे पड़ गई है। डोनाल्ड ट्रम्प रियल एस्टेट की समस्याएँ सुलझाने के विशेषज्ञ हैं। वारेन बफ़े बिज़नेस और स्टॉक मार्केट में समस्याएँ सुलझाने के विशेषज्ञ हैं, जिसकी बदौलत वे संभावना भरी कंपनियों के शेयर ख़रीदते हैं और अपने पोर्टफ़ोलियो का सफल प्रबंधन करते हैं। जॉर्ज सोरोस मार्केट की अस्थिरता से उत्पन्न समस्याओं को सुलझाने के विशेषज्ञ हैं। इसी कारण वे उत्कृष्ट हेज-फ़ंड मैनेजर हैं। रूपर्ट मरडॉक ग्लोबल टेलीविज़न नेटवर्क्स की बिज़नेस समस्याओं को सुलझाने के विशेषज्ञ हैं।

मेरी पत्नी और मैं अपार्टमेंट हाउसिंग की समस्याओं को सुलझाने का काम अच्छी तरह से कर लेते हैं, जिससे अंततः हमें निष्क्रिय आमदनी प्राप्त होती है। हम मुख्यतः छोटे और मध्यम आकार के अपार्टमेंट हाउस के बाज़ार में हैं। इस क्षेत्र के अलावा हमारा ज्ञान काफ़ी सीमित है और हम डाइवर्सिफ़ाई नहीं करते हैं। अगर मैं इन क्षेत्रों से हटकर दूसरे क्षेत्रों में निवेश करने का चुनाव करता हूँ, तो मैं ''बी'' टाइप का निवेशक बन जाता हूँ, जिसका मतलब यह है कि मैं अपना धन उन लोगों को देता हूँ, जो उस क्षेत्र के प्रामाणिक विशेषज्ञ हैं।

मैंने एक ही लक्ष्य पर अपना ध्यान केंद्रित कर रखा है। वह लक्ष्य है, ''अपने ख़ुद के बिज़नेस का ध्यान रखना।'' मेरी पत्नी और मैं परोपकार के काम करते हैं। हम दूसरों के प्रयासों में उनकी मदद भी करते हैं। परंतु हम कभी अपने बिज़नेस का ध्यान रखने के महत्त्व को अपनी आँखों से ओझल नहीं होने देते हैं और लगातार अपनी संपत्ति वाले कॉलम को बढ़ाते रहते हैं।

इसलिए अगर आप जल्दी से अमीर बनना चाहते हैं, तो बिज़नेस मालिक और निवेशक की अपेक्षित योग्यताओं को सीखें और बड़ी समस्याओं को सुलझाने की कोशिश करें... क्योंकि बड़ी समस्याओं के भीतर बड़े वित्तीय अवसर छुपे होते हैं। इसीलिए मैं ''आई'' बनने से पहले ''बी'' बनने का सुझाव देता हूँ। अगर आप बिज़नेस समस्याओं को सुलझाने में निपुण हो जाते हैं, तो आपके पास अतिरिक्त कैशफ़्लो आने लगेगा। इसके साथ ही बिज़नेस के ज्ञान की बदौलत आप ज़्यादा स्मार्ट निवेशक बन जाएँगे। मैंने यह बात कई बार पहले भी कही है परंतु यह इतनी महत्त्वपूर्ण है कि मैं इसे एक बार फिर दोहराना

चाहता हूँ : कई लोग ''आई'' क्वाड्रैंट में इस आशा के साथ आते हैं कि निवेश करने से उनकी वित्तीय समस्याएँ सुलझ जाएँगी। अधिकांश मामलों में ऐसा नहीं होता। अगर वे सुदृढ़ बिज़नेस के मालिक नहीं हैं, तो निवेश से उनकी वित्तीय समस्याएँ बढ़ सकती हैं।

वित्तीय समस्याओं की कोई कमी नहीं है। दरअसल एक तो आपकी सड़क के मोड़ पर ही सुलझाए जाने का इंतज़ार कर रही है।

क़दम उठाएँ

1. निवेश में शिक्षित बनें

एक बार फिर मैं आपको सलाह देता हूँ कि पाँचवें और छठे स्तर के निवेशक बनने की कोशिश करने से पहले चौथे स्तर के निवेशक के रूप में निपुणता हासिल कर लें। छोटे निवेशों से शुरू करें और अपनी शिक्षा को आगे बढ़ाएँ।

हर सप्ताह नीचे दिए गए कामों में से कम से कम दो काम करें :

क. वित्तीय सेमिनारों और क्लासों में भाग लें। (मैं अपनी सफलता का काफ़ी श्रेय उस रियल एस्टेट कोर्स को देता हूँ, जो मैंने अपनी युवावस्था में सिर्फ़ 385 डॉलर में किया था। इसने मुझे करोड़ों डॉलर कमाकर दिए हैं, क्योंकि मैंने इसके अनुरूप काम किया है।)

ख. अपने इलाक़े में रियल एस्टेट के ''बिकाऊ है'' वाले साइनबोर्ड खोजते रहें। हर सप्ताह तीन-चार ऐसे मालिकों से मिलें। सेल्समैनों से भी जायदाद के बारे में पूछताछ करें। इस तरह के सवाल पूछें : क्या यह निवेश प्रॉपर्टी है?

अगर यह प्रॉपर्टी है, तो फिर ये सवाल पूछें :

क्या यह किराए पर उठती है? वर्तमान किराया क्या है? यह कितने समय ख़ाली रहती है? इस इलाक़े का औसत किराया क्या है? रखरखाव की लागत क्या है? इसकी अवधि क्या है? क्या मालिक फ़ाइनैंस करेगा? फ़ाइनैंसिंग की शर्तें क्या हैं?

हर प्रॉपर्टी के मासिक कैशफ़्लो स्टेटमेंट की गणना करने का अभ्यास करें और फिर प्रॉपर्टी एजेंट के साथ बैठकर यह देखें कि कहीं आप कुछ भूल तो नहीं गए हैं। हर प्रॉपर्टी एक अनूठा बिज़नेस सिस्टम है और इसे व्यक्ति बिज़नेस सिस्टम के रूप में देखा जाना चाहिए।

ग. कई स्टॉकब्रोकर्स से मिलें और उन कंपनियों के बारे में जानें, जिनका शेयर ख़रीदने की वे सलाह देते हैं। फिर उन कंपनियों पर लाइब्रेरी में या इंटरनेट पर रिसर्च करें। कंपनियों से फ़ोन पर संपर्क करें और उनकी वार्षिक रिपोर्ट माँगें।

घ. निवेश न्यूज़लेटर के ग्राहक बनें और उनका अध्ययन करें।

ङ. टेप सुनते रहें, वीडियो टेप देखते रहें, टी.वी. पर आने वाले वित्तीय कार्यक्रम देखें और *कैशफ़्लो* खेलें।

2. बिज़नेस में शिक्षित बनें :

क. कई बिज़नेस ब्रोकर्स से मिलकर यह पता लगाएँ कि आपके इलाक़े में कौन से बिज़नेस बिकाऊ हैं। सिर्फ़ सवाल पूछने और सुनने से आप इतनी शब्दावली सीख जाएँगे कि आप ख़ुद हैरान रह जाएँगे।

ख. किसी नेटवर्क मार्केटिंग सेमिनार में भाग लेकर यह सीखें कि इसका बिज़नेस सिस्टम कैसा है। (मेरा सुझाव यह है कि आप कम से कम तीन अलग-अलग नेटवर्क मार्केटिंग कंपनियों की रिसर्च करें)।

ग. अपने इलाक़े में हो रहे बिज़नेस अवसर सम्मेलन या ट्रेड एक्सपो में भाग लेकर यह पता लगाएँ कि कौन सी फ्रैंचाइज़ी या बिज़नेस सिस्टम उपलब्ध हैं।

घ. बिज़नेस समाचारपत्रों और पत्रिकाओं के ग्राहक बनें।

अध्याय 15

पाँचवाँ क़दम : मार्गदर्शक खोजें

मार्गदर्शक वह इंसान है, जो आपको बताता है कि क्या महत्त्वपूर्ण है और क्या महत्त्वपूर्ण नहीं है।

जिन जगहों पर आप कभी नहीं गए, वहाँ जाते समय आपको मार्ग कौन दिखाता है? ज़ाहिर है, मार्गदर्शक या गाइड आपको मार्ग दिखाता है।

मार्गदर्शक वह होता है, जो आपको बताता है कि क्या महत्त्वपूर्ण है और क्या महत्त्वपूर्ण नहीं है।

मार्गदर्शक हमें बताते हैं कि क्या महत्त्वपूर्ण है

आगे मैंने अपने शैक्षणिक बोर्ड गेम *कैशफ़्लो* की स्कोर शीट दी है। यह मार्गदर्शक बनने के लिए बनाई गई है। इसका उद्देश्य लोगों को उस तरीक़े से सोचने का प्रशिक्षण देना है, जिस तरह मेरे अमीर डैडी सोचते थे। यह बताती है कि मेरे अमीर डैडी के सोचने का तरीक़ा वित्तीय रूप से महत्त्वपूर्ण है।

मेरे उच्च शिक्षित परंतु ग़रीब डैडी सोचते थे कि ऊँची तनख़्वाह वाली नौकरी पाना और अपने सपनों का घर ख़रीदना महत्त्वपूर्ण है। उनका यह विश्वास भी था कि अपनी सारी देनदारी सबसे पहले चुकाना चाहिए और अपने संसाधनों के भीतर गुज़ारा करना चाहिए।

मेरे अमीर डैडी ने मुझे सिखाया कि मैं अपना ध्यान निष्क्रिय आमदनी पर केंद्रित करूँ और उन संपत्तियों को हासिल करने में समय लगाऊँ, जो दीर्घकालीन निष्क्रिय या अतिरिक्त आमदनी उपलब्ध कराएँ। वे अपने संसाधनों के भीतर रहने में विश्वास नहीं करते थे। मुझसे और अपने पुत्र से वे अक्सर कहते थे, ''अपने संसाधनों के भीतर रहने के बजाय उनको बढ़ाने पर ध्यान केंद्रित करो।''

तनख़्वाह
ग़रीब डैडी यह सोचते थे कि फ़ाइनैंशियल स्टेटमेंट का यह क्षेत्र महत्त्वपूर्ण है।

निष्क्रिय आमदनी
अमीर डैडी ने मुझे सिखाया कि अगर आप अमीर बनना चाहते हैं, तो ये क्षेत्र महत्त्वपूर्ण हैं।

Profession ______ ***Player*** ______

Goal : To get out of the Rat Race and onto the Fast Track by building up your Passive Income to be greater than your Total Expenses

INCOME STATEMENT

Income	
Description	Cash Flow
Salary :	
Interest /Dividends :	
Real Estate/Businesses	

Auditor

Person on your right

Passive Income = $ ______
(Cash Flow from)
(Interest/Dividends +
Real Estate/Business)

Total Income $ ______

Expenses	
Taxes :	
Home Mortgage Payment	
School Loan Payment	
Car Loan Payment	
Credit Card Payment	
Retail Payment	
Other Expenses	
Child Expenses	
Loan Payment :	

Number of Children : ______
(Begin game with 0 Children)

Per Child Expenses $ ______

Total Expenses : $ ______

Monthly Cash Flow (Pay Check) **:$** ______
(Total Income . Total Expenses

Balance Sheet

Assets			*Liabilities*	
Savings :			Home Mortgage :	
Stocks/Mutual's/CD's	No. of Shares :	Cost/Share :	School Loans :	
			Car Loans :	
			Credit Cards :	
Real Estate :	Down Pay :	Cost :	Retail Debt :	
			Real Estate/ Business	Mortgage/Liability
			Loan :	

वे सलाह देते थे कि ऐसा करने के लिए हम संपत्ति वाले कॉलम को बनाने पर ध्यान केंद्रित करें और कैपिटल गेन्स, डिविडेन्ड्स, बिज़नेस की अतिरिक्त आय, रियल एस्टेट के किराए तथा रॉयल्टी से अपनी निष्क्रिय आमदनी बढ़ाएँ।

मेरे बड़े होते समय दोनों डैडियों ने मेरा प्रबल मार्गदर्शन किया। हालाँकि मैंने अपने अमीर डैडी की वित्तीय सलाह का अनुसरण करने का फ़ैसला किया, परंतु मेरे शिक्षित और ग़रीब डैडी का भी मुझ पर कम प्रभाव नहीं पड़ा। आज मैं जो हूँ, वह इन दोनों व्यक्तियों के प्रबल प्रभाव की बदौलत ही हूँ।

रिवर्स रोल मॉडल्स

जिस तरह कुछ मार्गदर्शक उत्कृष्ट रोल मॉडल्स होते हैं, उसी तरह कुछ लोग रिवर्स रोल मॉडल्स भी होते हैं। अधिकांश उदाहरणों में हम सबके पास दोनों प्रकार के मॉडल्स होते हैं।

उदाहरण के लिए, मेरा एक दोस्त है, जिसने अपने जीवन में 800 मिलियन डॉलर कमाए। आज जब मैं यह लिख रहा हूँ, तो वह दिवालिया है। मेरे अन्य मित्र मुझसे पूछते हैं कि मैं अब भी उसके साथ समय क्यों बिताता हूँ। इस सवाल का जवाब यह है कि वह एक उत्कृष्ट रोल मॉडल भी है और एक उत्कृष्ट रिवर्स रोल मॉडल भी। मैं दोनों रोल मॉडल्स से सीख सकता हूँ।

आध्यात्मिक रोल मॉडल्स

मेरे दोनों डैडी आध्यात्मिक थे, परंतु पैसे और आध्यात्मिकता के विषय में दोनों के दृष्टिकोण अलग थे। उदाहरण के लिए वे इस कहावत का अलग-अलग विश्लेषण करते थे, ''धन का प्रेम ही सभी बुराइयों की जड़ है।''

मेरे उच्च शिक्षित परंतु ग़रीब डैडी महसूस करते थे कि अधिक धन की इच्छा या अपनी वित्तीय स्थिति सुधारने की इच्छा ग़लत है। दूसरी तरफ़, मेरे अमीर डैडी इस कहावत का बिलकुल ही अलग तरह से विश्लेषण करते थे। वे महसूस करते थे कि प्रलोभन, लोभ और वित्तीय अज्ञान ग़लत हैं। दूसरे शब्दों में, अमीर डैडी यह नहीं मानते थे कि पैसा बुरी चीज़ है। उनका मानना था कि पूरी ज़िंदगी धन के गुलाम बनकर काम करते जाना और व्यक्तिगत क़र्ज़ में फँसे रहना बुरा है।

मेरे अमीर डैडी अक्सर धार्मिक कहावतों को वित्तीय सबक़ों में बदल देते थे। मैं आपको उनका एक ऐसा ही सबक़ बताना चाहूँगा।

प्रलोभन की शक्ति

अमीर डैडी मानते थे कि जो लोग कड़ी मेहनत करते हैं, लंबे समय तक क़र्ज़ में डूबे रहते हैं और अपनी आमदनी से ज़्यादा ख़र्च करते हैं, वे अपने बच्चों के लिए ख़राब रोल मॉडल्स बन जाते हैं। अमीर डैडी के अनुसार ऐसे लोग सिर्फ़ ख़राब रोल मॉडल ही नहीं हैं, बल्कि क़र्ज़ में फँसे इन लोगों ने प्रलोभन और लोभ के सामने हार मान ली है। वे अक्सर नीचे

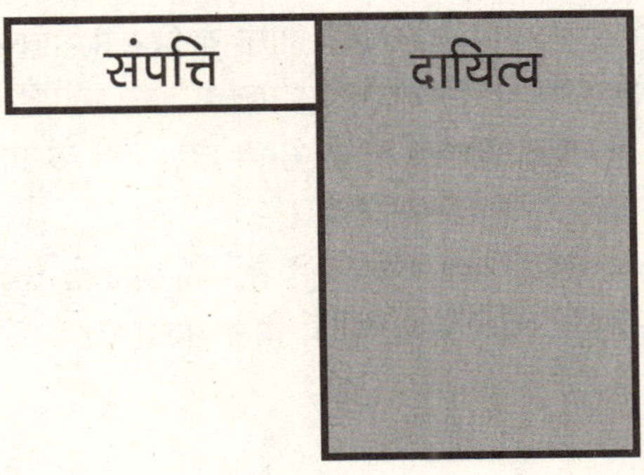

दिया गया डायग्राम खींचकर दायित्व वाले कॉलम की तरफ़ इशारा करते कहते थे, ''हमें प्रलोभन की ओर मत खींचो।''

अमीर डैडी मानते थे कि बहुत सी वित्तीय समस्याएँ इसलिए उत्पन्न होती है क्योंकि लोग महत्त्वहीन चीज़ों के स्वामी बनना चाहते हैं। जब क्रेडिट कार्ड प्रचलित हुए, तो अमीर डैडी ने यह पूर्वानुमान लगा लिया कि इसकी वजह से करोड़ों लोग क़र्ज़ में डूब जाएँगे और यह क़र्ज़ अंततः उनके जीवन को नियंत्रित कर लेगा। उन्हें दिख रहा था कि लोग मकान, सजावट का सामान, कपड़े, छुट्टियाँ मनाने, कार इत्यादि के लिए ज़बर्दस्त व्यक्तिगत क़र्ज़ में डूब रहे हैं। ऐसा इसलिए होता है, क्योंकि उनका उस मानवीय भाव पर को नियंत्रण नहीं था, जिसे ''प्रलोभन'' कहते हैं। आज लोग कड़ी मेहनत कर रहे हैं, ऐसी चीज़ें ख़रीद रहे हैं जिन्हें वे संपत्ति मानते हैं, परंतु उनकी ख़र्च की आदतें उन्हें कभी वास्तविक संपत्ति हासिल नहीं करने देंगी।

फिर वे नीचे दिए गए संपत्ति वाले कॉलम की तरफ़ इशारा करके कहते थे, ''परंतु हमें बुराई से बचाओ।''

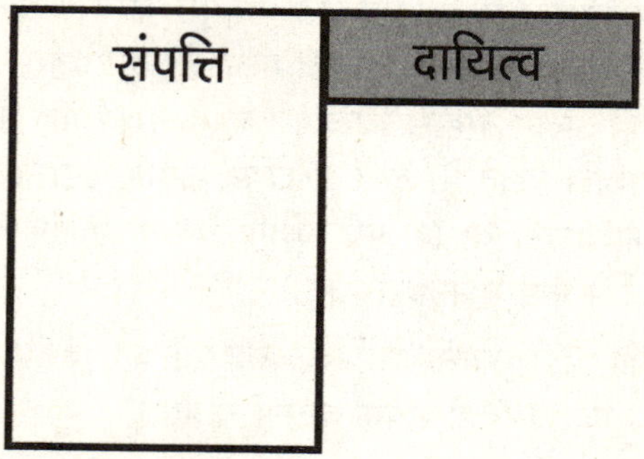

इस तरीक़े से अमीर डैडी कहते थे कि विलंब से संतुष्टि प्राप्त करना (भावनात्मक बुद्धि का चिह्न), अपने बिज़नेस का ख़याल रखने और अपनी संपत्ति वाले कॉलम को बनाने से आप मानवीय आत्मा के उस अवमूल्यन से बच सकते हैं, जो प्रलोभन, वित्तीय शिक्षा की कमी और वित्तीय रूप से ख़राब रोल मॉडल्स के प्रभाव से उत्पन्न होता है।

आपमें से जो लोग अपना तीव्र वित्तीय मार्ग खोज रहे हैं, उन्हें मैं सिर्फ़ यह चेतावनी दे सकता हूँ कि अपने आस-पास रहने वाले लोगों के बारे में सावधान रहें। ख़ुद से पूछें : क्या वे अच्छे रोल मॉडल्स हैं? अगर वे अच्छे रोल मॉडल्स नहीं है, तो मैं यह सुझाव देता हूँ कि आप जागरूक रहकर अपना अधिकांश समय ऐसे लोगों के साथ बिताने की कोशिश करें, जो आपकी ही दिशा में यात्रा कर रहे हों।

अगर आपके ऑफ़िस में ऐसे लोग नहीं हैं, तो आपको ऐसे लोग निवेश क्लबों, नेटवर्क मार्केटिंग समूहों और अन्य कंपनियों में मिल सकते हैं।

ऐसा व्यक्ति खोजें, जो वहाँ रहा हो

अपने मार्गदर्शक समझदारी से चुनें। आप किससे सलाह ले रहे हैं, इस बारे में सावधान रहें। अगर आप कहीं जाना चाहते हैं, तो उस व्यक्ति को खोजना सर्वश्रेष्ठ है, जो पहले वहाँ रह चुका हो।

उदाहरण के लिए, अगर आप अगले साल माउंट एवरेस्ट पर चढ़ने का निर्णय लेते हैं, तो स्पष्ट रूप से आप किसी ऐसे व्यक्ति से सलाह लेंगे, जो पहले उस पर चढ़ चुका हो। बहरहाल, जब वित्तीय पहाड़ों पर चढ़ने की बात आती है, तो अधिकांश लोग उन लोगों से सलाह माँगते हैं, जो ख़ुद वित्तीय दलदल में फँसे हुए हैं।

''बी'' और ''आई'' क्वाड्रैंट में मार्गदर्शक खोजने में सबसे बड़ी मुश्किल यह आती है कि इन क्वाड्रैंटों और धन के बारे में सलाह देने वाले अधिकांश लोग दरअसल क्वाड्रैंट के ''ई'' और ''एस'' वाले हिस्से के होते हैं।

अमीर डैडी ने मुझे हमेशा यह सलाह दी कि मैं अपना कोच या मार्गदर्शक बना लूँ। उनका कहना था, ''प्रोफ़ेशनल लोगों के कोच होते हैं, शौकिया लोगों के नहीं होते।''

उदाहरण के तौर पर, मैं गोल्फ़ खेलता हूँ, परंतु मेरा कोई फुल-टाइम कोच नहीं है। शायद ऐसा इसलिए है क्योंकि मैं गोल्फ़ खेलने के लिए पैसे देता हूँ, मुझे गोल्फ़ खेलने के लिए पैसे नहीं मिलते हैं। बहरहाल, बिज़नेस और निवेश के खेल में मेरे पास बहुत से कोच हैं। मुझे प्रशिक्षकों की ज़रूरत क्यों पड़ती है? इसलिए क्योंकि मुझे यह खेल खेलने के लिए पैसे मिलते हैं।

इसलिए अपने मार्गदर्शकों का चुनाव सावधानी से करें। यह आपके द्वारा किए जाने वाले सबसे महत्त्वपूर्ण कामों में से एक है।

क़दम उठाएँ

1. **मार्गदर्शक खोजें।**

   बिज़नेस और निवेश दोनों क्षेत्रों में ऐसे व्यक्ति खोजें, जो आपके मार्गदर्शक बन सकें।

   (क) रोल मॉडल्स खोजें और उनसे सीखें।

   (ख) रिवर्स रोल मॉडल्स खोजें और उनसे सीखें।

2. **आपका भविष्य इस बात से तय होता है कि आप किन लोगों के साथ अपना समय बिताते हैं।**

   उन छह लोगों के नाम लिखें, जिनके साथ आप सबसे ज़्यादा समय बिताते हैं। (आपके सभी बच्चों की गिनती एक ही व्यक्ति के रूप में होगी)। याद रखें पैमाना संबंध का प्रकार नहीं है, बल्कि यह है कि आप सबसे ज़्यादा समय

किसके साथ बिताते हैं। ***जब तक आप 6 नाम न लिख लें, तब तक आगे न पढ़ें।***

मैं पंद्रह साल पहले एक सेमिनार में गया था। उसमें प्रशिक्षक ने हमसे यही करने को कहा था। मैंने अपने 6 नाम लिख लिए।

फिर उस प्रशिक्षक ने हमसे कहा कि हम अपने लिखे नामों पर नज़र डालें। इसके साथ ही उसने यह घोषणा की, ''आप अपने भविष्य को देख रहे हैं। जिन छह लोगों के साथ आप सबसे ज़्यादा समय गुज़ारते हैं, वही आपका भविष्य हैं।''

यह ज़रूरी नहीं है कि जिन छह लोगों के साथ आप सबसे ज़्यादा समय बिताते हैं, वे आपके व्यक्तिगत मित्र हों। हो सकता है आपमें से कुछ लोग अपने सहकर्मियों, अपने जीवनसाथी और बच्चों, अपने चर्च या परोपकारी संस्था के सदस्यों के साथ सबसे ज़्यादा समय बिताते हों। मेरी सूची में सहकर्मियों, बिज़नेस सहयोगियों और फुटबॉल खिलाड़ियों के नाम थे। गहराई से देखने पर इस सूची से मुझे काफ़ी जानकारी मिली। कुछ जानकारी तो ऐसी थी, जो मुझे अच्छी लगी, परंतु ज़्यादातर जानकारी मुझे अच्छी नहीं लगी।

प्रशिक्षक ने हमसे कहा कि हम वहाँ बैठे दूसरे लोगों से अपनी सूचियों पर चर्चा करें। कुछ समय बाद हमें यह ज्ञान हुआ कि यह अभ्यास बहुत ज़्यादा महत्त्वपूर्ण है। दूसरों के साथ अपनी सूची पर चर्चा करते समय और उनके विचार सुनते समय मुझे यह अहसास हो गया कि मुझे अपनी ज़िंदगी में कुछ परिवर्तन करने की ज़रूरत है। जिन लोगों के साथ मैं समय गुज़ार रहा था, उनसे इस अभ्यास का कोई ख़ास सरोकार नहीं था। इसका सरोकार तो इस बात से था कि मैं कहाँ जा रहा हूँ और अपनी ज़िंदगी किस तरह गुज़ार रहा हूँ।

आज उस बात को पंद्रह साल बीत चुके हैं। अब मैं जिन लोगों के साथ अपना अधिकांश समय गुज़ारता हूँ, उनमें से सिर्फ़ एक को छोड़कर बाक़ी सब बदल चुके हैं। मेरी पुरानी सूची के बाक़ी पाँच लोग अब भी मेरे प्रिय मित्र हैं, हालाँकि अब हम एक-दूसरे से कम ही मिलते हैं। वे अच्छे लोग हैं और अपने जीवन से ख़ुश हैं। मुझे सिर्फ़ ख़ुद को बदलने की ज़रूरत थी। मैं अपना भविष्य बदलना चाहता था। अपने भविष्य को सफलतापूर्वक बदलने के लिए मुझे अपने विचारों को बदलना था। इसीलिए मुझे उन लोगों को बदलना पड़ा, जिनके साथ मैं अपना समय गुज़ारता था।

3. अब जब आपके पास 6 लोगों की सूची है, तो हर व्यक्ति के नाम के आगे आमदनी क्वाड्रैंट में क्वाड्रैंट का नाम लिख लें वह किस क्वाड्रैंट में है : "ई, एस, बी, या आई?"

अगर कोई बेरोज़गार है या रिटायर हो चुका है, तो उस क्वाड्रैंट का नाम लिख लें, जिसमें उन्होंने आमदनी प्राप्त की थी। छोटे बच्चों और विद्यार्थियों के नाम के आगे ख़ाली जगह छोड़ दें।

हो सकता है कोई व्यक्ति एक से ज़्यादा क्षेत्रों में काम करता हो। उदाहरण के लिए, मेरी पत्नी किम के नाम के आगे "बी" और "आई" दोनों लिखना होगा, क्योंकि वह दोनों ही क्वाड्रैंटों से 50-50 प्रतिशत आय प्राप्त करती है।

इसलिए मेरी सूची में किम का नाम सबसे ऊपर होगा, क्योंकि वह और मैं अपना सारा समय लगभग साथ ही गुज़ारते हैं।

नाम	**क्वाड्रैंट**
1. *किम कियोसाकी*	*बी, आई*
2.	
3.	
4.	
5.	
6.	

4. अगला क़दम है निवेशक के रूप में हर व्यक्ति के स्तर की सूची बनाना।

कृपया अध्याय 5 और निवेशकों के पाँच स्तर देखें। किम पाँचवें स्तर की निवेशक है। अगर आप किसी व्यक्ति के निवेशक स्तर को न जानते हों, तो अपना सर्वश्रेष्ठ प्रयास करके अनुमान लगाने की कोशिश करें।

नाम	**क्वाड्रैंट**	**निवेशक स्तर**
1. *किम कियोसाकी*	*बी, आई*	*स्तर 5*
2.		
3.		
4.		
5.		
6.		

इस अभ्यास को करते समय लोगों से मुझे मिली-जुली प्रतिक्रियाएँ मिली हैं। कुछ लोग बहुत नाराज़ हो जाते हैं। वे मुझसे कहते हैं, ''आप यह अच्छा नहीं कर रहे हैं कि मुझसे अपने आसपास के लोगों को वर्गीकृत करने को कह रहे हैं?'' इसलिए अगर इस अभ्यास से आपको भावनात्मक उलझन हुई हो, तो कृपया मुझे क्षमा करें। इस अभ्यास का मक़सद किसी को नाराज़ करना नहीं है। इसका मक़सद तो आपके जीवन पर प्रकाश डालना है। कुछ लोगों के लिए यह लाभकारी होता है, परंतु हर एक के लिए नहीं होता है।

जब मैंने पंद्रह साल पहले यह अभ्यास किया, तो मैंने महसूस किया कि मैं खेल को सुरक्षित तरीक़े से खेल रहा था। मैं जहाँ था, वहाँ ख़ुश नहीं था। मैं जीवन में प्रगति क्यों नहीं कर पा रहा था, इसके लिए मैं अपने साथ काम करने वाले लोगों का बहाने के रूप में इस्तेमाल करता था। हमारी कंपनी की प्रगति में बाधा डालने के लिए मैं ख़ास तौर पर दो लोगों के साथ लगातार बहस करता था और उन्हें दोष देता था। ऑफ़िस में मैं उनकी कमियाँ खोजता रहता था, उनकी ग़लतियाँ बताता रहता था और कंपनी के सामने आने वाली समस्याओं के लिए उन्हें दोष देता रहता था।

इस अभ्यास को पूरा करने के बाद मुझे अहसास हुआ कि जिन दो लोगों के साथ मैं अपना सिर फोड़ रहा था, वे अपनी स्थिति से बहुत ख़ुश थे। मैं ही एकमात्र व्यक्ति था, जो ख़ुद को बदलना चाहता था। परंतु ख़ुद को बदलने के बजाय मैं उन पर बदलने का दबाव डाल रहा था। इस अभ्यास को करने के बाद मुझे अहसास हुआ कि मैं अपनी व्यक्तिगत अपेक्षाएँ दूसरों पर थोप रहा था। मैं उनसे वह करवाना चाहता था, जो मैं ख़ुद नहीं करना चाहता था। मैंने यह सोच लिया था कि उन्हें भी वही चीज़ें पाना चाहिए, जो मैं चाहता हूँ। यह स्वस्थ संबंध नहीं था। एक बार जब मैंने स्थिति की सच्चाई जान ली, तो मैं ख़ुद को बदलने के लिए क़दम उठाने में सक्षम हो गया।

5. *कैशफ़्लो क्वाड्रैंट* पर एक नज़र डालें। अब उन लोगों के संक्षिप्त नाम उचित क्वाड्रैंट में लिख लें, जिनके साथ आप सबसे ज़्यादा समय गुज़ारते हैं।

आप वर्तमान में जिस क्वाड्रैंट में हैं, उसमें अपना संक्षिप्त नाम लिख लें। फिर अपना संक्षिप्त नाम उस क्वाड्रैंट में लिख दें, जिसमें आप भविष्य में काम करना चाहते हैं। अगर ये सभी नाम मुख्यतः एक ही क्वाड्रैंट में हैं, तो इस बात की

संभावना है कि आप सुखी हैं। आप समान मानसिकता वाले लोगों के आस-पास रहते हैं। परंतु अगर ये सभी नाम एक ही क्वाड्रैंट के नहीं हैं, तो हो सकता है आप अपनी ज़िंदगी को बदलना चाहते हों।

अध्याय 16

छठवाँ क़दम : निराशा को अपनी शक्ति बनाएँ

हर निराशा के भीतर बुद्धिमत्ता का एक अनमोल मोती छिपा होता है।

जब चीज़ें आपके मनचाहे तरीक़े से नहीं हो रही हों, तो आपमें क्या परिवर्तन होता है? जब मैंने मैरीन कोर छोड़ी, तो मेरे अमीर डैडी ने सलाह दी कि मैं कोई ऐसी नौकरी करूँ, जो मुझे बेचना सिखा सके। वे जानते थे कि मैं संकोची प्रवृत्ति का था। बेचना दुनिया का आख़िरी काम था, जो मैं करना चाहता था।

दो साल तक मैं अपनी कंपनी का सबसे ख़राब सेल्समैन रहा। मेरी स्थिति ऐसी थी कि मैं डूबते हुए आदमी को भी जीवनरक्षक नहीं बेच सकता था। मेरा शर्मीलापन सिर्फ़ मुझे ही परेशान नहीं करता था, यह उन ग्राहकों को भी परेशान करता था, जिन्हें मैं सामान बेचने की कोशिश करता था। दो साल तक मैं प्रोबेशन पर रहा, जिसका मतलब यह था कि मैं नौकरी से निकाले जाने की कगार पर था।

अक्सर मैं अपनी असफलता के लिए अर्थव्यवस्था को, प्रॉडक्ट को या फिर ग्राहकों को दोष देता था। अमीर डैडी स्थिति को बिलकुल ही अलग नज़रिए से देखते थे। उनका कहना था, ''जब लोग अपाहिज होते हैं, तभी वे दोष देना पसंद करते हैं।''

इसका मतलब यह था कि निराशा से इतनी तीक्ष्ण भावनात्मक पीड़ा होती है कि दर्द से तड़प रहा व्यक्ति दोष देकर किसी दूसरे पर वह दर्द धकेलना चाहता है। बेचना सीखने के लिए मुझे निराशा के दर्द का सामना करना पड़ा। बेचना सीखने की प्रक्रिया में मैंने एक अमूल्य सबक़ सीखा : निराशा को दायित्व (नकारात्मक) के बजाय संपत्ति (सकारात्मक) में कैसे बदला जाए।

जब भी मैं ऐसे लोगों से मिलता हूँ, जो किसी नए काम में हाथ डालने से घबराते हैं, तो अधिकांश मामलों में इसकी वजह यह होती है कि वे निराशा से डरते हैं। उन्हें डर होता है कि वे ग़लती कर देंगे या लोग उन्हें अस्वीकार कर देंगे। अगर आप अपने तीव्र वित्तीय मार्ग को खोजने की यात्रा पर जाने के लिए तैयार हैं, तो मैं आपको सलाह व प्रोत्साहन देने के लिए उन्हीं शब्दों का इस्तेमाल करना चाहता हूँ, जो मेरे अमीर डैडी ने मुझसे नया काम सीखते समय कहे थे :

''निराश होने के लिए तैयार रहो।''

उनकी इस बात का अर्थ नकारात्मक नहीं, बल्कि सकारात्मक था। उनका तर्क यह था कि अगर आप निराशा के लिए तैयार रहते हैं, तो आपके पास इस निराशा को संपत्ति या सकारात्मक में बदलने का अवसर होता है। अधिकांश लोग निराशा को दायित्व या नकारात्मकता में बदल लेते हैं – और यह दायित्व दीर्घकालीन होता है। आप जान जाते हैं कि यह दीर्घकालीन है, जब आप किसी व्यक्ति को यह कहते सुनते हैं, ''मैं यह काम कभी नहीं करूँगा।'' या ''मुझे मालूम होना चाहिए था कि मैं सफल नहीं हो पाऊँगा।''

जिस तरह हर समस्या में एक अवसर छुपा होता है... उसी तरह हर निराशा में ज्ञान का एक अनमोल रत्न छुपा होता है।

जब भी मैं किसी को यह कहते सुनता हूँ, ''मैं यह काम दुबारा कभी नहीं करूँगा,'' तो मैं समझ जाता हूँ कि मैं ऐसे व्यक्ति की बात सुन रहा हूँ, जिसने सीखना छोड़ दिया है। वह निराशा के कारण प्रगति करना छोड़ देता है। निराशा उसके लिए वह नींव नहीं बनती है, जिस पर वह अपनी सफलता का भवन खड़ा करे। इसके बजाय यह उसके चारों तरफ़ दीवार बनकर खड़ी हो जाती है, जो उसे प्रगति करने से रोकती है।

मेरे अमीर डैडी ने मुझे सिखाया कि गहरी भावनात्मक निराशा से कैसे निबटा जाता है। अमीर डैडी अक्सर कहते थे, ''ख़ुद के दम पर अमीर बने लोग कम इसलिए हैं, क्योंकि कम ही लोग निराशा को सहन कर पाते हैं। निराशा का सामना करना सीखने के बजाय वे इससे बचने में अपनी ज़िंदगी गुज़ार देते हैं।''

वे यह भी कहते थे, ''निराशा से बचने के बजाय इसका सामना करने के लिए तैयार रहो। निराशा सीखने का एक महत्त्वपूर्ण हिस्सा है। जिस तरह हम अपनी ग़लतियों से सीखते हैं, उसी तरह हम अपनी निराशाओं से अपना चरित्र बनाते हैं।'' नीचे मैंने उनकी सलाह का सारांश दिया है :

- **निराश होने की अपेक्षा रखें**

  अमीर डैडी अक्सर कहते थे, ''सिर्फ़ मूर्ख ही यह अपेक्षा रखते हैं कि हर चीज़ उनके मनचाहे तरीक़े से होगी। निराश होने की अपेक्षा करने का अर्थ निष्क्रिय या पराजित मानसिकता होना नहीं है। इसका अर्थ यह है कि आप मानसिक और भावनात्मक रूप से ऐसी अनहोनी के लिए तैयार रहते हैं, जो आप नहीं चाहते हैं। जब चीज़ें आपके मनचाहे ढंग से नहीं हो रही हों, तो भावनात्मक रूप से

तैयार रहकर आप शांति और गरिमा के साथ कार्य कर सकते हैं। अगर आप शांत हैं, तो आप ज़्यादा अच्छे तरीक़े से सोच सकते हैं।''

कई बार मैंने ऐसे लोगों को देखा है, जिनके पास बिज़नेस के बेहतरीन नए विचार होते हैं। उनका रोमांच लगभग एक महीने तक चलता है, फिर निराशाएँ उन्हें घेरने लगती हैं। जल्दी ही उनका रोमांच ख़त्म हो जाता है और आप उन्हें सिर्फ़ यह कहते सुनते हैं, ''विचार तो बहुत बढ़िया था, पर काम नहीं आया।''

वास्तविकता में, ऐसी बात नहीं थी कि विचार काम नहीं आया। दरअसल निराशा ने ज़्यादा तेज़ी से काम किया। उन लोगों ने अपनी अधीरता को निराशा में बदलने दिया। और फिर निराशा के सामने हार मान ली। कई बार यह अधीरता इस वजह से उत्पन्न हुई, क्योंकि उन्हें तत्काल वित्तीय पुरस्कार नहीं मिला। इसी बिज़नेस या निवेश से कैशफ़्लो प्राप्त करने के लिए बिज़नेस मालिक और निवेशक वर्षों तक इंतज़ार कर सकते हैं। वे इस क्षेत्र में इस ज्ञान के साथ उतरते हैं कि सफलता मिलने में समय लग सकता है। वे यह भी जानते हैं कि जब सफलता मिलेगी, तो वित्तीय पुरस्कार इतना बड़ा होगा कि इंतज़ार करना सार्थक हो जाएगा।

- **एक मार्गदर्शक पास रखें**

आपकी टेलीफ़ोन डायरेक्टरी में सामने वाले पन्ने पर अस्पताल, फ़ायर ब्रिगेड और पुलिस विभाग के नंबर लिखे रहते हैं। मेरे पास भी वित्तीय इमरजेन्सी के लिए फ़ोन नंबरों की सूची है। फ़र्क़ सिर्फ़ इतना है कि ये मेरे मार्गदर्शकों के नंबर हैं।

अक्सर किसी सौदे या नए काम में हाथ डालने से पहले मैं अपने किसी मित्र को फ़ोन करके बताता हूँ कि मैं क्या कर रहा हूँ और क्या हासिल करना चाहता हूँ। मैं उससे मार्गदर्शक बनने का अनुरोध करता हूँ, ताकि मुसीबत में फँसने पर मैं उससे मदद माँग सकूँ (जैसा अक्सर होता है)।

हाल ही में, मैं रियल एस्टेट की एक बड़ी जायदाद के लिए सौदेबाज़ी कर रहा था। बेचने वाला मुश्किलें पैदा कर रहा था और आख़िरी समय पर शर्तें बदल रहा था। वह जानता था कि मैं उस जायदाद को ख़रीदना चाहता था, इसलिए वह मुझसे आख़िरी क्षणों में ज़्यादा से ज़्यादा लाभ कमाने की भरपूर कोशिश कर रहा था। मेरा गुस्सा तेज़ है, इसलिए यह देखकर मैंने अपना क़ाबू खो दिया। परंतु सामान्य प्रतिक्रिया करने यानी चीख़ने-चिल्लाने और सौदे के अनुबंध को फाड़ देने के बजाय मैंने उसी समय अपने पार्टनर से फ़ोन पर बात की।

मैंने अपने तीन मित्रों से बात करके उनकी सलाह ली कि इस स्थिति से कैसे निबटा जाए। इसके बाद मेरा गुस्सा शांत हो गया। इसके अलावा, मैंने सौदेबाज़ी करने के तीन नए तरीक़े भी सीख लिए, जिन्हें मैं इससे पहले नहीं जानता था। अंततः वह सौदा नहीं हो पाया, बहरहाल मैं आज भी सौदेबाज़ी की उन तीन

तकनीकों का प्रयोग करता हूँ। अगर मैंने उस सौदे में हाथ नहीं डाला होता, तो मैं इन तकनीकों को कभी नहीं सीख पाया होता। यह ज्ञान बेशक़ीमती है।

सबक़ यह है कि हम हर चीज़ पहले से ही नहीं जान सकते हैं। हम अक्सर तभी कोई चीज़ सीखते हैं, जब हमें उसे सीखने की ज़रूरत पड़ती है। इसीलिए मैं आपको सुझाव देता हूँ कि आप नई चीज़ें सीखें और निराशा की अपेक्षा रखें। बहरहाल हमेशा एक मार्गदर्शक को अपने पास रखें, ताकि वह इस अनुभव के दौरान आपको प्रशिक्षण दे सके। कई लोग सिर्फ़ इसलिए प्रोजेक्ट शुरू नहीं करते हैं, क्योंकि उनके पास सारे जवाब नहीं होते हैं। आपके पास भी कभी सारे जवाब नहीं होंगे, परंतु इसके बावज़ूद काम को शुरू कर दें। जैसा मेरे मित्र कीथ कनिंघम हमेशा कहते थे, ''कई लोग कभी सड़क पर नहीं निकलते हैं, जब तक कि सारी ट्रैफ़िक लाइट्स हरी न दिखें। इस वजह से वे कहीं नहीं पहुँच पाते हैं।''

- **ख़ुद के प्रति दयालु रहें**

ग़लती करने और निराश होने या किसी चीज़ में असफल होने का सबसे दर्दनाक पहलू यह नहीं है कि दूसरे लोग हमारे बारे में क्या कहते हैं। सबसे दर्दनाक पहलू तो यह है कि हम ख़ुद के प्रति बहुत ज़्यादा कठोर हो जाते हैं। ग़लतियाँ करने वाले अधिकांश लोग अक्सर ख़ुद को सबसे ज़्यादा लानतें भेजते हैं। वे ख़ुद को भावनात्मक रूप से इतनी बुरी तरह प्रताड़ित करते हैं कि इस जुर्म में उन्हें थाने में बंद किया जा सकता है।

मैंने पाया है कि जो लोग मानसिक और भावनात्मक रूप से ख़ुद के प्रति कठोर होते हैं, वे जोखिम लेने, नए विचारों को अपनाने या किसी नए काम का प्रयास करने के बारे में बहुत सावधान रहते हैं। अगर आप अपनी व्यक्तिगत निराशाओं के लिए ख़ुद को या किसी दूसरे को दोष दे रहे हों, तो कोई नई चीज़ सीखना मुश्किल होता है।

- **सच्चाई बता दें**

मुझे बचपन में सबसे बुरी सज़ा तब मिली थी, जब मैंने दुर्घटनावश अपनी बहन का दाँत तोड़ दिया था। जब वह डैडी को यह बताने के लिए भागी, तो मैं दौड़कर छुप गया। जब आख़िरकार डैडी ने मुझे खोज लिया, तो वे आगबबूला हो गए।

उन्होंने मुझे फटकार लगाई, ''मैं तुम्हें सज़ा इसलिए नहीं दे रहा हूँ, क्योंकि तुमने अपनी बहन का दाँत तोड़ दिया... बल्कि इसलिए दे रहा हूँ, क्योंकि तुम भाग गए।''

वित्तीय क्षेत्र में भी कई ऐसे दौर आए, जब मैं अपनी ग़लतियों से डरकर भाग सकता था। भागना बहुत ही आसान था, परंतु मेरे डैडी के शब्द मेरे अधिकतर जीवन में बहुत काम आए।

> संक्षेप में, हम सब ग़लतियाँ करते हैं। जब चीज़ें हमारे हिसाब से नहीं होतीं, तो हम सब परेशान और निराश होते हैं। बहरहाल, फ़र्क़ इस बात से पड़ता है कि हम उस निराशा को किस आंतरिक नज़रिए से देखते हैं। अमीर डैडी ने इसे संक्षेप में इस तरह से कहा था, ''आपकी सफलता का आकार आपकी इच्छा शक्ति से मापा जाता है। यह आपके सपनों के आकार से मापा जाता है। और यह इस बात से भी मापा जाता है कि आप राह में आने वाली निराशा का सामना किस तरह करते हैं।''

अगले कुछ सालों में कुछ ऐसे वित्तीय परिवर्तन होंगे, जो हमारे साहस का इम्तहान लेंगे। उस दौर में सिर्फ़ वही लोग सफल होंगे, जो अपनी भावनाओं को अधिकतम नियंत्रण में रखेंगे, जो अपनी भावनाओं को ख़ुद को नहीं रोकने देंगे, और जिनमें न वित्तीय योग्यताएँ सीखने की भावनात्मक परिपक्वता होगी।

बॉब डाइलैन के गीत की पंक्ति यह थी, ''समय जो बदल रहा है।''

भविष्य उन्हीं लोगों का है, जो समय के साथ बदल सकते हैं और अपनी व्यक्तिगत निराशाओं को भविष्य की नींव का पत्थर बना सकते हैं।

क़दम उठाएँ

1. ग़लतियाँ करें

इसीलिए मैं आपको पहले छोटे क़दमों से यात्रा शुरू करने की सलाह देता हूँ। याद रखें कि हारना जीतने का एक हिस्सा है। ''ई'' और ''एस'' को यह सिखाया गया है कि ग़लतियाँ करना अच्छी बात नहीं है, जबकि ''बी'' और ''आई'' जानते हैं कि ग़लतियाँ करके ही कुछ सीखा जा सकता है।

2. छोटी शुरुआत करें

अगर आप किसी क्षेत्र में निवेश करना चाहें, तो उसमें अपना थोड़ा सा पैसा डाल दें। यह आश्चर्यजनक है कि जब आप किसी चीज़ में थोड़ा सा पैसा फँसा देते हैं, तो आपका ज्ञान बहुत तेज़ी से बढ़ जाता है। अपने रैंच, मॉर्टगेज पेमेंट या अपने बच्चे की कॉलेज की शिक्षा को दाँव पर न लगाएँ। सिर्फ़ थोड़ा सा पैसा लगाएँ... फिर ध्यान दें और सीखें।

3. इस भाग की कुंजी है क़दम उठाना!

पढ़ना, देखना और सुनना – ये सभी आपकी शिक्षा के लिए बहुत महत्त्वपूर्ण हैं। परंतु आपको ''**करना**'' भी होगा। सकारात्मक कैशफ़्लो देने वाले रियल एस्टेट के छोटे सौदों पर बोली लगाएँ, किसी नेटवर्क मार्केटिंग कंपनी में शामिल हो जाएँ और उसके बारे में अंदरूनी जानकारी प्राप्त करें, किसी कंपनी की रिसर्च

करने के बाद उसके शेयरों में निवेश करें। यदि आवश्यकता हो, तो अपने मार्गदर्शक, वित्तीय सलाहकार या कर सलाहकार की सलाह लें। परंतु जैसा नाइकी का विज्ञापन कहता है, ‘‘बस इसे कर दें!’’(Just Do it!)

अध्याय 17

सातवाँ क़दम : आस्था की शक्ति

अपने बारे में विश्वास करने के लिए आप कौन से विचार चुनते हैं, यह तय करने वाले एकमात्र व्यक्ति आप हैं।

हाई स्कूल के अपने सीनियर ईयर में अमीर डैडी के पुत्र और मैं विद्यार्थियों के एक छोटे समूह के सामने लाइन में खड़े थे। ये विद्यार्थी सीनियर क्लास के लीडर्स थे। हमारी मार्गदर्शक सलाहकार ने हमसे कहा, ''तुम दोनों कभी कुछ नहीं बन पाओगे।''

कुछ सीनियर हँसे, जब हमारी मार्गदर्शन सलाहकार ने आगे कहा, ''आगे से मैं तुम दोनों पर ज़्यादा समय बर्बाद नहीं करूँगी। मैं सिर्फ़ इन विद्यार्थियों पर ज़्यादा ध्यान दूँगी, जो क्लास के लीडर्स हैं। तुम दोनों क्लास के मसखरे हो, तुम्हारे नंबर अच्छे नहीं हैं और तुम लोग कभी कुछ नहीं बन पाओगे। अब यहाँ से दफ़ा हो जाओ।''

सबसे बड़ा अहसान

उस मार्गदर्शक ने माइक और मुझ पर बहुत बड़ा अहसान किया। हालाँकि जो उन्होंने कहा था, वह कुछ हद तक सच था और उनके शब्दों से हमें गहरी चोट पहुँची थी, परंतु उनके शब्दों ने हमें ज़्यादा मेहनत करने के लिए प्रेरित किया। उनके शब्द हमें कॉलेज के पार अपने-अपने बिज़नेस में ले गए।

हाई स्कूल रियूनियन

कुछ साल पहले माइक और मैं हाई स्कूल रियूनियन में गए, जो हमेशा एक रोचक अनुभव होता है। उन लोगों से मिलना अच्छा लगता है, जिनके साथ हमने तीन साल तक पढ़ाई की थी, जब हम यह नहीं जानते थे कि हम क्या बनने वाले हैं। हमें यह देखकर हैरानी भी हुई कि अधिकांश तथाकथित सीनियर लीडर्स हाई स्कूल से निकलने के बाद सफल नहीं हो पाए थे।

मैं यह कहानी इसलिए बता रहा हूँ क्योंकि माइक और मैं शैक्षणिक रूप से बहुत बुद्धिमान नहीं थे। हम वित्तीय जीनियस या स्टार खिलाड़ी भी नहीं थे। अधिकांश मामलों में हम मंदबुद्धि और औसत विद्यार्थी थे। हम अपनी क्लास के लीडर्स नहीं थे। हम अपने पिताओं की तरह नैसर्गिक प्रतिभा के धनी भी नहीं थे। बहरहाल हमारी मार्गदर्शक सलाहकार के चुभते शब्दों और हमारे सहपाठियों की हँसी ने हमारे अंदर वह आग पैदा की कि हम आगे बढ़े, हमने अपनी ग़लतियों से सीखा और हम अच्छे तथा बुरे समय में चलते चले गए।

लंबे समय में इन बातों का कोई महत्त्व नहीं है कि आपने स्कूल में अच्छा प्रदर्शन नहीं किया, आप लोकप्रिय नहीं थे, आप गणित में अच्छे नहीं थे, आप अमीर या ग़रीब हैं या आपमें कोई और ऐसी कमी है जिसकी वजह से आप हीन भावना से ग्रस्त हैं। ये तथाकथित कमियाँ सिर्फ़ तभी महत्त्वपूर्ण होती हैं, जब आप उन्हें महत्त्वपूर्ण मानते हैं।

जो लोग अपने तीव्र वित्तीय मार्ग पर जाने के बारे में विचार कर रहे हैं, हो सकता है उन्हें अपनी योग्यताओं पर शक़ हो। मेरी सलाह यह है कि आप यह विश्वास करें कि आपके पास वे सभी योग्यताएँ हैं, जो सफल होने के लिए ज़रूरी हैं। ईश्वर-प्रदत्त नैसर्गिक गुणों को बाहर निकालने के लिए सिर्फ़ आपकी इच्छा, संकल्प और गहरी आस्था की आवश्यकता होती है। आपमें यह आस्था होना चाहिए कि आप जीनियस हैं और आपके पास एक अनूठी प्रतिभा है।

दर्पण में देखें और शब्दों को सुनें

दर्पण सिर्फ़ दिखने वाली तसवीर ही प्रतिबिंबित नहीं करता है, बल्कि अक्सर हमारे विचारों को भी प्रतिबिंबित करता है। अक्सर लोग दर्पण में देखकर इस तरह की बातें कहते हैं :

"अरे, मैं भयानक दिखता हूँ।"

"क्या मेरा वज़न बहुत बढ़ गया है?"

"मैं सचमुच बूढ़ा हो रहा हूँ।"

या

"हे भगवान! मैं कितना आकर्षक हूँ। मैं महिलाओं के लिए ईश्वर का वरदान हूँ।"

विचार प्रतिबिंब हैं

जैसा मैंने कहा, हमें आँखों से जो दिखता है, दर्पण हमें उससे भी ज़्यादा जानकारी देते हैं। दर्पण हमारे विचारों को प्रतिबिंबित करते हैं, हमारी ख़ुद के बारे में राय को प्रतिबिंबित करते हैं। ये विचार या राय हमारे बाहरी व्यक्तित्व से ज़्यादा महत्त्वपूर्ण होते हैं।

हम ऐसे लोगों से भी मिले हैं, जो सुंदर होने के बावज़ूद यह सोचते हैं कि वे बदसूरत हैं। या ऐसे लोगों से, जिनसे दूसरे लोग बहुत प्रेम करते हैं, परंतु वे ख़ुद से प्रेम नहीं करते हैं। हमारे गहनतम विचार अक्सर हमारी आत्माओं के प्रतिबिंब होते हैं। विचार अक्सर इस बात के प्रतिबिंब होते हैं कि हम स्वयं से कितना प्रेम करते हैं, हमारा अहम् कितना बड़ा है, हम ख़ुद को कितना पसंद या नापसंद करते हैं, हम ख़ुद के प्रति कैसा व्यवहार करते हैं और हमारी ख़ुद के बारे में क्या राय है।

धन उन लोगों के पास नहीं रुकता, जिन्हें ख़ुद पर विश्वास नहीं होता

व्यक्तिगत सत्य अक्सर चरम भावोत्कर्ष के क्षणों में कहे जाते हैं।

किसी क्लास या व्यक्ति को *कैशफ़्लो क्वाड्रैंट* समझाने के बाद मैं उन्हें कुछ पल का समय देता हूँ, ताकि वे अपने अगले क़दम के बारे में निर्णय ले सकें। पहले तो वे यह निर्णय लेते हैं कि वे किस क्वाड्रैंट में हैं। यह बहुत आसान काम है, क्योंकि यह जानने के लिए सिर्फ़ यह जानकारी चाहिए कि आपका अधिकांश धन किस क्वाड्रैंट से आता है। फिर मैं उनसे पूछता हूँ कि अगर वे अपना क्वाड्रैंट बदलना चाहते हैं, तो वे किस क्वाड्रैंट में जाना चाहते हैं।

इसके बाद वे *क्वाड्रैंट* को देखते हैं और अपने विकल्प चुनते हैं।

कुछ लोग देखते हैं और कहते हैं, ''मैं जहाँ हूँ, वहीं ख़ुश हूँ।''

बाक़ी कहते हैं, ''मैं जहाँ हूँ वहाँ ख़ुश नहीं हूँ, परंतु मैं इस वक़्त बदलना या कहीं और जाना नहीं चाहता हूँ।''

ऐसे लोग भी होते हैं जो जहाँ हैं, वहाँ पर ख़ुश नहीं हैं। वे जानते हैं कि उन्हें तत्काल कुछ करने की ज़रूरत है। ये लोग अक्सर अपने व्यक्तिगत सत्यों को सबसे ज़्यादा स्पष्टता से व्यक्त करते हैं। वे ऐसे शब्दों का प्रयोग करते हैं, जिनसे उनकी अपने बारे में राय प्रतिबिंबित होती है। ये शब्द उनकी आत्मा का प्रतिबिंब होते हैं। इसीलिए मैं कहता हूँ, ''व्यक्तिगत सत्य अक्सर चरम भावोत्कर्ष के क्षणों में व्यक्त किए जाते हैं।''

सत्य के इन क्षणों में मैं अक्सर सुनता हूँ :

- ''मैं यह नहीं कर सकता। मैं 'एस' से 'बी' में नहीं पहुँच सकता। क्या आप पागल हो गए हैं? मुझे अपनी पत्नी और तीन बच्चों का पालन-पोषण करना है।''
- ''मैं यह नहीं कर सकता। अपनी अगली तनख़्वाह पाने से पहले मैं पाँच साल तक इंतज़ार नहीं कर सकता।''
- ''निवेश? आप चाहते हैं कि मैं अपना सारा पैसा गँवा दूँ।''
- ''मेरे पास निवेश करने के लिए धन नहीं है।''
- ''कुछ करने से पहले मुझे और जानकारी की ज़रूरत है।''
- ''मैंने पहले भी यह करने की कोशिश की थी। यह कोशिश कभी सफल नहीं होगी।''
- ''मुझे यह जानने की ज़रूरत नहीं है कि फ़ाइनैंशियल स्टेटमेंट कैसे पढ़ा जाता है। मैं इसके बिना ही काम चला सकता हूँ।''
- ''मुझे चिंता करने की कोई ज़रूरत नहीं है। अभी मैं जवान हूँ।''
- ''मैं पर्याप्त स्मार्ट नहीं हूँ।''
- ''मैं यह करूँगा, बशर्ते मुझे सही साथी मिल जाएँ।''
- ''मेरा पति इस काम को कभी पसंद नहीं करेगा।''
- ''मेरी पत्नी कभी नहीं समझ पाएगी।''
- ''मेरे मित्र क्या कहेंगे?''
- ''मेरी उम्र बहुत हो चुकी है।''
- ''मैं बहुत छोटा हूँ।''
- ''इसकी इतनी क़ीमत नहीं है।''
- ''मैं इसे पाने का हक़दार नहीं हूँ।''

सभी शब्द दर्पण होते हैं

व्यक्तिगत सत्य चरम भावोत्कर्ष के क्षणों में व्यक्त किए जाते हैं। सभी शब्द दर्पण होते हैं क्योंकि वे इस बात को प्रतिबिंबित करते है कि लोग अपने बारे में क्या सोचते हैं, तब भी जब वे किसी दूसरे के बारे में बात कर रहे हों।

मेरी सर्वश्रेष्ठ सलाह

आपमें से जो लोग एक क्वाड्रैंट में जाने के लिए तैयार हों, उन्हें मेरी सबसे महत्त्वपूर्ण सलाह यह है कि आप अपने शब्दों के प्रति जागरूक रहें। ख़ास तौर पर ऐसे शब्दों के प्रति, जो आपके दिल, पेट और आत्मा से निकलते हों। अगर आप अपनी ज़िंदगी बदलने वाले हैं, तो आपको अपने विचारों और भावनाओं द्वारा उत्पन्न शब्दों के प्रति जागरूक रहना होगा। अगर आप इस बारे में जागरूक नहीं रह सकते कि आपकी भावनाएँ आपके चिंतन पर कब हावी हो रही हैं, तो आप कभी अपनी मंज़िल पर नहीं पहुँच पाएँगे। आप ख़ुद को पीछे रोके रहेंगे। कई बार ऐसा होता है कि आप किसी दूसरे के बारे में कुछ कहते हैं, जैसे यह, ''मेरी पत्नी कभी नहीं समझ पाएगी।'' परंतु दरअसल आप उसके बजाय अपने बारे में बहुत कुछ कह रहे हैं। हो सकता है आप ख़ुद की निष्क्रियता के लिए अपनी पत्नी का इस्तेमाल बहाने के रूप में कर रहे हों। या फिर दरअसल आप यह कह रहे हों, ''मुझमें इतना साहस या वाकचातुर्य नहीं है कि मैं इन नए विचारों को उस तक पहुँचा सकूँ।'' सभी शब्द दर्पण होते हैं, इसलिए शब्द आपको अपनी आत्मा में झाँकने का अवसर प्रदान करते हैं।

या आप कह सकते हैं,

''मैं नौकरी छोड़कर अपना बिज़नेस शुरू नहीं कर सकता। मुझ पर दीर्घकालीन क़र्ज़ का बोझ है और मुझे अपने परिवार के बारे में सोचना है।''

आप यह कह सकते हैं :

''मैं थक चुका हूँ। मैं कुछ भी नहीं करना चाहता।''

या,

''मैं सचमुच कुछ भी नहीं सीखना चाहता।''

ये व्यक्तिगत सत्य हैं।

व्यक्तिगत सत्य व्यक्तिगत झूठ भी होते हैं

ये सत्य हैं और ये झूठ भी हैं। अगर आप ख़ुद से झूठ बोलते हैं, तो मैं यही कहूँगा कि आप कभी यात्रा पूरी नहीं कर पाएँगे। इसलिए मेरी सर्वश्रेष्ठ सलाह यह है कि आप अपनी शंकाओं, डरों और सीमित करने वाले विचारों को सुनें तथा इसके बाद ज़्यादा गहराई में उतरकर गहरे सत्य की तलाश करें। उदाहरण के लिए, हो सकता है ''मैं थक चुका हूँ। मैं कुछ भी नहीं करना चाहता।'' सच हो, परंतु यह एक झूठ भी है। असली सच्चाई यह हो सकती है, ''अगर मैं कुछ नया नहीं सीख पाया, तो मैं और भी ज़्यादा थक जाऊँगा।'' और

इससे भी ज़्यादा गहराई में सोचें तो ''सच्चाई यह है कि मुझे नई चीज़ें सीखना पसंद हैं। मैं नई चीज़ें सीखना पसंद करूँगा और एक बार फिर जीवन के बारे में रोमांचित रहूँगा। शायद मेरे सामने बिलकुल नए संसार का द्वार खुल जाए।'' एक बार जब आप ज़्यादा गहरे सत्य के बिंदु पर पहुँच जाते हैं, तो आपको अपना एक ऐसा हिस्सा मिल सकता है, जो इतना सशक्त होगा कि यह बदलने में आपकी मदद करेगा।

हमारी यात्रा

आगे बढ़ने के लिए सबसे पहले तो किम और मुझे उन विचारों और आलोचनाओं का सामना करना पड़ा, जो हमारे मन में ख़ुद के बारे में थे। हमारे जो व्यक्तिगत विचार हमें बौना रखे हुए थे, हम उनके साथ जीवन बिताने के इच्छुक तो थे, परंतु हम उन्हें अपनी प्रगति रोकने की अनुमति नहीं दे रहे थे। कभी-कभार तनाव चरम सीमा पर पहुँच जाता था और हमारी आत्म-आलोचनाएँ उभर आती थीं। ऐसा होने पर मैं अपनी आत्म-शंकाओं के लिए उसे दोष देने लगता था और वह अपनी आत्म-शंकाओं के लिए मुझे दोष देने लगती थी। बहरहाल, हम दोनों ही जानते थे कि इस यात्रा को शुरू करने से पहले हमें सिर्फ़ एक चीज़ का सामना करना था - हमारी व्यक्तिगत शंकाएँ, आलोचनाएँ और अपूर्णताएँ। पति-पत्नी और बिज़नेस पार्टनर्स के रूप में हमारा असली काम यात्रा के दौरान एक-दूसरे को यह याद दिलाते रहना था कि हम दोनों ही अपनी व्यक्तिगत शंकाओं, ओछेपन और अपूर्णताओं से ज़्यादा शक्तिशाली थे। उस प्रक्रिया में हमने ख़ुद पर अधिक विश्वास करना सीखा। हमारा सबसे बड़ा लक्ष्य सिर्फ़ अमीर बनना ही नहीं था। यह ख़ुद पर और धन पर भी विश्वास करना सीखना था।

याद रखें कि आप ही एकमात्र व्यक्ति हैं, जो यह तय करते हैं कि आप अपने बारे में किन विचारों पर विश्वास करेंगे। इसलिए यात्रा का पुरस्कार न सिर्फ़ वह स्वतंत्रता है जो धन से मिलती है, बल्कि वह विश्वास भी है जो आप अपने भीतर हासिल करते हैं... क्योंकि वे दरअसल एक ही चीज़ के दो पहलू हैं। आपको मेरी सर्वश्रेष्ठ सलाह यह है कि हर दिन अधिक बड़े होने की तैयारी करें। मेरी राय में अधिकांश लोग अपने सपनों का पीछा करना इसलिए बंद कर देते हैं और पीछे मुड़ जाते हैं क्योंकि हममें से हर एक के भीतर छुपा छोटा व्यक्ति बड़े व्यक्ति को पछाड़ देता है। हालाँकि आप हर काम में उत्कृष्ट नहीं होंगे, परंतु विकास करने में समय लगाएँ। जिस चीज़ को सीखने की ज़रूरत हो, उसे सीखें। जब आप ऐसा करेंगे, तो आपकी दुनिया तेज़ी से बदल जाएगी। जब आपको पता चल जाए कि आपको क्या सीखने की ज़रूरत है, तो उससे नज़रें चुराकर कभी नहीं भागें। अगर आप हिम्मत से अपने डरों और शंकाओं का सामना करेंगे, तो आपके लिए नए संसार का द्वार खुल जाएगा।

क़दम उठाएँ

ख़ुद पर विश्वास करें और आज ही शुरू कर दें!

अध्याय 18

संक्षेप में

ख़ुद को और अपने परिवार को सहारा देने के लिए कैशफ़्लो की पाइपलाइनें बनाना शुरू करें।

ये वे सात क़दम हैं, जो मैंने और मेरी पत्नी ने बेघर स्थिति से कुछ सालों में वित्तीय रूप से स्वतंत्र होने की यात्रा के दौरान उठाए। इन सात क़दमों ने तीव्र वित्तीय मार्ग तक पहुँचने में हमारी मदद की और हम आज भी इनका प्रयोग करते हैं। मुझे विश्वास है कि ये क़दम वित्तीय स्वतंत्रता की राह तक आपकी यात्रा का नक़्शा बनाने में आपकी भी मदद कर सकते हैं।

ऐसा करने के लिए मैं आपको ख़ुद के प्रति ईमानदार रहने की सलाह देता हूँ। अगर आप इस समय दीर्घकालीन निवेशक नहीं हैं, तो जल्दी से जल्दी उस स्तर तक पहुँच जाएँ। इसका क्या अर्थ है? बैठकर एक योजना बनाएँ कि आप अपनी ख़र्च की आदतों को किस तरह नियंत्रित करेंगे। अपने क़र्ज़ और दायित्वों को न्यूनतम करें। अपने संसाधनों के भीतर रहें और फिर उन्हें बढ़ा लें। यह पता लगाएँ कि कितने महीने तक यथार्थवादी ब्याज दर से प्रति माह कितना निवेश करके आप अपने लक्ष्यों तक पहुँच सकते हैं। इस तरह के लक्ष्य बनाएँ : कितनी उम्र तक आप काम-धंधा छोड़ने की योजना बना रहे हैं? आप जिस स्तर का जीवन जीना चाहते हैं, उसके लिए आपको हर महीने कितने धन की ज़रूरत होगी?

अगर आप जल्दी शुरू कर दें और अपने कार्यों पर नज़र रखें, तो आपको बहुत लाभ होगा। चूँकि आपने एक ऐसी दीर्घकालीन योजना बना ली है, जो आपके उपभोक्ता ऋण को घटाती है और आप नियमित रूप से बचत करते हैं, इसलिए आप दूसरों से बेहतर स्थिति में पहुँच जाते हैं।

इस स्तर पर इसे आसान रखें। बहुत ज़्यादा हवाई उड़ान नहीं भरें।

आपको *कैशफ़्लो क्वाड्रैंट*, निवेशकों के पाँच स्तरों और निवेशकों के तीन प्रकारों के बारे में बताने की एक वजह है। मैं ऐसा इसलिए कर रहा हूँ ताकि आपको अपने बारे में कई जानकारियाँ मिलें, जैसे आप कौन हैं, आपकी रुचियाँ क्या हैं और आप अंततः क्या बनना चाहते हैं। मुझे विश्वास है कि कोई भी व्यक्ति तीव्र वित्तीय मार्ग तक पहुँच सकता है, चाहे वह इस समय किसी भी क्वाड्रैंट में काम कर रहा हो। बहरहाल, अपना मार्ग खोजना अंततः आपके ही हाथ में है।

वह बात याद रखें, जो मैंने पहले कही थी, ''आपके बॉस का काम आपको नौकरी देना है। ख़ुद को अमीर बनाना आपका काम है।''

क्या आप पानी की बाल्टियाँ ढोना बंद करने और कैशफ़्लो की पाइप लाइन बिछाने के लिए तैयार हैं, जो आपको, आपके परिवार और आपकी जीवनशैली को सहारा दे?

अपने बिज़नेस का ध्यान रखना मुश्किल हो सकता है और दुविधाजनक भी... ख़ास तौर पर शुरुआत में। भले ही आप कितना भी जानते हों, सीखने को बहुत कुछ है। यह जीवन भर चलने वाली प्रक्रिया है। परंतु अच्छी ख़बर यह है कि इस प्रक्रिया का सबसे मुश्किल हिस्सा शुरुआत में है। एक बार जब आप संकल्प ले लेते हैं, तो उसके बाद ज़िंदगी आसान होती चली जाती है। अपने बिज़नेस का ध्यान रखना मुश्किल काम नहीं है। यह तो कॉमन सेन्स या सामान्य ज्ञान है।